개정판

# 소비자교육의 이론과 실제

CONSUMER EDUCATION: Theory & Practice

개정판

# 소비자교육의 이론과 실제

CONSUMER EDUCATION: Theory & Practice

이기춘 · 김정은 지음

(주)교 문 사

# 개정판을 내면서

1979년 미국의 '소비자경제학' 을 우리 사회에 소개한 이래 몇 년의 세월이 흐른 후 '소비자학(Consumer Science)' 이라는 새로운 명칭의 독립학문이 한국에서 빛을 보게 되었다.

소비자학이 잘 알려져 있지 않았던 1988년 말에 처음으로 본인의《소비자교육학》저서가 교문사에 의해 출간되었는데, 소비자학의 전공서적이 거의 존재하지 않았던 1980년대 한국 사회에서의《소비자교육학》저서 집필은 새로운 학문의 태동과 출현에 따른 대학과 사회의 요구에 부응하기 위해서였다. 그동안 서울대에서 관련과목을 가르치고 연구논문을 쓰면서 가졌던 소비자교육에 대한 생각과 이론을 정리하여 많은 고심을 통해 체계화를 시도한 저서로서 미흡한 내용임에도 불구하고 당시 이 과목을 담당했던 교육자들이 적절한 교재의 부재를 호소했기에 대학이나 학계에서 크게 환영을 받았다.

그 이후 10년이 흐르면서 1990년대 말의 세계경제와 소비환경이 크게 변했고, 소비자문제 또한 복잡 다양해지면서 저서의 확대 개편이 시급해졌다.《소비자교육의 이론과 실제》라는 새로운 이름으로 1999년에 발간된 저서에서는 전폭적인 개정을 꾀하였다. 대상별 소비자교육에 더하여 소비자환경교육, 안전교육, 재무교육, 정보화교육 등의 주제별 소비자교육을 새로이 추가했으며 소비자교육방안에서는 소비자교육프로그램의 구성과 실제 교육 사례의 제시에 중점을 두었다.

2000년대 디지털시대의 도래는 소비자로서의 인간에게 기술의 잠재적 혜택을 줄 뿐만 아니라 새로운 많은 소비자문제를 발생시켰으며, 경제주체들의 활동에도 큰 변화를 필요로 하게 되었다. 특히 소비자들은 생산자와 거의 동등한 정보를 보유하고 자신의 선호와 취향을 적극적으로 표출하는 소비자중심시대에 들어서게 됨으로써 이에 걸맞은 소비자역할과 역량을 갖추는 일이 필수적이었고 이를 위한 소비자교육의 중요성이 새롭게 강조되었다. 2002년에 소비자학을 전공하는 교수들과 사회에서 뜻을 같이하는 사람들이 주축이 되어 (사)한국소비자교육지센터(KOINCE)를 설립하였고 소비자교육프로그램 및 콘텐츠 공모전을 개최해 오면서 우수한 소비자교육콘텐츠를 구축하는 등 소비자교육

활동과 지원이 활성화되기 시작하였다.

그 이후로 디지털시대의 급변하는 소비자사회의 변화에 맞추어 본서의 개정을 하지 못하고 미루어져온 데 대해 독자들에게 미안함을 금할 수 없었던 차에 인하대학교 겸임교수로서 소비자교육을 강의해 온 제자 김정은 박사와 함께 늦게나마 개정 작업을 할 수 있게 된 것을 다행으로 여기는 바이다. 이번 개정작업에서는 전체적인 틀은 그대로 유지하면서 전적으로 새로운 자료의 보완에 중점을 두었다. 그리고 제4부 주제별 소비자교육에서는 현재 소비자역할론에서 부각되는 동시에 미래사회에서 더욱 중요해질 '소비자윤리교육'을 새롭게 포함시키면서 소비자교육의 토대가 되어야 할 소비자주의와의 연계, 소비자시민성을 강조하였다.

미래사회가 추구하는 새로운 소비자상(Image)은 소비자 개인의 권익뿐만 아니라 타인과 사회공동체의 이익을 생각하고, 현재와 아울러 미래 세대의 소비자를 배려하는 소비자시민성을 지니는 소비자이다. 이러한 미래 소비자이미지의 구현을 위해서도 소비자교육의 이념은 끊임없이 세대를 초월해서 학습되어야 한다.

소비자교육은 국가자격 1, 2급 소비자전문상담사 시험과목으로서도 중요한 역할을 하고 있는 만큼 1988년 초판《소비자교육학》이래 실제로 23년의 역사를 갖는 본서의 개정이 현장에서의 소비자교육을 통한 인재양성에도 기여하기를 바라는 마음이다.

끝으로 이 책을 출판해 주신 (주)교문사 류제동 사장님과 따뜻한 마음으로 개정을 독려해 주신 양계성 상무님을 비롯한 임직원 여러분께 진심으로 감사드리는 바이다.

2012년 2월

대표 저자 이기춘

# 머리말

소비자학에 관련된 전공서적이 절대적으로 부족하였던 1980년대에 《소비자교육학》을 출간한 이후 10여 년의 세월이 흘렀다. 그동안 소비자학영역도 성장하여 독립적인 한 학문으로 자리매김하게 되었으며 소비자연구를 대상으로 한 많은 연구물과 저서들이 출간되었다.

교재 개정의 시급한 필요성에도 불구하고 그동안 소비자의 새로운 연구영역과 또 다른 저서 개발에 동참하느라 《소비자교육학》을 개정하지 못했으며 이 책을 대할 때마다 마음이 개운하지 못하였다. 지난 10여 년 동안 시장경제와 세계환경이 얼마나 크게 변화했으며 소비자들이 직면하고 있는 문제들이 얼마나 다양하고 복잡해졌는지를 감안할 때 이 개정작업이 너무나 늦어졌음을 통감한다.

이 책에서는 소비자교육의 이론에 따른 실제의 교육 프로그램을 구성해서 교육시키는 부분을 강조했기에 이전 책과 달리하여 제목을 '소비자교육의 이론과 실제'로 바꾸었다. 또한 소비자교육학을 처음 집필할 때와 마찬가지로 소비자교육적 사고와 이론을 체계화한 저서가 드문 상황에서 이 책을 재구성하는 과정에서 많은 고심을 하였다. 제1, 2, 3부를 재구성하였으며 제4부인 주제별 소비자교육은 새롭게 구성하였다.

제1부에서는 소비의 개념을 확장시켜 소비자의 포괄적인 개념과 역할을 이해하도록 의도하였으며, 시대적 추세와 생활양식의 변화에 따른 새로운 소비자유형을 제시하고자 하였다. 또한 소비자교육의 기초로서 소비자주권의 개념을 도입하였다.

제2부에서는 소비자교육의 이론적 측면을 모두 함께 묶어서 재구성하였다. 소비자교육의 형태별로 효율적인 소비자교육이 이루어질 수 있는 방향과 소비자교육 프로그램의 설계방안을 강조하고, 특히 학교 소비자교육 내용의 조직과 구성을 구체적으로 제시하였다.

제3부에서는 소비자교육의 대상별로 소비자의 행동특성과 문제, 그리고 교육방안을 다루었다. 아동소비자 교육에서는 유아를 포함한 아동으로 개념을 확장하여 대상으로 하였으며 청소년소비자와 노인소비자 사이에 성인소비자를 추가하여 대상별 소비자교

육을 재구성하였다.

제4부는 새로이 구성된 영역으로서 다음의 4가지 주제를 다루었다. 소비자에게 우선적으로 중요하다고 여겨지는 소비자 환경교육, 소비자 안전교육, 소비자 재무교육, 소비자 정보화교육으로서, 각각의 주제별 소비자교육 이론과 소비자교육 프로그램의 예를 제시하였다.

소비자교육은 급변하는 경제사회에서 소비자역할을 수행할 수 있는 능력을 키우고 소비자 사회화를 촉진시킴으로써 민주사회의 소비자주권을 확립하고 합리적이고 건전한 소비자시민을 양성하는 데 기여한다.

지금은 의식이 건강하고 깨어있는 소비자시민의 역할이 그 어느 때보다 중요한 시점이다. 정보통신의 혁명에 따른 전자상거래의 확산과 세계시장규모의 확대로 소비자문제와 피해도 더욱 확대될 것이므로 소비자들이 이에 대처할 수 있도록 준비되어야 한다.

이러한 의미에서 이 교재가 소비자들로 하여금 경제현실과 세계적 추세를 바르게 이해하여 합리적인 의사결정을 하고 소비자의식과 능력을 갖춘 소비자로 거듭 태어나게 하는 데 기여할 수 있으리라고 생각한다.

이 책이 나오기까지 많은 사람들의 도움이 있었다. 특히 소비자교육연구실의 구성원들로부터 수정 및 보완자료의 수집에서부터 최종 교정에 이르기까지 세심한 도움을 받았다. 박사후 연수연구원인 민현선을 비롯하여 수고한 모든 이에게 사의를 표하는 바이다.

그리고 이 책을 출간하는 데 정성을 다해준 교문사 (주)교문사 류제동 사장님, 양계성 편집부장님과 직원 여러분께도 감사드리며, 무엇보다도 이 작업을 할 수 있는 여건과 평안을 허락해 주신 주님께 가장 큰 감사를 드린다.

1999년 7월

관악산 기슭에서 저자

# 차 례

Part 2

# 소비자교육의 이론

Part 4

## 주제별 소비자교육

# Part 1

# 소비자교육의 기초

Chapter 1 소비자의 이해

Chapter 2 소비자주권의 확립과 소비자교육

Chapter 3 소비자주의: 소비자교육 발전의 원동력

개인적 · 사회적 존재로서의 소비자를 교육시키는 일은 소비자의 의식을 일깨우고 시장환경에 대한 대처능력을 키워줌으로써 생활의 질을 향상시키는 데 직접적으로 기여하는 것이다. 소비자교육에서는 학습주체인 소비자에 대한 이해가 우선되어야 하며, 소비자교육을 통해서 도달해야 하는 목표 속에는 소비자주권의 실현이라는 이념적 · 실천적 목표가 내포되므로 소비자권리, 소비자책임의 설정 배경과 내용을 중심으로 소비자주권에 대한 이해를 높여야 할 것이다.

또한 소비자교육의 원동력과 발전적 힘이 되고 있는 소비자주의에 대한 인식이 필수적인데, 소비자교육의 발전적 흐름에는 소비자주의가 형성되고 전개된 역사가 기초하고 있기 때문이다.

# Chapter 1

# 소비자의 이해

"21세기 화두는 소비자"라고 할 정도로 오늘날 소비자라는 용어는 일상화되어 있고 일반 대중에게도 매우 익숙해져 있다. 그리고 일류 기업의 CEO들은 그 중요성과 가치를 매우 강조한다. 그럼에도 불구하고 소비자의 정확한 개념은 사람에 따라서 다르게 인식되고 또 학문영역에서도 학자들에 따라 다르게 정의되고 있는 것이 현실이다.

더욱이 소비생활의 범위가 단순하고 소비환경이 복잡하지 않았던 과거와 달리 글로벌 소비환경이 빠르게 변화하면서 소비생활의 범위와 생활양식도 혁명적으로 변하고 있다. 이처럼 오늘날에는 소비 자체에 대한 시각도 많이 달라지고 있기 때문에 소비의 새로운 의미도 짚어 보고 소비자의 개념과 유형을 정의하기로 한다.

## 1. 소비의 개념

전통적으로 소비는 인간의 욕구를 충족시키기 위한 재화의 사용을 의미하는 좁은 개념으로 정의되어 왔다. 즉, 소비는 개인의 효용을 극대화시키려는 개인의 선택에 기초한 사적인 일로 간주되어 개별성과 자원의 소모가 강조되었다. 그러나 현대에 와서는 소비의 동태적 측면이나 문화적 측면을 강조하는 새로운 접근이 대두되었으며, 소비를 경제활동으로만 보는 시각에서 벗어나 사회문화적 활동으로 보려고 하는 폭넓은 관점이 되고 있다.

근대적인 소비의 기원 및 발전에 대하여 하나의 일반적인 시각을 제공하려고 노력하는 일부 학자들은 소비의 역사와 근대 서양사에서 소비의 역할에 대한 이해에 관심을 기울였다. 이들에 의하면 소비는 많은 사회 변화의 원인이자 결과였기 때문에 이의 출현이 서양세계의 변형을 특징지었으나 서양의 대변형(great transformation)이 산업혁명의 관점에서만 설명되어 왔으며, 산업발전의 필연적인 동반자였던 소비자혁명(consumer revolution)을 시종일관 무시하였다는 것이다. 실제로 매켄드릭(Mckendrick)과 그의 동료들은 18세기 영국의 사회변형에서 이러한 측면이 간과되었음을 지적하였다. 즉, 전통적인 접근방식은 산업혁명만을 강조하였으며 소비자에 의한 소비혁명을 무시하고 배제하였다는 것이다. 이들에 의하면 소비자혁명이 단지 취향, 선호, 구매습관에서의 변화가 아닌 근대 세계문화에서 근본적인 변화를 나타낸다. 그리하여 소비자혁명이 서양의 시간, 공간, 사회, 개인, 가족, 국가 등의 개념을 바꾼 것으로 여겨진다.

매켄드릭은 서양문화가 어떻게 16세기 이후에 나타난 새로운 소비재와 소비습관에 의존하고 또 이에 통합되었는가를 고찰하면서, 문화와 소비가 매우 복잡한 상호관계를 형성하기 시작한 역사적 환경에 관심을 두었다. 그리고 근대적인 소비란 결국 역사적인 산물이며, 오늘날의 소비는 수세기에 걸쳐서 일어난 사회적 · 경제적 · 문화적 변화의 결과로 파악하였다(McCraken, 1988).

한편, 보드리야르(Baudrillard, 1996)는 현대사회가 시작되기 이전에는 축제를 주최하거나 위신을 나타내기 위한 지출을 소비로 보지 않았으며, 현대에 와서 이러한 모든 것을 소비라고 부르게 되었는데, '소비' 라고 하는 용어를 일상적으로 사용하게 되었다는 사실은 역사 자체를 바꾸는 새로운 사회적 현실의 출현을 상징하는 것이라고 하였다. 그는 소비가 관계의 능동적 양식이며 우리의 문화체계 전체의 기초가 되는 체계적 활동 및 포괄적 반응의 양식이라고 주장하였으며 소비에서 문화적 측면의 중요성을 널리 알리는 데 크게 공헌하였다(Baudrillard, 이상률 역, 1992).

매크래켄(McCraken)도 한 사회의 소비는 문화의 영향을 받으며 문화적 의미와 깊이 관계된다고 하였다. 현대사회에서는 소비의 대상이 재화뿐 아니라 서비스가 더욱 중요해짐으로써 소비가 더욱 문화와 관련이 깊다. 또한 재화와 서비스는 인간의 욕구를 충족시킬 뿐 아니라 다양한 의미를 지니기 때문에 이들 소비는 의미의 소비를 뜻하며 소비과정에서 다양한 문화적 과정을 수반하게 된다.

그러나 지금까지 소비는 재화의 사용이라는 시각에서 물질주의에 대한 비판적 의식 때문에 소비의 문화적 의의는 학문적으로 명백히 인식되지 못하였다. 이제는 소비에 대한 학제적이고 포괄적인 시각이 적용되면서 인간의 행동양식이나 사고방식, 정체성 형성 등에서 소비영역의 영향력이 점차 커지고 있다. 현대사회를 소비사회, 현대인을 소비인(Homo Consuman)이라고 부르는 것도 소비가 삶의 중심이 되어 버린 현대의 생활방식을 표현하기 위한 것이다.

한편, 소비가 갖는 상징적 의미나 문화적 의의로 인해 현대인은 매슬로(Maslow)가 강조한 욕구계층에서 보다 더 높은 계층의 욕구를 충족시키기 위해 소비를 확대시키게 되는데 이러한 소비활동의 결과로 자원의 고갈, 지구환경문제와 같은 사회문제들이 제기되기도 한다. 소비행위가 사회의 문화적 가치관 및 규범의 영향을 받으면서 사회와 상호작용하게 되는 것이다.

이와 같은 맥락에서 볼 때 소비는 소비재와 서비스가 만들어지고, 구입되어 이용되며 그 이용의 결과까지 포함하는 일련의 과정으로서 소비의 상호의존성, 문화현상적 시각이 강조된 새로운 개념으로 정의되어야 할 것이다.

## 2. 소비자의 의의

### 1) 소비자의 개념과 역할

모든 인간은 생명을 유지하고 일상적인 생활을 영위하기 위하여 소비자로서 소비활동을 한다. 이 소비활동은 단순히 재화와 서비스를 구입하고 사용하는 데 국한되지 않고 소비를 가능하게 하는 소득의 획득, 재화와 서비스의 창출 및, 이용 후의 결과까지를 포함한 일련의 과정으로서 사회경제 · 문화적 행위이다. 따라서 소비자는 일상적인 삶의 유지를 위해 소비활동을 하는 사회경제 · 문화적 행위의 주체가 된다.

그러면 과연 누가 소비자이며 어느 정도의 범주를 갖는가?

인간의 소비과정은 생명이 형성되는 순간부터 사망 후까지 계속된다. 출생 전에는 부모에 의해서 소비가 대행되며 사망 후에도 대리인에 의해서 소비활동을 한다고 볼 수 있다. 예를 들어 태아는 임신모의 영양제 섭취나 의료 서비스 이용을 통해서 소비활동을 하며, 아동의 경우 부모가 제공하는 음식이나 의복 등을 소비하는 수동적인 소비자역할을 하다가 화폐의 효력을 인식하고 간식을 사서 먹을 수 있게 되면 경제사회에서 보다 적극적인 소비자가 되는 것이다.

그 후 청소년과 성인이 되면 더욱 활발한 소비활동을 전개하게 되며 노년기에도 이러한 소비활동은 계속된다. 인간의 수명이 연장되고 노년기가 길어짐에 따라 노인소비자의 역할도 점점 더 중요해지며 이에 따르는 소비자문제도 중요하게 다루어져야 한다. 소비자가 사망한 후의 장례는 큰 비용과 시간을 소비하는 복잡한 절차의 소비활동이다.

한편 모든 소비자는 시간상으로도 낮과 밤을 포함하여 하루 24시간 자원의 소비활동을 계속하므로 전 생애를 통해 소비자역할을 수행하는 것이다. 생산자는 소비자에 대립되는 개념이기 때문에 소비자개념에 포함되지 않지만 생산자들도 사적이고 개인적인 입장에서는 소비활동을 한다. 즉, 생산에 종사하는 순간에도 의복을 소비하며 에너지의 재생산을 위한 음식 등을 소비해야 한다. 이러한 의미에서 모든 인간이 소비자이며 소비자는 국민 일반(대중, 또는 공중)과 동일시될 수 있다. 세계적으로도 세계국민의 경제적 공통분모는 인간 모두가 소비자라는 사실이다.

## 2) 소비자의 특성

소비자는 여러 가지 자극에 노출될 때 동기가 유발되며 이 동기유발의 근원에는 인간욕구의 상호작용이 내재한다. 매슬로의 이론에 의하면 소비자 개인은 생리적인 욕구, 안전의 욕구, 애정과 소속감의 욕구, 자기존중 욕구 그리고 자아실현 욕구 등과 같은 다양한 욕구를 가지며 이 욕구에는 우선순위가 있어서 가장 기본적인 욕구부터 충족시키려 하고 그 욕구가 충족되면 다른 상위 욕구를 충족시키는 데 관심을 갖게 된다. 소비자는 끊임없는 자극에 의해 더욱 다양한 욕구가 창출되며 점점 더 증가하는 각종 유해환경에 노출되기 쉽다.

모든 인간은 소비자이고 또 소비에 대한 개념의 정의는 시대에 따라 변화하면서 적용된다. 따라서 소비자의 특성을 단적으로 설명하기는 어렵지만 소비자학이라는 학문이 성립되기 이전에 이론을 축적하여 학문적으로 앞선 경제학이나 심리학 등에서 소비자를 파악한 시각을 살펴볼 필요가 있다.

전통적인 경제학자들은 소비자를 합리적인 경제인으로 파악하였다. 또 소비자가 완전한 정보를 가지고 있으며 자주적이고 생산을 조절하고 지도할 수 있는 것으로 간주하였다. 그리고 소비자선택에 영향을 주는 중요한 요인을 소득과 가격으로 보고 소비자의 다양한 선호와 복잡한 특성을 단순화시켰다.

현대 경제학이 설정하고 있는 가장 기본적인 가정 중의 하나도 모든 경제주체가 합리적이라는 것이다. 만약 합리성의 가정이 부정된다면 경제학의 이론체계가 거의 부정될 수밖에 없을 정도로 중요한 역할을 하는데 이 합리성의 가정에 이의를 제기하게 된다. 인간의 합리성에는 한계가 있는 것이기 때문에 완벽한 합리성을 전제로 하여 도출된 이론이 현실적으로 적합하지 않으며 소비자를 파악하고 소비자행동을 분석 · 연구하는 데 있어서 경제학은 한계를 가질 수밖에 없다는 것이다.

심리학자들이 소비자연구에 관심을 가지기 시작한 것은 제2차 세계대전 이후이며 기업의 관심이 마케팅으로 쏠리면서 소비자의 동기연구에 참여하게 되면서부터이다.

심리학자들은 소비자를 약점이 많은 인간으로 파악하였으며 하나의 모델이나 틀에 완전하게 맞춰질 수 없는 복잡한 개인이라고 표현하였다. 이에 따라 심리학자인 레이몬드(Raymond)는 경제인에 관한 경제학자의 모델을 검토한 후 그러한 소비자는 현실적으로 존재하지 않는다고 강조하였다.

한편 현대의 소비자가 과거의 소비자보다 기능지향적이 아닌 점에 주목한 심리학자 레비(Levy)는 "슈퍼마켓에서 소비자는 경제인이 아니며 경제인이 될 수도 없다. 실제로 소비자는 상품의 질을 판단하는 표준을 가지고 있지 못하며 질에 상응하는 실제의 가격에 대해서도 잘 알지 못한다. 따라서 소비자는 경쟁상표 중에서 실제로 현명한 선택을 할 수 없다."라고 소비자의 특성을 묘사하였다.

소비자를 '상처받기 쉬운 인간' 으로 인식한 학자들(Myers & Reynolds)은 소비자가 현대의 시장에 대처할 수 있는 구매자로서 태어나지 않았을 뿐만 아니라 이성적 판단을 내리지 못하거나 스스로 혼란에 빠지기 쉽다고 하였다. 이와 같이 소비자는 약점이 있는 인간으로서, 현대사회에서 온전한 지각과 판단력을 가진 소비자가 되지 못하는 이유는 인간의 본성 때문이다.

소비자행동을 연구하는 학자들은 소비자를 감정적인 인간이면서도 이성적 행동을 학습할 수 있는 인간으로 파악하였다. 경제학자로서 소비자행동연구에 기여한 카토나(Katona)는 소비자는 과거에도 결코 자주적이지 못했으며 오늘날에도 마찬가지이나 그렇다고 해서 소비자가 판매자의 수중에 있는 인질은 아니라고 하였다.

소비자는 분별력이 있는 구매자로서 정보를 추구하지만 학습한 방식대로 행동하지 않고 관례적으로 행동하는 경향이 있으며, 때때로 충동적인 행동을 하기도 한다. 그러나 실제로 문제에 직면할 때에는 신중해지고 최선의 선택을 하려고 노력한다. 따라서 소비자는 이성적 행동을 학습할 수 있다는 것이다.

현대 마케팅 영역에서는 소비자행동이 여러 가지 상황에 의해 영향을 받는 것으로 간주하고 그 영향요인을 파악하는 데 관심을 갖는다. 특히 소비자의 개인적 특성과 구매행위에 영향을 미치는 사회적 · 심리적 · 문화적 요인을 마케팅 전략의 차원에서 학제적 접근으로 파악하려 한다.

최근에 소비를 문화현상으로 파악하려는 학자들은 한 사회의 소비는 문화의 영향을 받으며 문화적 의미와 깊이 관계되어서 소비 자체가 그 사회를 반영하는 것으로 보고, 소비의 초개인적인 특징을 고려하는 거시적인 시각을 발전시키고 있다.

실제로 현대 소비사회에서 소비자는 상처받기 쉽고 피해에 잘 노출되는 위치에 있는 약자이지만 의식 향상, 능력 개발의 가능성과 잠재력을 가지고 있기 때문에 소비자교육에 의해 소비자역량(consumer competancy)이 개발될 수 있으며 의식과 역량을 갖춘 소비자들의 소비행위를 통해 문화형성에 기여할 수 있다.

이와 같은 소비개념에 대한 새로운 접근은 소비자의 특성과 문화형성에 대한 주체적 역할을 이해하는 데에도 유용한 시각을 제공하게 될 것이다.

### 3) 소비자역할

인간은 생명을 유지하고 살아가는 동안 가정이나 준거집단, 사회조직에 속하게 된다. 사회는 개인으로 하여금 사회에서 차지하는 위치에 따라 특정한 행동을 하도록 기대하는데, 역할이란 이와 같이 사회적으로 규정되는 행동유형이다. 예를 들어 한 남학생은 가정에서는 자녀의 역할, 학교에서는 학생의 역할을 가지며 성장하여 결혼을 하게 되면 남편의 역할, 부모의 역할까지 갖는다. 직업을 갖게 되면 직업지위에 따른 여러 가지 역할을 가지며 사회에서는 시민으로서의 역할을 갖는다.

소비자역할이란 소비자에게 기대되어지는 역할로서 자원의 획득에서 구매 · 사용 · 처분의 과정에 이르기까지 소비자의 제활동을 포함하며 소비자권리의 실현과 책임의 수행이 중심이 된다.

과거에는 소비를 최종 소비로서 좁은 의미로 정의하였기 때문에 소비자역할을 구매행동으로 국한시켰으며 소비자역할의 다른 중요한 측면을 간과하였다. 특히 마케팅 분야에서는 소비자역할을 구매의사결정과 관련된 활동에 초점을 맞추어서 소비자행동을 연구해 왔다.

현대에 와서 소비자역할을 보다 포괄적으로 정의하게 되었으며, 재화와 서비스의 구매 및 사용 이전의 단계인 소득의 획득이라는 개념을 포함시킨 학자로서 미국 가정경제학의 태두인 리스턴(Liston)의 이론에 주목할 필요가 있다. 그는 소비과정을 시장에서의 수요에 제한시킨 전통적인 견해를 뛰어넘어서 광범위하게 규정했으며 소비자역할 행동의 차원을 확장시켜서 8개로 구성하였다. 즉, 소득의 획득, 자원의 배분, 소비지출, 저축과 사용, 정부와의 상호작용, 사회(기업 포함)와의 상호작용, 가족 서비스(가계 구매), 자녀의 소비자책임에 대한 사회화(소비자교육)이다.

이와 같은 소비자역할 개념의 확장은 현대 소비자학에서 소비자의 개념정의를 보다 폭넓게 하였으며 소비자학 연구의 범위를 확대시키는 데 크게 공헌하였다.

앞에서 언급한 바와 같이 소비자의 역할은 자원(소득)의 획득, 배분, 구매, 사용 및 처분과 관련된 제활동에서 소비자에게 기대되는 역할이며 소비자권리의 실현과 책임의 수행을 포함한다. 그러므로 소비자는 획득자, 배분자, 구매자, 사용자 및 처분자로서 사회시스템(정부, 기업 등)과 상호작용하는 역할을 갖는다.

소비자의 활동범위를 구체적으로 살펴보면 다음과 같다.

첫째로, 획득자의 역할은 어떤 소득의 원천으로부터 어떠한 방법으로 소득을 획득하는가의 문제를 내포한다. 소득의 획득은 일의 선택문제와도 관련이 있으며 소비자의 기본권리나 책임의식이 작용하게 된다.

둘째로, 배분자의 역할에는 어떠한 목표를 가지고 어떻게 자원을 배분할 것인가의 문제, 즉 소득 중에서 어느 정도를 저축하고 어느 정도를 지출해서 사용할 것인가, 그리고 지출비목별 배분을 어떻게 할 것이며 개인의 욕구충족을 위해 어떤 우선순위를 유지해야 하는가 등이 포함된다.

셋째로, 구매자의 역할은 과거에 소비자의 역할과 동일시할 정도의 비중을 차지하는 역할이었다. 오늘날에도 구매자역할이 중요하지 않은 것은 아니지만 소비자의 역할 개념에 구매 이전의 획득과 배분, 구매 이후의 사용과 처분이 포함되는 것이기 때문에 구매자로서의 역할 외에 다른 역할들이 더해진 것이다.

구매자의 역할은 어떤 구매방식으로 어떤 재화와 서비스를 구매할 것이며 어떻게 필요한 정보를 수집해서 구매의사결정을 내릴 것인가 등이 포함된다. 과학기술의 발달과 정보통신의 혁명으로 전자거래를 통한 새로운 구매방식이 출현되고 있기 때문에 이에 적응할 수 있는 새로운 구매자역할이 중요해진 것이다.

넷째로, 사용자의 역할에서는 자원과 상품의 유효성, 상품의 상징성을 잘 인식하고 사용하는 문제가 중요하다. 즉, 자원의 특성인 유효성, 접근 가능성, 대체 가능성을 인식하고 효율적인 사용을 해야 하며, 현대 소비사회에서 상품의 유용성을 중심으로 한 효용가치 못지않게 상징적 가치도 중요하므로 상품이나 서비스의 가치와 의미를 잘 활용할 수 있어야 한다. 한편, 사용자의 역할은 잠재적 역할을 포함하며 폭넓게 해석할 수 있다. 즉, 사용자의 역할은 소비자가 인간으로서 생명이 형성되어 모체로부터 영양분을 섭취하는 순간부터 사망 이후까지 이어지는 모든 것이 소비자역할이라고 할 수 있으며, 바로 이러한 잠재적인 사용자역할을 포함하는 것으로 보는 것이다.

다섯째로, 처분자의 역할에서는 상품이나 자원의 효용가치를 최대화시켜 사용함으로써 환경오염이나 지구생태계의 파괴를 최소화시키는 문제가 주요한 이슈로 대두된다. 환경을 의식하는 소비자행동을 함으로써 처분자역할을 잘 수행하게 되며 이 처분자역할은 현대사회에서 지속가능한 소비를 지향하는 데 기여하게 된다.

최근에는 이 다섯 가지 역할에서 더 나아가 소비자의 사회적 책임을 강조하는 시민소비자로서의 역할에 대해서도 주목하고 있다. 전술한 바와 같이 이상의 소비자역할에 대한 시각들은 소비자의 기능과 행동범위를 기존의 좁은 개념에 국한시키지 않고 보다 폭넓은 관점에서 소비자를 정의하고자 한다. 이러한 활동범위를 갖는 소비자가 기업(생산자), 정부, 단체 등의 사회시스템과 상호작용하는 과정에서 소비자로서의 권리를 실현하

| 획득자 | 구매자 / 선택자 | 처분자 |
|---|---|---|
| 배분자 | 사용자 | 시민소비자 |

**그림 1-1 소비자역할**

고 책임을 수행하는 역할이 매우 중요하다. 소비자가 구체적으로 어떠한 권리와 책임을 갖는지는 다음 2장에서 논의하기로 한다.

## 3. 소비자의 유형

모든 연령, 성별, 지역, 계층에 소속된 개인과 가계가 소비자이므로 그 범위가 상당히 넓어서 전체로서의 소비자특성이나 문제를 파악하기가 어렵다. 따라서 일정한 요인을 중심으로 해서 유형을 분류하고 분류된 대상에 대하여 공통적인 특성과 문제점을 파악할 필요가 있다. 특히 소비자의 교육내용을 선정하고 교육방침을 세우기 위해서는 유형의 분류가 필수적이며 유형별 소비자교육 프로그램이 구축되어야 한다.

소비자의 유형은 분류기준을 무엇으로 하는가에 따라서 다양하게 분류될 수 있는데 여기서는 인구사회적 특성과 소비자행동 특성의 두 가지 기준을 적용시켜 살펴보고자 한다.

### 1) 인구사회적 특성에 의한 유형

인구사회적 특성 요인으로서 연령, 성별, 소득계층, 지역, 시대 등에 따라 소비자를 분류해 볼 수 있다.

#### (1) 연령별 소비자유형

- 유아소비자(infant consumer)
- 아동소비자(child consumer)
- 청소년소비자(adolescent consumer)
- 성인소비자(adult consumer)
- 노인소비자(elderly consumer)

### (2) 성별 소비자유형

- 여성소비자(female consumer)
- 남성소비자(male consumer)

### (3) 소득계층별 소비자유형

- 저소득층 소비자(low income consumer)
- 중간소득층 소비자(middle income consumer)
- 고소득층 소비자(high income consumer)

### (4) 지역별 소비자유형

- 도시소비자(urban consumer)
- 농촌소비자(rural consumer)

### (5) 시대별 소비자유형

- 산업기 소비자(industrial-age consumer)
- 과도기 소비자(transitional consumer)
- 후기산업기 소비자(post industrial-age consumer)

스탬플(Stampfl, 1978)은 성년이 된 소비자를 중심으로 1920년대부터 1960년대, 1960년대부터 1990년대, 그리고 그 이후를 산업기, 과도기, 후기산업기로 구분하고 소비자의 특성을 기술하였다.

산업기 소비자는 개인적으로 많은 것을 소유하려는 의식이 강하고 편의성을 추구하며 사적인 소비가 사회와 환경에 미치는 영향을 고려하지 못하는 세대인 반면, 후기산업기 소비자는 개인의 소유보다는 사용 자체에 관심을 가져서 임대나 공동소유를 선호하고 상품의 기능성을 중시하며 환경을 의식한 재사용과 생활의 질을 추구하는 사회의 소비자이다. 그리고 이들은 소비자주의가 중심가치로 대두하고 소비자권리와 책임에 대한 인식이 높아지는 세대의 소비자이다. 과도기 소비자는 사적 소유의 기존가치와 사회와 환경을 의식하는 소비가치 사이에서 갈등을 느끼는 세대의 소비자이다.

## 2) 소비자의식과 행동특성에 의한 소비자유형

### (1) 구매행동특성에 따른 소비자유형

- 습관적 결정형 소비자(habit-determined consumer)
- 인지적 소비자(cognitive consumer)
- 가격인지적 소비자(price-cognitive consumer)
- 충동적 소비자(impulsive consumer)
- 정서적 소비자(emotional consumer)
- 미분류의 소비자(unclassified consumer)

이 유형은 우즈(Woods)의 분류로서 구매행동을 할 때 중요하게 생각하는 기준과 반응양식을 중심으로 해서 소비자유형을 분류하였다. 예를 들면 습관적 결정형 소비자는 상표에 충실하고, 가격인지적 소비자는 가격이나 경제가치를 토대로 한다. 또한 인지적 소비자는 이성적 요구에 민감하고, 충동적 소비자는 상품의 외양을 중시하며 정서적 소비자는 상품 이미지의 영향을 받아서 구매한다고 설명하였다.

### (2) 소비자참여의 위계에 따른 소비자유형

- 영향력 있는 소비자(consumer influentials)
- 적극적 소비자(active consumers)
- 의존적 소비자(dependent consumer)
- 비의사결정자(non-decision makers)

하이먼 외(Hyman & Shingler, 1999)는 소비자를 소비자참여의 위계정도에 따라 위의 네 가지 유형으로 분류하였다. 먼저 영향력 있는 소비자유형은 타인의 의사결정에 영향력을 행사하는 적극적 소비자유형으로서 정책 관련 집단소송이나 정부당국에의 항의 등을 주도하며 지역회의에도 능동적으로 참여하는 행동 특징을 보인다. 이들은 타인의 의사결정을 지원하는 역할을 자발적으로 수행한다. 적극적 소비자는 다양한 정보원에 기초하여 의사결정을 내리는 소비자유형으로 커뮤니티에 참여하여 미디어와 가족, 지인, 그리고 판매자와 광고 등 다양한 채널로부터 적극적으로 정보를 획득한다. 의존적 소비자유형은 타인에게 의사결정을 맡기는 유형으로 커뮤니티의 영향력 있는 인사의 의견을 따르며 지인이나 판매자의 의견도 잘 수용하는 경향이 있다. 마지막으로 비의사결정자는 적극적 관여가 없는 소비자유형으로서 대안은 알지만 행동으로 이행하지 않는 경우와 대안도 모르고 행동도 하지 않는 경우, 전혀 관여치 않고 행동하지 않는 경우 모두를 포함한다.

### (3) 환경에 대한 의식을 기준으로 한 소비자유형

- 생태의식적 소비자(ecologically concerned consumer)
- 비-생태의식적 소비자(non-ecological concerned consumer)
- 반-생태의식적 소비자(anti-ecological concerned consumer)

이 유형은 헤니온(Henion)이 분류한 것으로 자신의 소비가 환경에 미치는 영향을 얼마나 고려하는가를 기준으로 하였다.

생태의식적 소비자란 특정제품 및 서비스의 구매, 소유, 사용, 처리와 관련된 환경적 결과에 대해 사회적 가치, 태도, 의식, 행동 면에서 상대적으로 지속적이고도 의식있는 관심을 표시하고 반영하는 소비자이며, 비-생태의식적 소비자는 제품 및 서비스가 환경에 미치는 결과에 대해 무관심하지만 환경지향적 프로그램과 목적을 적대시하지 않는 소비자이다. 반-생태의식적 소비자는 환경의 질을 개선하는 프로그램과 목적에 대해 반대하는 반응을 지속적이고 의식적으로 표시하는 소비자이다(박운아, 1997).

한편 환경에 대한 의식과 관련한 여러 학자들이 사용한 소비자유형에 해당하는 용어로서 환경에 책임 있는 소비자(environmentally responsible consumer), 사회적으로 의식 있는 소비자(socially conscious consumer), 녹색 소비자(green consumer) 등이 있다.

### (4) 특수한 행동성향의 소비자유형

- 중독구매성향 소비자
- 과시소비성향 소비자

중독구매(addictive buying)란 지나치게 구매에 이끌리고 구매욕구를 억제하지 못하는 특성을 가진 구매로서 중독구매자의 일반적인 특성은 과도한 구매충동, 통제력의 상실, 불행감, 죄책감으로 인한 생활기능의 장애를 나타낸다.

이들의 구체적인 행동을 보면 필요하지도 않은 물건을 구매하여 그 물건 자체에 대한 애착은 적으며 스트레스나 불행감으로부터 도피하기 위하여 구매하고 과도한 구매행동 후에는 죄책감, 불안감이 뒤따른다. 구매하는 순간에는 일시적으로 감정이 고조되어 행복하고 기분이 좋으나 곧바로 후회하고 우울한 감정이 되는 심한 감정의 기복을 겪으며 다른 가족이 알까 봐 구매한 물건을 감추기도 한다. 그리고 구매하러 가지 못하게 되면 신경이 예민해지고 불안해지며 불행감을 느낀다.

이러한 중독구매행동은 일부 비정상적인 소비자집단에만 존재하는 것이 아니고 일반 소비자도 가지고 있는 행동성향으로 양적 문제이기 때문에 이런 관점에서 일반 소비자를 대상으로 한 중독구매성향에 대한 연구도 필요하게 된다(송인숙 · 이기춘, 1994).

과시소비란 남에게 보이기 위한 소비로서 여러 가지 형태가 있을 수 있지만 현대 자본주의 사회에서 문제가 되는 일반적인 의미의 과시소비는 자신의 지위를 드러내기 위한 목적으로 부를 전시하기 위하여 재화와 서비스를 사용하는 소비이다.

과시소비현상은 원시사회부터 있어 왔지만 과시소비의 개념이 구체적으로 인식된 것은 베블렌(Veblen) 이후부터이다. 그는 과시소비는 사용을 통해 효용을 얻기 위한 목적보다는 화폐보유력을 과시하기 위한 목적으로 재화와 서비스를 소비하는 것으로 정의하였다.

한편, 비스베데(Wiswede)는 과시라는 측면에 초점을 맞추어 과시소비를 폭넓은 개념으로 받아들이고 있다. 즉, 과시소비를 특징에 따라 소비지출의 양적인 측면의 과시소비, 신상품 구입에 의한 과시소비, 숙련된 상품구입능력에 대한 과시소비, 전문점에서 유명상표 구입을 통한 과시소비의 네 가지 유형을 포함하였다(백경미, 1995).

과시소비는 사회와 시간의 변화에 따라 개념정의가 다양하게 이루어지고 있다. 오늘날의 과시소비성향은 특정 소비자집단에 국한된 상황이 아니고 일반 소비자들의 일상생활에서 나타나고 있으며 과시소비가 계층, 세대, 성, 지역, 인종 및 문화적 차이에 관계없이 사회 전 영역에서 확대되고 있는 보편적인 현상의 하나이므로 과시소비성향의 소비자에 대하여 관심을 갖지 않을 수 없다.

**Consumer Issue 1-1**

## 국내 소비자, 불황 소비 형태 달라졌다

국내 소비자들이 불황이라 해서 무턱대고 소비를 줄이는 대신 대체 제품 구매나 구매 시기 재조정, 구매 전 정보 탐색 등의 소비 전략으로 불황에 대응하고 있다는 조사 결과가 나왔다.

제일기획은 서울 및 수도권에 거주하는 20~49세 남녀 660명을 대상으로 '2009 불황기 소비자유형'을 조사한 결과 외환위기, 카드사태 등을 거치며 학습효과를 쌓은 국내 소비자들이 이번 불황에는 달라진 지출 형태를 보이고 있었다고 17일 밝혔다.

### 먹는 건 줄여도 통신비 못 줄여

불황기에는 보통 소비재의 구매가 줄고 내구재 구매를 연기하는 것이 일반적이다. 실제 이번 조사 결과 식품, 외식, 간식, 패션 같은 소비재 지출은 줄인다는 응답이 많았고 아파트, 자동차, 가전제품 같은 내구재는 소비를 연기하거나 중단한다는 비율 역시 높았다.

특이한 것은 학습지, 학원·과외와 같은 교육 관련 지출 외에도 보험·저축과 함께 통신비에 대한 지출을 유지하겠다는 응답이 높았다는 점이다. 이는 의식주 못지않게 통신 서비스가 삶에서 차지하는 비중이 높아졌기 때문으로 풀이된다.

### 착한 가격, 오래가는 제품 찾아

경기 불황은 제품을 선택하는 기준에도 영향을 미친 것으로 조사됐다. 불황 이전 소비자들이 제품의 기능과 성능을 가장 중요하게 고려했다면, 불황 이후에는 가격과 내구성의 영향력이 더 높아졌다고 답했다. 특히 구매하는 데 '내구성'을 따진다는 응답이 크게 높아진 반면 디자인이나 브랜드 영향력은 줄었다.

### 인터넷으로의 구매 채널 변화

불황기 이전의 구매 장소와 불황 이후의 구매 의향 장소를 비교한 결과 개인 디지털기기나 가전제품에서 패션, 금융에 이르기까지 전반적으로 인터넷을 통한 구매 의향이 눈에 띄게 높아졌다.

인터넷에서는 제품 및 브랜드 관련 정보탐색을 주로 하고 구매는 눈으로 직접 보고 사려는 경향이 변화한 것이다. 소비자들이 인터넷을 통한 구매에 개방적인 태도를 갖게 됐을 뿐 아니라 불황으로 인해 외출을 자제하고, 인터넷 이용 시간은 늘어난 생활의 변화 역시 반영된 것으로 보인다.

**여가 지출은 줄여**

조사 결과 경기 불황은 소비자들의 여가 패턴과 미디어 이용 습관에도 영향을 줬다. 조사 대상자들은 여행, 쇼핑, 공연 관람과 같은 집 밖에서의 여가활동을 대폭 줄인 데 반해 인터넷이나 DVD 시청, 독서를 통한 실내형 여가 시간은 늘렸다고 답했다.

제일기획은 또 소비자들의 유형이 경기를 신중히 지켜보며 조금씩 조절하는 '불황주시형(전체의 30%)', 사회 분위기를 민감하게 받아들여 소비를 줄이고 브랜드를 대체해 구매하는 '불황동조형(24%)', 거의 모든 지출을 줄이는 '불황복종형(22.5%)', 자신에게 투자하는 소비만큼은 양보하지 않는 '불황자존형(14.7%)', 불황의 영향을 거의 받지 않는 '불황무시형(8.6%)' 등 다섯 가지 유형으로 분류됐다고 밝혔다.

박경연 제일기획 커뮤니테이션연구소 국장은 "지난 10년간 소비자들은 불황 민감성 체질로 바뀌었지만 IMF의 학습 효과 등으로 인해 실제 행동에 있어서는 신중한 모습을 보이고 있으며 대처 방식도 다양하게 나타나고 있다."고 설명했다.

출처: 머니투데이(2009. 5. 17)

## Consumer Issue 1-2

### 소비자유형만 파악하면 회사 매출 안 오른다

요즘은 소비자들의 개성이 강하고 취향도 다양해졌다. 기업은 그들을 유형별로 분류하고 그 특성을 파악하는 데 많은 노력을 기울인다. 그러나 집단별 특징을 기술하는 데 그치고 있어 기업 경영에 별 도움이 되지 못한다. 겉으로 드러난 특징을 묘사할 뿐, 시장 구성의 본질을 꿰뚫는 통찰력을 제공하지는 못하기 때문이다.

방문 판매를 위주로 하는 국내의 한 화장품 회사는 실적이 그리 나쁘진 않았지만, 성장이 제자리걸음을 하고 있었다. 원인을 살펴보니 방문 판매 직원들이 자기 자신과 비슷한 '라이프스타일과 소비패턴(Value And Life Style, VALS)'을 가진 고객에게는 곧잘 다가가 판매했지만, 라이프스타일과 소비패턴이 다른 고객에겐 어떻게 공감을 이끌어 내야 할지 몰라 어려움을 겪는 것이었다.

그래서 이 회사는 다양한 소비자들의 특징을 알아보고자 1,000명의 여성을 대상으로 조사를 수행했고, 그 결과 화장품을 구매하는 여성 소비자들을 여섯 유형으로 나눌 수 있었다.

- **자포자기형:** 의욕이 없고 소극적이며 나서기를 싫어하고, 마치 우울증에 걸린 사람들처럼 전반적으로 축 늘어진 생활을 한다.
- **알뜰소박형:** 소시민적인 꿈을 가진 유형으로 경제적으로 여유롭진 않지만, 산동네 같은 곳에 살면서도 어디론가 일을 나가고, 희망을 품고 자식과 남편을 뒷바라지한다.
- **미시개성형:** 주체의식이 강하고 자신의 즐거움을 중시한다.
- **대세리드형:** 압구정동이나 대치동 같은 고급 주거지에 살며 생활에 활력이 넘친다.
- **욕구불만형:** 대세 리드형을 좇아가려고 하지만, 경제적으로 그만한 위치에 있지 못해 불만스럽고, 그래서 마치 권태기 여성처럼 남편에게 바가지를 긁거나 아이들에게 잔소리를 해댄다.
- **안정건실형:** 전형적인 이웃집의 아줌마 타입이다.

이렇게 소비자의 유형을 나누어 보는 것도 유용하지만, 여기서 정작 중요한 포인트는 이런 차이를 낳는 '핵심차원(core dimensions)'이 무엇인가를 통찰할 수 있어야 한다는 점이다. 핵심차원이 무엇일까? 다시 위의 화장품 기업의 사례로 돌아가자. 그 회사는 여섯 가지 여성 소비자의 유형을 아래의 표와 같이 정리했다.

| 구 분 | 열등감 | 자족감 | 우월감 |
|---|---|---|---|
| 내향적 | 자포자기형 | 알뜰소박형 | 미시개성형 |
| 외향적 | 욕구불만형 | 안정건실형 | 대세리드형 |

표에 의하면 의욕이 없는 자포자기형과 불만이 가득한 욕구불만형은 '열등감'의 표출이라는 공통점을 가지고 있음을 알 수 있다. 반면에 자기 삶을 즐기는 미시개성형과 생활이 활발한 대세리드형은 '우월감'이라는 공통분모를 가지고 있다. 또한 표의 가운데 위치한 소시민적 알뜰소박형이나 이웃집 아줌마 타입의 안정건실형은 둘 다 현재 가진 것에 대해 그런대로 '자족'하며 사는 사람들이다.

요약하자면, 셋으로 구분된 좌우 축의 항목들은 열등감의 표현 방식이라 볼 수 있다. 우월감이라는 것도 따지고 보면 열등감의 일종이기 때문이다. 상표가 두드러진 옷을 입으려는 심리는 열등감을 감추려는 다른 표현이기도 하다.

이제 상하의 축을 보면, 상단에 위치한 자포자기형과 알뜰소박형, 그리고 미시개성형 여성들의 공통점은 사회성 방향이 '내향적'이라는 것이다. 이들은 남에게 자신을 드러내고 싶어 하지 않는다. 자포자기형은 성격 때문에, 알뜰소박형은 어려운 경제적 상황 때문에 어울리려 하지 않는다. 미시개성형의 경우도 자기와 통한다 싶은 사람들과는 잘 어울리지만, 그 외의 사람들하고는 담을 쌓고 지내려는 경향이 있다.

반면에 하단의 욕구불만형이나 안정건실형 또는 대세 리드형의 여성들은 '외향적' 특성을 갖는다. 다른 사람들과 어울리거나 대화하는 일이 많은 사람들이다. 욕구불만형은 남편의 험담도 스스럼없이 하고, 안정건실형은 이웃과 담이 없는 것처럼 생활한다. 또 대세리드형은 자기가 잘 살고 있음을 자랑하기에 바쁘다.

이와 같은 시각으로 보면 시장의 모든 여성 소비자들을 단 두 개의 축, 즉 '열등감의 표현방식'이라는 잣대와 '사회성의 방향성'에 따라 나누어 볼 수 있다. 이런 분석은 이 화장품 회사의 판매방식에 큰 변화를 가져왔다.

우선 이 회사의 방문 판매직원들은 고객이 두 차원에서 어디에 속하는지 쉽게 구별하는 방법을 교육받았다. 또한 각 고객 유형별로 ① 어떻게 관계를 '개시'하고, ② 어떻게 욕구를 파악하여 해결안을 들고 '접근'할 것인가, 그리고 ③ 어떻게 판매를 성취하고 '마무리'할 것인가에 대해 역할연기(role-play) 훈련을 받았다.

판매원들은 이제 자신의 상식 수준에서가 아니라 전혀 다른 각도에서 소비자를 볼 수 있게 되었다. 다시 말해 시장을 보는 새로운 시야(perspective)를 갖게 된 것이다. 그들은 이제 망설이지 않고 고객에게 다가갈 수 있었으며, 또한 다른 직원에게서 고객을 새로 인계받을 때 이미 파악된 유형에 따라 어떤 방식으로 접근해야 할지 곧바로 판단할 수 있었다.

그 결과 놀랍게도 3년 만에 매출이 3배 이상으로 뛰었다. 반드시 이 교육 때문만은 아니라 해도, 어떻게 다가가야 할지 막막하던 고객들의 라이프스타일과 소비패턴을 이해함으로써 소통이 가능해진 결과이다. 같은 제품을 구매하는 소비자들이라도 라이프스타일과 소비패턴은 저마다 다르다. 다양한 고객을 구분하는 '핵심차원'을 모르고 일선 판매 현장에 나가는 영업 직원들은 눈을 가리고 소비자 시장을 헤매는 것과 마찬가지다.

출처: 조선일보 위클리위즈(2010. 12. 18)

# Project

1 전통적인 소비의 개념과 새로운 소비개념의 차이를 설명하고, 소비개념이 확대된 원인을 검토해 보자.

2 매슬로의 욕구이론을 검토해 보고, 이 이론에 따른 인간의 욕구가 소비자특성과 어떤 관련이 있는지 연구해 보자.

3 정보화사회에서의 구매자역할이 어떻게 변화하고 확대되는지를 생각해 보고, 새로운 구매방식으로 대두한 전자상거래의 장단점과 소비자역할의 변화를 생각해 보자.

4 사회의 지속가능한 발전과 소비자의 처분자역할은 어떤 관련이 있는지 생각해 보고, 환경친화적 처분자역할의 예를 제시해 보자.

5 소비자유형에 대한 이해가 왜 필요한지 그 이유를 생각해 보고, 연령별 소비자유형 중 하나를 선택하여 소비자교육의 의의를 파악해 보자.

Chapter 2

# 소비자주권의 확립과 소비자교육

**소비자교육을** 통해서 도달하고자 하는 궁극적인 목적의 하나는 소비자주권을 확립하는 것이다. 소비자주권 확립은 소비자의 자주적인 선택이 시장구조를 통하여 생산구조에 영향을 미치게 되고 그 결과로서 소비자복지에 기여하게 된다는 명제를 갖는다.

소비자주권의 실현은 시장에서의 공정한 경쟁의 유지라는 객관적인 조건과 소비자의 소비자 주권의식과 선택능력 제고라는 주체적인 조건의 두 가지 측면을 전제로 한다. 특히 소비자 주권의식과 소비자 선택능력을 향상시키는 일은 소비자교육과 깊은 관련이 있으며, 소비자교육에서는 소비자의 법적 · 도덕적 권리 및 소비자책임의 의미와 내용이 강조되어야 할 것이다.

## 1. 소비자주권의 개념

소비자주권이란 소비자의 선택이 시장을 통하여 사회 전체의 자원배분을 결정하는 것으로 민주사회에서 국민들이 정치적인 주권을 가졌듯이 시장경제에서 소비자들이 경제적인 주권을 가져야 함을 의미한다. 이는 자유경쟁을 원칙으로 하는 자본주의 경제에서 생산을 결정하는 최종적인 권한이 소비자에게 있다는 것을 뜻하는 것으로 1936년 허트(Hutt)에 의해 처음으로 사용되고 사무엘슨(Samuelson)에 의해 공인된 용어이다(윤정혜, 1988). 사무엘슨은 "무엇이 얼마나 생산되어야 하는가는 소비자들의 화폐투표(dollar votes)에 의해 결정된다. 정치제도에서 실행되는 2~4년마다의 주기적인 투표가 아니라 수시로 상품의 구매에 대한 소비자들의 결정이 투표를 하는 것이다."라고 하였다(서정희, 1993).

소비자주권의 실제 내용은 아담 스미스(Adam Smith)의 《국부론》에서 많이 다루어지기 시작하였다. 그는 "소비는 모든 생산의 유일한 목적이며 생산자의 이익은 소비자의 이익을 증진시키는 범위 안에서 고려되어야 한다. 이 명제는 자명한 것으로 증명할 필요가 없다."라고 소비자주권의 원리를 제시하였다.

모든 생산은 결국 소비자시장을 통하여 상품화되며 이들 제품은 소비자에 의해 구매되어 소비자의 욕구를 충족시키게 된다. 이로써 생산자들은 목적을 달성하고 이윤을 획득하게 된다. 그러므로 모든 생산자는 소비자가 원하는 재화를 소비자가 원하는 가격에 공급함으로써 경제 사회를 유지할 수 있게 된다는 것이다.

따라서 소비자주권은 법률상의 권리이기보다는 경제구조상 정해진 개념으로서 자본주의 경제구조에 있어 양 주체인 소비자, 생산자의 상호관계에서 최종적인 의사결정의 힘이 소비자에게 있다는 것을 의미한다. 이것은 단순히 소비생활에 있어서 다양한 대안이 제공됨으로써 선택의 자유가 보장된다는 의미가 아니라 소비자 개개인의 자유롭고 자주적인 선택권이 시장구조를 통해서 궁극적으로 생산자들이 어떤 제품을 생산할 것인가를 결정한다는 의미이다. 이러한 소비자주권의 개념은 규범적 개념이다. 따라서 급격하게 변동하는 불안정한 세계경제 상황이나 사회문제화되는 소비자문제에 대해 현실적으로 대처하여 소비자복지를 증진시키기 위한 실천적인 개념의 정립이 필요하다.

소비자주권이 어느 정도로 실현될 수 있는가는 역사적으로 산업화가 진행되고 또 탈산업화되는 과정에서 사회와의 상호작용 속에서 고찰되어야 한다.

먼저 산업혁명 이전 단계에서의 소비자주권을 보면 자급자족시기에는 시장이 존재하지 않았고 소비자의 욕구수준도 낮은 단계에 머물러 있어서 소비자문제나 소비자주권에 관한 논의가 이루어질 수 없었다. 주문생산시기에는 소비자의 주문에 따라 생산이 결정되었으며 특히 소비자와 생산자의 관계가 구체적이며 인간적인 관계를 유지하였고 생산자와 소비자가 만나는 시장이라는 매개체도 구체적인 거래장소로 존재하였다. 소비자문제의 발생원인은 개인적인 수준 이상으로 사회문제화하지 않았고 자체적으로 해결되었다. 따라서 소비자주권과 관련된 문제들이 사회쟁점화하지 않았다고 유추할 수 있다.

산업혁명이 시작되면서 본격적인 대량생산이 가능했고 산업과 시장경제가 발전하였으며 사회발전의 논리는 대량생산과 대량소비를 통한 부의 창출을 기본으로 하였다. 생산자는 기업이윤의 증진을 위하여 소비자수요를 예측하고 소비자수요를 창출할 필요를 갖게 되었고 소비자도 물질적으로 풍요로운 사회에서 욕구수준이 상승하고 부의 축적과 과시소비 등을 행하게 되었다.

산업사회의 양적 발전과 함께 안전성, 적정가격, 정보왜곡 등의 소비자문제가 사회구조적으로 발생하였으며, 소비자와 생산자의 관계가 비대칭적 · 적대적 관계로 진행하고 소비자주권의 실현은 요원한 문제가 되어 버렸다.

사회변화에 따라 소비자 개념과 역할의 확장에 대한 동의가 형성되듯이 소비자주권의 개념도 경제적 개념으로 제한되지 않고 경제적 주권과 정치적 주권의 측면에서 정의되고, 소비자의 중요한 법적 권리와 윤리적 책임을 포함하는 확장된 개념이 적용되어야 할 것이다.

## 2. 소비자주권의 실현과 소비자교육

소비자주권의 실현은 광범위한 소비자문제의 궁극적인 해결과 소비자복지에 기여하는 것으로 시장에서의 공정한 경쟁의 유지라는 객관적인 조건과 소비자 주권의식과 선택능력 제고라는 주체적인 조건의 두 가지 측면에서 접근할 수 있다. 다시 말해서 오늘날의 소비자문제는 소비자주권이 실현되기 위한 객관적 조건과 주체적 조건이 충족되지 못하고 있다는 점에 있다. 따라서 소비자문제를 해결하고 소비생활의 질적 향상을 이루기 위해서 이 두 가지 조건을 충족시킬 수 있는 방안이 강구되어야 한다(서정희, 1993).

특히 후자인 소비자 주권의식과 소비자 선택능력을 향상시키는 일은 소비자교육과 깊은 관련이 있으며, 전자인 시장의 공정경쟁 유지도 올바른 소비자 역할행동에 의해서 강화될 수 있기 때문에 소비자주권의 실현을 위해서 소비자교육의 정립과 실시는 매우 중요한 일이다.

이근후(1980)는 소비자주권을 침해하는 요인으로 소비자의 판단력 결여, 기업의 가격지배력 등을 들고 소비자교육을 통하여 소비자들이 선택능력을 갖게 함으로써 소비자주권을 확립할 수 있다고 하였다.

소비자주권의 개념을 경제적 주권과 정치적 주권의 측면에서 정의한 허위(1979)는 소비자문제가 불완전한 소비자정보, 가격결정에서의 소외, 소비자의 인간적인 약점 때문에 발생한다고 보고 소비자주권을 회복하기 위해 조합형 및 정보제공형의 소비자운동을 제시하였다. 이렇듯 소비자운동의 전개와 활성화에 있어서도 소비자교육은 중요한 역할을 담당한다.

소비자가 거대한 경제력을 가지고 있는 생산자와의 관계에서 대등한 관계를 형성·유지하고, 정부로 하여금 소비자주권의 실현을 위한 여러 가지 정책을 수립하게 하기 위해서도 강력한 소비자조직이 필요하다. 이러한 소비자의 조직화는 소비자의 적극적인 참여의식이 있어야 하며 소비자의식을 제고시키기 위한 소비자교육이 필요하게 된다.

소비자교육은 소비자권리의 실현과 소비자책임의 수행을 포괄하는 소비자역할을 잘 수행할 수 있는 소비자능력을 함양시킴으로써 궁극적으로 소비자주권의 실현에 기여한다.

Consumer Issue 2-1

## 이왕이면 '바이콧(Buycott)'

**보이콧(boycott)을 넘어 바이콧(buycott)으로**

멜라민과자, 석면탈크 등 일상생활에서 접하는 제품에서 유해물질이 잇따라 발견되면서 소비자들이 스스로 시장을 바꿔나가기 시작했다. 에코마니악(Eco-Maniac), 윤리적 소비, 착한 소비 등 이름은 다르지만 행동은 같다. '당신이 가치를 두는 제품을 사라(buy)'는 것이다.

**모임에서 직장에서 바이콧**

지난 5월 1일 저녁 7시 서울 세종문화회관에서 아름다운가게 자선음악회가 열렸다. 회관 1층 로비엔 '어린이들에게 꿈과 희망을 나눠 주신 당신은 아름다운 분입니다.'라는 대형 펼침막이 걸렸다.

그 앞에서 감색 신사복과 하늘거리는 시폰치마로 잘 차려입은 노부부가 수줍은 표정으로 기념촬영을 하고 있었다. 황호열(62), 김양숙(60) 부부였다. 김씨는 "아름다운가게에 갔다가 정명훈씨가 지휘하는 자선연주회를 한다는 얘기를 듣고 왔다."고 말했다.

"이 자선음악회 수익금으로 아름다운가게 100호점을 낸다니 기분이 좋아요. 초창기부터 아름다운가게에 다녔거든요. 얼마 전엔 아름다운카페에 친구들을 데려가 차를 샀어요. 마치 우리가 선진국 시민이 된 듯한 느낌이 들었어요."

그는 뿌듯한 표정으로 "예전엔 친구들이 모이면 그냥 사는 얘기나 했는데 요새는 천연조미료는 뭘 먹느냐, 기부는 어디에 하느냐 하는 얘기를 나눈다."며 "나는 아름다운가게에서 사라고 추천한다."고 말했다.

아름다운가게는 기증받은 물품이나 공정무역재활용제품을 팔아 그 수익금으로 어려운 이웃이나 풀뿌리 비영리기구들을 돕는 사회적 기업이다.

어떤 사람들은 직장에서 윤리적 소비, 녹색구매를 전파한다. 서울 을지로 SK텔레콤 티타워 지하의 직원용 카페는 전 메뉴가 공정무역 커피인 피스커피-카페티모르였다. 공정무역 커피를 마시자는 아이디어를 낸 사람은 사회공헌업무와 관계없는 일반직원이었다.

신요한 SK텔레콤 사회공헌팀 매니저는 "우리 회사가 카페티모르를 통해 소외 청소년 일자리를 만들고 있다는 보도가 나간 적이 있는데 경영지원팀의 한 직원이 그 기사를 보고 전화해 '우리 직원들도 카페티모르를 마시자' 고 제안했다."고 설명했다.

신 매니저는 '카페티모르로 바꾸니 맛이 좋다', '이왕이면 의미 있는 커피를 마시니 좋다' 는 등 직원들의 반응이 좋았다며 그래서 올해 초엔 임원회의나 외부손님 미팅 때 내놓는 쿠키도 '장애인 사회적 기업이 만든 위캔쿠키' 로 바꿨다고 말했다.

엄정길 대우증권 사회공헌 담당 차장은 지난 4월 리서치센터 한 직원으로부터 독특한 제안을 받았다. "우리가 녹색투자상품, 그린코리아 주식형 마스터랩을 팔고 있으니 우리 직원들도 녹색제품을 사는 캠페인을 벌이자."는 것이었다.

"처음 제안을 받았을 땐 조심스러웠어요. 여러 사회공헌 프로그램을 시도해 봤지만 직원들에게 어떤 제품의 구매를 독려하자는 제안은 처음이었거든요. 그래서 친환경제품을 온라인에서 판매하는 '이로운몰' 을 소개하는 자료를 사내게시판에 올려봤는데 직원들의 관심이 높아 의외였어요."

**착한 시장을 만드는 메가트렌드**

전문가들은 환경, 사회를 생각하는 소비는 단순한 유행이 아니라 메가트렌드라고 분석한다. 사회적 패러다임을 바꾸는 큰 줄기의 변화라는 것이다.

《트렌드코리아 2009》의 저자 김난도 서울대 소비자학과 교수는 '어떤 것보다 강력한 소비자운동은 구매운동, 즉 바이콧(buycott)' 이라며 "소비자 구매가 기업을 변하게 하고 있다."고 말했다.

또 '앞으로 소비자들은 제품의 기획 · 생산 · 유통 · 소비 전 과정에서 친환경성을 특별하다고 생각할 것도 없는 매우 당연한 가치로 인식하게 될 것이라고 예측했다.

변화는 전 세계에서 함께 일어나고 있다. 시티그룹은 최근 발간한 보고서에서 미국 소비자들이 양이 아닌 질과 윤리적 가치에 초점을 둔 검소하면서 양심적 소비로 이동하고 있다고 분석했다.

다국적 광고회사인 유로 RSCG는 미국과 영국, 프랑스 국민 500명을 설문조사한 결과 소비의 양을 줄인 자발적 검소함의 욕구와 윤리적 가치 소비가 결합하면서 소비의 양식이 바뀌고 있다고 밝혔다.

김재춘 아름다운가게 정책지원국장은 바이콧은 이왕이면 좀 더 사회공익적이고 친환경적 가치를 지닌 제품을 소비하자는 운동이라며 이를 통해 소비자는 더 믿을 수 있는 제품 시장을 얻을 수 있을 것이라고 설명했다.

그는 "소비자들이 웰빙제품을 찾으니 친환경철학이 없던 일반기업들도 친환경제품을 생산하기 시작했다."며 "소비자가 윤리적 · 사회적 가치를 고려한 제품을 사면 일반기업들도 생산 유통 전 과정에서 그러한 가치를 추구하도록 자극할 수 있다."고 강조했다.

**윤리적인 친환경제품을 살 수 있는 온라인 쇼핑몰**

- 이로운몰(www.erounmall.com)
- 생생몰(mall1004.org)
- 페어트레이드코리아(www.ecofairtrade.co.kr)
- 에코숍(www.ecoshop.kr)

**윤리적인 친환경제품을 살 수 있는 온 · 오프라인 매장**

- 한살림(shop.hansalim.or.kr)
- 두레생협연합(www.dure.coop)
- 여성민우회생협(www.minwoocoop.or.kr)
- 아이쿱(www.icoop.or.kr)
- 아름다운가게(www.beautifulstore.org)
- 행복한나눔(www.kfhi.or.kr/giversmart)

출처: 머니투데이(2009. 5. 6)

# 3. 소비자권리와 소비자책임

## 1) 소비자권리

### (1) 소비자권리의 개념과 설정배경

권리는 법에 의하여 주어지는 힘으로써 일정한 이익을 누리게 하기 위하여 법이 인정하는 힘이다. 따라서 권리는 법에 의하여 보호되는 이익이라 할 수 있다. 근대 초기에는 권리의 자유가 인정되어 있어서 그 행사는 자유라고 생각하였으나 19세기 말에서 20세기 초에 걸쳐 이러한 생각이 사회적인 견지에서 시정되었다. 권리가 비록 권리자의 이익을 보호하는 것이기는 하지만 사회규범인 법에 의하여 인정되는 것이므로 일정한 사회적 목적을 가지는 것으로서 당연히 사회적 제약을 받게 된다. 즉, 사회적 제약을 무시하는 이기적인 권리행사나 권리의 남용이 허용되어서는 안 된다는 것이다(곽윤직, 1997).

소비자권리는 소비자주권의 달성을 위해 법적 · 도덕적으로 소비자에게 보장되어야 하는 이상적인 상태로서 소비자가 기대 또는 요구할 수 있는 구체적인 조항으로 표현된다.

역사적으로 볼 때 소비자운동이 출현하고 랄프 네이더(Ralph Nader)를 비롯한 소비자주의자들의 적극적인 노력의 성과로 정치적인 맥락에서 소비자권리가 국민의 기본권으로 규정되었다. 그리고 백악관의 강력한 힘은 소비자권리를 공표하는 데 많은 힘을 주었다.

소비자권리가 처음으로 선포된 것은 케네디(Kennedy) 대통령에 의해서이다. 그가 선포한 4가지 권리는 가장 기본적인 권리로서 오늘날 소비자권리의 기본이 되고 있으며 미국의 소비자주의와 세계 소비자운동 발전의 원동력이 되었다. 그는 1962년 3월 15일 미국 의회에 보낸 교서에서 다음의 4가지 권리를 제창하였다.

- 안전할 권리(The right to safety)
- 알 권리(The right to be informed)
- 선택할 권리(The right to choose)
- 의사를 반영할 권리(The right to be heard)

케네디 대통령의 뒤를 이은 존슨(Johnson) 대통령도 이 권리개념을 지지하였으며 '소비자교육을 받을 권리(The right to consumer education)'와 같은 새로운 권리를 추가시켰다. 1972년에 닉슨(Nixon) 대통령은 국회의 특별 메시지에서 소비자권리에 대하여 "70년대 미국 소비자주의는 이 시점에서 지속되어야 할 건전한 활동이며 구매자의 권리(Buyer's right)개념을 채택한 것을 의미한다."는 발언을 하여 국민에게 확인시켰다. 이 구매자의 권리 역시 케네디 대통령이 제시한 4대 권리개념을 재표현한 것이었다.

이것을 기초로 해서 1975년에는 유럽위원회(Council of Europe)에서 다음의 5대 권리를 선언하였다.

- 건강과 안전을 보호할 권리
- 경제적 이익을 보호할 권리
- 피해보상을 받을 권리
- 정보와 교육을 받을 권리
- 대표의 권리

경제협력개발기구(OECD)는 이사회에서 1975년 '소비자보호와 정보에 관한 기본 계획' 에서 다음과 같은 5대 소비자권리를 선언하였다.

- 생명 및 건강을 침해당하지 않을 권리
- 적정한 표시를 행하게 할 권리
- 부당한 거래조건에 강제당하지 않을 권리
- 부당하게 입은 피해로부터 공정하고 신속하게 구제받을 권리
- 정보를 신속하게 제공받을 권리

국제소비자연맹(Consumers International)에서는 1980년 아시아 태평양지역 협의회에서 다음의 소비자 7대 권리를 선언하였다. 이는 케네디 대통령이 제시한 4가지 권리에 3가지 권리를 추가한 것으로 세계적으로 널리 통용된 소비자권리이다.

- 안전할 권리(The right to safety)
- 알 권리(The right to be informed)
- 선택할 권리(The right to choose)
- 의사를 반영할 권리(The right to be heard)
- 보상을 받을 권리(The right to redress)
- 교육을 받을 권리(The right to consumer education)
- 쾌적한 환경을 누릴 권리(The right to healthy environment)

또한 국제소비자연맹에서는 1983년에 3월 15일이 '세계 소비자권리의 날' 로 설정되도록 노력하였으며 2년 후인 1985년에 7대 소비자권리에 '기본적인 욕구충족의 권리' 를 첫 번째 권리로 추가하여서 이 8대 권리를 '소비자보호를 위한 UN 지침' 에 포함시키는 데 결정적인 역할을 하였다.

한편, 우리나라에서는 1986년에 개정된 소비자보호법에서 7대 권리를 제시하였는데 일곱 번째 권리를 '쾌적한 환경을 누릴 권리' 대신에 '단체를 조직하고 활동할 권리' 로 명시하였다. 당시 이러한 소비자 7대 권리는 소비자보호를 위한 획기적인 조치였으나 '쾌적한 환경을 누릴 권리' 를 살리지 못한 점은 환경문제가 부각되면서 소비자권리에 쾌적한 환경을 명시한 세계적인 추세를 반영하지 못한 것으로 아쉬움이 남는 부분이었다.

법률적 측면에서 권리의 행사는 '신의성실의 원칙' 에 의하는 것이므로 소비자의 권리

행사도 사회공동체의 일원으로서 상대방의 신뢰를 헛되이 하지 않도록 성의를 가지고 수행해야 할 것이다. 권리의 행사가 신의성실에 반하는 경우에는 권리남용이 되기 쉽다. 따라서 소비자의 권리를 올바르게 인식하고 행사하는 것과 아울러 소비자권리를 남용하지 않는 것도 중요한 일이다.

### (2) 소비자권리의 내용

① 국제적으로 통용되는 소비자의 8대 권리

- **기본적인 욕구충족의 권리**(The right to satisfaction of basic needs)

  이 권리는 인간다운 생활에 필수적인 재화와 서비스를 보장받을 수 있어야 함을 의미한다. 예를 들어, 저렴하고 영양가 있는 음식, 적절한 위생, 쾌적한 주거 등을 포함하여 의식주, 의료, 교육에 관련되는 생활이 적정수준을 유지할 수 있어야 한다는 것이다. 또한 소수 소비자의 무제한적 선택에 의해서 다수 소비자에 대한 기본적인 재화와 서비스의 공정한 분배가 방해받지 않아야 함을 의미한다. 이는 최근에 소비자의 권리개념이 보다 포괄적인 생활수준으로까지 확대되면서 포함된 것으로 인간답게 살 권리를 나타내는 것이며 우선순위에 있어서도 첫 번째로 자리매김이 된 권리 조항이다.

- **안전할 권리**(The right to safety)

  이 권리는 소비자의 건강, 생명, 재산 등을 위협하는 상품과 서비스로부터 보호받을 수 있어야 함을 의미한다. 즉, 소비자가 상품을 올바르게 사용할 때 생명이나 건강에 해를 받지 않아야 한다는 것이다. 안전에 대한 욕구는 소비자의 기본적인 욕구로서 소비자들이 소비하는 재화와 서비스로부터 생명과 신체상의 안전을 기대하는 것은 당연한 권리이다. 그리고 이 안전할 권리는 각종 위험이 증가하는 현대사회에서 장기적인 소비자권익을 위해 중요성이 확대되는 필수적인 권리이다.

- **알 권리**(The right to be informed)

  알 권리는 소비자가 상품을 선택하거나 의사결정을 할 때 필요로 하는 정보를 제공받아야 함을 의미한다. 특히 현대사회에 있어서 재화가 복잡하고 전문화됨에 따라 생산자가 재화에 대한 정보를 공개하지 않는다면 소비자는 무지한 상태로 남을 수

밖에 없다. 이 알 권리는 소비자기만, 오도광고, 잘못된 표시(labeling)로부터의 보호 그 이상을 의미한다. 다시 말해서 소비자가 현명하고 책임 있는 행동을 하기 위해 적절한 정보를 제공받아야 한다는 것이다.

디지털시대에 접어들면서 소비자의 알 권리는 더욱 중요한 권리가 되고 있으며, 정보를 받아들이거나 수집하는 권리에 그치지 아니 하고 국가나 사회에 대하여 보유한 정보를 공개하도록 요구할 수 있는 권리, 즉 정보공개청구권을 포함한다.

우리나라의 경우 소비자의 알 권리는 헌법상 인간다운 생활을 할 권리(헌법 제10조)와 소비자보호운동권(헌법 제24조)을 보장한 헌법이념을 구체화한 것이다.

- **선택할 권리**(The right to choose)

이 선택할 권리에 의하면 소비자들은 무엇을 구매하며, 어떻게 사용할지를 결정하는 자유를 갖는다. 선택할 권리는 소비자가 다양한 제품과 서비스를 원하는 대로 선택할 수 있어야 하고 경쟁가격으로 구입할 수 있어야 하며, 독점상품의 경우에는 공정한 가격으로 만족할 만한 품질과 서비스를 보장받을 수 있어야 함을 의미한다. 이 선택할 권리가 실현되기 위해서는 시장에 자유롭고 공정한 경쟁이 보장되어야 하며, 만일 경쟁이 유효하지 않을 경우에는 정부가 규제를 통해 만족스러운 질과 공정한 가격을 위한 경쟁을 유지시켜야 한다.

한편, 소수 소비자의 선택할 권리가 다수 소비자의 선택을 방해할 수도 있기 때문에 이 선택할 권리는 남용되지 않아야 한다.

- **의사를 반영할 권리**(The right to be heard)

의사를 반영할 권리란 경제정책의 계획과 시행에 있어서 소비자의 의사가 반영될 수 있어야 함을 의미한다. 작게는 생산자의 경영계획에 소비자의 선호가 반영되는 것이며, 크게는 국가정책에도 소비자의 의견이 반영되어야 함을 의미한다. 이 권리가 실현되기 위해서는 소비자권익과 관련된 정책기관에 소비자대표를 파견하거나 참여할 수 있어야 한다.

궁극적으로 생산과 경제발전의 목표는 소비생활수준의 향상을 위한 것이므로, 소비자의 의견을 무시한 생산과 경제발전은 무의미하며 장기적인 추진력을 가질 수 없다. 의사를 반영할 권리는 정부의 정책결정 시 소비자의 권익이 전반적으로 공정하게 고려되어야 함을 나타낸다.

**보상을 받을 권리**(The right to redress)

보상을 받을 권리란 소비자가 재화를 사용하고 서비스를 이용함에 있어서 받은 피해를 보상받을 권리를 의미하는데, 소비자는 신속하고도 공정한 절차에 의해서 적절한 보상을 받을 수 있어야 한다. 그리고 이 보상을 받을 권리는 소비자가 소송을 통해 공정한 해결을 받을 권리도 포함하므로 구체적으로는 소액소송, 단체소송, 무상법률 보조책 등이 뒷받침되어야 한다. 사법적인 절차는 개인 소비자에게 어렵고 번거롭게 여겨질 뿐만 아니라 소비자피해는 대개 소액으로 국민 전체에 걸쳐 발생하므로 제도적 뒷받침 없이는 보상받을 권리가 실제로 보장되기가 어렵다.

한편, 사법적인 소송을 거치지 않아도 생산자의 자발적인 보상노력이 확대됨으로써 보상 받을 권리의 실현이 효율적으로 이루어질 수 있다. 최근 많은 기업에서 채택하여 실시하고 있는 CCMS제도는 소비자의 보상 받을 권리를 보다 쉽게 해주고 있다. 이 보상을 받을 권리에 의해 소비자들이 쉽게 접근할 수 있고, 비용이 적게 드는 기제를 통해 소비자불만이 제대로 보상 받을 수 있어야 할 것이다.

**소비자교육을 받을 권리**(The right to consumer education)

소비자교육을 받을 권리란 소비자로서의 자각과 힘을 키우고 생애를 통해 소비자지식, 태도, 기능을 중심으로 한 소비자역량을 습득할 수 있어야 함을 의미한다. 소비자교육이란 소비자의 가치관과 역할, 소비자시민으로서의 책임에 대한 내용을 포함하므로 장기적인 사회발전을 위해서도 반드시 필요한 권리이다. 따라서 학교교육뿐만 아니라 가정이나 대중매체 등을 통해서 수행되는 평생교육의 개념으로 접근해야 한다.

소비자교육은 급변하는 경제환경 속에서 소비자주권을 확립하고 합리적이고 건전한 소비자시민을 양성하는 데 기여할 뿐 아니라 소비자의 삶의 질을 향상시키는 데 공헌하므로, 유아소비자에서 노인소비자에 이르기까지 모든 소비자가 지속적이고 평생교육적인 차원에서 소비자교육을 받을 수 있어야 한다.

**쾌적한 환경에서 살 권리**(The right to healthy environment)

쾌적한 환경에서 살 권리란 소비자의 생활의 질을 향상시키기 위한 물리적 환경에 대한 권리로서 환경이 소비자의 생명이나 건강을 해치지 않고 쾌적하게 유지하도록 요구할 권리를 의미한다. 이 권리는 개별 소비자가 통제할 수 없는 환경적 문제에 대한 보호를 포함하며 현 세대와 미래 세대를 위해 지속가능한 소비의 차원에서 자연생태계를 보호하고 향상시키기 위한 요구까지도 포함한다.

최근에는 인간생존을 위협하는 환경파괴의 문제가 전 세계적으로 심각해지면서 소비자가 쾌적한 환경에서 살아야 할 권리는 더욱 중요하고 절실한 권리가 되었다.

② 소비자의 도덕적 권리

소비자권리 개념에는 법적 권리뿐만 아니라 도덕적 권리개념이 포함될 수 있다. 따라서 소비자들은 시장 내에서 법적 권리 외에 도덕적 권리를 갖는다. 도덕적 권리는 시장이 기본 원리, 규칙, 선행의 표준을 따를 것이라는 소비자들의 기대이며 이는 시장 구성원의 양심 또는 옳고 그름의 지각으로부터 출발한다.

일반적인 도덕적 권리의 예는 다음과 같다.

- 시장 내에서의 공평한 취급
- 상품을 구매하지 않는 경우에라도 쇼핑할 때 판매자로부터의 정중한 대우
- 상점 내 상품의 품질과 가격을 제약 없이 비교해 볼 수 있는 기회의 부여
- 모든 거래에 있어서 상인들의 정직에 대한 소비자 확신
- 소비자와 환경에 안전한 제품구매
- 사회적으로 수용할 수 있는 최소한의 질을 가진 재화와 서비스의 구매 보장
- 경제적 · 정치적 · 종교적 · 인종적 · 민족적 요인에 관계없이 판매자들로부터의 공정한 대우

## 2) 소비자책임

소비자주권이 회복되기 위해서 소비자권리의 실현이 이루어져야 하는데, 사회적인 제약을 무시하는 이기적인 권리행사는 허용이 되지 않아야 하고 소비자권리 역시 남용되지 않아야 한다. 권리의 남용이란 권리 본래의 사회적 목적을 벗어난 것이어서 정당한 권리의 행사로서 시인할 수 없는 행위가 되기 때문이다.

한편, 소비자에게 법적인 의무가 있는 것은 아니다. 의무란 법률상의 구속으로서 의무자의 의사여부와는 관계없이 따라야 하는 것으로 법에 의하여 강요되는 것이기 때문에 권리에 대하여 의무가 반드시 따르는 것은 아니다.

그러나 소비자에게는 권리와 함께 책임이 있으며 소비자권리가 실현되고 소비자주권이 실현되기 위해서는 소비자의 도덕적인 책임이 무엇보다 중요하다고 할 수 있다. 또한 소비자보호가 올바르게 이루어지기 위해서도 소비자책임을 이해하고 수행하려는 노력이 소비자에게 있어야 한다. 따라서 소비자교육에서는 소비자권리의 학습과 아울러 소비자책임의 수용을 강조할 필요가 있다.

소비자주의가 전개되고 발전하는 과정에서 소비자권리는 강조되어 왔으나 소비자책임은 소홀히 다루어졌다. 소비자단체에 의뢰된 소비자 피해사례 가운데 소비자의 책임 있는 행동의 결여 때문에 발생하는 것이 많은 비중을 차지하였다. 소비자들은 정보를 원하지만 그와 동시에 제공된 정보를 잘 이용해야 하는 책임을 수행하지 않아 발생하는 소비자피해 사례 또한 많았던 것이다.

소비자책임(consumer responsibilities)은 법적인 의무가 아니기 때문에 소비자의 가치관과 윤리적인 문제로 접근을 하게 된다. 소비자책임에 대해서는 체계적인 조항으로 명시되어 있지 않지만 몇몇 소비자 교육학자들이 소비자책임에 관하여 언급한 바 있다. 고든과 리(Gordon & Lee, 1977)는 소비자역할과 기능의 인식, 효과적인 실행, 자원의 보전, 소비자의 단결, 소비자의 도덕성, 부정에 대한 소비자저항을 소비자책임으로 예시하였다.

소비자교육에서는 소비자권리와 아울러 소비자의 책임에 대한 이해를 강조해야 한다.

### (1) 스탬플(Stampfl, 1979)의 소비자책임

- 효용극대화를 위한 시장선택
- 합리적인 정보 이용
- 안전하고 올바른 상품 사용
- 기업과 정부에 정당한 의사표시

### (2) 국제소비자기구(CI[1], 1980)의 소비자책임

- 비판적 시각을 가질 책임

1) 국제소비자기구(Consumers International, CI)는 1995년에 국제소비자연맹(International Organization of Consumers Union, IOCU)이 명칭을 변경한 것으로, 민간 · 비영리국제소비자기구로서 UN 자문기구이다.

- 적극적 참여 혹은 능동적 행동의 책임
- 생태계 보호에 관한 환경적 책임
- 다른 시민 혹은 국제사회에 미칠 소비의 영향력에 대한 사회적 책임
- 단결과 연대의 책임

### (3) 일반적인 소비자책임

#### ① 소비자역할의 인식

소비자의 권리를 주장하고, 소비자의 화폐투표기능과 소비자의 포괄적인 역할이 미치는 사회경제적인 효과뿐만 아니라, 세계화 · 정보화의 시대적 변화에 적응할 수 있는 소비자역할 인식이 필요하다.

#### ② 소비자정보의 이용

소비자는 효율적인 의사결정을 하기 위해 모든 유용한 정보를 충분히 탐색하고 선택해야 한다. 다시 말해서 다양한 정보원천으로부터 정보를 획득하고 이용하려는 노력이 필요하며 약관, 사용설명서, 표시(label) 등에 있는 정보를 이용해야 한다.

#### ③ 상품의 올바른 사용

소비자는 상품의 사용에 따른 물리적인 책임을 이해해야 하며 사용지시서를 따름으로써 상품을 잘못 사용하지 않아야 한다. 그리고 타인의 물리적 · 심리적 · 환경적 안전을 침해하지 않도록 상품을 사용해야 한다.

#### ④ 정당한 의사표시 또는 소비자저항

소비자는 개인적으로 또는 단결하여서 집단의 힘으로 부정한 일에 대하여 저항해야 하며, 필요시에는 정당한 방법으로 정부와 관련 기업에 대하여 가치있는 제언과 불만표시를 해야 한다. 예를 들어, 제품에 문제가 있을 경우 제조업자에게 항의할 뿐 아니라 소비자권익과 관련되는 법률을 지지하는 의견서를 입법가에게 전달하는 것 등이 포함된다.

#### ⑤ 소비자도덕성

모든 거래에서 소비자는 정직해야 하며 소비자의 사유재뿐만 아니라 공공재를 포함하여

자원을 낭비하지 않고 환경친화적인 소비자행동을 통해 환경을 보전해야 한다. 소비자는 자신에게 유리한 경우라도 거래에서 착오가 있을 경우 이를 시정하도록 노력하며 취급하는 상품을 거래과정에서 손상시키지 않아야 한다.

소비자의 권리와 책임을 수용하는 태도에 관한 연구 결과에 의하면 소비자의 권리보다 소비자책임의 수용태도가 매우 낮아서 소비자책임의 수용을 강조해야 할 필요가 있었다. 소비자교육자들은 소비자보호를 위해서 소비자들의 책임수용이 중요하다는 점을 인식하고 소비자교육이 담당해야 할 몫으로 강조하고 있다.

### (4) 소비자권리와 관련된 특수한 책임의 예

① 선택할 권리에 대한 소비자책임

- 제품과 서비스를 구매하는 개인적 동기의 이해
- 설득력 있는 판매기술 이해
- 제품의 가격과 질 비교
- 의사결정 시 판단의 독립성 행사
- 습관구매 회피
- 판매자의 신중한 선택
- 최적구매를 위한 비교쇼핑
- 의사결정 시 시간과 자원의 비용 고려
- 제품 또는 서비스가 만족스러우면 계속 구매
- 제품 또는 서비스가 불만족스러우면 구매 중지
- 선택의 생태학적 결과 인식
- 판매자와의 정직한 거래
- 소비자책임을 지지하는 판매자와 거래

② 안전할 권리에 대한 소비자책임

- 적절한 주의하에 제품 사용
- 제품표시와 설명서를 주의 깊게 읽음

- 경고표시를 읽고 주의를 기울임
- 제품의 안전속성에 대해 판매자에게 질문
- 구매 전 제품의 안전성을 면밀히 검토
- 제품사용 시 정상적인 예방책에 대한 개인적 책임 가정
- 제품이 안전하게 기능하지 않을 때 소매인, 제조업자, 유통조직, 정부기관에 통고

③ 알아야 할 권리에 대한 소비자책임

- 유용한 정보 사용
- 제품과 서비스에 대한 정확한 정보의 추구
- 광고와 판매촉진 기사에 유의
- 손해배상청구이행에 대한 분석과 이해
- 완전한 정보가 입수되지 않는 경우 제품과 서비스에 관해 판매자에게 질문

④ 의사가 반영되어야 할 권리에 대한 소비자책임

- 일반적으로 소비자들에게 영향을 미치는 문제들을 알림
- 소비자문제를 해결하려고 노력
- 시장 내에서 발생하는 잘못을 올바르게 알도록 노력
- 소비자권리 주장자들을 지원

⑤ 보상받을 권리에 대한 소비자책임

- 보상받는 기구와 받는 방법을 파악
- 오류, 안전문제, 품질문제 등이 발생할 때 불만호소
- 제품과 서비스의 향상을 위한 제안
- 판매자에게 정당한 불평과 칭찬
- 다른 기구를 이용하기 전에 판매자에게 직접 요구
- 이용가능한 비공식적 논쟁기제 사용
- 보상하는 법적 제도의 적절한 이용

⑥ 소비자교육을 받을 권리에 대한 소비자책임

- 시장 내에서 화폐가치의 획득방법 인식
- 소비자권리에 대한 신념 학습
- 시장과 시장 내에서의 소비자역할 인식
- 소비자권익을 보호, 확산하는 방법 학습

Consumer Issue 2-2

## 주요국 카드 소비자 보호조치 강화

우리나라를 비롯해 미국, 영국, 중국 등 주요국이 최근 신용카드 소비자에 대한 보호 조치를 강화한 것으로 전해졌다. 10일 여신금융협회에 따르면 영국은 지난달 신용카드 회원의 권리를 강화하는 내용의 규정을 제정해 시행 중이다. 카드 이자율과 이용한도를 조정할 때 회원에게 30일 전에 통지하도록 했고 이자율을 인상할 때는 회원동의를 받도록 했다.

또 카드 회원은 이자율 인상에 대해 카드사로부터 통지를 받으면 60일 안에 수용 여부를 표시하도록 했으며 회원이 거절하면 기존 이자율로 남은 채무를 상환할 수 있도록 했다.

중국은 지난해 8월 '신용카드업무감독관리' 규정을 새로 마련해 18세 미만 미성년자의 신용카드 발급을 금지했다.

더불어 휴면 카드에 대해 수수료 부과를 금지하고 금융기관의 신용카드 발급 및 수수료 징수와 관련해서는 사전심사제를 도입하도록 규정이 마련됐다.

호주도 지난해 1월 '소비자신용보호법'을 제정해 카드사가 소비자에게 재정능력을 넘는 신용상품과 서비스를 제공하지 못하도록 했다.

미국은 국제 금융위기가 발생하자 2009년 5월 연방준비제도이사회(FRB)가 나서 '신용카드개혁법'을 제정, 신용카드업계의 불공정한 업무 관행과 수수료 부과체계를 개선했다. 이자율 등 거래조건을 변경할 때 사전고지 의무를 준수하도록 독려했고 카드사가 일방적으로 이자율 · 수수료를 인상하지 못하도록 했다.

국내에서는 공정거래위원회가 2008년 1월 '신용카드 개인회원표준약관'을 제정한 것이 카드 소비자 보호를 위한 당국의 조치로 꼽히고 있다. 또 최근 금융위원회가 금융 소비자의 전반적인 권리 강화를 위해 '금융소비자보호법' 제정을 추진 중이다.

협회는 "국제 금융위기 이후 금융 소비자 보호의 중요성이 대두하면서 세계 각국에서 신용카드 영업행위에 대한 규제를 정비했다."고 설명했다.

출처: 연합뉴스(2011. 2. 10)

Consumer Issue 2-3

## 소셜 커머스 문제점 대두… 소비자 불만증가 대책은?

소셜네트워크 붐을 타고 시장의 블루칩으로 급성장하던 소셜 커머스 업계가 난항에 부딪혔다. 소비자들의 호응을 얻어 폭발적인 성장세를 기록하며 1년 사이에 약 500여 개 이상의 업체가 소셜 커머스에 뛰어들었지만, 양적으로 급격한 팽창을 이룬 것에 비해 질적인 서비스나 제품 및 소비자 만족도는 오히려 하향했다는 평가이다. 파격적인 할인가를 앞세워 제품을 판매하는 데만 급급한 나머지 소비자의 권리를 무시하고 있다는 비난의 여론이 거세다.

서울시 전자상거래센터는 시민 4,000명을 대상으로 실시한 소셜 커머스 이용실태 조사를 통해 시민 4,000명 중 28%인 1,130명이 소셜 커머스를 통해 구매한 경험이 있으며, 구매 경험자 중 77.6%는 월 1회 이상 소셜 커머스를 통해 물품을 구입하고 있는 것으로 나타났다고 밝혔다. 이는 서울 시민 10명 중 3명이 소셜 커머스를 이용한 적이 있다는 결과가 된다. 또한 물품을 구입한 소비자 1,130명 중 26.3%에 이르는 297명은 소셜 커머스 구매를 통해 피해를 입은 경험이 있는 것으로 나타나 소셜 커머스에 대한 규제가 필요하다는 목소리도 높아지고 있다.

피해내용으로는 허위 · 과장 광고를 통한 피해(40.7%)가 가장 많았으며, 일반 소비자와 소셜 커머스 할인티켓 보유자의 차별(35.4%), 상품배송 지연(31.3%), 모바일쿠폰 전송 오류(21.6%), 제품 불량(27.3%) 등의 이유가 뒤를 이었다.

"소셜 커머스로 구입한 쿠폰을 이용하기 위해 레스토랑을 찾았다. 주문한 파스타의 양이 옆 테이블에 비해 절반에 불과해 항의를 했지만 '쿠폰손님 주제에 무슨 말이 그리 많냐' 며 오히려 타박을 받았다."는 소비자의 불만사례가 연이어 이어지면서 서울시는 소셜 커머스 사이트 모니터링 결과에 따라 사업자정보 표시 미흡업체, 구매안전서비스 미이행 업체 등 관련 법 규정 위반업체에 대해서는 시정권고 등의 행정처분 예정임을 밝혀 난립하는 소셜 커머스 업계 재정비의 필요성을 확고히 했다.

이러한 소셜 커머스 피해사례의 속출에 관해 아이디일공일(http://www.id101.co.kr) 이은경 팀장은 "소비자들이 식상하게 반복되는 중복 상품에 질려가고, 나날이 불친절해지는 소셜 커머스의 대응방식에 불만을 갖기 시작한 것도 무리는 아니다. 제대로 된 후기를 공유할 틈도 없이 쏟아지는 상품들은 오히려 신뢰도만 하락시킬 뿐이며 단지 상품을 팔아치우기 급급한 몇몇 소셜 커머스 때문에 '먹튀' 까지 등장, 소비자와 소셜 커머스 사이의 신뢰가 사라지는 위기에 봉착했다. 소비자 입장에서는 허위 · 과장 광고에 속고 차별까지 당하면서 소셜 커머스를 이용할 이유가 어디에 있겠는가"라고 반문했다.

이 팀장은 "너도 나도 소셜 커머스에 뛰어들면서 소셜 커머스의 본질이 사라지고 그 의미가 퇴색했다."고 설명하며 "판매자와 소비자, 그리고 그들을 이어주는 소셜 커머스 사이에 소통이 되지 않고 있다. 자신의 질문을 무시하고, 자신의 말을 들어주지 않는 이들에게 소비자들이 등을 돌리는 것도 당연하다. 소셜 커머스라는 이름에 걸맞게, 소비자가 무엇을 원하는지, 무엇에 대해 얼마나 궁금해하고 관심이 있어 하는지 마음을 열고 듣지 않는다면 소비자들의 마음은 영원히 잡을 수 없다"고 이야기했다.

이 팀장의 말은 아이디일공일이 소비자를 대하는 자세에서 그대로 드러난다. 아이디일공일은 '가장 빨리 답변이 올라오는 소셜 커머스'이다. SNS를 이용한다고, 반값할인을 제공한다고 다 소셜 커머스가 아니듯, 허위·과장 광고를 지양하고 소비자의 만족을 위해 아이디일공일은 회원을 포함한 모든 이들의 질문에 신속하고 성실하게 '리플'을 단다.

"듣기 좋은 의견만 수용하기보다 비판과 쓴소리에 더 귀를 기울이려 노력하고 있다. 부족했던 점, 보완해야 할 점은 물론 앞으로 나아갈 방향에 대해서 기꺼이 충고를 아끼지 않는 회원 분들이 있어 소통하는 맛이 난다."는 이 팀장의 말처럼 아이디일공일의 게시판은 회원들의 의견으로 빼곡하다.

물론 칭찬만 쓰여 있는 것은 아니다. 그러나 모든 글에 달려 있는 예의바른 '리플'은 무엇으로도 숨길 수 없는 소통의 흔적이다. 이러한 소통의 자세야말로 소셜 커머스에서 떠나가는 소비자들의 마음을 되돌릴 수 있는 유일한 방법이다.

출처: 데일리경제(2011. 2. 10)

# Project

1 소비자주권의 개념이 경제적 개념으로 제한되지 않고 확장된 개념이 적용되어야 하는데 이러한 소비자주권의 실현이 소비자교육과는 어떤 관계가 있는지 생각해 보자.

2 미국의 역대 대통령이 소비자권리를 확장시키는데 어떻게 기여했으며 소비자의 권리를 행사하는 데는 어떤 주의가 필요한지 실제의 예를 들어 설명해 보자.

3 소비자의 안전할 권리와 관련해서 국내외에서 발생했던 소비자문제를 찾아보고, 소비자의 안전할 권리에 따른 소비자책임을 규명해 보자.

4 소비자책임을 법적인 의무가 아닌 도덕적인 책임으로 접근하는 이유는 무엇이며 일반적인 소비자책임을 예를 설명해 보자.

5 소비자의 보상받을 권리를 실현시키는 것과 관련된 소비자의 책임에는 어떤 내용이 포함되어야 하는지 생각해 보자.

Chapter 3

# 소비자주의: 소비자교육 발전의 원동력

**소비자교육은** 소비자 개인의 힘과 역량을 기르도록 도와주고 자신감을 키워주는 것이므로 소비자주의와 소비자교육은 상호 지지적이다. 또한 소비자교육은 소비자주의가 전개됨에 따라 함께 발전하여 왔으며, 미국이나 한국의 경우에도 소비자주의가 소비자교육 발전의 기본 원동력이 된 것은 증명을 필요로 하지 않는 사실이다.

소비자주의를 이해하기 위해서는 소비자주의의 유래와 역사적 전개과정을 고찰하면서, 세계적으로 소비자운동이 새로운 시장의 변화와 도전에 소비자복지를 지속시키는 방향으로 대처해 나가는 가운데 소비자주의가 새로운 사회운동으로서 미래사회에 어떻게 자리매김할 수 있는지를 전망해 보아야 할 것이다.

## 1. 소비자주의의 개념과 재해석

소비자주의(consumerism)라는 용어에는 많은 의미가 함축되어 있으며 학자들이나 이 용어를 사용하는 사람들 사이에서도 의견이 일치하지 않는 경우가 많았다. 이 용어가 대두된 배경을 거슬러 올라가 유래를 찾음으로써 논의를 시작하는 것이 타당할 것이다.

1960년대에 소비자옹호자들이 점점 증가하는 현상을 보고 이에 대해 부정적인 생각을 가졌던 기업계 일부에서 소비자옹호주의와 '사상(공산주의 파시즘 등과 같은 -ism)'을 연결지어서 'consumerism'이라는 용어를 처음으로 사용하였는데, 이는 소비자옹호자들이 기업과 소비자 사이를 유리시켜 자유기업제도를 불구로 만들려 한다는 우려에 기인한 것이었다.

그러나 얼마 지나지 않아서 기업계에서 소비자옹호주의에 대한 오해를 불식하고 소비자주의가 기업의 사명을 잘 수행하도록 하기 위한 도전이라는 호의적 견해를 수용하게 되었으며, 이에 따라 소비자주의는 기업이나 정부로부터 폭넓은 지지를 받고 발전하게 되었다.

소비자주의라는 용어에 대한 정의는 많은 학자들에 의해 언급되었는데, 소비자의 권익을 증진시키기 위한 소비자들의 조직화된 노력으로 정의하거나, 보다 범위를 확대해서 소비자의 권리를 보호하기 위해서 전개되는 정부, 기업의 활동까지 포함하는 것으로 정의하였다.

한편 이 밖에도 기업에 대해 법적 · 도덕적 · 경제적 압력을 작용함으로써 소비자를 돕고 보호하려는 '사회적 힘' 으로 정의하거나, 기업이 그의 잠재력을 충분히 발휘하도록 하기 위한 기업에 대한 도전으로 설명하기도 하였다.

메이어(Mayer, 이기춘 외 역, 1996)는 소비자주의를 경제적인 복지와 소비자의 정치적인 힘을 증진시키고자 하는 목적에 따라 시작된 사회운동으로 정의하고, 소비자주의와 소비자운동이라는 용어를 상호교환적으로 사용할 수 있는 것으로서 소비자주의가 현대 사회운동의 사회과학적인 개념에 포함되는 것으로 보았다. 소비자주의가 진정 사회운동인가에 대해서는 논란의 여지가 있는데, 일부 사회학자는 소비자주의를 정치적으로 너무 온건하며 그 정치적 목표가 너무 개량주의적이기 때문에 사회운동이라고 정의하기는 어렵다고 보았다. 그러나 사회운동의 궁극적인 목표가 보다 바람직한 사회를 지향하는 것이라면 소비자주의도 이에 속하는 것으로 보아야 할 것이다. 이에 맥클레니(Mclhenny, 1990)는 컨슈머리즘을 '재화와 서비스의 생산자에게 사회적, 생태학적, 정치적인 요구를 하는 시민운동' 이라고 정의하였으며 포터(Potter, 1998)는 '재화와 서비스의 생산자와 소비자 사이의 힘의 불균형을 해소하고자 하는 노력' 이라고 정의하였다.

그러나 최근 들어 소비자주의는 소비자운동 이상의 것을 포함하는 보다 광범위한 개념으로 이해되고 있다. 소비자운동이 다분히 현실적이고 구체적인 행동을 지칭한다면, 소비자주의는 그보다 한 차원 높은 이념적인 차원의 개념이라는 것이다.

김기옥 외(2004)는 현대사회의 소비자주의는 과거의 소비자운동에 비해 내용이 전혀 다른 소비자이념 내지 소비자철학으로서, 소비자와 관계를 가진 모든 조직으로부터 소비자이익을 보호하는 것과 교환관계가 제3자에게 미치는 영향까지 포함하는 광범위한 것이라고 정의하였다. 소비자주의와 소비자운동이 동일하지 않다는 주장의 또 다른 근거는 소비자운동은 그 주체가 한정적이라는 점이다. 따라서 현대사회에서의 소비자주의는 소비자운동과는 분명하게 구분되는 것으로, 이념과 철학, 그리고 실천적인 노력을 모두 포괄하는 개념으로 정의되어야 한다(이기춘, 2005).

컨슈머리즘은 학자에 따라 상반된 해석을 낳기도 한다. 컨슈머리즘은 물질주의라는 의미로 소비주의(consumptionism)를 나타내며 소비자주의와는 반대의 개념으로 해석되기도 하였다. 스웨글러(Swagler, 1994)는 컨슈머리즘의 부정적 의미가 최근 더욱 보편화되고 있다고 지적하며 마일즈(Miles, 1998) 역시 이를 '다수의 사람들이 존재하기 위해 필요하지 않은 물건들을 취득하는 것을 통해 삶의 목표를 형성하는 사회' 로 설명하였다. 스커(Schor, 1999)는 경쟁적 소비를 지향하는 경향이 뉴컨슈머리즘(New Consumerism)의 새로운 경향임을 지적했다. 국내연구에서도 컨슈머리즘을 소비주의와 동일시하여 제미경 외(2001)의 연구에서는 소비주의를 '소비행위를 통해서 자신의 정체성을 형성하고 자신의 행위양식을 결정하며, 나아가 소비가 개인의 사회와의 관계, 타인과의 관계에서 중요한 매개가 된 문화적 성향' 이라고 정의하였다.

소비자보호를 지향하는 의미에서의 컨슈머리즘이나, 지나친 물질주의와 소비로의 만족을 추구하는 생활에 대한 경계로서의 컨슈머리즘 모두 현재 시장경제 내에서 소비자주권이 올바르게 실현되지 못함으로 기인하는 왜곡된 시장상황에의 시정을 요구하고 있다. 따라서 두 경우가 비록 어의적으로는 매우 상반된 듯 보이나, 결국 추구하는 목표에 있어서 다시금 타협점을 찾을 수 있는 가능성은 열려 있다고 평가된다.

소비자주의는 궁극적으로 인간과 인간(소비자와 생산자, 또는 사업자), 그리고 인간과 자연(소비자와 생태계)의 화해와 평화라고 할 수 있다(이기춘, 2005). 소비자주의의 실천은 자기 자신(self)만이 아닌 사회(society)의 이익도 고려하는, 개인소비를 넘어서 사회적 소비까지를 고려하는 포괄적인 것으로 이해되어야 한다. 이러한 논의는 최근 영국 등지에서 활성화되고 있는 윤리적 소비자주의(Ethical Consumerism)에 대한 논의나, 시민소비자의 개념, 또는 소비자시민성(Consumer-citizenship, 혹은 Consumership)의 개념에 대한 논의와 함께 진행되어야 한다. 또한 소비자주의는 소비자권리뿐만 아니라 소비자의 사회적 책임에 관한 이념적 체계도 포함된다는 점을 고려하여야 한다.

소비자주의의 현대적 재개념화를 이해하기 위해서는 소비자주의의 운동적 성향을 뛰어님는 이념 및 실천으로서의 성격에 초점을 맞출 필요가 있다. 기업의 경우 소비자주의는 이윤을 창출하려는 마케팅의 수단이 아닌, 기업 활동에 있어서 지향점 중의 하나로 자리매김 되어서 기업의 전반적인 활동에 녹아들어야 한다. 정부는 다양한 정책들을 정책의 소비자 입장에서 살펴보고 시행함으로써 이를 실천할 수 있다. 소비자에게 있어서 소비자주의는 생활 가치이자 이념으로 소비자의 생활 속에 녹아서 삶의 방식으로 실천되어야 한다.

## 2. 소비자주의의 전개와 소비자교육의 발전

### 1) 소비자주의의 출현과 미국의 소비자주의

오늘날의 소비자주의와는 많은 차이가 있지만 소비자가 전개한 소비자운동 형태의 시초는 영국의 소비생활협동조합에서 찾을 수 있다. 당시 영국은 주문생산시대에서 예측생산시대로 이전했으며 소비자들이 생활필수품의 일부를 상인을 거치지 않고 싸게 사서 스스로 배급함으로써 품질과 양을 신뢰할 수 있도록 하자는 뜻에서 소비생활협동조합을 만들었다. 따라서 이때의 움직임은 소비자들의 운동이라기보다는 저임금과 실업의 위험 속에 있었던 노동자들의 노동자운동의 성격이 강했다고 할 수 있으며 지극히 제한적인 의미의 소비자운동이었다.

현대적인 소비자운동으로서의 소비자주의에 대한 이해는 미국 소비자운동의 역사적 뿌리를 검토하는 데서 출발할 수 있다. 소비자주의는 그 용어의 출현이 1960년대이지만 소비자문제가 제기되고 사회경제적인 변화가 일어났던 19세기로의 전환기와 1930년대의 미국의 소비자운동을 토대로 한다.

미국의 소비자주의는 현대적인 소비자운동 및 소비자주의의 뿌리로서 소비자주의에 관한 역사적 조망의 시작이다. 소비자주의라는 용어는 1960년대에 처음으로 출현하지만 결국 소비자문제가 제기되고 사회경제적 변화가 극심했던 19세기 말에서부터 20세기 초, 그리고 1930년대의 소비자운동에 토대를 두어 발생한 것이므로, 우리는 소비자주의의 역사를 19세기 말의 소비자운동의 역사로부터 살펴보고자 한다.

미국의 소비자운동은 중요한 3대 활성기를 거쳐 성장해 왔으며 제1기는 1890~1910년대, 제2기는 1920~1930년대, 제3기는 1960~1970년대이다. 각 시기에는 서로 다른 소비자 관련 이슈들에 의해 시장관계, 상품기술, 소비자 자율성에서 본질적인 변화가 있었다. 미국 소비자운동의 3대 활성기를 중심으로 볼 때, 소비자운동은 미국 사회 전체의 정치 · 경제 · 문화적 상황과 밀접하게 관련되어 있으며 산업구조, 정부의 성격, 그리고 소비자 옹호자의 등장과 역할에 의해 각 시기마다 독특한 양상을 보인다. 본 장에서는 소비자학자 메이어의 3대 시기에 더하여 1980년대 이후부터 현재까지의 미국 소비자주의를 추가적으로 살펴봄으로써 지속적인 소비자주의의 역사적 현황을 고찰하고자 한다.

### (1) 소비자주의 제1기(1890~1910년대): 소비자주의 의식을 위한 토양의 형성

자유방임정책을 유지해 왔던 미국정부는 19세기 말부터 경제, 사회에 대한 국가의 조정 역할을 증대하였다. 26대 대통령에 취임한 루즈벨트(Roosebelt)는 대기업의 집중에 대한 조정과 노동자 이익의 보호, 공공이익의 추구를 정부의 중요 역할로 인식하면서 노동조합의 위상을 높이고 시민운동 및 권리보호운동인 소비자운동에도 호의적인 여건을 제공하게 되었다.

#### ① 소비자관련 단체 및 기관

미국에서 처음으로 조직된 소비자단체는 1891년 미국에서 형성된 소비자동맹(Consumer's League)이다. 유럽의 사회개량운동과 맥을 같이 하며, 인도주의에 고무된 중산층 여성들이 주요한 구성원이었다. 이 단체는 정당한 임금과 합리적인 노동시간, 그리고 위생적인 조건 등을 갖춘 우량 공장목록을 작성하여 소비자에게 제공하는 작업으로 활동을 시작하였다.

1898년에는 최초의 전국적인 조직(National Consumer's League)으로 확대하였으며 도덕적인 압력을 행사하는 데 주력하여 미국 의학협회와 함께 효과 없는 약품(마약성분 포함), 위험한 약품을 근절시키기 위한 프로그램을 만들었고, 여성 및 아동노동, 최저임금제, 작업환경 개선 등에 관심을 가지고 이에 영향을 미치는 법을 보강시키는 데 기여하였다.

그 외에도 1914년에는 연방거래위원회법에 의거 기업의 독점적 행동을 감시하고 가격담합을 금지하기 위하여 연방거래위원회(Federal Trade Commission Act, FTC)가 설립되었다. 연방거래위원회는 경쟁국과 경제국, 그리고 소비자보호국으로 나뉘며 소비자보호국은 광고과와 집행과 금융과, 마케팅과, 기획정보과로 구성된다. 이들은 주로 공정경쟁 촉진을 위한 모든 불공정하거나 기만적인 거래행위를 규제하고 관련된 소비자불만을 처리하며 필요시에는 업무정지 명령이나 소비자피해보상을 위한 법원 제소도 가능하다. 더불어 다양한 소비자교육 자료를 배포함으로써 소비자교육 캠페인에 앞장서고 있다.

② 주요 법과 제도

이 시기의 주요한 결실은 1906년 제정된 육류검사법(Meat Inspection Legislation)과 식품의약품법(The Pure Food and Drug Act)의 의회 통과였다. 식품업체들의 강력한 저항에도 불구하고 이들 법이 제정된 데에는 작가 싱클레어(Upton Sinclair)의 《정글(The Jungle)》이 지대한 영향력을 미쳤다. 싱클레어는 시카고 도살장의 불결한 작업환경과 노동자들의 비참한 생활을 주제로 한 이 소설에서 극도로 열악하고 불결한 생고기 포장공장과 과정을 묘사함으로써 분노한 여론을 한 목소리로 이끌어 내어 역사적인 법안의 통과를 가능케 한 것이다.

**그림 3-1 정글**

출처: http://www.fdungan.com/jungle.htm

**그림 3-2 업톤 싱클레어**

출처: http://www.nndb.com/people/657/000024585

**표 3-1 소비자주의 제1기의 주요 소비자 관련 법안 및 내용**

| 주요 법안 | 내 용 |
|---|---|
| 1890 Sherman Anti-Trust Act | 독점과 가격담합을 막고 경쟁을 촉진 |
| 1906 Pure Food and Drug Act | 식품과 약품의 불순품을 막고 주간에 교역된 상품에 대한 잘못된 라벨 표시 금지, 포함되지 않은 성분의 광고를 금함 |
| 1906 Meat Inspection Act | 육류검사제를 도입 |

③ 시기별 특성

제1기는 대중으로 하여금 소비자로서 자신의 권리를 인식하게 했던, 소비자의식의 출현을 위한 토양을 형성하였던 시기로 묘사될 수 있다. 즉, 최초의 소비자조직 결성, 최초의 소비자법안 통과, 독점에 대한 규제 등으로 사회정의와 도덕의 제도화가 이뤄졌다. 그러나 이러한 제1기의 성과에도 불구하고, 소비자의식은 부족한 상태였으며 소비자의식의 표출이 있기는 하였으나 현대적이고 도시적인 형태로 발전되지는 못하였다(Mayer, 이기춘 외 역, 1996).

이 시기의 성과에 대하여 주목할 점은 사회의식을 가진 작가와 이 작품의 내용을 여론화한 언론인들, 그리고 시민들의 적극적인 반응과 여론을 존중하는 정부의 태도가 어우러져 소비자주의를 키우는 토양을 만든다는 사실이다.

소비자주의의 제1기는 제1차 세계대전의 발발로 인해 그 막을 내리게 되었다.

### (2) 소비자주의 제2기(1920~1930년대): 본격적인 소비자주의의 출현을 위한 토대

제1차 세계대전이 끝난 후 미국경제는 부흥기에 접어들었으며 소비자들의 급격한 생활수준 향상이 이루어졌다. 이 당시 자동차산업과 가전산업, 건설업 등이 미국경제를 주도하며 자동차의 대중화와 더불어 주택건설, 라디오, 전기다리미, 세탁기, 진공청소기, 냉장고 등의 내구소비재의 수요 증대로 본격적인 대량생산과 대량소비의 시대가 도래하였다.

그러나 소비자측면에서는 새로운 제품을 구매하면서 복잡한 기술과 경험부족으로 많은 어려움을 겪게 되었으며 이는 상품과 서비스에 대한 정보의 필요성을 증대시키게 되었다. 또한 TV나 라디오와 같은 본격적인 상품광고 매체의 등장과 함께 공격적인 판매

전략 때문에 소비자선택은 더욱 복잡해지기에 이르렀다. 광고에 있어서 이전까지 중시되었던 정보제공의 기능은 쇠퇴하고 많은 라디오 광고들이 허위적 · 조작적인 홍보를 주요 내용으로 하게 되어 광고의 기능이 근본적으로 변하였다. 이러한 광고의 변화는 수많은 상품에 대한 정확한 정보의 필요성을 증가시켰으며 동시에 상품과 광고의 소비자기만에 대한 소비자불안을 누적시켰다. 소비자들은 정확한 정보가 결여된 채, 불합리한 고가의 가격에 시달릴 뿐만 아니라, 치명적인 건강상의 위해도 경험하게 되었다.

① 소비자 관련 저서 및 인물

이 시기에 체이스와 슐린크(Chase & Schlink)는 소비자정보에 관한 역사적 저서로 평가받는 《당신이 소유하고 있는 돈의 가치(Your Money's Worth)》를 집필함으로써 소비자의 구매력을 낭비시키고 대량생산의 이익을 국민으로부터 강탈하는 기업의 판매전략을 고발하였다. 이들은 각종 판매관행들을 비판하면서 소비자들이 생활비를 절약할 수 있는 방안으로 건전한 의심, 정부의 제품기준 설정, 공정한 상품시험기구 설립 등을 제안하였다.

칼렛과 슐린크(Kallet & Schlink)는 1933년에 《1억 마리 기니아 피그(100,000,000 Guinea Pig)》라는 저서에서 기업이 실험도 거치지 않은 새로운 기술에 무의식적인 소비자를 노출시킴으로써 실험용 동물로 전락된 소비자의 위치를 나타내어 소비자의식을 고취시키는 데 큰 역할을 하였다.

② 소비자 관련 단체 및 기관

- **소비자조사연구소**(Consumer's Research Inc.)

  체이스와 슐린크의 책은 베스트셀러가 되어 사회적인 이슈가 되었으며 평소에 상품에 대한 소비자들의 불만과 우려가 상단편지로 쇄도하였다. 이는 소비자정보 제공이 소비자운동의 중요한 부분으로 등장한 것이며 저자들은 이를 위한 새로운 기구의 필요성을 통감하고 소비자조사연구소를 설립하였다. 소비자조사연구소는 소비자교육을 소비자운동으로 구체화한 최초의 기관으로 상품시험과 시험결과를 정확하고 공정한 소비자정보로 제공하는 등의 활발한 활동을 전개하였다. 그러나 소비자조사연구소의 리더들은 진보적인 사회운동으로부터 철저히 소비자조사연구소의 활동을 구별코자 하며 전문가에 의한 정보제공만이 무지한 대중 소비자의 복지를 달성할 수 있는 수단이라 고려하였다. 즉, 풀뿌리 민주주의로서 대중에 의한 소비자주의의 실현보다, 의식있는 몇몇 전문가에 의한 수직적 전달방식의 정보제공을 중시한 것이다. 소비자조사연구소는 자신들을 '전문성을 결여한 일반 대중'의 대표라고 고려하며 시민들에게 자신들을 믿고 따를 것을 촉구하였다. 슐린크의 다음 설명은 그의 이러한 견해를 잘 보여 준다(Lawrence B. Glickman, 2001).

> "능력 있는 소비자가 되는 것은 매우 어려운 일이며 그 훈련 역시 지속적으로 이뤄져야 하는 것이다. '전문적인 소비자'가 되기 위한 이상적인 훈련과정은 물리학과 화학, 약학 및 영양학 등 다양한 영역의 과학적 지식을 필요로 한다. 분명히, 생계를 위해 일해야 하는 일반적인 소비자는 구매방법을 배우기 위해 시간을 따로 내는 것이 사실상 거의 불가능하다."

자연스레 소비자조사연구소의 이런 고집스러운 견해는 당시의 다양한 소비자운동가들에게 비난의 대상이 되었으며 운동가들은 소비자조사연구소의 편협한 의제를 비롯하여 수직적 관리 방식 등을 비판하곤 하였다.

**○ 소비자연맹(Consumers Union of U.S.A)**

슐린크에 의해 의욕적으로 시작하였던 소비자조사연구소는 행정 면에서 문제점을 드러내며 노조문제에 대한 의견차이로 연구소의 핵심인물인 칼렛과 결별하게 되었으며 후에 칼렛은 독립하여 소비자연맹을 설립하였다. 소비자조사연구소가 정치적인 활동을 기피하였던 반면, 소비자연맹은 불매운동, 교육적 캠페인, 정치적 연합 등에 참여하였다.

소비자연맹은 1936년에 《소비자연맹 보고서(Consumer Union Report)》를 창간하였다. 후에 《소비자보고서(Consumer Report)》로 명칭을 바꾸었으며, 이 보고서는 크게 성장하여 세계 최대의 권위있는 소비자정보지가 되었다.

1936년부터 1980년까지 소비자연맹의 대표를 역임한 원(Warn)의 안정적인 운영으로 소비자연맹은 지속적인 성장을 하여 세계적인 명성을 얻게 되었다.

소비자연맹의 정보는 개별 소비자가 시장에서 자신의 화폐가치를 실현하는 데 도움을 주어 소비자교육에 기여할 뿐만 아니라, 소비자단체가 정부기관과 기업체에게 압력을 가하고자 할 때 전투력을 제공한다.

③ 주요 법과 제도

소비자연맹의 설립은 미국의 제2기 소비자주의 시대에 있어서 중요한 사건 중 하나였으나, 소비자운동의 미래를 위해 더 중요했던 사건은 경제회복을 위한 뉴딜 프로그램이 소비자대표의 원리를 확립했다는 것이다. 기업과 노동자가 경제계획을 지배하지 못하도록 소비하는 대중을 대표할 집단이 필요했으며 국가경제부흥위원회(NRA) 내의 소비자 자문회의(Consumer Advisory Board), 농무성 내의 소비자심의회(Consumers Council) 등이 그 대표적인 예이다(Mayer, 이기춘 외 역, 1996).

1920년대는 기업중심의 분위기였으나 소비자단체들의 로비, 정치환경의 변화, 비판적 여론 등으로 1930년대에는 여러 가지 소비자보호법안이 통과되었다. 특히 '식의약품 및 화장품에 관한 법안(Food, Drug, and Cosmetic Act)'을 통과시키는 데 결정적인 역할을 하였다. 이 법안은 제약회사들로 하여금 그들이 시판하는 약품의 안전성을 과학적으로 입증하는 것을 의무화하였으며 이 사실은 소비자가 더 이상 실험용 모르모트로 이용되지 않게 되었다는 것을 의미한다.

**표 3-2 소비자주의 제2기의 주요 소비자 관련 법안 및 내용**

| 주요 법안 | 내 용 |
|---|---|
| 1938 Federal Food, Drug and Cosmetics Act | 기존 법의 영역을 확대하고 실효성 높임 |
| 1938 Federal Trade Commission Act | 1914년의 제정된 내용을 강화 및 보강 |
| 1939 Wool Products Labeling Act | 울제품의 정확한 표시제도 |

④ 시기별 특성

1920년대 후반에서 1930년대에 걸친 미국의 소비자운동은 1960년대 이후의 본격적인 소비자주의의 출현을 위한 중요한 밑거름이 되었다. 그리고 소비자정보제공이 부각되면서 사회소비자교육이 시작될 수 있는 제도적 장치가 마련되었다는 점을 주목해야 하며, 아울러 슐린크나 칼렛과 같은 개인들의 통찰력과 활동이 큰 사회적 변화를 야기시킬 수 있었음을 기억해야 할 것이다.

이 시기의 소비자운동은 소비자문제를 바라보는 시각을 개인적 차원에서 국가 사회적 차원으로 높였으며, 교사, 고소득층, 지식인층, 젊은이들에게 영향을 미쳤다. 또한 학교 교육에서도 소비자교육이 채택되어서 경기침체에 대비하여 상품구매, 예산 세우기 등이 교육되는 등 상당한 진전을 보였다.

그러나 소비자운동이 분명 강력한 목소리로 모아졌음에도 불구하고, '통합된 하나의 코러스' 라기보다는 '불협화음' 에 가까워(Lawrence B Glickman, 2001) 제2기 소비자운동은 제1기와 마찬가지로 제2차 세계대전이 발발하면서 막을 내리게 되었다.

### (3) 전후혼란기(1940~1950년대): 소비자주의의 침체기

제2차 세계대전은 소비생활 자체에 근본적인 변화를 야기하며 모든 사회의 관심을 전쟁과 전후회복으로 집중시켰다. 자연스레 소비자운동 내지는 법제화에 대한 관심이 떨어졌으며 전시의 물자부족으로 인하여 필요한 상품을 사기에 급급한 나머지, 그 질에 대한 고찰이나 문제제기는 이뤄지지 못하였다. 이에 40년대에는 이렇다 할 소비자 관련 법제화의 내용이 거의 없으며 50년대 들어와서부터 조금씩 소비자 관련 법들이 제도화되기 시작했다. 이 시기는 소비자보호보다는 생산이 중시되었던 시기라고 볼 수 있다.

1945년 전쟁이 종료된 후, 소비자들의 소비욕구는 극대화되기에 이르렀으며 사회적 이슈 또한 이러한 엄청난 소비욕구를 충족시킬 생산에 치중되었다. 그리고 바로 이 과정에서 현대적인 형태의 '광고와 포장으로 둘러싼 미국기업' 이 탄생한 것이다. 기업은 소비자를 설득하기 위해 더욱더 정교해진 마케팅 전략을 동원하기 시작하였다.

이에 밴스 패커드(Vance Packard)는 1957년 그의 저서 《숨겨진 설득자들(The Hidden

**표 3-3** 전후혼란기의 주요 소비자 관련 법안 및 내용

| 주요 법안 | 내 용 |
|---|---|
| 1951 Fur Products Labeling Act | 모피제품의 정확한 표시제도 |
| 1953 Flammable Fabrics Act | 가연성이 높은 의복 판매금지 |
| 1957 Poultry Products Inspection Act | 가금류 제품 조사법 |
| 1958 Textile Fiber Products Identification Act | 모든 종류의 섬유제품에 광고와 표시에 관한 법률 |

그림 3-3 밴스 패커드

출처: http://webs.wofford.edu

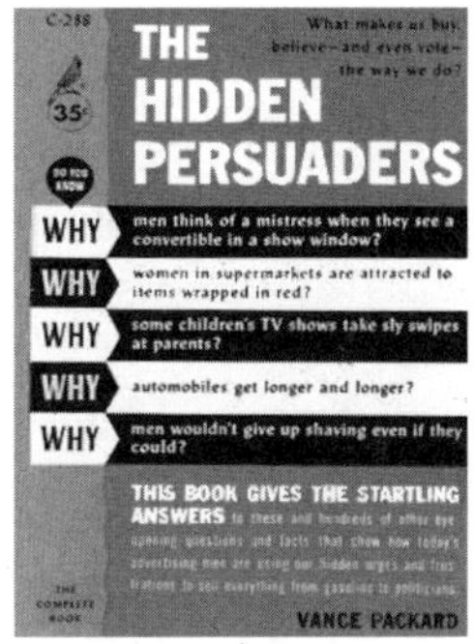


그림 3-4 숨겨진 설득자들

출처: http://www.clarin.com

Persuaders)》을 통해 기업들이 소비자를 자극하여 충동 구매하도록 하는 여러 가지 교묘한 전략에 대해 폭로하였다. 그의 책에 따르면 다음과 같다.

> 한 인디애나 슈퍼마켓의 운영자는 소비자들의 심리를 이용하여 단 몇 시간 만에 0.5톤이나 되는 치즈를 다 팔아버린 경험을 얘기해 주었다. 방법은 간단했다. 거대한 치즈를 통째로 놓고 소비자에게 직접 자르게 한 뒤, 본인이 자른 치즈의 무게를 온스의 범위 내에서 맞추면 치즈를 공짜로 주겠다고 한 것이다. 그는 거대하고 방대한 상품의 진열이 소비자가 구매토록 하는 데 결정적인 역할을 한다며 선반에 몇 개 안 되는 통조림 형태로는 소비자의 구매를 끌어들일 수 없다고 덧붙였다.

1959년, FDA는 필스베리 블루베리 팬케이크 믹스(Pillsbury Blueberry Pancake)가 선전한 내용과 달리, 블루베리를 전혀 함유하지 않고 있음을 찾아내었다. 또한 1959년에는 크랜베리 농작 과정에서 크랜베리에 암을 유발할 수 있는 화학물질을 분사한 것이 밝혀지면서 전 국민을 충격에 몰아넣은 사태가 발생하였다.

이렇듯 1950년대 말은 패커드의 책을 비롯하여 크랜베리 사건 등 소비자보호에 대한 관심이 새로이 재등장하면서 이후 60년대 본격적인 소비자주의의 출현을 위한 환경을 제공하였다.

### (4) 소비자주의 제3기(1960~1970년대): 소비자주의의 출현

제2차 세계대전이 끝난 후 소비자주의를 포함한 모든 사회운동은 비우호적인 분위기 속에서 활성화되지 못하였다. 매카시즘(McCarthysm)의 영향으로 미국 기업활동을 비판하는 사람은 누구라도 공산주의자로 낙인이 찍힐 수 있었기 때문에 사회운동으로서의 소비자주의는 자연히 침체될 수밖에 없었다. 그러나 고도의 대중소비사회로 진입하면서 1960년대부터는 본격적인 소비자주의의 출현이 형성되었다.

① 소비자 관련 저서 및 인물

먼저 이 시대 역시 영향력 있는 작가들의 저서가 소비자주의를 일깨우는 데 큰 몫을 담당하였다. 대표적으로 살충제의 무분별한 사용에 따르는 피해에 초점을 두어 환경보호 문제에 경종을 울린 카슨(Carson)의 《고요한 봄(Silent Spring)》과 저소득층 소비자문제를 다룬 캐플로비츠(Caplovits)의 《가난한 사람이 더 많이 지불한다(The Poor Pay More)》가 있다. 또한 미트포드(Mitford)는 《미국식 죽음(The American Way of Death)》에서 그릇된 장례관행을 폭로하였다. 이 저서들은 소비자와 관련된 문제를 집중적으로 다룸으로써 연속적인 베스트셀러가 되었으며 이와 같은 책들을 통해 시민의 소비자의식은 고조되었다.

1960년대 소비자주의의 가장 큰 획은 랄프 네이더(Ralph Nader)에 의해 그어졌다고 할 수 있다. 네이더는 1934년에 태어나 프린스턴 대학을 졸업하고 하버드 대학에서 법학석사를 받은 변호사로서 미국의 소비자운동을 새로운 형태의 적극적이고 능동적인 소비자운동으로 전환시켜서 미국의 소비자주의를 발전시킨 공로자이다.

**그림 3-5 네이더 돌격대**

출처 : www.official-John-Nikolai.com

**그림 3-6 랄프 네이더**

출처 : www.official-John-Nikolai.com

그는 당시 고속도로에서의 자동차사고 문제에 관심을 가지고 자동차의 안전설계를 쟁점으로 하여 문제를 제기하였다. 1965년 세계 최대의 자동차회사 GM사가 제조하여 인기있었던 신형차의 결함을 폭로하여 《어떠한 속력으로 운전하더라도 자동차는 안전하지 못하다(Unsafe at any speed)》라는 책자를 발간하였다. 이 책자에서 그는 GM사가 생산하는 자동차가 안전하지 못하다는 사실을 공학적 설명과 의학적 진단이 첨부된 사고 피해자의 사진을 통해 실증적으로 지적하였다. 이 글의 충격과 반응으로 결국 신형 자동차 생산이 중단되었고 자동차 설계에 관한 문제에 시민 대중의 관심이 집중되었다.

또한 네이더는 고속도로 사고의 원인이 운전자 개인의 책임이기보다는 자동차의 구조 때문이므로 정부는 안전한 자동차를 생산하도록 기업에 규제를 가해야 한다고 주장하였으며 법률의 제정을 역설하였다. 그리하여 1966년에 '자동차 안전법안(Safety Legislation)'을 통과시키는 데 크게 기여하였다.

네이더는 미국 소비자운동에서 다른 사람의 추종을 불허하는 가장 탁월한 지도자로 알려졌으며, 그의 이름은 거의 소비자운동과 동일시되었다. 그 당시 4년 동안 의회에서 통과된 법률의 4분의 1이 네이더의 노력에 의한 것으로서 육류도매법, 방사선규제법, 가금류검열법, 탄광보건안전법, 소비자신용보호법 등이 입법되었다.

그는 또한 의회에서의 증언, 신문과 잡지의 기사, 강연 등을 통해 구충제인 DDT의 위험, 인공감미료인 사이클라메이트의 해로운 효과에 대해서도 소비자 대중의 관심을 집중시켰다. 그의 개혁운동이 가져다 주는 직접적인 결과보다 더욱 중요한 것은 다른 소비자들 특히 사회적 관심을 가지고 있는 젊은 소비자들에게 미치는 장기적인 교육효과였다. 네이더는 사회적 불평등을 공격하기 위한 무기로서 법의 힘을 젊은 소비자들에게 일깨워 주었으며 이는 젊은 엘리트 자원봉사자들의 자발적인 참여를 불러 일으켰다.

그의 개척자적 노력은 여러 도시에 소비자문제를 다루는 기구를 발족시켰으며, 그는 GM사로부터 받은 배상금 42만 5,000달러로 소비자기구들을 후원하였다. 네이더를 지지하는 젊은이들의 모임인 공익연구 그룹(Public Interest Research Group), 법률연구센터(Center for the Study of Responsive Law)가 있으며 이들 단체에서 자원봉사하는 대학생, 대학원생을 중심으로 한 젊은 엘리트들을 가리켜 한 신문기자가 '네이더 돌격대(Nader's Raiders)'라고 명명하였다. 이들은 시민생활에 관련된 것이면 상품의 안전성에서부터 환경문제, 정부단체의 효율성, 상원의원들의 공익활동까지 광범위하게 연구하고

Consumer Issue 3-1

# 랄프 네이더

**소비자권리의 영웅 권력-富 집중비판**

미국 소비자운동의 선구자로 불리는 랄프 네이더의 묘비명은 '영원한 시민(full-time citizen)'으로 일찌감치 정해져 있다. 그는 결혼도 하지 않았다. 시민운동에 걸림돌이 된다는 이유에서이다. 시민운동 공로를 인정, 미 시사주간지 '타임'은 최근 그를 '20세기 100대 인물'에 포함시켰다.

미국 명문대학인 프린스턴과 하버드를 졸업, 변호사로 활동하던 랄프 네이더는 지난 1965년 《어떠한 속도에서도 안전하지 못하다(Unsafe at any speed)》라는 제목의 책을 발간, 미국 소비자운동에 불을 지폈다. 그는 이 책에서 "자동차 제조기술은 급격히 발전하는데, 왜 미국인들은 매년 수천 명씩 자동차사고로 죽거나 다쳐야 하는가"를 공개적으로 물었다.

그는 특히 제너럴 모터스(GM)의 시보레 자동차를 물고 늘어졌다. 승산이 없어 보였던 다윗과 골리앗의 싸움은 결국 리콜(Recall) 제도에 관한 법률을 제정함으로써 다윗의 승리로 끝났다. TV로 중계된 상원 청문회에서 GM이 "네이더를 괴롭히기 위해 사설탐정을 고용했다."고 공개사과하면서 그는 국민적 영웅으로 떠올랐다. 그의 주장은 안전벨트와 에어백 장착으로 결실을 맺었다.

네이더의 시민권리 찾기는 '환경보호청', '직업안전 및 건강청', '상품안전위원회'의 설립과 '정보자유법'으로 나타났다. 요즘 당연시되고 있는 각종 시민권리 보호기관과 관련법의 대부분을 그가 주도한 것이다. 그는 이후 30여 년 동안 무려 28개의 각종 소비자단체와 사회운동단체를 조직, 정치-환경-의료-교육 등 전 사회부문에 걸쳐 시민권익을 옹호하는 데 힘을 쏟았다.

최근에는 정부 및 출연기관이 독점하고 있는 정보의 인터넷 공개를 촉구하는 운동에 열중하고 있다. 국민의 세금으로 만들어진 모든 정보는 국민의 것이라는 주장이다.

그는 정치제도 개혁에도 큰 관심을 보이고 있다. 소수의 손에 권력과 부가 집중되 민주주의가 훼손되고 있으니 개혁해야 한다는 것이다. 그는 한 인터뷰에서 미국정부를 'GM의, 액손(석유회사)에 의한, 듀퐁(화학회사)을 위한 정부'라고 정의내렸다.

빌게이츠 회장의 마이크로소프트사(MS)도 공격대상이다. 그는 "우리는 역사적으로 석유의 록펠러, 철강의 카네기, 금융의 시티코프 등과 같은 공격적인 기업을 보아왔지만, MS처럼 무자비하지는 않았다."고 말했다. 그는 자신과 게이츠를 미국 독립전쟁 당시의 조지 워싱턴 대통령과 영국의 조지 3세로 비유하기도 했다.

그는 1992년 대선에는 무소속으로 출마했고, 1996년 대선 때는 제3당인 녹색당 후보로 나섰었다. "누구나 참여할 수 있는 민주주의를 만들고 싶다."는 게 영원한 'NGO맨' 랄프 네이더의 생각이다.

출처: 조선일보(1999. 4. 26)

개혁을 주장하였다.

네이더는 정의사회를 실현시키기 위해서 모든 시민들이 불의에 대해서 민감하게 반응하고 개선하기 위한 실천운동에 참여해야 한다고 강조하였으며 운동을 위해서는 자신과 같은 '전업 전문시민(full-time professional citizen)'과 자원봉사로 참여하는 '파트타임 전문시민(part-time professional citizen)' 간의 유기적인 협조가 중요하다고 강조하였다.

네이더와 다른 일반 소비자 운동단체들 간에는 이념적으로 차이가 있었다. 일반 소비자 운동단체는 소비자교육을 체제가 제대로 작동하도록 소비자들이 의식을 변화시키는 것으로 이해한 반면, 네이더는 경제구조 자체가 소비자들의 이익을 보장하도록 개혁되어야 함을 주장하였고 소비자교육도 소비자들에게 어떻게 체제를 바꿀 것인가를 가르치는 것, 즉 앎과 행위의 다리라고 강조하였다.

다시 말해서 이전의 소비자운동이 불량식품 배격, 상품 테스트, 가격인상 반대 등으로 대표되었다면 제3기 소비자주의 물결을 일으킨 네이더의 소비자운동은 적극적으로 기업이나 행정의 결함을 공개하고 개혁을 추구하는 진보적인 운동이었다.

② 소비자관련 단체 및 기관

- **국제소비자연맹**

국제소비자연맹(International Organization of Consuemrs Union, IOCU)은 미국 소비자연맹(Consuemrs Union)이 주도적인 역할을 담당하여 1960년에 설립한 국제민간 소비자보호기구 연합회로서 국제적 차원의 소비자권익 대변을 위하여 설립된 기관이다. 현재는 "국제소비자기구(Consumer International, CI)"로 명칭을 바꾸어 2002년 현재, 122개국 266여개 단체가 가입해 있다. 우리나라에서는 1970년 소비자연맹이, 그리고 1980년에 소시모 등이 정회원으로 가입되어 활동하고 있다.

- **미국소비자연합**

1967년 설립된 미국소비자연합(Consumer Federation of America)은 200개 이상되는 소비자조직의 연합으로서 미국 소비자운동의 뼈대를 이루고 있다. 여기에는 민간 소비자조직(전국 규모, 주 단위 혹은 지역 단위), 지방 소비자보호기관, 여론집단, 농촌전기조합, 신용조합, 거래조합 등이 포함된다.

이 민간기구는 의회와 각종 규제에 대해 맹렬한 로비 활동을 하며 전국에 흩어져 있는 많은 조직들의 활동에 조화를 이루면서 소비자운동을 위한 중추신경 역할을 해왔다.

이 밖에도 주 및 지역자원센터(State and Local Resource Center)를 운영하여 정보제공, 기술지원, 재정보조 등을 통해 주 단위의 조지고가 지방 단위의 조직을 강화시키는 역할을 한다.

### 소비자제품안전위원회

소비자제품안전위원회(Consumer Product Safety Commission, CPSC)는 소비자의 상품으로 인한 사망과 위해에 대비하기 위하여 1973년 독립적인 소비자보호기구로서 설립되었다. 이 기구는 새로운 차원의 규제기관으로 인식되었으며 대중접근을 용이하게 하기 위한 특별한 피해구제체계를 가지고 있었다. 또한 위험한 상품을 철회시키고 산업차원의 규제를 공포하기 위한 광범위한 힘을 행사하였다.

주요 기능은 소비자상품의 전반적인 안전성을 평가함으로써 소비자를 도와주는 것이다. 이를 위해서 상품과 관련된 사망과 질병의 원인을 조사하여 위해요인을 예방하고, 상품의 안전정보를 수집하고 연구하며, 기업에 안전기준 설정을 유도하고 안전규칙의 공포, 중대한 위반상품에 대한 수선, 대체 및 환불 명령을 수행한다.

이 위원회의 관심과 자원은 상당부분 아동잠옷의 인화성, 아동용 시설의 안전과 같은 아동소비자의 안전문제에 집중되었으며 성인소비자의 안전에도 관심을 쏟았다. 이 기구는 활동의 효율성을 위하여 독립성을 가지고 정부, 기업, 소비자단체와 긴밀한 협조체제를 유지하고 있으며 소비자교육도 이 기구의 주요 업무 중 일부이다.

### 경영개선협회

1970년에 설립된 경영개선협회(Better Business Bureau, BBB)는 비영리 사업자 단체로 주요 대기업과 경제단체가 참여하여 기업의 자율적인 소비자보호활동을 추진하는 기구이다. 이들은 기업의 자율적 규제를 통하여 소비자와 사업자의 교육 및 서비스 향상을 추구하며, 사업자와 소비자 간의 정직하고도 공정한 관계를 도모하며 도덕적 사업환경 구축을 위해 힘쓴다.

경영개선협회는 6개의 부서로 이뤄져 있으며 소비자와 사업자 간의 분쟁을 해결하는 분쟁조정국(Dispute Resolution Division, DRD), 구매관련 정보를 제공하는 정보관리국(Bureau Network Division), 자선단체 및 기구에 대한 정보를 제공하는 자선단체정보제공국(Philanthropic Advisory Service), 광고클레임에 대한 조사 및 부당광고에 대한 개선을 권고하는 광고관리국(National Advertising Division, NAD), 그리고 어린이를 대상으로 한 광고를 감시하는 어린이광고관리국(Children's Advertising Review Unit, CARU)이 그것이다.

### ③ 주요 법과 제도

폭로적인 작가에 의해 제기된 소비자주의 물결이 1963년에는 이미 정부에 의해 포용되기 시작하였다. 케네디 대통령이 의회에 보낸 소비자교서는 흔히 미국의 제3기 소비자주의의 출발점으로 인식된다. 1962년 3월 15일에 전달된 이 교서는 대통령이 소비자보호 문제를 제기한 최초의 교서이며 그 안에서 '소비자권리장전(Consumer Bill of Rights)' 을 선언하였다. 여기에 제시된 소비자의 4대 권리는 '안전할 권리, 알 권리, 선택할 권리, 의사를 반영할 권리' 로서 안전, 정보, 경쟁가격으로 선택할 권리, 소비자정책 수립에 대해 정부에 의견을 개진할 권리였다.

케네디 대통령은 네 번째 권리를 강화하기 위하여 경제자문단에 소비자자문회의(Consumer Advisory Council)를 구성하였는데, 이 회의의 기능이 비록 자문이기는 했지만 소비자의 권익이 높은 위치에서 존중되었다는 점에 의의가 있었다.

케네디 대통령의 뒤를 이은 존슨(Johnson) 대통령은 백악관에 '소비자 업무담당 특별보과관제도' 를 창안하였으며 이 직위에 노동운동가인 피터슨(Peterson)을 임명하였다. 닉슨(Nixon)과 포드(Ford) 행정부에서는 크나우어(Knauer)가 특별보좌관이 되었다. 누가 그 지위에 임명되었던간에 소비자업무담당 특별보좌관은 큰 영향력을 행사하였으며 이 직위의 지속적인 유지는 연방정부 내에서 제도적으로 소비자권익이 보장받고 있었음을 입증해 주는 것이다.

### ④ 시기별 특성

1970년대 미국의 소비자운동은 네이더의 활동과 역대 대통령의 소비자문제에 대한 관심으로 더욱 고조되었다. 닉슨 대통령은 의회에 보낸 교서에서 "소비자주의는 이 시점에서 지속되어야 할 건전한 활동이며 1970년대 미국의 소비자주의는 '구매자의 권리(buyer's right)' 개념을 택하는 것을 의미한다."라고 진술하였으며, 포드 대통령은 1975

**표 3-4 소비자주의 제3기의 주요 소비자 관련 주요 법안 및 내용**

| 주요 법안 | 내 용 |
|---|---|
| 1965 Cigarette Labelling Act | 담배제조업자에게 담배가 건강을 해친다는 것을 표시하도록 함 |
| 1966 Fair Packaging and Labelling Act | 불공정 또는 기만적 허위포장이나 소비자상품의 불법적 표시를 금함 |
| 1966 Child Protection Act | 잠재적으로 유해한 장난감 판매를 금함 |
| 1968 Truth-in-Lending Act | 소비자신용 계약과 신용광고에서 모든 금융요금의 완전한 정보 제공을 요구 |
| 1969 Child Protection & Toy Safety Act | 열, 전기, 또는 기계적 위험을 가진 장난감과 다른 상품들로부터 어린이를 보호하도록 함 |
| 1970 Fair Credit Reporting Act | 소비자신용보고는 정확하고 적절히 관리되어야 하며 최근의 정보만을 포함하도록 하고 반드시 비밀로 지켜져야 함 |
| 1972 Consumer Product Act | 부당한 위험으로부터 소비자를 보호하기 위한 독립적 기관(CPSC)을 구성, 안전기준에 대한 권한 부여 |
| 1974 Privacy Act | 정부기관이 법적 관련이 없는 소비자정보를 수집하거나 비밀문서로 보유하지 못하게 함 |

년에 소비자의 다섯 번째 권리로서 '소비자교육을 받을 권리'를 제창하여 미국의 소비자교육을 활발하게 전개시키는 계기를 만들었다. 그리하여 소비자교육에 대한 인식이 제고되고 소비자교육을 목적으로 한 다양한 기구들이 출현하였다.

1960~1970년대가 미국 소비자주의의 전성기로 불리는 데는 네이더와 같은 지도자의 활동이 결정적인 기여를 하였고 역대 대통령의 관심이 뒷받침된 것이었다. 이후 카터 정권 동안 소비자보호에 대한 관심이 약화되기 시작했으며, 레이건 행정부의 출현과 복지정책의 변경 등으로 미국의 소비자주의는 조용한 1980년대로 진입하게 되었다. 그러나 소비자보호는 이미 정부기관이나 수많은 법령과 규제 등의 형태로 제도화된 상태로서 여론이 소비자쟁점의 성패에 영향을 미치지 않는 안정화 단계로 이행하였다.

### (5) 소비자주의 제4기(1980~1990년대): 소비자주의의 조용한 정착기

1980년대의 미국 소비자주의는 레이건(Ronald Reagan) 정부(1981~1989년)의 등장과 함께 조용한 국면으로 접어들었다. 레이건 대통령은 공급측면을 중시하며 시장은 자율규제를 통해 통제되어야 한다고 주장하였다. 또한 이들은 태생부터가 대기업 자본가와 우익 정치의 결합으로 탄생한 신보수주의였기 때문에 소비자주의에 호의적이기는 힘든 관점이었다.

그의 뒤를 이은 부시(George Bush, 1989~1993년) 대통령 역시 비슷한 경제적 관점의 계보를 지녀 1980년대의 소비자주의는 다소 침체되는 양상까지 보이게 되었다. 따라서 소비자보호 관련법의 제정에 대한 관심은 60~70년대에 비하여 줄어들게 되었다. 1992년 공화당의 긴 역사가 끝나고 클린턴 대통령(Bill Clinton, 1993~2001년)이 집권하며 민주당은 보다 진보적인 신뉴딜 정책을 내놓았다. 그러나 부유세의 부분을 제외하고는 공화당의 정책과 큰 차이가 없어 소비자주의에 대한 정책적 지지는 두드러지지 않았다.

① 소비자 관련 주요 저서 및 인물

클린턴 정부의 부통령 엘 고어(Al Gore)는 환경과 가족 문제에 관한 깊은 관심을 지녔다. 그는 직접 환경문제에 관한 저서, 《균형 잡힌 지구(Earth in Balance)》를 집필하기도 하였다. 소비의 환경문제에 대한 사회적 관심이 집중되면서 에린 브로코비치의 실제 이야기가 영화화(〈Erin Brockovich〉, 스티븐 소더버그 작품)되기도 하였다. 이 영화는 변호사 보조원으로 일하던 에린 브로코비치라는 여성이 미국 거대 기업인 PG&E를 상대로 미국 민사소송 역사상 최대 규모인 약 4,000억 원 규모의 배상금을 받아내며 PG&E사가 결국 모든 공장에 중크롬(hexavalent chromium)을 사용치 않고 오염물질 누출 예방 조치를 철저히 하겠다는 공식 입장까지 밝힌 실제 사건을 기반으로 한 것이다.

② 주요 법과 제도

1995년에는 각 주정부에서 진행되고 있었던 제조물 책임법을 연방정부 차원에서 제정하자는 시도가 추진되었으나 클린턴 정부의 반대에 부딪혀 무산되는 등, 소비자보호에 관한 법제는 활성화되지 못하였다. 소비자들은 새로운 법률의 제정보다는 기존에 이미 완성된 법을 활용토록 촉구되었다.

그러나 정보화시대의 급속한 도래와 함께 80년대서부터 90년대 후반에 이르기까지 개인정보보호에 관련한 많은 법들이 제정되었다.

**표 3-5 소비자주의 제4기의 주요 소비자 관련 법안 및 내용**

| 주요 법안 | 내 용 |
|---|---|
| 1984 Toy Safety Act | CPSC로 하여금 위험이 있는 아동용 장난감의 리콜을 보다 신속히 행할 수 있도록 함 |
| 1991 Telephone Consumer Protection Law | 소비자 동의 없이 행해지는 자동다이얼링 전화로 인한 텔레마케터들의 판촉 행위를 금지 |
| 1993 Driver's Privacy Protection Law | 주정부기관에 의한 운전면허 기록 판매행위를 제한함 |
| 1998 Children's Online Privacy Protection Law | 온라인상에서 어린이를 대상으로 정보를 획득하는 행위의 원칙을 규정 |

③ 시기별 특성

90년대는 미국에게 있어서 풍요의 시대였다. 확장된 미국경제는 세계를 주도하였으며 낮은 실업률을 자랑하였다. 그러나 이러한 고도의 자본주의가 극에 달하면서 과도한 물질주의에 대한 자발적인 반성이 사회적 이슈로 대두되었다. 이에 역으로 심플하고 덜 물질주의적인 삶(less materialistic life)에 대한 각종 잡지와 서적, 그리고 매체를 통한 TV 쇼 등이 넘쳐났다. 미국 중산층의 과도한 물질주의 탐닉으로 인한 무기력증을 다룬 《부자병(Affluenza)》은 많은 소비자의 관심 속에 서적과 TV 다큐멘터리로 제작되기도 하였다. 각 매체는 소비자에게 쇼핑몰에서 헤매기보다는 가족과, 그리고 자연과 함께 하는 시간을 보내라고 충고하였다.

같은 맥락에서 이 시기에는 재활용에 대한 범국가적 사고의 전환이 일어났다. 취학 아동들부터 성인에 이르기까지 모든 소비자는 이에 참여하도록 교육되었고 결국 이는 20세기 미국소비의 한 양식으로 자리잡기에 이르렀다.

또한 90년대 후반부터 정보화가 모든 사회적 이슈의 중앙에 등장하면서 소비자의 소비환경 자체가 대대적인 변화를 경험하였다. 미국의 쇼핑몰들은 대부분 실제 영업점 외에 온라인몰을 오픈하였고 소비자들은 빈번한 신용카드의 사용과 함께 온라인 쇼핑에 점점 익숙해져 갔다.

80~90대는 이전의 격동적인 소비자주의 제3기보다 조용한 분위기 속에서 진행되었으나 기존의 관련법들이 정착되고 올바른 소비문화가 실천되었던 시기로서 새로운 21세

**그림 3-7 "진정한 미국인 되기?!"**

출처: http://www.holycross.edu/departments/socant/aleshkow/fashion/debate.html

기 정보화시대의 도래를 기다리는 소비자주의의 정착기였다고 볼 수 있다.

### (6) 소비자주의의 현재(2000년 이후~현재): 소비자주의의 새로운 국면

새로운 21세기는 불행히도 미국의 경기침체와 함께 시작되었다. 높아지는 실업률과 부시(George W. Bush) 행정부의 테러와의 전쟁에 대한 몰입은 미국 소비자를 불안케 하였으며 불안한 시장경제는 미국인의 소비생활에 영향을 미쳤다. 이 시기에는 또한 다양한 기업합병이 잇따랐는데 이는 ① 반독점법의 완화, ② 규제완화, ③ 합병으로 인한 대기업의 이윤창출, ④ 경기침체로 인한 중소기업의 입지 불안 등의 시장원인 때문이었다.

2000년에는 소비자운동가 랄프 네이더가 녹색당의 이름으로 대통령에 출마, 3%의 지지율을 얻는 데 성공하였다. 그는 "공화당과 민주당 모두가 기업조정과 환경오염, 그리고 점점 더 커지는 빈부의 격차 등에 관한 근본적인 문제제기를 무시한 채 미국인을 대상으로 극악무도한 권력을 행사한다."고 주장하며 환경과 소비에 관한 사회적 이슈에 경종을 울렸다.

21세기는 정보화시대로서 이에 관련된 신종 소비자 문제 및 논의들이 급격하게 진전되었다. 소비자는 디지털 소비환경에 적응하기 위하여 정보화시대의 새로운 지식들을 요구하게 되었으며 이에 다양한 소비자정보 사이트들이 개설되었다. 소비자운동 역시, 정보화시대의 흐름을 따라 오프라인상의 활동뿐만 아니라 온라인상의 활동을 병행하는 등, 소비환경에 있어 온라인과 오프라인은 더 이상 구별되지 않는 하나의 연속선상으로 이해되기 시작하였다.

소비자연맹(Consumers Union)은 컨슈머웹와치(www.consumerwebwatch.org) 사이트를 개설하고 인터넷상에 제시되는 소비자 정보의 적합성과 공정성을 판단하며 단속하는 한편, 중요한 소비 관련 이슈에 대해서 소비자의 관심과 이해를 촉구하는 역할을 수행한다.

또한 의료소비자의 권리가 대두되면서 인터넷상에 무방비 상태로 노출되어 있는 수많은 건강 정보의 공정성 및 정확성을 검증할 수단이 요구됨에 따라 미국은 혼코드(Hon Code)를 중심으로 일종의 건강정보인증사이트를 개발하였다. 이에 건강관련 정보 사이트들은 사이트 내의 정보가 혼(Hon, Health on the Net Foundation, www.hon.ch)의 일정 기준을 만족시켰을 경우 제공되는 인증마크를 통해 의료소비자의 신뢰와 선택을 보장하였다.

21세기 소비자주의의 화두는 결국 디지털로 무장한 변화된 소비환경 속에서 소비자의 새로운 문제와 고민들을 어떻게 풀어나갈 것인가에 관한 자문으로 시작될 수 있을 것이다. 이는 정보화에 관한 다양한 법안의 상정과 더불어 개인정보보호에 대한 사회적 관심의 강화와 국제 소비자문제의 등장 등 실제 사례를 통해 짐작할 수 있다. 20세기까지도 진보적인 사회 운동 중 하나에 불과했던 미국의 소비자주의는 현재, 미국의 정치현장에서 확고한 자리를 차지함은 물론, 이제는 그 영역을 전 세계로 확장하고 있다. 그러나 소비자운동의 역사와 영향력 확장에도 불구하고 국제적 수준에서는 아직도 조화를 이루지 못해 이에 대한 지속적 논의가 필요한 실정이다.

### 2) 한국의 소비자주의

한국 소비자주의의 태동을 언제로 보느냐 하는 점은 소비자운동의 정의를 어떻게 하느냐에 따라서 달라질 수 있다. 한국의 소비자주의 역사는 짧은 편이며 길고도 매력적인 역사를 가지고 있는 미국과 비교할 때 소비자운동의 범위와 구조도 다양하지 못하다.

사회운동으로서 소비자운동은 정치적 · 경제적 환경 안에서 이해되어야 할 필요가 있으며, 정치 · 사회적으로 큰 변화를 겪어온 한국에서는 더욱 그러하다. 그리고 정치 · 사회적 환경에 대한 이해는 민간 소비자운동뿐만 아니라 정부의 소비자정책과 학교 및 사회에서 수행된 소비자교육에 대한 통찰력과 인식도를 깊게 해줌으로써 한국의 포괄적인 소비자주의에 대한 이해를 높여 준다.

### (1) 한국 소비자운동의 기원과 소비자주의의 전개

한국 소비자운동의 기원을 찾기 위해서는 노동운동의 성격과 변화를 이해할 필요가 있는데, 한국의 노동운동은 출발 당시부터 민족해방운동의 성격을 가졌다. 따라서 정치 · 경제적 배경을 토대로 소비자운동의 기원과 전개과정을 고찰하기로 한다.

#### ① 소비자운동의 잠복기

- **식민지시기(1910~1945년 이전)**

  1910년 일본의 식민지가 되었을 당시 일본은 한국의 국토와 산업을 장악하여 자원을 착취하고 제품을 팔면서 한국의 제조업을 제한하고 승인제로만 존속시켰다. 1910~1918년에 일본은 토지조사와 개혁을 실시했고 이후 한국에서는 반제국주의 운동이 강력하게 일어났으며 이 운동은 윌슨(Wilson)과 레닌(Lenin)의 민족자결주의, 민족혁명에 의해 고무되었다.

  1920년에 '조선노동자공제회'가 조직되었는데 이 조직은 당시 서울의 지식인들이 각자의 지식과 힘을 모아 상부상조하면서 서로의 생활을 지키기 위한 것이었다. 창립 당시에는 노동자들의 투쟁적인 단체가 아니었고 회원 간의 친목, 상부상조적인 경제활동, 문화사업 등을 하였으나, 이후에 전국적으로 회원이 참여하면서 노동자운동으로 변모했으며 경제활동과 저축운동이 주를 이루었다.

  1930년대에는 일본의 탄압정책이 더욱 심해짐으로써 노동운동을 합법적으로 할 수 없게 되어 지하로 잠적하였으며 좌경화되기도 하였다. 사상적인 분열과 재정난으로 한때 존속이 어렵기도 했으나 저축운동, 회비제 등의 경제적 기반이 있어서 직장 단위의 공제회 또는 상조회로 다시 구성되어 완전히 해산되지는 않았다. 이후에는 각기 단위조직별로 경제사업을 추진하여 생활협동적 성격을 띠면서 진행되었으며 생활물자의 공동구입으로 발전하여 그 이후의 소비경제활동의 기초가 되었다.

**전후혼란기**(1946~1960년 이전)

제2차 세계대전이 끝난 후 한국은 남북으로 갈라져서 각각 미국과 소련의 통제하에 놓이게 되었다. 북한은 소련의 원조로 빠르고 효율적인 반식민 사회개혁이 일어났으나, 남한은 이 시기에 정치적 사상적 혼란으로 인하여 산업활동이 자주 마비되었고 이로 인해 생산위축과 인플레가 극심하였다.

1948년 신정부가 수립된 후 일시적으로 경제적 안정을 이루었으나 1950년 6·25 전쟁으로 말미암아 다시 시련을 겪었다. 1954~1957년에 미국의 원조로 전쟁피해를 복구하고 일시적 안정을 이루었으나 경제의 구조적인 안정이 수립되지는 못하였다. 더욱이 소비재 중심의 원조물자로 인한 소비자의 높은 소비성향과 낭비는 한국경제의 자립기반을 구축하는 데 제약요인이 되었다.

물질적 풍요를 접하게 되면서 전통적인 유교와 불교의 가치관이 퇴색하고 소비가 일상적인 것이 되었고 물질에 대한 환상이 커졌다. 그러나 물질소유를 추구하면서도 물질소유자들인 부자를 존경하지 않는 사회적 분위기가 팽배해 있었다. 즉, 부자들을 부러워하면서도 과소비는 항상 바람직하지 않은 행동으로 간주되었다.

이 시기의 소비자운동은 1950년대 중반의 여성단체가 중심이 되었으며 주로 물자의 절약, 저축생활 계몽 등이 주된 활동이었다. 대한 YMCA, 한국부인회, 대한어머니회가 중심적인 역할을 하였고 서울 YMCA활동이 소비자보호운동의 싹을 틔웠다(서울 YWCA 소비자교육연구회, 1979).

그러나 이 시기의 한국 소비자는 자신을 소비자로 인식하지 못했으며 빈곤에서 탈피하려는 노력이 주된 목적이었다고 할 수 있다. 그리고 민주주의, 평등, 개인존중과 같은 서구사상이 유입되었음에도 불구하고 개인의 권리보다는 지역사회에 대한 의무를 중요시하는 전통적인 사상이 지배적이었다.

### ② 소비자운동의 형성기: 1960년대

한국 소비자운동의 본격적인 효시는 제1차 경제개발 5개년 계획에 의하여 공업화가 이뤄지는 과정에서 1965년 한·일 국교정상화에 따른 일본 상품의 진출에 대한 대책운동이었다. 즉, 여성단체가 중심이 되어서 국산품애용을 호소하는 소비자 계몽활동을 벌였으며, 한국 소비자의 조직화된 노력은 일본상품 불매운동으로부터 시작되었다고 할 수 있다.

1960년대에는 많은 소비자단체가 등장했으며 소비자단체가 아닌 단체들도 소비자운동에 동참하였다.

한편, 소비자운동을 전개시키는 데 기여한 대중매체의 역할을 간과해서는 안 된다. 매일경제신문사(사장 정진기)가 시행한 우량상품 시상과 부설기관인 '소비자교육센터' 의 설립은 소비자운동의 선구적인 역할로 평가할 수 있다.

매일경제신문사는 일찍이 세계 소비자운동에 대한 정보와 의식을 가지고 1966년부터 국내 소비자 계몽활동을 시작하였다. 당시 시장은 상거래질서의 문란으로 조악한 상품과 외래상품이 범람하여 소비자가 상품을 선택하는 데 어려움이 많았는데, 매일경제신문사에서 소비자가 뽑는 우수상품에 대해 봉황대상제도를 실시함으로써 우량 국산품에 대한 소비자의 새로운 인식이 싹트기 시작하였다.

또한 매일경제신문사는 소비자운동을 위한 국제적인 유대를 강화시켜야 할 필요성을 인식하고 국제소비자기구(IOCU)와 상호정보교환을 제안했으며 세계의 소비자운동이 지역단체나 조직단위를 중심으로 전개된 것에 착안하여 1968년 6월에 '소비자교육센터' 를 창설했으며 생활대학을 개강하였다.

생활대학은 기혼여성을 대상으로 가정경제, 의식주문제, 상품품평회, 상품구입요령 등을 중심으로 한 소비자교육을 실시했으며 생활과 직결되는 전반적인 교양강좌를 다루었다(홍순복, 1973).

이 시기에 여성단체들의 소비자운동이 활발하였는데 1965년 5월에 '소비자각성' 이라는 주제로 좌담회를 개최하여 여론을 일으킨 여성문제연구회(회장 이희호), 1967년에 정부보조금으로 각 여성단체 대표 48명으로 구성하여 소비자계몽 전문강좌를 시행하고 《소비자보호》 책자를 발간했던 소비생활지도반(회장 현기순), 1967년에 《소비자보호 뉴스》를 발간하고 주부들의 계몽에 주력한 한국부인회(회장 임영신), 1968년에 사회문제부 내에 '소비자보호위원회' 를 창설하여 전문위원회로서 오늘날까지 활발한 활동을 전개하고 있는 서울 YWCA(회장 김보환) 등이 대표적인 사례이다.

1960년대 소비자운동에 활력을 제공한 또 하나의 요인은 외국 소비자단체 및 소비자운동가와의 교류이다. 1969년 7월에는 미국의 소비자문제담당 대통령 특별보좌관인 피터슨(Peterson)이 내한하여 강연을 통하여 소비자문제에 대한 관심을 높였고, 12월에는 미국 소비자연맹의 회장이며 IOCU의 창시자인 원(Warne)이 내한하여 소비자운동의 필요성을 역설하였으며 한국 소비자운동의 시야를 넓히는 데 많은 영향을 주었다.

1960년대의 소비자운동은 이후의 본격적인 소비자운동의 출현을 위한 중요한 토대가 되는데, 이 시기의 소비자운동은 여성단체가 주도했으며 의식있는 매스컴이 뒷받침한 것이다.

③ 활동진입기: 1970년대

1970년대에 와서 다른 여성단체들도 소비자운동에 동참하여서 1970년에 여성단체협의회(회장 이숙종), 1972년에 전국주부교실중앙회(회장 이윤자), 1973년에 대한주부클럽연합회(회장 정충량) 등이 소비자 문제의식을 가지고 소비자보호를 위한 소비자교육을 실시하였다. 그러나 1970년대 초반의 이들 소비자운동은 재정적 · 제도적인 지원이 뒷받침되지 않아 크게 활성화되지는 못하였다.

한편, 사회의 분위기는 불량상품, 물가문제 등에 대해서 소비자들의 주의가 환기되고 있었으며 매스컴의 소비자문제에 대한 관심이 이를 뒷받침하여 주었다.

1976년 4월에 4개 여성단체가 연합하여 소비자보호단체협의회(회장 이숙종)가 발족되었으며 1978년 3월에 사단법인이 되고 간행물인 《월간 소비자》를 창간하였다.

제도적인 면에서도 노력이 이루어져 1977년에 소비자보호 기본법이 마련되었으나 실효를 거두지 못했으며 이로부터 2년 후인 1979년 12월에 소비자보호법이 국회에서 통과되었다.

1970년대는 소비자단체를 인정하는 법적 보장, 재정적인 수단, 지도자, 운동이념 등이 뒷받침되지 못하여서 소비자권익 집단으로서의 소비자단체가 조직되기 어려웠으나 1978년부터 정부에서 재정적인 지원을 시작함으로써 소비자운동이 활성화될 수 있는 여건이 조성되기 시작하였다.

④ 소비자운동의 정착기: 1980년대

1980년 4월에 소비자보호법이 공포되었고 1982년에는 소비자보호법 시행령이 공포되었다. 소비자단체들도 새롭게 조직되어 한국소비자생활교육원(원장 전성자)이 발족했고 1983년에는 소비자문제를 연구하는 시민의 모임이 출범하여 소비자운동이 더욱 활성화되었다. 이 단체는 1985년에 IOCU에 정회원으로 가입하여 국제적인 소비자문제인 '위해약품 추방운동', '모유 먹이기 운동' 등에 동참하였다.

1986년 7월에 소비자보호법 개정안이 발표되고 12월에 국회를 통과했는데 개정안의 핵심은 소비자의 7대 권리 제시와 한국소비자보호원의 설립이었다.

1987년 7월에 정부가 지원하는 특수 공익법인으로 한국소비자보호원이 설립되었으며 소비자피해구제와 소비자교육을 실시하고 소비자관련 법제연구를 행하여 소비자정책 수립에 기여하였다. 한국소비자보호원의 설립은 그 동안의 여성민간단체의 소비자운동 공적이 밑거름이 된 것이며, 소비자보호가 제도화됨으로써 한국의 소비자주의가 한 걸음 성숙한 단계로 진입했음을 의미한다.

민간단체들도 개별활동 및 연대활동을 활발하게 진행하였으며 기업에서도 소비자보호법에 의해 소비자 피해보상기구를 두게 되었다. 이 기구들이 1984년에 기업소비자전문가협회(The Organization of Consumer Affairs Professional, OCAP)를 조직하여 기업 내의 소비자문제를 논의하고 협조하였다. 그러나 각 기업 내에서 소비자 피해보상기구의 위상이 약하고 최고경영자의 관심이 미흡해서 적극적인 활동이 이루어지지는 못했다.

1988년에는 소비자보호단체협의회에 한국공익문제연구원, 한국소비자생활교육원, 한국부인회 등이 추가로 가입하여 조직을 확장했으며 활동의 범위도 유통문제, 환경보전 문제 등으로 확대하였다. 1989년 백화점 사기 세일을 규탄한 활동은 매스컴이 대대적인 보도를 하면서 한국의 유통업계에 크게 경종을 울렸으며 소비자의 시민의식을 향상시키는 계기가 되었다.

이러한 사회적 분위기는 학교교육에도 반영이 되어서 1986년에 개정된 중학교 교육과정과 1987년에 개정된 고등학교 교육과정에 소비자교육이 포함됨으로써 학교 소비자교육이 공식적으로 이루어지게 되었다.

한편, 대학을 중심으로 소비자학이 학문적으로 정착되고 소비자학계가 활성화한 것도 한국의 소비자주의를 향상시키는 데 기여하였다. 서울대학교에서는 1980년대 초부터 교과과정에 소비자과목을 크게 강화시켜 소비자교육을 시행했으며, 대학원교육을 통해 소비자문제를 연구하고 소비자학 전공자를 양성 · 보급함으로써 '한국소비자학회' 를 창설하는 데 결정적인 역할을 하였다. 또한 1988년에는 학과 명칭에도 소비자 용어를 반영시켜서 소비자연구 분야가 학문적으로나 교육제도로서 뿌리를 내리는 데 기틀을 마련하였다.

1980년대 정부의 법적인 지원과 관심, 학계의 활성화로 활기를 갖게 된 한국의 소비자주의는 1980년대 말 정치적인 상황의 변화와 언론의 자유로 새로운 전환기를 맞이하여 시민운동의 일환으로 더욱 성숙한 단계로 진입하였다.

#### ⑤ 소비자운동의 성숙기: 1990년대~현재

1990년대의 한국 소비자주의는 시민 대중에 의해 수용되었다고 할 수 있다. 소비자운동이 지금까지 중심이 되어 왔던 소비자보호단체의 활동을 뛰어넘어서 우리 사회가 직면하고 있는 여러 문제들을 시민운동의 차원에서 해결하려는 운동으로 확대되었으며 다수 소비자들로부터의 공감대가 형성되었다.

1992년에 소비자문제를 연구하는 시민의 모임이 피해를 입은 소비자를 대신해서 제기한 민사소송에서 승리한 백화점 사기 세일 배상판결은 대형 유통업체의 변칙판매행위에 맞서 소비자단체가 4년간의 끈질긴 법정 투쟁 끝에 얻어낸 결실로서 민간 소비자운동의 알찬 수확으로 평가되었다. 그리고 이 사건을 계기로 집단소송제도(class action)가 도입되어야 한다는 의견이 제시되었다.

1992년 7월에 그동안 소비자피해가 속출하였던 '방문판매에 관한 특별법'이 제정되었다. 이는 새로운 판매기법에 따른 소비자피해를 막기 위한 것이며 이 법의 시행으로 소비자의 충동구매나 강압에 의한 구매의 경우 방문판매는 7일 이내, 다단계판매는 14일 이내에 해약을 요구할 수 있게 되었다.

국내외적으로 급변하는 정치·경제적 변화와 우루과이 라운드, 수입개방 등으로 인한 새로운 문제들이 소비자문제로 부각되었으며 소비자 안전문제가 쟁점으로 떠오르게 되었다. 1993년 시장개방이 가속화되는 상황에서 수입밀 농약오염사건이 소비자를 충격으로 몰아넣었으며 이로 인해 수입농산물의 안전문제가 대두되었다.

1994년에는 소비자안전과 관련하여 식수오염 문제가 부각되었으며, 1995년의 삼풍백화점 붕괴사건은 건축물의 안전성 문제에 대한 소비자시민의 경각심을 불러일으켰다. 이와 같이 소비자의 권리의식이 향상됨에 따라 소비자의 품질과 안전에 대한 요구가 증가했으며, 다양화 · 고급화되고 있는 소비자욕구를 충족시키고 소비자 삶의 질을 향상시키기 위해서도 새로운 소비자정책이 필요하게 되었다.

WTO체제에 따라 국내시장이 급격한 속도로 개방되고 다양한 다국적 상품이 시장에 등장하는 한편, 초고속 정보통신망의 구축을 통한 정보화의 진행은 소비의 세계화를 촉진하고 소비생활의 양태를 변화시켰다.

시장개방으로 인해 국내시장에서도 경쟁이 강화되고 사업자의 판매촉진활동이 치열해지면서 불공정거래나 소비자기만 및 오도행위가 확대되었으며 새로운 광고, 유통, 판매기법들이 도입, 확산되었다.

새로이 대두되는 소비자문제의 유형과 더불어서 1990년대의 소비자주의는 민간단체와 공공기관인 한국소비자보호원 활동의 질적인 성숙으로 활성화되었으며, 정부에서도 공정거래위원회를 중심으로 소비자정책의 선진화에 관심을 나타내었다(여정성, 1997).

기업도 소비자 지향적으로 방향을 전환함으로써 소비자주의에 기여하였다고 볼 수 있다. 일부 대기업을 중심으로 고객만족의 창출을 목표로 한 소비자만족 지향적인 기업경영 방식이 도입되었다. 그 예로서 삼성 그룹이 1994년에 '삼성소비자문화원' 을 설립하여서 소비자보호와 소비자만족의 증대를 추구했던 노력은 높이 평가받을 만하며 소비자주의의 효과가 기업에 전이되어 나타난 결과물로 해석할 수 있다(이기춘, 1994).

사회풍토가 진보적이며 상품의 생산과 분배양식의 빠른 변화와 관련된 소비자문제가 특징이 되는 사회에서는 소비자운동이 활기를 띤다고 메이어는 주장했으며 한국의 조직적인 소비자운동의 증가가 이를 뒷받침해 준다.

그러나 1997년 11월 한국사회에 몰아닥친 금융위기는 어두운 경제적인 상황을 초래하였고 국민들의 가치관에도 변화를 가져와서 시민운동이나 현대적인 의미의 소비자운동인 소비자주의도 새로운 국면을 맞이하게 되었다.

IMF시대로 돌입한 한국의 경제상황에서는 가장 절박한 문제가 구제금융의 위기를 벗어나는 것이며, 사회운동의 궁극적인 목표가 보다 바람직한 사회를 지향하는 것으로 모든 사회운동이 국가의 총체적 위기해결에 동참하지 않을 수 없는 상황이 되었다.

소비자단체와 여성단체가 중심이 되어서 금 모으기 운동, 아나바다운동(아껴 쓰고, 나누어 쓰고, 바꿔 쓰고, 다시 쓰기 운동)을 전개하였으며 과소비 추방, 건전 소비와 바람직한 소비문화형성에 힘을 기울였다. 효율성과 공정성을 추구하는 소비자주의에 있어서 공정성보다는 효율성을 강조하게 된 시기였다.

메이어는 사회운동이 효율성에만 초점을 맞추게 되면 약화되기 쉽다고 지적하였다. 확실히 1998년은 소비자운동의 이데올로기가 국가경제위기 문제에 우선 순위를 양보한 해였다.

그러나 경제위기 극복을 위한 국민운동은 지속가능한 소비양식의 실천운동으로서 모든 국민의 동참이라는 실효도 있었다고 평가할 수 있으며, 경제와 환경을 함께 살리기 위한 '지속가능한 소비', '녹색 소비운동'으로 관심이 이전한 것은 세계적 추세와 맥을 같이 한 것이라고 할 수 있다. 또한 소비자교육과 경제교육의 중요성이 다시 부각되고 평생교육차원에서 인간의 생애주기에 소비자교육이 도입되어야 한다는 사회적 분위기의 조성은 한국의 소비자주의에 고무적인 상황이기도 하였다.

### (2) 한국 소비자주의의 과제

한국의 소비자주의는 역동적으로 변화하는 정치 · 경제환경 속에서 싹이 트고 성장하였다. 일제 식민시대에 민족주의적 사회운동의 성향을 가지고 시작된 소비자운동의 초기 형태는 제2차 세계대전과 6 · 25전쟁을 겪으면서 빈곤의 악순환에서 벗어나는 것이 최대의 목표가 되었던 시대에도 미국의 경제원조로 새로운 소비경험을 하는 소비자들에게 검소와 절약의 가치를 심어 주고 보존하려는 사회운동으로 일부 여성단체에 의해 진전을 이루었다.

한국 소비자의 조직화된 운동은 일본상품 불매운동으로부터 시작되었으며 이 민족주의 성향의 불매운동이 소비자의 인식을 향상시켰다. 이러한 성향의 운동은 1980~90년대에 와서도 국가경제 위기 시에 일시적인 재현의 양상을 보였으며, 시장의 개방화와 세계화 추세에 따라 외국으로부터 비난과 질책을 받기도 하였다.

1980년대 후반부터 시민사회운동이 활기를 띠기 시작하자 부의 증대, 교육수준의 향상, 다양한 소비자문제의 등장 및 환경에 대한 관심과 더불어 소비자운동은 활성화의 기회를 갖게 되었으며, 향후 한국 소비자주의의 발전적 과제는 다음과 같다.

첫째, 소비자운동의 주체인 소비자 개인들이 무임승차(free-riding)의 혜택에 안주하지 않도록 하고 소비자시민으로서 모두가 동참해야 하는 운동으로 인식해야 한다.

둘째, 소비자운동을 이끌어 가는 민간 소비자단체가 힘을 가질 수 있도록 제도적 · 행정적 지원인 뒷받침이 있어야 하며, 소비자정책의 선진화가 이루어져야 한다.

셋째, 학계와 민간단체의 협동이 원활하게 이루어져서 학계는 소비자단체의 활동을 지원하는 여러 가지 교육 프로그램을 개발하고 구축해서 소비자교육에 활용할 수 있도록 해야 한다.

넷째, 세계화, 정보화 추세에 맞춰 외국의 소비자단체들과 활발하게 정보를 교환할 수 있도록 소비자 정보교류 네트워크를 구축해야 한다.

다섯째, 현재와 미래의 소비자운동에 철학적인 견해를 제공해 주고 지속적으로 발전하기 위해서는 성별을 초월한 소비자운동의 리더를 포함해 각계각층에서 많은 소비자주의자들이 나와야 한다.

마지막으로 무엇보다도 소비자운동을 뛰어넘는 생활철학으로서의 소비자주의를 이해하고 소비자의 사회적 책임을 강조하며 이를 일상생활의 장을 통해 실천해 나가도록 하는 소비윤리의식의 기반 확충과 이를 위한 소비자주의의 일상화가 대중적으로 확장되어야 할 것이다.

### 3) 소비자주의의 전망

일반적으로 한 사회의 경제사정이 악화되면 소비의 효율성을 강조하는 실용적인 이름의 소비자주의가 출현하거나 의식주의 최소수준에 대한 소비자권리를 주장하는 좀더 급진적인 이름의 소비자주의가 나타날 수 있으며, 일정 수준을 넘어선 국가경제사정의 악화는 경제를 회복시키는 노력에 소비자주의를 종속시키는 결과를 초래할 수 있다(Mayer, 이기춘 외 역, 1996).

소비자운동이 길고 매력적인 역사를 가지고 있는 것만큼이나 소비자주의의 현재 상황이나 전망 또한 똑같이 중요하다. 그런데 소비자운동이 다른 사회운동에 비해 활성화되거나 발전하지 못한 이유는 소비자운동이 막대한 재정적 지원보다는 정의감과 도덕적 분노에서 비롯되기 때문에 개인과 조직이 느슨하게 연결되어 있으며, 공공정책의 향방에 따라 막대한 경제적 이익을 얻는 기업집단과 달라서 소비자집단은 정책의 영향을 덜 받을 뿐만 아니라 수많은 소비자 개인을 움직여야 한다는 점 때문이다.

그러나 이 시점까지 소비자주의가 건재해 왔고 미래사회에서는 새로운 소비자문제들이 출현될 것이므로, 과거의 소비자주의 물결처럼 재화의 생산과 분배 소비양식의 급격한 변화는 미래의 소비자쟁점들을 불러일으킬 것이다.

소비자주의의 새로운 시대를 진수시키기 위해서는 소비자문제 자체만으로는 부족하며 '잘 조화된 사회' 로의 전환을 지지하는 사회적 분위기가 존재해야 한다. 또한 소비자주의가 지지, 발전되기 위해서는 도덕적으로도 높은 신념을 가져야 하는데, 소비자의 개별적인 권익 증진에 그치지 않고 정의가 아닌 것에 대해서 문제의식을 느끼고 그것을 해결하려고 노력하는 공익운동으로서 자체의 윤리적 시각을 개발해야 한다.

새로운 소비자주의 시각은 소비자 쟁점에만 종속되는 것이 아니라 시민권리, 여성주의, 고용안정 같은 진보적인 쟁점과 연계를 추구해야 한다. 그리하여 결국 미래의 강력한 소비자주의는 세계적인 소비자문제를 겨냥하고 미래운동을 위한 새로운 윤리적 근거를 구축하는 한편, 일상적인 소비자문제를 해결할 수 있는 능력을 유지하는 것이다.

**새로운 소비자주의(New Consumerism)의 과제**

- 소비자들의 높은 도덕적 신념
- 도덕적 가치와 친자연주의의 중요한 원천
- 디지털 시대의 새로운 윤리적 시각 개발
- 다원성을 특징으로 하는 시대적 상황의식 공유
- 자기혁신 지향
- 권리보다는 정체성 추구를 지향
- 대립보다는 연대성을 지향
- 경제적 이익보다는 의미 있는 삶을 지향
- 삶이라는 공통 요소를 갖는 진보적 쟁점과 연계

# Project

1 현대적인 소비자운동으로 보는 소비자주의의 개념과 출현배경을 설명하고, 가장 선진화된 미국의 소비자주의에 대하여 그 발전상황을 정리해 보자.

2 미국 소비자주의를 전개하고 발전시키는 데 언론과 작가들이 기여한 내용을 구체적으로 살펴보고, 이로부터 우리들이 시사받을 수 있는 점이 무엇인지에 대하여 토론해 보자.

3 1960년대 미국 소비자주의의 가장 큰 획은 랄프 네이더에 의해 그어졌는데, 그는 어떠한 배경을 가진 사람이며 어떤 소신과 활동을 펼쳤는지 조사해 보자.

4 미국과 한국의 민간 소비자단체의 활동을 비교해 보고 그 범위와 수준에서 크게 차이가 나는 점은 무엇이며, 정치 · 사회 · 경제적 배경이 어떤 영향력을 미쳤는지 검토해 보자.

5 한국의 소비자보호가 제도화하게 된 가장 큰 원인을 찾아보고, 그 이후에 한국의 소비자보호 상황이 어떻게 전개되어서 성숙한 단계로 진입하게 되었는지 밝혀 보자.

6 한국의 소비자단체 중에서 하나를 선택해서 방문하고, 그 단체의 설립목적과 배경, 활동상황, 주요업적, 애로사항 및 앞으로의 전망 등에 대하여 보고서를 작성해 보자.

# Part 2

# 소비자교육의 이론

소비자교육은 소비자의 자기 주도적인 학습을 통하여 소비자역량을 향상시키는 것이다. 변화하는 사회에서 소비자가 세계적 경제현실과 소비문화를 바르게 이해하고 합리적인 소비생활에 대한 의사결정을 하기 위해서 소비자사회화를 통한 소비자역량의 획득은 중요하며 이를 실현시켜 주는 것이 소비자교육이다.

소비자교육은 소비자의 평생을 통한 학습으로 공식교육과 비공식교육을 포함하며, 소비환경을 변화시키고 소비자 삶의 질을 향상시켜 소비자만족의 증대에 기여한다.

소비자교육이 바람직하게 전개되기 위해서는 소비자교육의 개념, 목표가 확실시되고 소비자교육내용이 소비자유형별로 적합하게 선정되어야 하며, 소비자교육의 요구분석을 통해 소비자교육 프로그램이 설계되어야 한다. 그리고 소비자교육의 형태별로 효율적인 소비자교육 방안이 강구되어야 한다.

Chapter 4

# 소비자교육의 의의와 역사

**세계 사회** 및 시장경제가 급변하고 일상생활에서 소비자의 역할이 증대된 만큼 체계적인 소비자교육의 중요성이 더욱 강조되고 있다. 소비자교육이 체계적으로 실효성있게 실행되기 위해서는 소비자교육의 개념과 목적에 대한 확고한 인식이 이루어져야 한다. 이를 위해서 사회적 · 경제적 · 정치적 상황과 관련하여 소비자교육이 변화 · 발전되어 온 역사적 과정을 고찰해 볼 필요가 있다.

이 장에서는 소비자교육의 개념과 목적을 중심으로 한 소비자교육의 의의를 살펴보고, 소비자교육의 발전에 선구적인 역할을 해온 미국을 중심으로 해서 일본과 한국의 소비자교육 변천과정을 고찰해 보기로 한다. 그리고 이에 근거하여 국내 소비자교육이 지향해야 할 방향에 대해 논의해 본다.

## 1. 소비자교육의 의의

### 1) 소비자교육의 필요성

현대 사회인의 삶에 있어서 경제생활은 매우 중요한 비중을 차지한다. 특히 대량생산, 대량유통, 대량소비로 특징지어지는 대중소비사회에서 소비자로서의 기능과 역할은 상당히 중요하다. 자원은 무한한 것이 아니고 한정적이기 때문에 자원의 배분 및 효율적인 사용과 관련된 문제가 발생할 뿐 아니라 소비자의 욕구를 충족시키는 데 필요한 재화와 서비스를 시장, 비시장을 통해서 획득하고 사용하는 과정에서 많은 어려움에 직면하게 된다.

소비자는 그 본성에 있어서 약점이 많은 인간이며 현대의 방대하고 복잡한 시장환경에 대처할 만큼 지각과 분별력 있는 구매자가 되기 어렵다. 또한 현대 소비자는 소비를 끊임없이 촉진하는 환경 속에서 살고 있으며, 소비자의 욕구를 확대시키는 과장광고, 허위광고, 기만광고 등으로 인한 피해가 급증하고, 신용카드 사용의 확산으로 과소비가 촉진되면서 소비자의 자제력도 약화되고 있다.

최근의 경제 · 사회구조의 급격한 변화는 소비자의 생활환경에도 영향을 미쳐서 소비자문제가 복잡하고 다양화됨으로써 심각한 사회문제가 되고 있다. 또한 과학기술의 발전으로 정보화가 촉진됨에 따라 정보는 엄청나게 증가하였지만 그에 미치지 못하는 정보의 선택능력 결핍과 소비자로서의 훈련부족 등으로 인해 많은 문제가 양산되고 있다. 이로 인해 현명한 의사결정을 내리고자 하는 욕구와 의사결정을 효율적으로 내릴 수 없는 소비자역량 부족의 상황에서 소비자들이 곤경에 처하고 있다.

특히 기술의 발달로 상품의 기능이 보다 전문화되고 사용이 복잡해짐에 따라 질과 가격의 평가가 어려워져 화폐, 시간, 노력 등의 비용이 더 들게 되었다. 대부분의 소비자는 상품, 상표, 가격 및 판매자에 관한 완전한 정보를 갖고 있지 않으며 많은 소비자들이 정보를 획득하고 평가하는 데 있어서 곤란으로 좌절감을 느끼기까지 한다(Maynes, 1976).

소비자가 사용할 수 있는 자원이 제한되어 있고 욕구수준이 점점 더 상승하는 현대사회에 있어서 소비자의 욕구를 충족시키고 삶의 질을 향상시키기 위해서는 인적 · 물적 자원이 제한된 상황에 적응할 수 있는 능력을 갖추지 않으면 안 된다.

다시 말해서 소비자가 소비생활의 질적 향상을 도모하기 위해 현명한 소비자로서의 역할을 수행할 수 있는 소비자역량을 갖추어야 하며, 이러한 소비자역량을 개발하고 양성하기 위해서 소비자교육이 필요하다. 한 연구에서는 소비자문제의 해결방안으로서 기업의 자발적 행위, 정부의 조정 역할, 소비자교육의 세 가지 방안을 제시하고, 이 중에서 소비자교육이 가장 중요하다고 지적하였다(Nagy, 1976).

소비자교육은 올바른 소비가치관을 형성하고 자원을 효율적으로 관리 · 사용할 수 있는 능력을 키워 소비자로서의 역할을 잘 수행할 수 있도록 도와줄 뿐만 아니라, 미래의 소비환경이 소비자복지 지향적으로 조성되도록 소비자주권의식을 높여 나가는 데 많은 도움이 될 것이다. 또한 소비자 스스로 비합리적인 소비행태와 소비습관에서 벗어나 합리적이고도 자신과 사회의 소득 수준에 맞는 건전한 소비문화를 형성해 나가기 위해서도 소비자교육은 반드시 필요하다.

소비자교육의 실시로 얻을 수 있는 효과를 이마이와 나카하라(今井光映 · 中原秀樹, 정용선 외 역, 1994)는 개인, 사회 그리고 기업의 입장으로 나누어 다음과 같이 정리하였다.

### (1) 개인의 입장에서 본 소비자교육의 실시 효과

- 선택에 관한 비판적인 사고능력을 개발하고 촉진한다.
- 질이 높은 풍요로움을 실감할 수 있는 소비생활에 대한 기술을 준비한다.
- 현대 경제사회에서 생활하는 인간으로서의 자신감과 자립심을 높이는 준비를 하게 한다.
- 폭넓게 여러 입장에서 가치를 받아들이는 능력을 개발한다.
- 균형 잡힌 개인과 가족의 생활양식을 형성한다.
- 각자의 가치에 따라 생활문화를 창조하는 능력을 준비한다.
- 구매를 잘 하는 것 또는 속지 않는 기술이라는 틀을 뛰어넘어 지구 세계의 시민으로서 함께 살아가는 데 동참하는 능력을 개발한다.
- 현재의 자신과 미래의 후손들을 위하여 생활의 질을 개선하고 향상시킨다.

### (2) 사회의 입장에서 본 소비자교육의 실시 효과

- 소비자의 입장과 관점에서 문제를 의식할 수 있는 능력이 개발되고 소비자보호법을 효과적으로 시행하게 하는 원동력이 된다.
- 생활자의 입장과 관점에서 생활을 우선하는 사회의 실현을 도모한다.
- 공공의 이익에 대한 관심을 불러일으켜 사회적 비용을 줄인다.
- 소비자와 사업자 사이에 힘의 균형을 이루게 한다.
- 성실하고 질이 좋은 사업자에게 호의적인 태도를 가지도록 조장한다.
- 경제 시스템에 대한 만족도를 높인다.
- 세계적인 관점에서 균형잡힌 국제적인 경제인과 생활자를 육성한다.
- 평생교육형과 시민참가형의 인재를 양성한다.
- 국민생활, 교육, 경제, 산업 등의 국가정책을 실현한다.

### (3) 기업의 입장에서 본 소비자교육의 실시 효과

- 충분하고 적절한 정보가 주어질 때 소비자는 합목적적으로 최적의 선택과 비교·검토가 가능하게 되어 만족을 극대화할 수 있게 된다.
- 만족한 소비자가 구전으로 만족한 상품과 기업명을 널리 알리게 된다.
- 기업 이미지와 로열티를 높일 수 있다.
- 소비자만족을 증대시키고 소비자불만과 불평을 감소시킬 수 있다.
- 시장 메커니즘을 통하여 건전한 기업이 발전한다.
- 건전한 기업이 생존하는 시장 메커니즘 환경이 준비되고 기업의 자율규제가 지원된다.

## 2) 소비자교육의 개념정의

소비자교육에 관한 논의는 소비자교육을 어떻게 실시해야 하는가에 대한 방법론에서 시작되었으나 얼마 지나지 않아서 소비자교육의 개념을 정립해야 할 필요성에 대한 자각이 일어나게 되었다. 소비자교육에 대한 기본 개념이 명확하지 않고 애매하거나 일관성 없이 다양하게 되면 소비자교육을 받는 소비자는 물론 소비자교육자나 정책입안자들도 혼란에 빠져 소비자교육의 발전을 저해하는 원인이 되기 때문이다.

소비자교육의 개념은 사회의 변화와 시대적 요구에 따라 변화되어 왔는데, 1920~30년대에는 구매기능만을 강조하였으나 1960~70년대에는 보다 넓은 개념으로 본격적인 논의가 이루어졌다. 소비자교육을 정의하기 시작한 최초의 시도는 1968년 IOCU 뉴욕대회로 볼 수 있는데(Steffens & Rosenberger, 1986), 이 시기 이후에 제시된 정의들을 살펴보면 다음과 같다.

미국 소비자교육위원회(U.S. Office of Consumer Education)에 의하면 소비자교육은 소비자 개인의 가치관, 시장 대체안의 인식 및 사회적·경제적·생태적인 면을 고려하여 소비자가 합리적이고 현명한 의사결정을 할 수 있도록 이해, 태도, 기능을 전달함으로써 시장참여 또는 공적·사적 자원의 사용을 포함한 상황참여에 대해 준비시키는 노력이다(이기춘, 1979). 이 정의는 가치관과 여러 상황을 고려한 현명한 의사결정능력에 초점을 두고 있다.

소비자 교육개발 프로그램(Consumer Education Development Program, CEDP)의 연구보고서(1980)에 제시된 소비자교육은 소비자(개인 및 집단)가 소비자자원을 관리하고 소비자 의사결정에 영향을 미치는 제 요인을 변화 · 조성할 수 있도록 시민으로서 행동하는 데 필요한 지식과 기능을 가르치는 것이다. 이 정의는 의사결정, 자원관리, 시민참여의 세 영역을 강조하고 있다.

1980년대에 들어서면서부터 소비자교육은 소비자 의사결정이 공공분야에 미치는 영향 그리고 보다 광범위한 환경과의 순환적인 상호작용 관계를 포함하는 것으로 변화되었다. 1984년 IOCU의 소비자교육 세미나 개최 결과 소비자교육의 정의라고 할 수 있는 IOCU 5원칙이 공표되었는데 다음과 같다.

- **비판적 자각**: 우리가 사용하는 재화와 서비스의 가격과 질에 대해 보다 경계하고 의문을 갖는 책임
- **능동적 행동**: 우리 자신을 주장할 책임과 우리가 공정하게 대우를 받고 있음을 확신하기 위한 행동
- **사회적 관심**: 다른 시민들 특히 불이익 집단이나 약자 집단을 위한 소비자 영향을 인식하는 책임
- **환경적 책임**: 우리 자신의 소비가 가져올 환경적 결과를 이해하는 능력, 즉 미래 세대를 위한 지구 보호에 대한 개인적 · 사회적 책임 인식
- **연대**: 소비자들이 소비자 권익을 촉진시키고 보호할 힘과 영향력을 개발하기 위하여 함께 조직할 책임의 인식

이 IOCU의 5원칙은 오늘날 소비자단체가 시행하는 소비자교육의 기본 개념이 되었다(Steffens & Rosenberger, 1986).

바니스터와 몬스마(Bannister & Monsma, 1980)는 소비자교육을 개인적 자원을 관리하고 세계경제 속에서 소비자복지에 영향을 미치는 사회적 · 정치적 · 경제적 · 기술적 그리고 환경적 작용을 계속적으로 학습시키는 과정으로 정의하였다.

일본의 소비자교육학회(小木紀之 · 中原秀樹, 1988)는 소비자교육을 소비자가 각자의 가치관, 이념(생활태도)을 개인적 · 사회적으로 책임을 지는 형태로 선택하고 취하였다.

이에 기초해서 경제사회의 구조, 상품 · 서비스에 대한 지식과 정보를 이해하고, 이성적으로 판단하여 합목적적으로 의사결정하며, 개인적 · 사회적으로 책임을 지는 라이프스타일을 형성하여 개인과 사회의 구성원으로서 자기실현을 가능하게 하는 능력을 개발하게 하는 것으로 보았다.

이상에서 고찰한 바와 같이 대부분의 정의가 가치관의 인식, 비판의식, 의사결정능력 및 소비자시민으로서의 역할 이해와 수행능력을 강조하고 있다.

오늘날 소비자교육은 경제적 효용을 높이는 구매론적 관점에서 벗어나, 소비자가 개인적 · 사회적 존재로서 자아실현을 해나가기 위한 소비생활양식을 추구하고, 새로운 소비문화를 형성하는 데 필요한 소비자역량(consumer competency)을 개발할 수 있도록 도와주는 것으로 그 개념을 정의할 수 있다.

여기서의 소비자역량은 소비자역할을 현명하고 효율적으로 수행하기 위하여 필요한 소비자지식, 소비자태도, 소비자기능의 총체로 다음과 같은 사항을 잘 수행할 수 있는 능력을 개발하고 양성하는 것이다.

첫째, 자신의 가치체계를 인식하고 발전시키는 일이고, 둘째, 사회적 · 경제적 · 생태적 제 상황을 고려하여 합리적인 의사결정을 하는 일이며, 셋째, 소비자의 권리와 책임을 이해하고 사회에서 소비자시민의 역할을 잘 수행하여 새로운 소비문화를 형성해 나가는 일 등이다.

그리하여 소비자교육은 경제사회에서 필요로 하는 다양한 소비자역량을 양성해서 소비자역할을 잘 수행하게 하며, 소비자 사회화를 통하여 건전한 소비자시민의 자질을 갖추게 하는 한편, 소비자의 올바른 역할을 통해 자본주의 시장경제체제가 제 기능을 다하도록 하는 데 기여한다.

소비자교육의 개념은 사회의 변화와 시대적 요구에 따라 변화 가능하므로 항상 검토되고 새로이 재정립되는 것이 필요하다. 그리고 이에 따라 소비자교육의 이론적 탐구 및 소비자교육의 정책적 과제가 수립되어야 할 것이다.

### 3) 소비자교육의 목적

소비자교육의 개념 정의에서도 나타나 있는 바와 같이 소비자교육의 목적은 소비자능력을 개발시키는 것이다. 구체적으로 소비자교육의 목적을 제시한 이론들을 살펴보면 다음과 같다.

'미국 가정학회 소비자교육위원회' 에 의하면 소비자교육의 목적은 이용 가능한 자원의 최대 활용을 위해서 소비자개인이 명백한 가치관을 갖고, 목표를 확인하며, 결과와 관련해서 대체안을 신중하게 고려하게 함으로써 현명한 의사결정을 하도록 돕는 데 있다. 또한 소비자가 자신의 목표에 도달할 뿐만 아니라 자신의 의사결정이 타인의 복지에 미치는 광범위한 영향에 대한 이해를 하게 함으로써 책임있는 소비자시민으로서의 기능을 할 수 있도록 돕는 것이다.

미국의 '소비자권익에 관한 대통령자문위원회' 는 소비자교육의 목적을 개인이 자신의 가치체계를 확립하고 그 가치를 기초로 하여 건전한 의사결정방법을 발전시키고, 시장에서 대체상품을 평가하여 현명한 구매를 하며, 소비자의 권리와 책임을 이해하고, 자유기업체제에서 직접적인 역할을 수행할 수 있게 도와주는 데 있다고 하였다.

'일리노이주 교육위원회' 의 경우 소비자교육의 목표를 구체적으로 제시하고 있는데, 첫째 자신의 의견을 표현할 수 있는 소비자가 되는 것, 둘째 사회에서 소비자로서 수행해야만 하는 책임과 권리를 이해하는 것, 셋째 자원을 이용할 때 깊은 통찰력을 가지게 하는 것, 넷째 개개인의 가치관과 목표를 바탕으로 하여 의사결정을 할 수 있는 능력을 몸에 익히는 것, 다섯째 의사결정을 할 때 비판적 사고를 근거로 하여 여러 가지 정보를 이용할 수 있는 것, 여섯째 현대 경제사회에서의 개인에게는 소비자, 노동자, 시민으로서의 역할이 있다는 점을 이해할 수 있도록 하는 것, 일곱째 가정생활에서도 소비자 – 시민임을 자각하고 행동할 수 있도록 하는 것이다(일리노이주 교육위원회, 1986).

특히 미국의 경우 일찍이 아동에 대한 소비자교육이 강조되어서 '소비자권익을 위한 대통령 특별자문위위회' 에서 '유치원부터 고등학교 과정의 소비자교육 지침서' 를 발표하였다. 이 지침서의 서문에서 나우어(Knauer, 1988)는 아동이 책임있는 소비자가 되도록 노력을 기울여야 하는 이유는 아동이 미래에 중요한 소비자가 될 뿐 아니라 복잡하고 방대한 현대 경제사회에서 소비자로 활동할 때 소비자교육이 유용한 준거틀을 제공해주기 때문이라고 소비자교육의 필요성을 강조하였다.

일본의 '동경도 소비생활심의회' 는 소비자교육에 있어 소비자가 주체적으로 자주 학습하는 것이 기본임을 강조하고 소비자교육의 목적은 소비자가 문화적이고 주체적인 소비생활을 건강하게 영위하는 데 필요한 지식, 기능을 얻어 권리의 담당자로서 소비자문제 해결을 위해 조직적 · 사회적으로 행동하는 주체로서 스스로를 형성하는 것이라고 하였다(일본 소비자교육학회, 1983).

한국소비자보호원의 보고서(이득연 · 송순영, 1993)에서는 소비자교육의 목적을 크게 세 차원으로 나눈 후 세부적으로 설명하고 있는데, 가치교육 차원에서는 소비행위의 주체성 확보, 합리적인 소비문화의 형성, 소비행위의 가치기준 형성이 목적이 된다. 구매교육 차원에서는 기본적인 경제원리에 대한 이해 증진, 합리적인 자원관리 능력의 배양, 소비자문제에 대한 인식 제고, 소비자정보의 분석 평가 능력의 배양, 합리적인 상품과 서비스 구매방법의 습득이며, 시민의식교육 차원에서는 소비자불만의 처리와 해결 능력의 배양, 소비자권리의 수혜 및 참여 · 실천행위의 동기부여, 소비자책임의 자각 등을 들었다.

김영옥(1999)은 아동을 위한 소비자교육의 목적으로서 현재의 소비생활 환경에 적응하고 미래의 소비생활 환경을 소비자복지 지향적으로 조성하여 나가기 위해서, 건전한 소비자의식을 지니고, 자원을 효율적으로 관리하며, 적극적으로 소비자권리와 책임을 실천하는 데 필요한 지식, 사고력, 실천력을 육성하는 것으로 보았다.

여기서의 지식은 소비현상을 파악하고 소비생활을 합리적 · 효율적으로 영위하기 위해서 이해할 필요가 있는 사실, 개념, 관념을 의미한다. 사고력은 개인과 사회의 소비생활 현상과 문제점을 자신의 상황과 연결지어 인식하고, 다양한 관점에서 분석적으로 사고하여 의사결정을 하며, 문제를 해결하는 것을 의미한다. 실천력은 소비생활에서 개인적으로 동기 유발이 된 것뿐만 아니라 사회적으로 합의된 소비자로서의 권리 및 책임과 관련된 사항을 능동적으로 수행하는 능력을 의미한다.

이처럼 소비자교육의 목적은 현재의 복잡하고 다양한 소비생활에서의 문제를 해결하는 데 도움을 주는 것뿐만 아니라 미래 사회의 소비생활 환경을 적극적으로 조성해 나가는 것에도 초점을 두고 있다.

# 2. 소비자교육의 역사와 전개

## 1) 미국의 소비자교육

미래의 소비자교육 방향을 명확히 하기 위해서는 소비자교육이 소비자문제의 제기와 더불어 어떻게 대두되었으며, 사회적 · 경제적 · 정치적 상황과 어떠한 관련하에서 변화되고 발전되어 왔는가 하는 역사적 인식을 토대로 해야 한다. 이에 따라 소비자교육을 발전시키는 데 선구적인 역할을 해온 미국의 소비자교육 발전의 역사와 현황을 고찰하기로 한다.

역사적으로 볼 때 급격한 사회적 변화와 경제적 혼란에 의하여 소비자문제가 나타나면서 일부 학자나 교육자들에 의해서 소비자교육의 필요성이 인식되기 시작하였다.[1] 그리고 소비자교육의 발전은 소비자주의의 성쇠와 더불어서 경제적 · 사회적 · 정치적 변화과정과 병행되어 왔다(Hearn, 1982).

미국의 경우 1920년대 이후의 소비자교육 발전이 이루어진 과정을 크게 2기로 구분할 수 있다. 랑그레와 매슨(Langrehr & Masson, 1977)은 1920년대에서 1950년대까지를 '소비자교육의 초기' 로, 그리고 1960년대에서 1970년대까지를 '소비자교육의 재출현기' 로 보았다. 율(Uhl, 1970)은 경제대공황 시기인 1930년대를 '소비자교육의 형성기' 로 본다면, 1960년대는 교육적 노력이 이루어져서 '새로운 성숙기로 진입한 시기' 라고 하였다.

여기서는 소비자교육의 필요성이 인식되기 시작한 1920년대 이후를 2기로 대별하여서 1920년대부터 1950년대까지를 소비자교육의 형성기, 1960년대부터를 소비자교육의 성숙기로 보고자 한다. 그리고 정치 · 사회적 배경, 소비자교육의 강조 및 교육내용의 변화를 중심으로 이 기간을 더 세분해서 고찰하기로 한다.

### (1) 소비자교육의 형성기

1920년대에는 소비자문제가 일반 대중들에게 크게 관심을 일으키지 못하였으나 소비자

---

1) 당시 대공황을 맞아 미국 시민사회에서는 생활합리화의 필요성에서 생활기술교육이 고려되었고 또 수입을 위한 직업교육으로서 소비자교육이 고려되었다.

들이 소비자교육의 필요성을 인식하기 시작하였다.

하랍(Harap)은 1927년에 그의 저서인《소비자교육(The Education of the Consumers)》에서 정부의 통계자료 및 기타의 자료를 이용하여 국민 대중의 소비실태를 파악했으며 이를 표준에 대한 자료와 비교하였다. 결론으로서 소비자들의 소비습관 중 철저하게 근절되어야 할 습관과 개선해야 할 습관, 그리고 더욱 발전시켜야 할 습관이 있는데, 이는 소비자교육을 통해서 이루어져야 하며, 소비자교육을 위한 포괄적인 커리큘럼을 제시하였다.

미국 가정학회는 소비자교육에 관심을 기울였는데, 학회의 1909년 창립회의에서 소비자교육에 관한 2개의 보고서[2]가 발표되었던 사실로 미루어 볼 때에도 이를 알 수 있다. 1920년대에 미국 가정학회에서는 소비자문제 분야에 대한 교육을 발전시키는 데 필요한 정보제공을 위해서 소비자문제에 대한 새로운 연구에 착수하였다.

1930년대에는 일상생활에 대한 관심에 기초한 교육철학의 영향으로 소비자교육에 대하여 호의적이었다. 소비자교육이 소비자로 하여금 시장 시스템에 영향을 미치는 공공정책 및 정부규제를 인식하게 하는 것에 역점을 두어야 한다고 주장이 되었다. 1930년대에 조직화된 소비자 교육과정이 발전하게 된 직접적인 이유는 경제대공황 때문이었다.[3] 당시에는 소득이 극도로 제한되어 있어서 현명하게 소비하는 문제에 대하여 심각한 주의를 기울이지 않을 수 없게 되었다. 그 결과로 1930년대의 소비자운동은 상품의 표준화와 상품표시(label)의 필요성을 강조하였으며 사회문제를 취급하였는데, 이러한 사회문제의 취급은 소비자교육 초기에 있어서 매우 드문 새로운 현상이었다.

소비자교육의 정규과정이 대학교 및 중 · 고등학교 수준에서 개설되어서 1939년에는 2만 5,000여 개 중 · 고등학교에서 소비자교육을 보급하였다. 이 과목에 등록한 학생의 2/3가 여학생이었기 때문에 여학생 지향적인 것으로 되었으며 주로 구매기능과 금전관리에 중점을 두고 소득의 사용, 차입, 저축, 투자 등을 중요시하였다. 이 시기에 처음으로 소비자교육 교과서가 발간되었으며 대표적인 것으로서 1938년에 발행된 주터번과

---

2) 레이크 플래시드(Lake Placid) 회의에서 취급된 2개의 보고서 중 하나는 적절한 건강과 위생에 관하여 소비자를 교육시켜야 할 필요성을 강조하였으며, 또 다른 보고서는 소비자상품의 표준과 라벨의 개발을 요구한 바 있다. 이것은 소비자교육에 관한 첫 번째 시도였다.

3) 임금과 물가에 있어 갑작스러운 하락을 경험하게 되었으며 낮아진 소득으로 전과 같은 생활수준을 유지하기 위해서 시장상품에 대한 지식 및 상품가격과 질과의 관계에 대한 지식을 갖지 않으면 안 되었다.

불록(Jutavern & Bullock)의 《소비자조사(Consumer Investigates)》를 들 수 있는데 여기에는 금전관리, 구매법을 비롯한 다양한 영역을 포함하고 있다(Herrmann, 1982).

1940년대에는 소비자교육의 목적이 확대되어 자유시장의 문제점과 더불어 소비이론, 가격, 수요 및 공급과 같은 기본적인 경제개념이 포함되었다. 그러나 여전히 소비자교육의 주목적으로서 구매기능이 강조되었다(Langrehr & Masson, 1970).

1945년에 미국의 전국 중 · 고등학교 교장협의회에서는 소비자교육의 목적을 '보다 지적이고, 보다 효율적이며, 보다 양심적인 소비자가 되도록 돕는 것' 이라고 밝혔다. 그러나 일부 사람들은 여전히 구매를 지나치게 강조하는 정의를 받아들였다. 이와 같은 자원에 대한 실용지향적 연구는 생활적응교육(life adjustment education)이라는 새로운 교육운동과 자연스럽게 결합할 수 있는 잠재력을 가지게 되었다.

1950년대를 전반기와 후반기로 나누어 볼 때 전반기는 중 · 고등학교 교과과정을 보다 실용적으로 만들고자 하는 운동인 생활적응교육의 영향으로 실용적인 교육과 아울러 소비자교육의 필요성이 논의되었다. 후반기에는 순수과학에 역점을 두는 교육방향 때문에 소비자교육이 뒤로 밀려나게 되었다.

1950년대 초에는 일상생활에서 활용할 수 있는 교육이 필요했으며 소비자교육을 이 목표에 도달할 수 있는 한 가지 수단으로 생각했다. 그리고 1950년대 초기 및 중기에 가계가 할부지불 문제, 재정관리 문제 및 생명보험이나 내구재선택 문제로 곤란을 겪었기 때문에 소비자교육에 대해 관심이 있었다. 그러나 이 기간 동안에 소비자교육이 발전되지는 못했으며, 1950년대 중반을 절정으로 다시 긴 하강기를 맞이하게 되었다.[4] 순수 기초과목 및 우수학생에 대해 교육의 중점이 다시 주어졌으므로 일상 생활적인 문제가 연구되기에는 적절하지 않은 시기였다.

소비자교육은 보다 이론적인 경제학교육에 양도되었는데, 이러한 가운데서도 소비자교육 필요성에 관한 광범위한 연구의 결실로서 1959년에 빌헬름(Wilhelms)의 《소비자생활(Consumer Living)》이라는 중 · 고등학교 교과서가 발행되었다. 전반적으로 소비자교육 발전의 입장에서 볼 때 1950년대는 '표류기' 였다고 할 수 있다.

---

4) 소비자교육이 독립분야로 전개되지 못했던 것이 하나의 큰 문제이긴 했으나 또 다른 문제에 직면했기 때문이다. 1957년에 소련이 처음으로 우주선 발사에 성공한 것에 자극을 받아서 과학의 중요성이 대두되었으며 교육방침이 과학이라는 학과목에 치우치게 됨으로써 소비자교육은 뒤처지게 되었다.

### (2) 소비자교육의 성숙기

소비자교육의 재출현은 1960년대 말기에 이루어졌는데 그 이유 중 하나는 바로 1930년대와 같은 문제상황 때문이었다. 즉, 물가가 임금보다 더 빨리 상승함으로써, 소비자들은 실질적인 생활수준이 저하되고 있다고 생각했던 것이다. 또 1960년대에는 소비자문제에 대한 대통령의 관심이 지속되었던 것도 중요한 요인이 된다. 1962년에 케네디(Kennedy) 대통령이 소비자의 권리가 표명된 '소비자의 권익보호에 관한 특별교서' 를 의회에 보냈으며 경제자문회의에 소비자자문회의를 두도록 요청하였다.

존슨(Johnson) 대통령은 1964년에 소비자문제에 관한 대통령보좌관제도를 택하였으며, 닉슨(Nixon) 대통령은 이 제도를 보존시켰고 의회에 보내는 메시지에서 구매자권리(buyers's rights)를 언급하였다. 이를 통해 일반 대중들이 학교 프로그램이나 직업교육으로서 소비자교육이 남녀학생들에게 필요하다는 것을 인식하게 되었으며, 실생활의 문제와 더불어 소비자교육이 영어, 수학, 사회, 자연 등의 과목과도 연결되어 자리 잡게 되었다.

한편, 성인소비자 교육활동도 크게 증가하였는데 소비자문제에 대한 대통령자문회의의 격려로 더욱 박차를 가하게 되었다. 헌(Hearn, 1982)의 연구에 의하면, 1967년에는 주 정부에서 의무화한 소비자 프로그램이 대두되었다. 일리노이주에서는 중학교 2학년부터 고등학교 3학년까지의 학생에게 구매 · 예산 · 비교구매를 포함한 학과목을 필수로 하는 법안을 통과시켰으며, 이 법안 및 이에 따라 개발된 프로그램이 다른 주에도 모델이 되었다.

1968년에는 직업교육 보칙에 '소비자와 가정과교육(consumer and homemaking education)' 이라는 조항이 포함되어 소비자교육이 직업 · 가정과 프로그램의 절대적 필요 분야로 규정되었다(Boyd & Stovall, 1978).

율(Uhl, 1970)을 연구책임자로 한 퍼듀(Purdue) 대학교의 소비자교육 연구결과에 의하면, 1960년대에는 중 · 고등학교에서 소비자교육 과목이 특별히 증가했다고는 볼 수 없다. 이전의 연구결과와 비교해 볼 때 1960년에서 1969년 사이에 소비자 교육과목이 단지 조금 증가했다고 말하고 있다.

1970년대에 들어와 소비자교육에 관한 연구는 보다 더 활발하게 이루어졌다. 1971년 이래로 미국의 주교육위원회는 우선적인 관심을 소비자교육의 발전에 두었다.

1972~1973년에 소비자교육에 관한 작은 조사연구를 시행했으며, 1977년에는 1년이 소요되는 연구 프로젝트를 시작하여 소비자교육에 관한 보고서를 완성 · 발표하였다. 이 결과에 의하면 직업교육 보칙에서 유래된 연방정부의 프로그램에 참여하고 있는 모든 주는 소비자교육을 주정부 프로그램의 필수적인 부분으로 하고 있었다.

1973~1978년에 소비자교육에 대한 정책적인 방향을 제공한 주의 수가 19개에서 38개로 증가하였다. 또 소비자교육이 직업교육 분야에서 1/2 정도의 비중을 차지하고 있으며 교과과정 및 강의에서도 1/2 정도의 비중을 가지고 있었다. 미국의 전체 주의 약 2/3가 주정부, 지방정부에서 마련한 소비자교육 교과과정을 수락하거나 인정한다고 보고하였으며, 40개 주에서는 소비자교육을 위한 교사양성 및 교사 재교육 프로그램을 가지고 있었는데 이들 프로그램의 대부분이 가정 또는 사회과목의 워크숍에서 제공되고 있었다.

1970년대 초부터 점차로 그 중요성이 대두되고 있는 소비자교육에 박차를 가하게 된 계기는 포드(Ford) 대통령이 발표한 소비자의 다섯 번째 권리였다.

1975년 11월에 포드 대통령은 다음과 같은 견해를 밝혔다.

> "지난 10년 간 구매자의 권리장전(buyer's bill of rights)이 미국에서 하나의 생활방식으로 자리 잡아 왔다. 이 권리는 안전의 권리, 알 권리, 선택의 권리 그리고 소비자 불만이 만족스럽게 해결되어야 할 권리였다. 이제는 다섯 번째의 소비자권리를 인식해야 할 시기에 왔으며 이 권리 없이는 이상의 4가지 권리에 대한 충분한 이득을 볼 수 없다. 이 다섯 번째의 권리란 바로 소비자교육을 받을 권리인데 소비자교육이 학교교육, 사회봉사, 직업청소년의 교육 프로그램의 필수부분이 되는 것을 진심으로 바란다. 그리고 소비자가 최대한도의 가능성을 실현하고 최대의 개인적인 만족을 얻도록 자원을 계획하고 사용할 수 있게 돕는 방법은 오로지 소비자교육뿐이라고 확신한다."

이와 같은 정책적인 뒷받침으로 소비자교육에 대한 전국적인 관심은 크게 증가하였으며 연방법안에 의하여 교육지도자들이 초 · 중 · 고등학교 및 소비자교육에 직접적인 주의를 기울였다. 또한 중 · 고등학교 교과과정에서도 많은 소비자 교과서가 출현했고 소비자교육의 역할과 잠재력에 대한 관심의 증가가 두드러졌다.

1980년대에 와서는 소비자교육의 양적인 확대보다는 질적인 향상과 내실화가 이루어졌다고 할 수 있다. 중 · 고등학교 교육과정에 소비자교육이 상대적으로 중요한 위치를 점유하게 되었는데, 학교 교육과정에 소비자교육 내용을 포함하고 있는 주들의 소비자 교육내용의 예를 들어보면 다음과 같다.

텍사스주의 경우 초등학교와 중학교는 통합교육과정으로 구성되어 있고 2, 5, 7학년에서 소비자교육 관련 내용이 다루어진다. 미국의 시장 경제체제라는 소주제의 하위 학습요소 수준에서 실시되는데, 2학년에서는 소비와 생산의 구분, 5학년에서는 구매자와 판매자의 가격에 대한 반응, 7학년에서는 소비자의 소득과 합리적인 지출이 다루어지고 있다. 고등학교인 11~12학년에서는 단원의 주제 수준에 '소비자경제'가 포함되어 있어 소비자의 권리와 책임, 소비자보호를 위한 제도와 기구, 소비자 사용, 보험, 예산 등을 다룬다(텍사스주 교육국, 1986).

아이다호주, 앨라배마주, 알래스카주, 뉴욕주의 경우 사회과 교육과정에서는 소비자교육 내용을 주로 11~12학년에서 다룬다. 이 중 알래스카주의 경우를 보면 12학년 1학기 18주 가운데서 5주를 소비자교육에 할애하였다. 첫째 주는 시장에서의 소비자역할, 가처분 소득의 관리, 예산계획을, 둘째 주는 소비자 저축과 투자를, 셋째 주는 신용구매에서의 경제적 편익과 비용 그리고 신용카드 사용을, 넷째 주는 보험계획과 선택, 다섯째 주는 소비자와 법, 소비자의 책임, 소비자보호 관련법규 내용을 다룬다. 이러한 내용의 학습과 더불어 문제해결, 비판적 사고, 사회 · 정치적인 참여기능 습득에도 역점을 두고 있다(앨라배마주 교육국, 1990).

미국과 일본의 학교 소비자교육에 관한 연구에 의하면 미국의 주별 교육과정에는 다음과 같은 특징들이 나타난다(조도근, 1996).

- 학년별로 역사적이고 사회경제적이며 정치적인 발전에 대해 통합적인 관점으로 소비자교육에 접근
- 소비자교육 관련하여 경제 개념이나 이론을 연계시켜 내용 조직
- 동일한 내용을 학년별로 단계적(도입, 발전, 강화)으로 지도
- 지역확대 개념원리 적용하여 학습자의 관점을 확장
- 저학년부터 소비자의 자각, 상품 구매, 의식 등 기본적인 내용을 통합적 관점에서 학습하도록 구성

- 가치/태도/기능의 목표 달성을 위해 실질적으로 소비생활에 도움을 줄 수 있는 내용들로 구성
- 개인과 시민으로서의 정체성을 모두 강조하며 문제해결 능력, 비판적 사고, 사회 · 정치적인 참여기능 습득 등을 함양

대학교육 차원에서도 소비자분야가 더욱 강화되었다. 대학의 명칭이나 학과의 명칭, 교육내용에 소비자학이 반영되는 대학이 증가하였으며,[5] 단과대학의 명칭에 소비자(consumer)가 반영된 대학은 위스콘신 대학, 퍼듀 대학, 아이오와 주립대학, 샌디에이고 주립대학, 애리조나 대학 등이다. 그리고 소비자 관련학과가 존재하는 대학은 위스콘신 대학, 오하이오 주립대학, 조지아 대학 등 15개 이상이 되었다. 또한 여러 대학에서 소비자에 관한 연구 논문이 양적 · 질적으로 상당히 증가하였다. 그러나 이러한 현상은 1990년대 후반 2000년대 이후 미국 교육의 혁신과 대학조직의 전반적인 구조조정 등에 의해 상당한 영향을 받아 감소되었다.

## 2) 일본의 소비자교육

### (1) 소비자교육의 역사

일본은 1950년대에 들어서서 고도의 대중소비시대를 맞이하게 됨에 따라 경제성장의 담당자로서 소비자를 교육할 필요가 생기기 시작했다. 즉, 기업이 기술혁신에 의해서 생산한 신제품의 판매촉진을 위한 하나의 수단으로서 소비자에게 상품지식이나 사용방법에 관한 정보를 제공함으로써 소비자개발의 한 역할을 담당하게 되었다.

1958년에 일본 생산성본부가 '소비자교육위원회' 를 설립했으며 1960년에는 '소비자교육실' 로 발전시켰다. 이후 1961년에는 일본 생산성본부에서 독립하여 '일본 소비자협회' 가 되어 일본에서 처음으로 소비자교육을 주 사업으로 하는 소비자단체로서 독자적인 활동을 개시하였다. 미국의 소비자연맹(CU)과 같이 상품의 비교 테스트, 고발처리를 하고 기관지인 《구매를 잘 하는 법》의 보급을 목표로 한 것이지만 넓은 의미로 소비

---

5) 1987년에 가정학의 전통성과 보수성이 강했던 Iowa State Univ.의 가정대학 명칭이 College of Family and Consumer Science로 바뀌었다.

자교육적인 사업이었다.

행정 면에서도 1961년에 소비자문제의 대응책을 검토하기 위해서 경제기획청의 자문기관으로서 '국민생활향상대책심의회' 가 설치되었으며 1963년에 '소비자 보호에 관한 보고서' 를 발표하였는데 이 보고서는 소비자교육에 관해 국가로서 처음으로 제언을 하고 있다. 이 보고서에 의하면 소비자는 조직되어 있지 못하고 상품에 관한 정보의 결핍으로 심리적인 약점을 지니고 있는 보호받아야만 하는 약자이다. 그리고 보호주체로서 국가 및 지방공공단체, 생산자, 소비자의 3자가 있지만 국가 및 지방공공단체가 중심이 되어야 한다는 소비자보호의 기본방침을 내세우고 있다. 또한 일반 소비자에 대한 소비자교육을 사회교육에서 보다 충실히 함과 아울러 학교교육에서 소비자교육을 강화할 것을 강조하였다.

1965년에는 통상산업성의 산업구조심의회 소비경제부회에서는 '소비자의사의 활용과 소비자교육 본연의 자세에 관한 보고서' 를 발표하였으며, 1965년에 국민생활심의회는 '소비자보호조직 및 소비자교육에 관한 보고서' 에서 소비자교육의 목표, 대책을 구체적으로 명확히 하였다. 즉, 소비자교육의 목표를 자주성을 가진 현명한 소비자를 양성하는 것으로 하였으며 구체적으로 다음과 같이 세 가지 목표를 제시하였다.

- 소비자로서 상품 · 서비스의 합리적인 가치판단을 하는 능력을 기르는 것
- 소비생활을 향상시키는 합리적인 방법을 체득시키는 것
- 경제사회 전체 내에서 소비 및 소비자의 의의를 자각시키는 것

소비자 교육목표 실현을 위한 구체적인 대안을 다음과 같이 분류하여 그 필요성과 바람직한 방향을 명확히 하고 있다.

- 소비자교육체계의 확립
- 학교에서의 소비자교육
- 국가 및 지방공공단체
- 민간 소비자조직
- 매스컴
- 상품 비교 테스트

그 후 1968년 5월에 '소비자보호 기본법' 이 제정되어 국가, 지방공공단체, 사업자의 책임 및 의무, 소비자의 역할이 명확해졌다. 제5조에는 소비자 스스로 소비생활에 관한 지식을 습득함과 아울러, 자주적이고 합리적으로 행동하도록 노력할 것을 명시했으며, 제12조에는 국가는 소비자에 대해 개발활동을 추진함과 동시에 소비생활에 관한 교육을 충실히 하기 위한 국가의 책임과 의무를 밝히고 있다.

이와 같이 1950년대와 1960년대는 소비자교육에 대한 공식적인 견해가 발표되었으며, 1971년에서 1973년에 걸쳐 개정 시행되었던 문부성의 '학습지도요령' 에도 소비자교육적 관점이 사회과와 가정과에 약간 도입되었다.

그러나 일본의 소비자교육은 학교교육에서보다는 주부를 대상으로 한 정보제공, 전시회, 강습회 등 사회교육으로서 정착되어 왔다. 1975년에는 지방공공단체에서 '소비자교육에 관한 보고서' 를 발표하였다. 1980년 12월에는 동경도 소비생활심의회에서 '소비자행정에 있어 정보활동과 소비자교육에 관한 보고서' 를 발표하였으며 소비자교육에 관하여 다음과 같이 진술하고 있다.

소비자교육의 목적은 소비자가 건강하게 문화적이고 주체적인 소비생활을 영위하기에 필요한 지식과 기술을 습득하고, 권리의 담당자로서 소비자문제 해결을 위해 스스로를 조직적 · 사회적으로 행동하는 주체가 되도록 하는 것이다. 소비자행정에 있어서는 학습을 위한 시설, 학습교재의 제공 등 기초적인 조건을 잘 만들고, 교육강좌 등의 실시에 의해 소비자교육의 진흥이 도모되어야 한다.

즉, 이때까지 일본의 소비자교육이 행정주도형으로 진행되어 온 것에 대해 '소비자에 의한, 소비자를 위한 소비자교육' 에로의 전환을 제창하였다. 이와 같이 국가나 지방자치단체에 의해 소비자교육에 대한 공식견해가 점차로 발표되어 왔다.

1988년에 경제기획청은 '소비자교육을 생각하는 연구회' 를 설립하여 문부성과 협력하여 검토한 후 '소비자교육의 주체성 확립을 위하여' 라는 보고서를 공표하였다. 1990년에 경제기획청의 국민생활국과 문부성의 평생교육국이 공동으로 주관하여 교육계, 재계, 소비자단체 등으로 구성된 사단법인 '소비자교육지원 센터' 를 설립하였다. 소비자교육지원 센터는 21세기의 새로운 소비자교육을 육성하고 이들을 위한 다양한 지원 활동을 모색하고 있다.

그리고 1989년에 개정된 제6차 교육과정에 따르면, 1991년부터 초등학교 2학년에서 생활과가 필수과목으로 지정되었고, 1992년부터 생활경제학 단원과 1994년부터 소비자경제학 단원이 필수과목으로 고등학교 교육과정에 필수과목으로 설정되어 있다(Hideki, 1989).

2004년에는 '소비자보호법' 이 '소비자기본법' 으로 전면 개정되며 소비자의 권리 존중 및 소비자 자립의 지원을 목표로 소비자의 자주적 능력을 함양시키기 위한 소비자교육에의 지원이 행정적인 차원에서 적극적으로 이루어졌다.

2006년 '국민생활심의회' 에서 논의한 '소비자교육의 체계화' 내용은 다음과 같다.

**소비자교육의 체계화**

**소비자교육의 목표: 자립적인 소비자**

① 소비생활에 관하여 자발적으로 필요한 지식 습득하고 수집하는 자주적이며 합리적인 소비자를 육성

② 소비생활에 관하여 환경보전 및 지적 재산권 등 환경과 사회를 배려하는 소비자 육성

**소비자교육의 영역: 안전, 계약 · 거래, 정보, 환경**

① 안전

- 상품의 안전성 등 정보 확인, 생명과 건강에 미치는 영향을 고려하여 제품 선택하고 이용
- 상품에 의한 사고와 위해에 적절히 대처
- 안전한 생활이 가능한 사회를 지향, 소비자 안전의 확보를 위해 협력

② 계약 · 거래

- 필요에 따라 적절하게 판단하며 합리적으로 선택
- 적절한 가계 관리, 합리적 생활설계 및 화폐 사용
- 계약의 의미와 내용 및 계약상의 권리와 의무를 이해하며 계약을 성실히 이행
- 문제 발생 시 적절히 대처함은 물론, 안심하고 거래 · 계약을 할 수 있는 사회를 목표로 협력

③ 정보

- 소비생활 향상을 위해 정보통신 이용
- 적절한 개인정보 관리, 자신과 타인의 권리 및 이익을 배려하여 정보통신을 적절히 활용
- 지적 재산권을 배려하여 타인의 창작물 등을 이용

④ 환경

- 상품의 구입단계에서 상품환경에 대한 정보 확인, 환경을 생각한 상품 선택
- 상품의 사용 · 폐기 단계에서 자원을 소중히 여기고, 자신의 소비생활이 환경에 미치는 영향력을 인식하며 적절히 대처
- 지속가능한 사회 지향, 소비생활에 관계되는 환경보전 활동에 협력

출처: 한국소비자원 홈페이지(www.kca.go.kr); 채정숙 외(2008)에서 재인용

### (2) 소비자교육의 실제

소비자교육의 역사가 짧은 일본에서는 소비자교육이 소비생활을 주관하는 주부를 대상으로 한 성인교육으로서의 사회교육에서 시작되었다. 그리고 소비자보호 행정에 의한 사회교육으로서의 소비자교육이 선도하여 진행되고 있다.

또한 소비자행정 기본법의 성립으로 소비자교육의 추진이 필요하게 되어 전국에 설치되어 있는 소비생활센터가 소비자교육을 담당하였다. 주로 '생활전', '소비생활강좌', '강연회' 등을 통한 것이었는데 교육의 대상이 주로 여가가 있는 중류층 주부에 국한되어 있어서 한계가 있었다.

소비자교육은 가치관을 확립하고 자주적으로 행동하는 능력을 형성하는 데 있는 것이기 때문에 교육의 내용, 방법 등의 질이 중요시되기 시작하였다. 행정주도형의 소비자교육에서 소비자 자주학습에 의한 소비자교육의 발전에 대한 필요성은 소비자단체에 의한 소비자 교육활동을 증가시켰다.

학교교육에서의 소비자교육의 필요성은 다음의 4가지 이유로 중요시되었다.

- 소비자교육이 단지 정보의 제공이나 지식의 주입만으로는 불충분하고 가치관의 변화와 수용이 필요하기 때문에 교육성과를 올릴 수 있는 시기에 이루어져야 한다는 점이다.
- 아동과 청소년도 소비자인데 이들은 약한 소비자이며 광고나 친구의 영향을 받아 충동구매를 하게 된다는 점이다.
- 아동에게 체계적으로 시민으로서의 권리와 역할을 가르치는 것은 학교 교육과정이기 때문에 소비자교육도 학교에서 이루어질 필요가 있다는 점이다.
- 어린 시기야말로 생활과 결합된 교육에 의해 '산다'는 것이나 '생명', '생활'의 중요성을 깨닫게 해야 한다는 점이다.

이와 같이 학교 소비자교육의 중요성이 인식되었고, 교육과정은 교육목표에 따라 실행하기 시작하였는데 그 기본적 목표를 다음과 같이 명시하고 있다.

- 소비자문제의 실태에 관해 학습한다.
- 소비자문제에 대한 대책을 생각하게 한다.

- 소비자의 권리를 자각하게 한다.
- 소비자의 책임을 자각하게 한다.
- 인간으로서의 생활태도 확립의 필요성을 인식시킨다.

학교 소비자교육은 학교교육 전체의 교육활동과 각 교과에서 이루어지도록 되어 있는데, 새로 개정된 학습지도 요령에서 소비자교육과 관련이 깊은 과목의 개요를 이와이와 나카하라(今井光映 · 中原秀樹, 정용선 외 역, 1994)를 통해서 살펴보면 다음과 같다.

초등학교에서의 소비자교육 내용은 생활과, 사회과, 가정과에서 주로 다루어진다.

생활과에서는 소비자로서의 자각이 이루어지도록 하는 데 중점을 두고 있다. 생활과의 소비에 관한 내용은 2학년에서 다루는데 주요 내용은 아동들이 물건을 판매하는 상점의 선전에 현혹되지 않도록 하며, 올바른 금전감각을 익히고, 계획적으로 물건을 살 수 있도록 하는 것과 일상생활에서 사용하는 물건을 소중하게 여기도록 하는 것이다. 학습지도로는 아동들이 상점과의 연계를 충분히 알도록 상점가를 돌아보는 견학학습과 상점놀이 및 물건 사는 놀이 등 모의 · 역할학습 등을 활용하고 있다.

사회과 3학년에서는 지역 소비생활의 특성을 소비자 입장에서 생각하도록 하는 데 초점을 두고 있다. 사회과 3학년의 '우리들의 살림과 상점가'에서는 자신들이 살고 있는 지역을 중심으로 상점이나 상점가 모습 살펴보기, 상품의 품질이나 가격 등을 생각하여 물건 구입하기, 상점이나 상점가에서의 판매에 대한 이해와 자신들의 지역이 소비생활을 통하여 국내외 다른 지역과 상호 의존관계에 있음을 깨달을 수 있는 내용 등을 다루고 있다.

또 새로운 유통기관 등도 다룸으로써 구입과 판매를 이해하도록 하고 있다. 학습지도로는 일상의 소비생활에서 물건 사기의 체험이나 지역 상점가에 있는 상점들을 직접 관찰할 수 있는 경험을 가질 수 있도록 조사 학습과 현장 관찰학습 방법을 활용하고 있다.

가정과에서는 소비자로서 필요한 기초적 · 기본적인 태도의 육성을 중시하고 있다. 5학년에서는 물건의 활용에 관한 학습에 중점을 두며, 6학년에서는 사용 목적에 맞는 품질 좋은 물건의 선택과 구매 등의 구매 시에 필요한 기초적인 지식과 기능을 습득하도록 하고 있다. 즉, 일상생활에서 물건구입과 금전사용을 계획적으로 하려는 태도를 육성하고, 급변하는 경제사회 환경을 반영하여 통신판매나 신용카드 사용에 관한 내용 등도 다루고 있다.

이러한 초등학교의 소비자교육은 저학년에서부터 광고에 현혹되지 않게 하고 금전감각을 익히게 하여 미래의 소비자로서 생활해 나가는 어린 연령의 아동에게 필요한 내용을 학습시켜 소비자로서의 자각이 이루어지게 하고 있다.

중학교에서의 소비자교육 내용은 사회과와 기술 · 가정과에서 다루어진다. 사회과에서의 소비자교육은 초등학교와의 연계 속에서 소비생활을 중심으로 경제활동의 의의와 개요를 이해하고, 가격의 작용, 물가의 동향, 저축, 보험, 조세 등을 이해하도록 하는 데 있다. 특히 소비자보호에 관한 내용으로 현대사회에서 거래의 다양화와 계약의 중요성을 다루어 소비자로서 주체적인 판단을 하고 행동하는 것이 중요함을 깨닫게 지도하고 있다. 기술 · 가정과에서의 소비자교육 내용은 가정의 생활유지와 수입의 필요성, 소비지출과 비소비지출, 다양한 판매방법, 소비자의 다양한 구매행위, 상품 · 서비스의 선택, 계약에 의한 구입의 문제, 구입상품의 특성 · 성능에 따른 활용이다. 이러한 내용을 통해 가정생활에서의 소비 의미를 이해하게 하고 자신 및 가족의 생활과의 관련 속에서 가족의 일원이자 동시에 주체적인 소비자로서의 자각을 높이고자 한다.

고등학교에서의 소비자교육은 중학교에서의 학습경험과 연계하여 인간으로서의 생활태도 육성을 위해 소비자문제에 대처하는 능력을 함양하도록 하는 데 목표를 두고 있다. 소비자교육 관련내용은 공민 교과의 정치 · 경제와 현대사회 그리고 가정교과의 가정 일반, 생활기술, 생활 일반의 내용을 중심으로 살펴보면 다음과 같다.

정치 · 경제 과목의 교과서 내용을 살펴보면 소비자주권, 소비자문제(의약품 · 식품 등의 결함에 의한 피해, 신용계약의 이해 부족, 무계획적인 신용카드의 이용에 따른 파산문제), 계약의 의미와 중요성, 소비자보호 기본법, 국민생활센터 · 소비생활센터의 설치, 지방공공단체에서의 소비조례 제정, 기업측의 소비자보호창구 마련, 할부판매권 · 계약해제권 행사, 소비자의 자각 등이다. 주로 소비자문제와 소비자운동 및 소비자보호를 중심으로 다루어지는 것이 특징이다. 현대 사회과목의 교과서 내용을 살펴보면, 시장경제의 주권자로서의 소비자주권 그리고 기업주권, 소비자문제의 발생, 소비자단결, 새로운 소비자피해, 소비자 보호행정 확충, 악질 상법에 대한 벌칙 강화, 행정기관의 활동을 통한 소비자의 불만 처리와 상담, 계약에 대한 이해, 현명한 소비자 등이다.

가정 교과의 가정 일반, 생활기술, 생활 일반 중의 한 과목을 모든 남녀 학생이 선택하여 필수로 이수하도록 하고 있다. 가정 일반 과목의 교과서 내용을 살펴보면, 소비자주권 위협과 회복, 소비자보호의 조례, 소비자 자신의 노력, 소비자문제의 변화, 소비자문제 해결의 대책, 다양한 소비자 운동, 환경을 지키려는 소비자의 새로운 움직임, 기업의 책임 등이다. 주로 소비자로서의 자각을 강조하고 있는 점과 새로운 소비생활의 흐름을 제시하고 있는 것이 특징이다. 또한 소비경제 과목을 신설하여 보다 더 깊이 있는 소비자교육 내용을 다루도록 하고 있다.

이상과 같이 새로운 교육과정에서의 소비자교육 분야는 초 · 중 · 고등학교의 학교 단계 및 교과 간의 조정이 한층 긴밀하게 구성되었다.

그렇지만 학교 소비자교육을 추진함에 있어서 언급되는 문제점은 ① 소비자교육의 이념 및 교육방법의 미정비, ② 각 교과 간 관련성의 불충분, ③ 소비자가 약자라는 인식, ④ 적절한 교재 · 교구의 개발이 불충분하고 입수하기 어려움, ⑤ 수업시간의 불충분, ⑥ 교원연수의 장 부족 등이다. 이러한 과제들은 교육행정과 소비자행정과의 연계, 사업자단체 등의 지원과 교원의 연수의욕에 의해 해소되고 있다.

'소비자교육 지원센터' 의 설립이 계기가 되어 각 자치단체는 소비자 행정과 교육행정을 연계하여 정보교환이 이루어지도록 하였고, 학교현장의 요구인 소비자교육 지원활동이 전개되도록 하였다. 예를 들면 각 학교 단계 및 노인 대상의 교재와 지도자료의 작성과 교원연수 등이 해마다 충실화되고 있다(今井光映 · 中原秀樹, 정용선 외 역, 1994).

## 3) 한국의 소비자교육

### (1) 소비자교육의 역사

우리나라 소비자교육의 태동기는 GNP와 수출이 놀랄 만큼 성장한 제3차 경제개발 5개년 계획이 끝난 1970년대 후반으로 볼 수 있다. 제3차 경제개발 5개년 계획이 끝날 때쯤, 한국의 경제와 수출은 상당히 발전되었고 산업화 결과가 소비자의 일상생활에도 영향을 미쳐서 시민들이 물질적 풍요를 누리게 되었다.

대량생산으로 상품이 증가되자 소비를 촉진시키게 되었고 생산에만 쏠려있던 관심은 소비로도 옮겨졌고 삶의 질을 생산측면만이 아닌 소비측면에서도 고려하게 되었다. 그리고 소비의 증가와 더불어 소비자문제도 증가하기 시작하여 생활의 질을 향상시키기 위한 소비자교육에도 관심을 갖게 되어, 여성단체연합회, 주부교실 중앙회, 주부클럽연합회 등이 소비자운동의 전개와 더불어 소비자교육 프로그램을 실시하기 시작했다. 그러나 이러한 활동 역시 자원의 부족과 경직되고 억압적인 사회분위기 때문에 활성화되지 못했다(Rhee & Lee, 1996).

학교에서의 소비자교육은 '소비자교육'이라는 독립과목은 없고, 가정과, 사회과, 상업과에서 부분적으로 다루어졌다. 중 · 고등학교의 교육과정에 소비자교육이 포함되기는 했으나 1980년대 이전에는 양적으로 빈약하고 경제이론에 치우친 것이었다. 1980년대 후반에 와서야 비로소 소비자의 권리와 책임에 대한 의식을 중심으로 한 소비자역할 개념이 가정교과서에 제시되기 시작하였다.

1986년에 개편된 중학교 교육과정에서 실업 · 가정과는 교육목표와 교육내용에 소비자교육을 채택하였으며 1987년에 개편된 고등학교 교육과정에도 역시 소비자교육 내용이 포함되었다. 이 제5차 교육과정에서는 경제교육, 진로교육, 환경교육 등이 강조되었는데 이 중 경제교육에 대해서는 고도 산업사회로의 진입에 대비하여 자본주의 윤리관 및 경제의식의 확립에서부터 소비자교육을 포함하는 넓은 의미의 경제교육의 필요성이 부각되므로 강조해야 한다고 하였다(교육부, 1988).

1980년대부터 일부 대학에서 소비자학을 교육하기 시작하였다. 대학교육 차원의 소비자교육은 대학생을 직접 소비자 사회화시킨다는 점뿐만 아니라 미래의 소비자 교육자로서의 인적 자원을 양성한다는 점에서 중요하다. 우리나라의 대학교육에서 소비자교육의 필요성과 의의를 인식하고 교육과정에 도입해서 실시한 영역은 가정학이었다. 가정경제학의 뿌리에서 시작하여 소비자문제에 대처한 소비자권익의 향상이라는 과제와 소비자 삶의 질 향상을 통한 소비자복지의 향상이라는 학문적 목표를 갖는 소비자학이라는 연구영역이 1980년대에 하나의 새로운 학문 분야로 형성되었고, 서울대학교를 비롯하여 대학교육에서 개설되는 관련과목이 양적으로나 질적으로 증가해 왔으며 소비자학 교육이 강화되었다.

1990년대에는 소비자교육을 통한 인적 자원의 증가가 제품의 질 향상과 국제시장에서의 경쟁력 획득을 가능케 할 수 있으며 현재의 소비자문제도 완화시킬 수 있어 소비자복지의 증진이 이루어질 수 있다는 입장에서 소비자교육에 대한 관심이 상당히 제고되었다.

소비자 교육정책의 확대로 소비자교육이 대학에서 이루어질 수 있는 분위기가 조성되었으며, 중 · 고교에서의 소비자교육을 위한 공청회나 시범학교가 운영되었다. 소비자단체에서도 소비자교육을 실시하고 있는데, 내용은 주로 소비자의 생태학적 책임, 소비윤리 및 가치관에 관한 것이다. 하지만 교육횟수가 여전히 적고 교육방법도 강좌 및 강연 위주였다는 점에서 한계점을 지닌다.

한국소비자원에서는 1990년 이후부터 소비자교육을 실시하기 시작했는데, 소비자를 대상으로 하는 소비자교육과 기업직원, 공무원, 교원 등 소비자업무 관련 집단에 대한 교육으로 나누어 볼 수 있다. 현재까지의 소비자교육 실적을 보면 소비자업무 관련 집단에 대한 교육은 비교적 활발하게 진행되어 온 반면, 소비자들을 대상으로 한 소비자교육은 상대적으로 미약하고 소비자교육 내용 역시 전반적으로 체계성을 갖추고 있다고는 볼 수 없다. 그리고 소비자에게 소비생활정보를 제공하여 소비자의 의식을 개발하고 합리적인 소비생활을 유도할 목적으로 《소비자시대》와 《어느 회사 제품이 가장 좋은가》라는 상품정보지가 발행되었고, 미약하나마 6편의 시청각교재가 개발되었다. 그러나 학교교육용 시청각 교재가 개발되지 않아서 학교 소비자교육을 실시하는 데 어려움이 큰 상황이었다(이득연 · 송순영, 1992).

1990년대 후반부터 대학에서 소비자학과, 또는 소비자관련학과로 명칭이 바뀌고 교과과정에서 개설과목이 증가되는 등 대학에서의 소비자교육이 활성화되기 시작하였다. 한편, 1996년에 한국소비자학회는 소비자상담 전문인을 필요로 하는 시대적 추세와 고객만족 경영이라는 사회적 요구에 부응하기 위하여 소비자교육 분과위원회가 중심이 되어서 '소비자상담사' 자격인증제 부여를 제도화하여 소비자상담 전문인을 양성하기 시작하였다. 이어서 1997년에 '소비자 재무설계사' 자격인증제도가 신설되고 양 제도로 인해 대학교육에서의 소비자교육이 강화되었다.

### (2) 소비자교육의 현황

정보화시대의 도래로 소비자 지식이 증가하며 생산과정 및 사회문화적 콘텐츠에 미치는 소비자의 영향력은 실로 막강해졌다. 이러한 소비자와 시장의 패러다임 변화에 따라 소비자교육의 관점도 보다 적극적인 관점으로 진화하게 되었다. 이에 따라 2002년도에는 이러한 새로운 시대적 사명에 부합하도록 소비자학 학계가 주축이 되고 기업 및 정부, 단체 등과 연계하여 사단법인 한국소비자교육지원센터(KOINCE)가 창립되어서 소비자교육의 활성화에 기여하고 있다. 더불어 2006년 9월에는 소비자보호법이 전면 개정되어 소비자기본법으로 거듭나며 2007년 3월부터 시행되었다. 소비자보호원도 이 시기부터 공정거래위원회 산하로 들어가며 한국소비자원으로 그 명칭을 바꾸었다. 이는 보다 적극적인 소비자의 위치를 반영한 것으로 기존의 '소비자보호' 위주였던 수동적 관점에서 벗어나 소비자의 사회적 책임을 강조하며 보다 적극적인 '소비자주권 실현' 을 추구한 것이다.

공정거래위원회는 소비자원의 출범과 함께 새로운 소비자주권시대를 맞아 2006년도에 '소비자정책 발전방안' 을 수립 · 발표하였는데 소비자교육 정책과 관련하여 실용적이고도 통합적인 교육기반을 구축할 것을 강조하였다. 구체적으로는 합리적 소비생활에 필요한 소비자지식, 태도, 기능을 종합하여 소비자역량 측정 지수를 개발하였으며 정부, 지자체, 소비자단체, 사업자단체, 학계 등을 네트워크화하여 소비자교육 실행 협력체를 운영하고자 하였다(채정숙 외, 2008).

지금까지 한국의 소비자교육 발전 역사는 미국이나 선진국에 비해 시작이 다소 늦어졌음에도 불구하고 시민의 지적 요구 확산 및 정보화 네트워크의 도래 등에 힘입어 꾸준한 발달을 거듭해 왔다. 무엇보다 소비자원과 학계를 중심으로 소비자 전문가 양성 교육은 물론, 한국소비자교육지원센터의 소비자교육 콘텐츠 개발 등을 통하여 소비자교육의 질적 향상에 큰 성과를 거두었다. 또한 각종 소비자단체는 일반 소비자는 물론, 취약계층을 대상으로 한 교육활동을 펼침으로써 소비자교육의 확산을 위해 협업해 왔다.

그럼에도 불구하고 현재 한국의 소비자교육은 여전히 담당 전문인력이 정비되어 있지 않으며 각 기관별로 산재되어 있어 보다 종합적이고 체계적인 제도적 기반이 필요하다. 또한 인구통계학적 정보를 넘어서 소비자 성향별로 교육대상자를 구분하여 각 집단의 특징별로 차별화된 교육콘텐츠를 제공하여야 한다. 이를 위해서는 무엇보다 생애주기에 따라 교육수요를 분석하여 각 소비생활 영역별로 나타날 수 있는 구체적인 정보를 제공하고, 소비자의 대응능력을 향상시키고자 하는 실질적인 교육프로그램 개발이 중요하다.

이러한 교육콘텐츠는 내용만큼이나 전달방법이 중요한데 정보화 네트워크의 성장과 더불어 다양한 디지털 커뮤니케이션을 응용한 교육방법의 설계 역시 더욱 개발되어야 할 것이다. 마지막으로 소비자교육이 특정기관 및 특정지역, 즉 수도권과 대도시 위주로 편성됨에 따라 지방 소비자를 위한 소비자교육의 구체적인 확산 노력이 필요하다. 이를 위해서는 각 지자체와 교육기관과의 연계 및 협업 네트워크가 적극적으로 추진되어야 할 것이다.

**Consumer Issue 4-1**

## 소비자주권시대의 소비자교육 추진전략

### 소비자교육의 체계화

- 국가적 차원의 소비자교육 시책을 수립하고 소비자교육 업무를 전담할 수 있는 전담부서를 공정위 소비자본부 산하에 신설
  - 평생 · 학교 소비자교육과 연계된 소비자교육의 비전과 전략을 제시하고 중장기 · 연도별 소비자교육 종합계획을 수립 · 계획
  - 체계적이고 유기적인 소비자교육이 실행될 수 있도록 소비자교육 협력체를 운영하여 일관성 있고 조화로운 소비자교육 시책 추진
  - 소비자교육과 관련된 법령 정비 및 제도개선을 통하여 소비자교육이 효과적으로 시행될 수 있는 기반 조성
  - * 기존 교육관련 법령(교육기본법, 유아교육법 등)에 소비자교육 내용 강화 추진, 소비자교육이 정식 교과목으로 채택될 수 있도록 관계부처와 협의 등
- 산발적, 비체계적으로 실시된 소비자교육을 체계적으로 실행할 수 있는 소비자교육 협력체를 구축하고 자율과 비교우위의 원칙에 따른 역할 배분을 통하여 시너지 효과 극대화
  - (공정위) 소비자교육 추진계획 수립, 종합 · 조정기능 수행
  - (소비자원) 소비자교육 콘텐츠 제공, 전문가 교육
  - (소비자단체) 접점영역에서 계층별 · 대상별 소비자교육 실행
  - (기타) 소비자교육지원센터, 학계, 기업, 기타 정부부처 등도 협력체에 참여 인적 · 물적 협력

### 소비자교육의 다양화

- 소비자능력지수의 개발 · 활용: 소비자들의 능력을 객관적으로 측정할 수 있는 소비자능력지수를 개발 · 산출하여 소비자교육 시책의 우선순위 결정 및 사후 평가의 기초 자료로 활용
  - 소비자능력지수를 통하여 시급한 소비자교육 분야를 발굴하고 효과적인 소비자교육 방법을 모색하는 등 소비자교육 시책의 객관성 · 적시성 제고
  - 또한 소비자교육의 대상별 · 내용별 · 방법별 문제점 및 보완점을 발굴하여 인적 · 물적 자원의 투입 집중

● 소비자교육 대상의 다양화: 소비자교육의 대상을 취약계층 소비자 · 주권추구 소비자 · 전문가(지도자)로 구분하여 대상의 특성별로 교육방법 · 교육매체 등을 다양화하여 차별화된 소비자교육 실시

- 취약계층 소비자: 노인 · 미취학 아동 · 빈곤층 · 결혼이민자 등 사회적 취약계층 소비자문제를 발굴하고 교육수요를 파악하여 상담 및 교육프로그램 개발
- 주권추구 소비자: 주권추구 소비자의 경우 교육보다는 정확하고 다양한 정보제공에 초점을 맞추고 사기 등 특정 이슈 위주의 교육 실시
- 전문가 및 지도자: 소비자정책 담당 공무원 · 교사 · 소비자교육 전공자 등을 대상으로 e-learning을 활용한 원격교육 시스템 등 특별한 교육프로그램 및 교육교재 제작 · 보급

● 소비자교육 내용의 다양화: 학교 소비자교육의 내실화를 통하여 학교에서의 정규교과 과정을 통해 소비자교육이 체계적으로 이루어질 수 있도록 관계부처와 협력

- 교과과정 개선을 통하여 소비자교육을 강화하고 향후 정규교과목 채택 추진, 소비자교육 교재 개발 · 보급 등을 통하여 학교에서의 소비자교육 기반 구축
- 정규 교과과정 내에서 소비자교육이 특수한 교육 · 부수적 교육이 되지 않도록 소비자교육의 정의 · 목표 · 내용영역 명확화

* 소비자교육과 정보제공의 차이를 정보제공의 한계측면에서 재인식, 경제교육과의 관계 설정 등을 통하여 소비자정책에서 소비자교육의 독립적 영역 · 범위 확보

● 평생 소비자교육의 활성화를 통하여 연령별 · 계층별 · 직업별 소비자교육의 수요를 파악하고 생애주기(life-long)에 걸친 소비자교육이 실시될 수 있는 기반 구축

- 사회교육기관과의 협력을 통한 소비자교육 활성화 방안 모색, 기업을 통한 소비자교육 지원 방안 마련, 일반인 소비자교육을 위한 인력풀 구축 등

● 소비자교육 방법의 다양화: 사기 · 기만과 관련된 사회적 특정 이슈 위주의 소비자교육뿐만 아니라 '소비자의식, 가치관, 소비생활에서의 비판적 태도' 등을 포함하는 이(異)분야 연합적 · 학제적(interdisciplinary) 접근 실시

**소비자교육의 국제 · 지방화**

- OECD 소비자정책위원회 등 소비자교육과 관련된 국제적 논의 동향에 적극 참여하고 국경을 넘는 거래에서 나타나는 새로운 소비자문제에 대한 교육실시(소비자교육의 국제화)

* OECD 소비자정책위원회(Committee on Consumer Policy, CCP)에서는 소비자교육의 정책효과, 관계자들의 역할 등을 포함한 '평생소비자교육 정책사례 조사' 연구를 실시 중

– 일본 소비자교육지원센터(National Institute on Consumer Education, NICE), 미국FTC, 미국OFT 등 선진 소비자교육기관들과의 교류를 통해 선진 소비자교육 정책을 국내에 도입

– 동시다발적 FTA 체결에 따라 증가하게 될 국경 간 거래로 인해 유입될 새로운 사기적 마

케팅기법에 대비하기 위한 교육을 실시하여 미국, EU 등 선진국 소비자들에 대한 경쟁력 확보

• 중앙 위주의 소비자교육이 아니라 그간 소외되었던 지방에 필요한 소비자문제를 발굴하고 지방에서 요구되는 소비자교육을 실시(소비자교육의 지방화)
  – 공정위 지방사무소 · 지방 소비자단체 · 지자체 소비생활센터 · 소비자업무협회 지역분과 등과 연계한 지역단위 협력체를 구축하여 정보교환 및 상호협력 강화
  – 지방에서의 소비자교육 수요를 파악하여 지방에 대한 소비자교육 교 · 강사 파견제, 시범학교 운영, 교육교재 제작 · 보급 실시

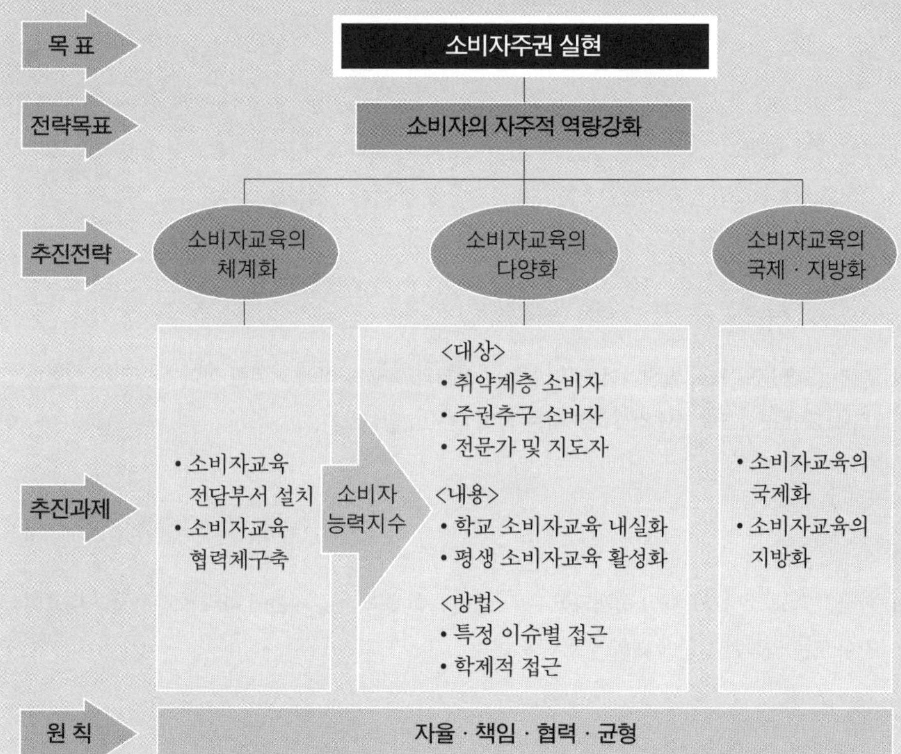


출처: 공정거래위원회(2007. 6)

# Project

1 사회가 급격하게 변화함에 따라 체계적인 소비자교육이 더욱 중요하게 요구되는 이유를 설명하고, 소비자교육을 실시함으로써 얻게 되는 효과에 대하여 생각해 보자.

2 소비자교육의 정의와 목적에 대하여 설명하는 여러 가지 견해가 있을 수 있는데 이 중에서 하나를 택하고, 그 이론을 지지하는 자신의 견해를 밝혀 보자.

3 1960년대 미국의 소비자교육 상황을 설명하고 정치, 사회적 배경이 어떻게 영향을 미쳤으며, 특히 소비자교육의 중요성을 강조한 대통령의 역할에 대하여 검토해 보자.

4 일본의 소비자교육이 발전하여 정착하게 된 상황과 특별히 이에 기여한 점이 무엇인지 설명하고, 학교 소비자교육에서 강조하고 있는 점에 대하여 알아보자.

5 한국의 학교 소비자교육이 전개되어 온 과정과 특히 교육과정 개편에 따라 소비자교육 내용이 강화 또는 약화된 상황에 대하여 조사해 보자.

Chapter 5

# 소비자사회화와 소비자역량 개발

**소비자역량은** 소비자교육의 핵심으로서 소비자사회화 과정에 의해서 습득된다. 특히 아동의 소비자사회화는 아동이 현재의 시상에서 소비자로서 역할을 수행할 수 있는 지식, 태도, 기능을 획득한다는 의미 외에도, 아동기의 소비자사회화가 성인기의 소비자행동에 결정적인 영향을 미치기 때문에 더욱 중요하게 여겨진다.

소비자사회화 과정에 대한 연구는 소비자 세대 간의 영향, 소비자학습의 지속성과 변화, 그리고 사회현상이 소비자행동에 미치는 영향에 대한 이해를 돕는다. 이에 대한 연구를 위해서는 아동, 청소년 및 성인과 노인소비자까지의 생애과정을 통한 종단적 연구가 이루어져야 한다.

## 1. 소비자사회화

### 1) 소비자사회화의 개념

사회화는 개인이 집단이나 사회의 구성원으로서 효과적으로 참여할 수 있게 하는 지식, 기능, 성향을 획득하는 과정, 또는 개인이 다른 사람과의 교류를 통하여 사회적으로 적절한 행동과 경험을 발전시키는 과정이다. 한편 사회화를 직관, 훈련, 모방을 통해 개인이 속한 문화에의 적응에 적합한 기능, 습관, 가치를 획득하는 과정으로 정의하기도 한다(Baumrind, 1980). 사회화란 결국 개인이 사회적으로 시인된 가치체계, 규범, 요구되는 행동양식을 다른 사람과의 접촉을 통해서 학습해 나가는 과정이다(Engel & Blackwell, 1982).

개인의 관점에서 보면 성장과 발전을 위한 잠재력의 완성 내지는 사회의 문화에 개인이 적응해 나가는 것이라고 할 수 있고, 사회적 관점에서는 문화가 전승되고 개인이 조직된 생활방식에 적응하도록 하는 것이라고 말할 수 있다.

사회화이론을 소비자연구에 적용시켜 소비자 사회화이론을 제시한 학자는 워드(Ward, 1974)로서 그에 의하면 소비자사회화(Consumer Socialization)란 일반적인 사회화의 하위개념으로서 개인이 소비자로서의 역할을 수행하는 데 필요한 지식, 태도, 기능을 습득해 나가는 과정이다.

소비자사회화는 소비와 관련된 지식, 태도, 기능이라는 점에서는 다른 사회화와 구별되지만(나종연 · 이기춘, 1998), 위에서 언급된 소비자역할은 단순히 구매와 사용에 관련된 제한된 범위에서의 역할이 아니고 자원의 획득, 배분, 지출, 사용의 전 과정을 포함한 광범위한 의미에서의 역할을 의미한다. 즉, 획득자, 배분자, 구매자, 사용자로서 사회와 상호작용을 하는 역할을 종합한 개념이다.

사회 속에서의 개인의 역할에 대한 포괄적인 정의를 내린 브림(Brim, 1966)의 견해에 따르면, 소비자역할이란 현대 경제체계하에서 개인을 효율적인 소비자로 기능하게 해주는 지식, 태도, 기능, 가치관 그리고 관련되는 행동들을 포함한다.

쿠오(Kuo)는 소비자 사회화의 개념을 소비 및 재무관리와 관련된 가치, 태도, 규범, 기능, 행동, 동기와 지식을 획득하고 발달시키는 과정으로 확장시켰다(Swanson, 1991).

소비자사회화란 일상 소비생활에서 소비자로서의 지식, 태도, 기능 등을 변화하는 상황에 적합하게 계속적으로 개발시켜 나간다는 점에 있어서 전 생애에 걸친 과정이다.

## 2) 소비자사회화의 접근이론

한 개인이 소비자로서의 역할을 수행하는 데 필요한 소비자능력은 특정한 상황요인에 의해 일정하게 결정되는 것이 아니라 성장 · 발달하면서 획득하게 되며, 주위 환경요인과의 상호작용을 통한 학습으로서 습득하게 된다(Mcleod & O' Keefe, 1972).

따라서 한 개인이 소비자능력을 획득하는 과정인 소비자 사회화는 자신이 환경에 대하여 적응하는 인지발달과정일 뿐만 아니라, 주위 환경요인과 상호작용을 거치는 사회학습과정으로도 보아야 하며(Robertson & Feldman, 1976), 소비자사회화를 연구하기 위한 이론적 모델은 인지발달이론과 사회학습이론을 통합해서 적용시켜야 한다(Moschis & Chur chill, 1978; Moschis & Moore, 1979).

결국 소비자사회화는 역할획득과 역할학습에 관심을 두는 사회화에 대한 사회학적 · 심리학적 접근방법을 기초로 한다.

### (1) 인지발달이론과 사회학습이론

인지발달이론은 피아제(Piaget)와 콜버그(Kohlberg) 등에 의해 체계화되었는데, 유아기와 아동기 사이에서 발생하는 인지구조상의 질적 변화(단계)를 사회화로 간주한다(Ward, 1974). 질적 변화(단계)란 아동이 환경을 지각하고 그에 대처하는 데 사용할 수 있는 공식체계(주로 인지적 구조)로서, 인지발달이론은 개인적 · 환경적 요인의 상호작용에 초점을 둔다.

사회학습이론은 사회화를 개인에 적용된 환경적 영향의 함수로 보며, 아동의 인지와 행동의 형성을 의미 있는 타자(significant others)에 의해 아동에게 행사된 힘을 가지고 설명한다(Moschis & Moore, 1978). 다시 말해서 사회화 작용인으로 알려진 의미 있는 타자들이 학습자에게 규범, 태도, 동기 그리고 행동을 전달함으로써 사회화가 이루어진다는 것이다.

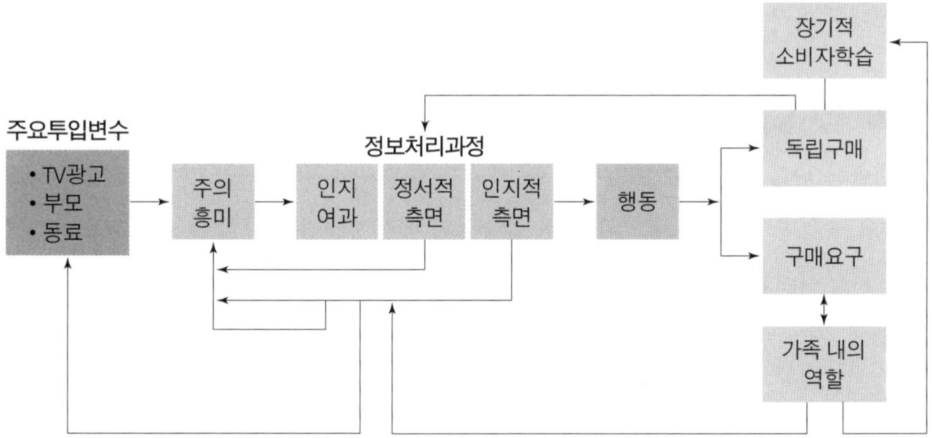


**그림 5-1 로버트슨의 소비자사회화 모델**

출처: Robertson, Zielinsi & Ward.

사회학습이론은 두 가지로 구별되는데, 하나는 스키너(Skinner)를 대표로 하는 행동주의 심리학에 기초를 둔 강화이론(reinforcement theory)이고, 또 다른 하나는 반두라(Bandura)를 대표로 하는 모방이론(modeling theory)이다.

### (2) 소비자사회화의 개념적 모델

소비자사회화의 개념적 모델은 인지발달이론과 사회학습이론을 바탕으로 이루어진 것으로 인지발달이론에 기초한 워드와 로버트슨(Ward & Robertson)의 모델과 사회학습이론에 기초한 모쉬스와 처칠(Moschis & Churchill)의 모델이 있다.

워드와 로버트슨은 성장기에 습득된 지식이 차후의 소비자행동에 가장 큰 영향을 미치기 때문에 인지발달이론에 기초를 두고 소비자행동 형성과정에 주목하여 소비자사회화 모델을 구성하였다.

이 모델은 학습이론의 인지적 접근법에 이론적 기초를 두고 있는데 사고, 지식, 이해와 같은 정신적 활동(mental activities)과 태도, 신념, 기대와 같은 정신적 개념(mental concept)들이 인간행위의 결정요소라고 본다. 인지적 접근법에서의 인간행위의 형성과정은 다음과 같이 요약된다.

여기서는 행위가 어떤 자극에 의해서 시작되며 인지가 자극과 그에 대한 개인의 반응간에 발생과정 혹은 자극이 개인에 의해서 어떻게 처리되는가에 관심을 둔다.

모델에서 자극은 광고나 상품진열 등과 같이 마케팅 관리 가능 변수로서의 영향과 부모나 동료집단과 같은 대인적인 영향력을 일컫는다. 유기체는 아동이며, 여기서는 자극에 의해 제공되어진 정보를 처리하는 과정이 중시된다.

모델에서 나타나듯이 주요 투입변수는 먼저 학습자의 주의를 끌고 호기심을 자극한다. 주요 투입변수로서의 광고와 같은 설득적인 메시지는 소비자의 태도와 의도에 영향을 미친다. 이러한 과정에서 부모가 특정상품이나 상표에 흥미를 갖지 못하도록 제지할 수도 있다.

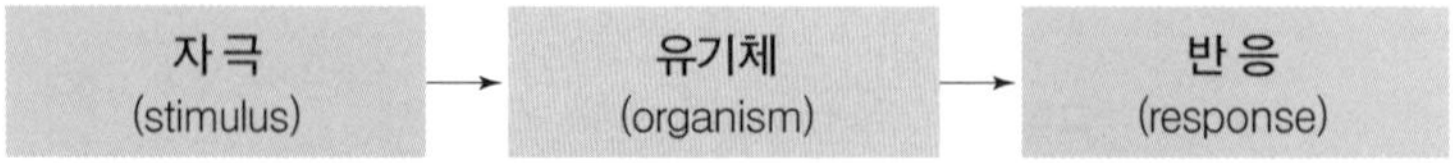


그림 5-2 인지적 접근법에서의 인간행위 형성과정

정보처리과정은 학습자가 제품이나 상표에 대한 지식이나 느낌을 갖게 되는 과정인 인지과정과 선호과정을 포함한다. 이러한 정보처리과정은 소비자 개인의 정보선택능력에 의해 크게 영향을 받는다. 예를 들면, 연령이 적을수록 경험이 적기 때문에 소비자 정보처리기술이 미숙하며 시간이 지남에 따라 경험과 지식을 바탕으로 개발이 된다. 성인의 정보처리과정에는 인지여과과정이 있으나 어린 아동에게는 그러한 과정이 없는 것이 뚜렷한 차이이다.

모델에서 소비자사회화의 결과로서 두 가지 행동유형을 나타내는데 그들이 원하는 제품이 있을 때 독립적으로 구매하는 경우와 부모에게 사달라고 요구하는 경우이다. 이들 두 가지 행위는 장기적인 영향을 내포하고 있는데 아동소비자의 구매요구는 가족구성과 관계에 영향을 받으며 또한 영향력을 행사한다.

아동소비자의 구매요구와 부모의 수락에 대한 관계를 연구한 워드와 워크만(Ward & Wackman, 1972)은 아동소비자의 구매에 대한 요구는 연령이 높아질수록 감소하는 반면, 부모의 수락 정도는 아동소비자의 연령이 높아질수록 많아진다고 하였다. 즉, 어릴수록 많이 요구하고 성취율이 적은 반면, 나이가 들면서 부모에 대한 구매요구 빈도가 적어지지만 성취율이 높아진다는 것이다.

나이가 들수록 독자적 구매는 증가하게 되는데 아동소비자의 이러한 소비자행동 경험은 차후의 소비행태에 장기적인 영향을 미치며 또 부모의 소비행태를 모방함으로써 소비자로서의 역할을 학습하게 된다. 이상에서 보듯이 워드와 로버트슨의 소비자사회화 모델은 인지발달이론을 이용하여 아동의 소비자행동에 관심을 둔 것이다.

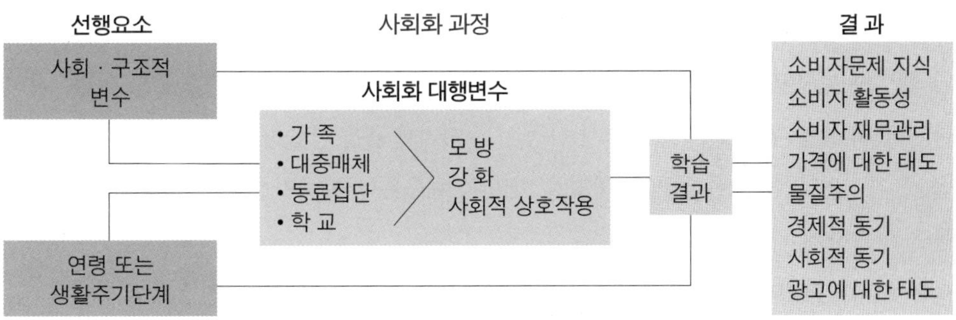


**그림 5-3 모쉬스와 처칠의 소비자사회화 모델**

출처: Moschis & Churchill(1978)

그러나 소비자사회화는 개인의 인지발달에 의한 것뿐만이 아니라 사회적 상호작용을 통해 다른 사람의 행위를 모방하고 강화하는 과정을 통해 이루어진다고 보아 사회적 학습이론을 기초로 한 연구가 모쉬스와 처칠에 의해 이루어졌다.

소비자사회화에 영향을 미치는 주요 사회화 작용인으로는 부모, 대중매체, 동료집단, 학교 등을 들 수 있다. 아동은 어릴 때 가장 가까이서 접하는 부모에 의해서 소비자사회화가 시작되나 점차 주위의 영향을 받아 소비자 사회화가 촉진된다. 즉, 동료집단이나 학교, 대중매체에 의해 사회화가 이루어진다. 그리고 이러한 작용인과 학습자 간의 관계형태에는 모델링, 강화, 사회적 상호작용이 있다.

소비자사회화는 다른 사람을 모방하고 배우는 것을 통해서 일어나게 된다. 다른 사람의 행동을 모방하기 위해서는 모델로 삼는 사람의 행위에 접할 기회가 있어야 하며, 그 행위를 수용할 능력이 있어야 하고, 그 모델이 하는 행위를 학습하고 모방하고자 하는 동기가 있어야 한다.

소비자사회화는 강화를 통해서도 이루어진다. 이 강화는 적극적 강화와 부정적 강화로 나눌 수 있다. 적극적 강화란 소비자 개인에게 만족을 주는 것이며 행위를 반복하도록 고무시키는 것으로 보상(reward)이라고도 한다. 부정적 강화란 요구되지 않는 행위를 감소시키는 방법으로서 벌(punishment)과 같은 것이다.

사회적 상호작용이란 모델링과 강화의 혼합인데 상호작용 속에 포함된 특정한 사회규범이 자신의 태도, 가치, 행동을 형성하게 되는 것을 뜻한다. 소비자 사회화과정은 모델링(modeling)과 강화(reinforcement)를 혼합한 사회적 상호작용(social interaction)의 과정이라 할 수 있다.

아동소비자가 구매욕구를 느낄 때 그들의 욕구를 부모에게 호소하게 된다. 이들 요구가 합당하면 부모가 들어주게 되고, 그렇지 못하면 거절을 하고 꾸짖을 수도 있다. 이러한 것들이 보상과 벌로 작용하면서 아동이 소비자행동을 학습하게 된다. 학습자는 보상을 준 과거의 행동은 반복하고, 처벌을 받았던 행동은 반복하기를 꺼리면서 바람직한 행동을 학습하게 된다.

이 소비자사회화 모델을 설명하는 선행변수에는 성별, 사회계층, 연령이 포함된다. 남성과 여성의 생리적 차이는 소비자행동에 영향을 미치는 중요한 변수로서 이 소비자사회화 모델의 선행변수가 된다. 특히 성의 구별이 명확해지기 시작하는 사춘기 이후의 청소년층에 있어서는 더욱 중요하게 작용한다.

소비자행동에 있어서 동일한 사회계층에 속하는 소비자는 상이한 사회계층에 속하는 소비자와는 다른 행동양식을 갖게 되고, 동일계층 내에 속하는 소비자들은 그 행동양식에 있어 서로 공통점이나 유사점을 갖게 된다.

이들 계층 간의 차이는 제품 및 용역의 소비, 상점의 선택, 가격에 대한 인식, 판촉활동에 대한 반응형태, 정보탐색과정 등이 상이하기 때문에 사회계층에 대한 이해는 소비자행동을 연구하는 데 있어서 중요한 변수가 된다.

연령은 인지발달의 정도를 나타내는 지표로 사용된다. 연령은 비록 구체적이진 못하지만 소비자로서 축적된 경험을 나타내는 일반적 지표이며, 인간은 연령에 따라 정신적·육체적 변화를 갖게 되므로 소비자 발달단계를 나타내는 대용변수로 사용된다.

또한 연령의 차이에 의해 소비자들의 정보처리능력에 차이가 있게 되는데, 특히 아동소비자와 노인소비자는 인지여과과정이 발달되지 못했거나 혹은 쇠퇴하여 그릇된 정보에 현혹되기 쉽다.

끝으로 이 모델에 있어서 학습결과는 소비자의 행동속성에 따라 다양하게 나타난다. 모쉬스와 처칠은 이러한 학습결과를 소비자문제 지식(consumer affair knowledge), 소비자 활동성(consumer activism), 소비자 재무관리(consumer finance management), 가격에 대한 태도(attitude toward price), 물질주의(materialism), 경제적 동기(economic motivation), 사회적 동기(social motivation), 광고에 대한 태도(attitude toward advertising) 등으로 분류하였다.

### 3) 소비자사회화에 관한 전통적인 연구

소비자 행동연구에 사회화이론을 적용시킨 워드(1974)는 1960년대 후반에 많은 연구를 하였으며, 정치사회화와 소비자사회화는 유사한 접근방법을 적용시킬 수 있다고 보았다.

1970년대에는 연방거래위원회(FTC)가 아동광고 문제에 대처하기 위하여 노력하면서 소비자사회화에 관한 연구가 발전하였다. 이러한 배경 때문에 주로 광고의 효과를 분석하는 연구로 제한되었다. 후반에 가서는 사회화 모델에 의해 도출된 변수를 검토하는 데 관심을 두었다.

1980년대에는 모쉬스 등이 인간생애에 걸친 소비자행동의 이해를 위해 사회화 접근법을 제안한 이래, 소비자행동의 세대 간 전승과 영향력을 다룬 연구들이 수행되었다(서정희, 1998).

슈트라우스(Strauss)는 4~11세의 아동소비자에게 자극재료로서 화폐의 개념을 사용했는데 이는 경제개념과 경제관계들이 어떻게 학습되는가에 관한 지식을 제공한 초기의 연구이다. 그는 고객과 상인의 관계, 상점운영비에 대한 고객의 지불, 신용, 소매점 이용, 중개상의 역할 등 복잡한 현상에 대한 아동소비자의 이해도를 측정하였다.

그의 연구는 아동의 논리 및 추론과정이 성인의 과정과 질적으로 다르다는 것을 보여주었다. 개념학습은 단계별로 이루어지며, 한 단계에서 이루어진 학습은 그 다음 단계의 필요조건이 된다.

슈트라우스는 경제개념과 경제관계에 대한 이해가 연령에 따라 증가하나 성별, 사회계층별로는 거의 차이가 없다고 밝혔다. 그러나 윌리엄스는 상류층의 아동이 경제개념을 보다 잘 이해한다고 주장하였다(Williams, 1970).

이 외에도 TV 광고에 대한 아동의 지각·평가 및 설명력에 있어서의 연령별 차이를 설명하기 위해 발달적인 시각을 응용한 연구들이 있다(Ward, Levinson & Wackman, 1972).

전조작기 단계에 있는 아동소비자는 TV 프로그램이나 상업방송에 주의를 기울이는 데 있어 보다 안정되어 있다. 그러나 구체적 조작기에 이른 아동소비자는 이 반응에서 더 큰 차이를 보인다. 이와 유사하게 아동소비자는 나이가 들수록 광고자극에 대한 반응을 좀 더 분화시킨다. 또한 광고의 타당성에 대해 보다 회의적이고 광고 회상 시에 다차원적인 반응을 보인다.

다음으로 대인적 영향, 관찰학습과 모방학습을 중심으로 한 연구에 의하면, 중류층 취업주부 600명을 조사한 결과 의도적인 훈련이 자주 시도되지는 않았으나 자녀의 나이가 많을수록 가상적인 상황을 설정해서 의도적으로 소비자훈련을 시키는 경우가 많은 것으로 나타났다. 의도적인 소비자훈련이 가정에서 거의 이루어지지 않는 경우, 관찰과 모방을 통해서도 소비자기능이 학습될 수 있다. 부모는 자녀가 관찰을 통해 학습해 주기를 기대한다고 보고한 연구나 '물질적인 재화가 대중광고를 통해 사회적 의미를 획득하는 과정' 을 관찰학습이 가장 잘 설명한다고 주장한 연구들이 이를 지지한다.

일반적으로 모방행동은 관찰된 보상이 클수록, 관찰된 처벌이 작을수록 증가한다. 광고 호소력에 있어서도 마찬가지로서 상품의 사용결과가 긍정적인 보상을 암시하는 적극적인 호소는 그 광고의 효과를 높여 준다. 그러나 관찰학습과 모방학습의 이론이 소비자사회화연구에 명확하게 적용되지는 못하였다.

마샬과 마그루더(Marshall & Magruder)는 가족 간 관계의 어떤 면이 아동소비자의 화폐사용에 영향을 미치는가를 연구하였다. 7세에서 12세 아동소비자 512명을 대상으로 한 결과, 화폐사용에 관한 지식이 화폐사용의 경험, 연령, 사회 · 경제적 지위 및 지능과 관계를 가지고 있다고 밝혔다.

그리고 부모의 현명한 화폐사용과 아동의 화폐사용 경험도 관계가 있었다. 지출을 계획하고 공동의사결정 및 경제생활기록을 하며, 부모가 자녀와 화폐사용에 대한 대화를 많이 할수록 아동의 화폐사용 경험이 많았다.

이상에서 고찰한 바와 같이 소비자사회화와 관련된 부분적인 연구들이 있지만 소비자사회화의 어떤 과정이 소비행동과 관련된 지식 · 기능 · 태도의 특징을 결정하는가, 이 과정이 시간의 경과에 따라 어떻게 변화하는가 그리고 이 과정이 가정환경 · 사회계층에 따라 어떻게 달라지는지는 규명하지 못하고 있으며 이를 밝히기 위해서는 종단적인 연구가 필요하다.

소비자사회화 연구에서 중요한 문제는 초기의 행동경험이 이후의 소비자행동에 영향을 미치는 정도에 관한 것이므로 소비자 생활주기(consumer life cycle)를 통한 종단적인 연구가 이루어져야 할 것이다.

소비자의 아동기 경험이 이후의 소비자행동에 영향을 미치는 정도는 두 가지 이유에서 중요한 문제가 된다. 첫째는 아동기 경험에 대하여 무엇인가를 앎으로써 성인소비자행동의 어떤 면을 예측할 수 있기 때문이며, 둘째는 아동이 소비에 관련된 지식 · 태도 · 기능을 획득하는 과정을 이해하는 것은 공공정책을 수립하고 소비자교육 프로그램을 개발하는 데 중요하기 때문이다.

소비자사회화에 관한 연구는 가계의 구매유형에 아동소비자가 미치는 영향에 대한 분석을 반드시 포함한다. 그리고 어떤 종류의 소비자행동이 세대를 통해 전수되는가, 어떤 점이 현대사회적 추세 및 기술발전의 기능으로서 수정되는가, 또 초기의 학습경험은 어떻게 소비형태의 변화를 촉진시키거나 변화시키는가 하는 점들이 연구되어야 한다.

소비자사회화를 연구하는 이유는 이 분야의 연구가 사회화 및 아동발달 연구에서 발전된 이론적 개념을 확대시킬 가능성이 있기 때문이기도 하다. 예를 들면, 인지발달 단계이론은 텔레비전 광고에 대한 아동소비자의 지각과 이해에 있어서 연령차이를 평가하기 위하여 유용한 개념을 제공한다.

소비자사회화는 전 생애를 걸쳐서 일어나는 과정이므로 사회화과정이 활발한 아동기나 청소년기는 물론이고 그 이후의 성인기와 노인기도 함께 연구되어야 할 것이다.

## 4) 소비자사회화의 작용요인

소비자사회화의 작용요인에 관해서는 상대적 영향력을 비교하기 위해 여러 연구가 이루어져 왔다. 소비자사회화 작용요인으로는 대표적으로 부모, 동료집단, 대중매체를 들 수 있다.

### (1) 부 모

초기 사회학자들은 자녀가 부모로부터 소비에 대한 기본적이고 이성적인 면을 학습한다고 하였다. 이후의 연구도 이러한 사실을 지지하는 것으로 나타났다. 무어와 스티븐스는 부모와 자녀가 소비문제에 관해서 개방적인 의사소통을 하는 경우, 자녀는 선택한 제품의 가격을 잘 인지한다고 하였으며(Moore & Stephens, 1975), 워드와 워크만은 일반적으로 부모들은 자녀에게 가격과 질과의 관계를 가르치는 것을 소비자교육의 목표로 삼고 있다고 하였다(Ward & Wackman, 1972).

모쉬스와 처칠도 가족구성원과 소비에 관한 의사소통을 많이 할수록 청소년소비자는 소비에 대한 경제적 동기(이성적 동기)가 높으며, 가격에 대한 태도가 강하게 나타난다고 하였다.

부모와 자녀관계는 가장 기본적이고 영구적인 관계로 인간의 성장, 발달에 있어서 가장 중요한 결정요인의 하나이며, 부모의 언어적 상호작용, 즉 의사소통은 자녀의 성장, 발달에 가장 큰 영향을 미친다. 따라서 부모와 소비에 관한 의사소통을 많이 할수록 자녀는 부모로부터의 학습을 통해 소비자능력이 향상된다고 할 수 있다.

나이가 어린 아동소비자일수록 특정 소비행동에 관해 부모와 더 많은 대화를 나누는데, 이는 광고와 구매가 직접 연결되는 것을 어느 정도 방지해 준다. 그런데 부모의 영향력은 아동소비자의 연령이 증가할수록 감소하는 것으로 밝혀지고 있다.

### (2) 동료집단

동료들은 청소년소비자에게 특히 의미있는 영향을 미치는 요인이 된다. 청소년기에 부모로부터 독립하려는 욕구는 동료에 대한 의존으로 연결된다.

리즈만과 로즈보로는 아동소비자가 또래집단으로부터 정서적인 소비(affective consumption), 즉 소비 스타일, 분위기 등을 학습한다고 하였으며(Reisman & Roseborough, 1955), 파슨스(Parsons) 등은 또래집단으로부터 소비의 표현적인 면(expressive elements of consumption)을 학습한다고 하였다.

모쉬스와 처칠은 동료와 대화를 빈번하게 할수록, 청소년소비자의 사회적 동기(비이성적 동기)가 크고 물질적인 태도가 크다고 하여, 동료들로부터 표현적 측면 또는 정서적 측면을 학습한다고 한 학자들의 견해를 지지하였다(Moschis & Churchill, 1978).

또 청소년소비자의 상표와 제품에 대한 선호 역시 동료의 영향을 받는다는 연구결과도 있다. 모쉬스와 무어도 청소년소비자가 동료들과 소비문제에 대하여 상호작용을 많이 할수록 제품선호에 대해 영향을 받게 되며, 제품평가도 동료들의 선호에 따르게 된다고 하였다(Moschis & Moore, 1978). 한편, 콜만은 청소년기에는 부모나 교사보다도 동료들의 의견을 더욱 중요시하는 경향이 있다고 하였으며(Coleman, 1961), 무어와 스티븐스도 아동이 청년이 되어감에 따라 소비자사회화의 작용인으로서 부모보다 동료들의 영향이 더 크다고 하였다(Moore & Stevens, 1975).

### (3) 대중매체

신문, 라디오, 잡지, 텔레비전 등과 같은 대중매체들은 소비자사회화에 모두 영향을 미치지만 그중 음향과 영상이 결합되어 수용자에게 표현적인 이미지를 제시하는 힘을 지니고 있는 텔레비전이 특히 큰 영향을 미친다.

청소년의 소비자사회화에 미치는 TV의 영향은 프로그램의 영향과 광고의 영향으로 나누어 생각해 볼 수 있다.

텔레비전 프로그램은 소비자학습에 직간접으로 영향을 미친다. 예를 들어, 청소년들은 특정한 드라마의 등장인물이 누리고 있는 물질적 재화를 갖고 싶어 한다고 한다. 워드는 TV 프로그램보다는 광고가 소비자학습에 더욱 큰 영향을 미친다고 하였다(Ward, 1974)

소비자사회화에 있어 텔레비전 광고의 영향력을 설명하는 데는 두 가지의 이론이 있다. 첫째는 광고내용 그 자체가 바로 직접적인 설득기능을 가지고 있기 때문에 자극-반응 모델에 의해 소비자에게 직접적인 영향을 미친다는 것이다.

다른 하나는 제한된 효과로서 소비자의 선택적인 노출을 통하여 이미 지니고 있는 내적 성향을 강화하는 역할을 하며, 인적 상호작용을 통하여 조정된다는 것이다. 후자의 견해가 소비자사회화에 있어 텔레비전 광고의 영향과 더 직접적인 관련이 있다.

반두라(Bandura)는 텔레비전 광고를 제품정보의 전달자로 간주하고, 텔레비전 광고의 모방과 관찰을 통해서 사람들은 물질적 재화에 대한 사회적 의미, 즉 소비의 표현적 요소와 정서적 요소를 부여하는 방법을 학습한다고 하였다(Bandura,1971).

모쉬스와 처칠은 텔레비전 시청량이 많을수록 소비에 대한 사회적 동기가 높으며 개인의 태도가 물질주의적으로 된다는 것을 밝혔다(Moschis & Churchill, 1978).

아동과 청소년에게 미치는 텔레비전 광고의 영향에 관해서는 서로 상반된 견해가 있다. 즉, 텔레비전 광고가 청소년들의 소비자행동에 강한 영향을 미치며 비합리적인 선택, 충동구매의 유발, 물질주의적 태도를 형성시킨다는 비판적인 견해가 있는 반면, 텔레비전 광고가 소비자 사회화의 주요 작용인으로서 긍정적인 역할을 한다는 옹호적인 견해도 있다.

아동소비자의 상표선호는 텔레비전 광고의 영향을 받는다고 주장한 연구가 있으며, 또한 인쇄된 광고의 영향을 더 많이 받는다는 연구결과도 있다.

워드와 워크만의 연구에 의하면 대중매체는 청소년들로 하여금 소비자행동에 관한 대화를 유도하며 이러한 의사소통은 기존의 태도를 강화하기보다는 새로운 태도의 형성이나 변화를 초래할 가능성이 더 많다(Ward & wackman, 1972).

최근 정보화시대의 발전과 더불어 다양한 유무선 인터넷 환경을 이용한 매체들의 영향력이 급증하고 있다. 특히나 아동 및 청소년 소비자들의 경우, 사이버 게임에 중독적 성향이 증가됨에 따라 온라인 현실의 가치관이 오프라인 현실에 이입되는 등, 가상과 실

Consumer Issue 5-1

### 가상과 현실 구분 못하는 '현피'

인터넷에서 시비를 벌이다 실제로 만나 싸우는 소위 '현피'가 종종 문제가 되고 있다. '현피'란 현실의 '현'자와 인터넷 게임에서 플레이어를 죽인다는 'Player Killing'에서 영문자 'P'의 발음 '피'를 합쳐 만든 속어다. 어떻게 보면 가상과 현실을 구분하지 못한 데서 비롯되는 일이지만 상황이 생각보다 훨씬 심각하다고 하니 큰 사회적 문제다.

특히 인터넷상에서의 싸움에서 적개심을 가지고 누군가를 해칠 목적으로 현실 세계에서 서로 만나 주먹다짐을 하다 큰 사고로 이어지는 경우도 있다고 하니 이를 어떻게 이해해야 할지 모르겠다. 그럼에도 이같은 현피가 청소년 사이에서 유행병처럼 확산되고 있다고 한다. 최근에는 여학생의 현피 동영상까지 인터넷에 유포될 정도다.

청소년기라면 누구나 모방심리가 발달할 수 있다. 그러나 정작 자신의 목숨을 내걸고 할 만한 가치가 있다고 보지는 않는다. 무엇이 우리 청소년을 이렇게 위험한 지경으로 내몰고 있는지 모르겠지만 가상과 현실을 구분할 수 있는 정서교육이 필요할 듯하다.

출처: 부산일보(2011. 4. 6)

제의 경계가 와해되며 현실에 부적응하는 극단적 사례가 발생하여 이에 대한 우려의 목소리도 커지고 있다.

부모소비자는 자녀들의 연령에 따라 발생할 수 있는 각종 매체의 부작용들을 인지하고 이에 대해 자녀들과 대화하며 생활태도를 계획하고 개선시키고자 하는 등 적극적인 가정 내의 역할을 수행해야 한다.

## 2. 소비자역량 개발

### 1) 소비자역량의 개념

소비자역량이란 합리적인 거래나 재무관리, 소비자 권리행사, 윤리적인 소비를 위해 소비자가 갖추어야 할 지식 및 바람직한 소비생활 실천태도를 의미한다.

공정거래위원회가 지원한 이기춘 외(2008)의 한국소비자교육지원센터 연구에 따르면 소비자역량은 소비자거래역량, 소비자재무역량, 소비자주의역량 등 3가지 세부요소로 구성된다.

- **소비자거래역량**: 소비자가 합리적인 거래를 할 수 있도록 관련지식이나 바람직한 실천태도를 지니고 있는지에 관한 역량
- **소비자재무역량**: 소비자가 합리적인 재무관리에 필요한 지식이나 바람직한 실천태도를 지니고 있는지에 관한 역량
- **소비자주의역량**: 소비자의 권리행사 의식과 방법 등에 관한 지식을 갖추고 있는지, 윤리적 소비를 위한 바람직한 실천태도를 지니고 있는지에 관한 역량

소비자역량의 개발은 소비자교육의 핵심으로서, 변화하는 상황을 이해하고 이에 대해 적응할 뿐 아니라 소비자의 욕구, 목표, 가치와 부합하여 변화하기 위해서 소비자능력이 더욱 필요하다. 소비자역량이란 경제의 소비부문에서 소비자가 현명하고 효과적으로 역할을 수행하기 위하여 갖추어야 하는 기능, 지식, 이해력이다. 그러므로 소비자 능력개념은 상품, 용역에 대한 기술적 정보와 구매법과 같은 범주보다 포괄적이고 기능적이다.

브라운(Braun)은 소비자역량이란 경제 시스템 안에서 생존하기 위하여 개인에게 필요한 지식과 기능을 의미한다고 하였다. 캘리포니아 성인능력조사(California Adult Competency Survey)에서는 능력을 개인의 하나 또는 그 이상의 욕구를 충족시킬 수 있는 잠재력을 갖는 개인의 속성, 즉 기능, 지식, 태도로 정의하였다.

미국 가정학회(AHEA)에서는 역량이란 구체적인 수행수준으로 실증된 태도·행동·기능 또는 이해라고 하였으며, 일본 소비자교육학회(1983)에서는 소비자교육은 인간으로서의 가치관을 수용하고 자주적으로 행동하는 능력을 형성하는 데 있기 때문에 교육의 내용, 방법 등의 질이 중요하다고 하였다.

디킨슨(Dickinson, 1980)은 역량이란 할 수 있고 기능과 재능을 갖고 있는 상태, 자질, 상황이며 소비자역량이란 다양한 활동무대에서 적절하게 역할을 수행할 수 있게 하는 개인의 능력, 기능, 재능이라고 하였다.

소비자역량 = 소비자거래역량 + 소비자재무역량 + 소비자주의역량

**그림 5-4 소비자역량의 구성요소**

**Consumer Issue 5-2**

## 우리나라 소비자의 역량은 100점 만점에 60.8점

**공정위, 노인 등 취약집단에 대한 소비자교육 강화 계획**

공정거래위원회가 (사)한국소비자교육지원센터에 의뢰하여 이기춘 교수 연구팀이 우리나라 소비자의 소비자역량을 측정한 결과, 100점 만점에 60.8점인 것으로 나타났다.

* 합리적인 소비생활에 필요한 지식을 모두 알고 있고, 올바른 소비생활 태도를 모두 실천하고 있는 소비자의 역량은 100점임

- 소비자역량이란 합리적인 거래나 재무관리, 소비자 권리행사, 윤리적인 소비를 위해 소비자가 갖추어야 할 지식 및 바람직한 소비생활 실천태도를 의미한다.
- 이번 소비자역량 측정은 1,165명의 소비자를 대상으로 실시한 것으로서, 우리나라에서는 최초로 실시한 것이다.
- 우리나라 전체소비자의 역량수준을 영역별로 살펴보면 다음과 같다.
  - 실천역량은 65.56점으로 상당한 수준인 것으로 나타난 반면, 지식역량은 54.39점으로 상대적으로 낮게 나타났다.
  - 지식역량이 낮다는 것은 우리나라 소비자들은 합리적인 거래나 재무관리, 소비자로서의 권리행사방법 등에 관한 각종 지식이나 정보를 충분히 갖추고 있지 못하다는 점을 의미한다.
- 소비자의 역량수준을 집단별로 살펴보면, 40~50대의 장년층, 월 500만 원 이상의 고소득층, 경영관리직 종사자의 역량은 63점 이상으로 나타난 반면, 20대 사회초년병, 월소득 200만 원 미만의 저소득층, 농업종사자의 역량은 60점 미만으로 상대적으로 낮게 나타났다.
  - 사회초년병인 20대는 소비자역량이 57.25점으로 낮게 나왔는데, 사회생활 경험과 지식이 부족하여 신용카드를 무분별하게 사용할 우려가 있고, 사기적인 다단계판매나 인터넷판매로부터 피해를 당할 위험도 큰 것으로 해석된다.
  - 노년층의 경우는 건강기능식품 등에 대한 허위·과장광고에 취약하고, 기만적인 방문판매 등으로부터 피해를 당할 위험이 크며, 피해를 당하더라도 자신의 권리를 구제받기 위한 대처를 제대로 하지 못할 개연성이 있는 것으로 나타났다.
  - 농업종사자, 월소득 200만 원 미만의 저소득층, 고졸 이하의 저학력층도 역량이 57.60점에서 60.34점으로 낮게 나타났는데, 이들은 특히 재무관리 역량이 매우 낮고, 이자율이 높은 대부업체 등의 대출서비스를 무분별하게 이용할 위험도 있는 것으로 해석된다.
  - 가정주부의 경우는 실천역량은 69.66점으로 상당한 수준이나, 지식 역량은 53.78점에 불과하여 양 영역 간의 격차(15.88점)가 가장 큰 집단인 것으로 나타났고, 가정주부의 지식역량이 낮다는 것은 가정의 재무관리를 주로 담당하고 있는 주부들이 정작 지식이 부족하여 재무관리를 효과적으로 하지 못할 개연성이 있다는 것으로 해석된다.

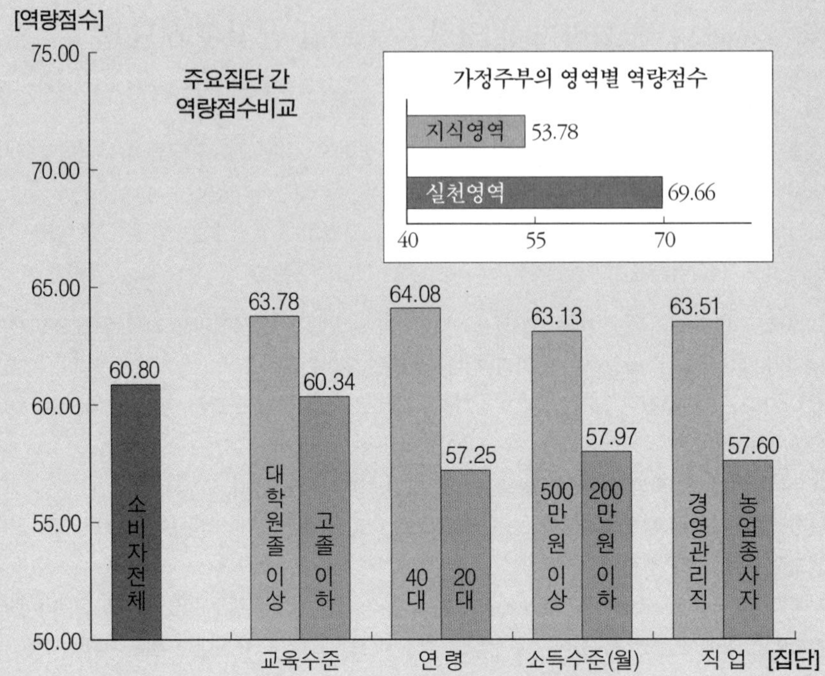


- 공정위는 이번 조사에서 소비자역량이 낮은 것으로 나타난 취약 집단에 대해서는 올해부터 소비자교육을 중점적으로 추진해 나갈 계획임
  - 공정위는 우선, 올해 전국에 거주하고 있는 노인, 청소년, 저소득층, 결혼이민자 등을 대상으로 소비자교육에 착수할 계획이며, 6월부터 10월까지 4,200여 명에 대하여 총 60회 이상 교육을 실시할 예정임
- 아울러, 공정위는 소비자역량을 정기적으로 측정하여 소비자교육 및 정보제공 등 소비자시책의 성과를 지속적으로 파악해 가면서, 향후 소비자시책 추진방향을 결정하는 데 유용하게 활용할 계획임

출처: 공정거래위원회 홈페이지 보도자료(2008. 6. 3)

듀퐁(Dupont, 1982)은 주요 소비자역량을 금전관리기능의 효율성 평가, 소비자보호에 대한 정부의 역할 평가, 소비자구매에 있어서 광고의 역할 평가, 소비자구매에 관련된 법적 권리, 책임 및 배상절차 평가, 소비자행동에 대한 가치의 발전 및 가치 시스템 평가, 현명한 소비자 구매기능의 평가의 6가지로 제시하였다.

그리고 그는 소비자역량 습득에 영향을 미치는 4가지 학습요인으로서 소비자 생활주기의 단계(stages in the consumer life cycle), 소비자 사회화 수준(level of consumer socialization), 인지발달 수준(level of cognitive development), 도덕발달 수준(level of moral development)을 제시하였다.

이상의 개념정의에 기초하여 소비자역량에 대한 포괄적인 정의를 내리면 다음과 같다. 소비자역량이란 개인이 다양한 소비활동의 장에서 적절하게 역할수행을 할 수 있게 하는 능력으로서 소비자역할을 현명하고, 효율적으로 수행하기 위하여 필요한 소비자지식, 소비자태도, 소비자기능의 총체이다. 그리고 일반적인 역량의 구성요소인 인지적 영역, 정의적 영역, 실천적 영역을 포함하는 포괄적인 개념이다.

## 2) 소비자역량의 구성요인

### (1) 소비자지식

소비자지식은 소비자역량을 구성하는 인지적 영역으로서 가장 큰 비중을 차지하는 요소이다. 지금까지 이루어진 몇몇 연구들이 소비자지식의 측정을 소비자 역량 측정으로 보려한 점을 보아도 소비자지식의 비중을 알 수 있다.

오웬(Owen, 1976)은 지식을 사실, 개념, 사상의 흡수 및 이해라고 하였다. 지식은 힘이며 지식을 가진 소비자는 현명한 의사결정을 함으로써 스스로의 권익을 돌볼 수 있다. 또한 지식을 갖춘 소비자는 기업으로 하여금 소비자의 진정한 요구 및 잠재적인 요구에 응답하게 만드는 열쇠가 된다. 소비자지식을 측정하는 대부분의 연구결과를 보면, 청소년의 소비자지식 수준이 높지 못하며 이에 따라 소비자교육이 중요함을 강조하고 있다.

소비자지식을 측정하기 위해서는 무엇을 측정할 것이며 소비자가 알아야 할 지식이 무엇에 관한 지식인가를 먼저 밝혀야 한다.

### (2) 소비자 역할태도

유델(Udell, 1974)은 소비자역량을 구성하는 요소 중 정의적 영역으로서 소비자 역할태도를 들고 소비자교육이 정의적 영역과 많은 관련이 있다고 하였다. 소비자를 이해하는데 있어서 중요한 요소는 태도에 대한 인식과 연구이다.

피시바인(Fishbein, 1967)에 의하면 어떤 대상에 대해서 지속적으로 호의적 또는 비호의적으로 반응하는 학습된 성향이 태도이다. 태도는 또한 개인의 신념과 감정을 반영한다. 그리고 태도는 종종 개인의 가치체계와 생활양식을 표현한다.

소비자 만족도를 증가시키는 보다 적절한 방법은 소비자 만족도에 영향을 미치는 태도의 중대한 역할을 인식하는 것이다. 따라서 태도는 소비자문제에 있어서 가장 중요한 역할을 하는데, 태도는 학습되고 획득된다. 개인의 태도는 어린 시절부터 형성되며 태도에 가장 큰 영향을 미치는 사람이 부모이고 다음이 형제이다. 이웃과 학교도 태도형성에 영향을 미치는 요인이며 아동에게는 부모나 학교보다도 동료집단이 더 큰 영향력을 미칠 수 있다.

소비자에게 중요한 것은 자기 자신의 태도를 검토하고 잘 인식하는 것이다. 소비자문제와 관련된 많은 태도가 있을 수 있는데 소비자역량에 중요한 것은 소비자역할에 대한 태도이다. 즉, 소비자역할에 대해 지속적으로 가지는 긍정적 또는 부정적인 태도가 중요하다.

### (3) 소비자기능

소비자기능은 소비자역량의 구성요소 중 실천적 영역으로서 지식의 응용 및 실제 행위에 해당하는 개념이다. 터너(Turner, 1976)는 소비자가 습득해야 할 필요가 있는 기능으로서 정보를 획득하고 사용하는 방법, 구매 지불방법, 저축방법, 상품비교 능력, 단위가격 파악, 소비시기 조절 등을 들었는데 이는 대체로 금전관리와 구매의 두 가지 차원의 기능을 의미한다.

호이트(Hoyt)는 소비자기능이 금전을 사용하는 데 따라 자동적으로 습득되는 것이 아니며 학습되어야 한다고 주장하였다.

각종 소비자교재와 지침서들이 시장경제에서 소비자가 만족스럽게 수행하기 위하여 필요한 다양한 소비자기능을 규정해 놓았지만 소비자기능의 사용을 실제로 측정한 연구는 별로 없었다. 이는 기능의 측정이 지식의 측정보다 힘들고 곤란하기 때문일 것이다.

그러나 소비자기능은 실제의 행위로서 어느 정도는 측정될 수 있다. 터너는 구매기능을 중심으로 소비자기능을 측정하여 다연령집단 아동의 소비자기능에 관하여 연구하였다. 그 결과 아동이 소비자 의사결정에 참여할 기회가 많고 가정에서 책임을 많이 가질

수록 소비자기능의 점수가 높았다.

오웬(Owen, 1976)은 10대 청소년의 금전에 대한 태도와 금전관리기능을 조사한 결과, 일상생활의 모든 영역에 대해 이 두 가지 요인이 영향을 미치며 청소년소비자의 나이가 더 들수록 중요한 소비자결정에 직면하게 된다고 하였다.

### 3) 소비자능력의 관련요인

#### (1) 연 령

정규학교 교육과정에 있는 청소년의 경우, 연령은 학년과 직결되며 학교교육에서 습득한 지식의 양에 있어서 차이가 있으므로 연령은 소비자역량과 관계가 있다.

터너(Turner, 1976)는 두 연령집단 아동의 소비자역량의 차이를 연구했는데, 소비자 구매기능에 의해 측정된 소비자능력은 아동의 연령에 따라 차이가 있었다. 즉, 연령이 높은 아동이 낮은 아동보다 높은 점수를 나타냈다.

무어와 스티븐스(Moore & Stephens, 1975)는 청소년 전기집단과 청소년 후기집단으로 나누어서 소비자기능 수준의 차이를 분석하였는데, 청소년 후기 소비자가 청소년 전기 소비자보다 더 복잡한 소비자 학습기능의 획득수준이 높은 것으로 밝혀졌다. 따라서 연령에 따른 소비자역량 수준의 차이를 인정하였다.

니가(Knigga, 1976)는 5학년에서 8학년까지의 학생을 대상으로 소비자 구매기능을 측정한 결과, 학년에 따라서 구매기능에 의미있는 차이가 있다고 밝혔다. 그런데 연령에 따라 의미있는 차이가 없다고 밝힌 연구도 있다. 짐머만(Zimmermann, 1976)은 5세에서 12세의 농촌아동을 대상으로 해서 연령에 따른 구매기능의 차이를 연구하였는데 연령과는 의미있는 차이가 없었다. 이는 어린 아동의 경우 구매기능에 있어 차이가 없을 가능성을 시사하는 것이라고 볼 수 있다. 왜냐하면 소비자 생활주기에 따라서는 연령에 의한 차이가 반대현상으로 나타날 수도 있기 때문이다.

농촌의 성인소비자를 대상으로 소비자 구매의사결정 합리성을 연구한 결과에 의하면 연령이 낮을수록 의사결정의 합리성 점수가 높은 것으로 나타났다(윤정혜 · 이기춘, 1981). 그리고 소비자 옹호주의(consumer activism) 점수가 높은 집단은 젊고 진보적인 집단으로 나타난 연구결과도 있다.

### (2) 성 별

성별에 따른 소비자역량은 일반적으로 차이가 없는 것으로 나타나고 있으나 부분적인 영역에서는 차이가 있다.

소비자 전문가에 의해서 중요성이 평가된 내용에 근거해서 금전관리 조사도구를 구성하여 고등학교 학생들의 금전관리 이해력을 평가했는데 남학생과 여학생 사이에는 의미 있는 차이가 없었다. 또한 소비자의 신용에 대한 지식을 측정한 결과에 의하면 남학생과 여학생의 평균점수는 의미 있는 차이가 없었다.

터너(Turner, 1976)는 '선정된 몇 가지 소비자기능에 대하여 아동을 테스트하기 위한 모의시장의 개발 및 타당화' 에서 아동의 소비자역량 차이를 연구했는데 성별에 따른 아동소비자의 구매기능에는 의미 있는 차이가 없었다. 초등학생을 대상으로 몇 개의 변수에 따른 아동의 경제개념지식을 측정한 연구에 의하면 성별에 따른 의미 있는 차이가 없었다.

리트로(Litro, 1969)는 '고등학생의 사회적 지위와 소비자태도 및 이해와의 관계' 에서 남학생과 여학생의 소비자 이해와 태도수준은 전체적으로는 차이가 없고 부분적인 영역에서는 차이가 있는 것으로 밝혔다.

코페르스키(Koperski, 1977)는 고등학생을 대상으로 구매상의 문제점, 비공식적 배상행동, 구매 전 상품정보 이용에 대하여 성별차이를 분석했는데, 구매 전 상품정보 이용에 있어서만 성별차이가 있었다.

베아티(Beattie, 1962)는 미네소타 고등학생을 대상으로 연구하여 4개 영역 중 보험, 저축, 투자의 이해력에 있어서 남학생이 여학생보다 높은 점수를 갖는다는 사실을 발견하였다. 그리고 개인재정 영역에 있어서 정보를 갖춘 소비자가 되어야 할 필요성에 대한 태도를 측정한 결과, 여학생이 남학생보다 금전관리, 신용, 보험, 저축 · 투자의 4개 영역에 대한 태도에 있어서 보다 긍정적이라고 밝혔다.

### (3) 사회적 지위

사회적 지위가 낮은 가정의 청소년은 일상생활에 있어서 더 많은 소비문제에 부딪히게 된다. 캐플로비츠(Caplovitz, 1967)는 사회적 지위가 낮은 소비자의 어려움을 "이들이 사회적으로 유발되는 욕망을 충족시키기 위한 수단은 결핍되어 있으면서도 유복한 삶의 상징과 이에 따른 부속물을 원하는 사회에서 훈련되고 있는 점"이라고 지적하였다.

일반적으로 소비자역량과 사회적 지위는 관련이 있는 것으로 나타나고 있다. 젤리는 고등학생에 대해 금전대출 및 신용의 사용, 개인 재정관리, 보험의 금전관리 이해력을 평가했는데 사회 · 경제적 지위가 높은 학생들이 낮은 학생들보다 정보를 잘 갖추고 있는 것으로 나타났다(Jelly,1958).

리트로는 고등학교 학생의 부모의 사회적 지위와 소비자태도 및 이해와의 관계를 연구하였다(Litro, 1969). 즉, 금전관리, 신용, 보험, 저축 · 투자의 4개 영역에 대한 이해력과 태도를 측정하였는데 가정의 사회적 지위가 높은 집단과 낮은 집단 사이에 의미 있는 차이가 있어서 사회적 지위가 높은 집단이 낮은 집단보다 금전관리, 보험, 저축 · 투자의 3개 영역에 대한 이해력이 높았다. 소비자태도에도 의미 있는 차이가 있었는데 사회적 지위가 높은 집단이 낮은 집단보다 신용, 보험, 저축 · 투자의 3개 영역에서 태도점수가 높았다. 즉, 정보를 갖춘 지식 있는 소비자가 되어야 할 필요성에 대하여 보다 더 긍정적이었다.

윌리엄스는 초등학교 아동의 경제개념 인식과 관련요인을 연구했는데, 사회 · 경제적으로 상류층의 아동이 하류층의 아동보다 경제개념에 대한 지식이 많다고 밝혔다(Wlliams, 1970).

또 다른 연구에서는 상표 및 상점선호, 설득적인 마케팅 자극에 대한 인지적 방어, 정보탐색, 소비자문제 지식과 사회계층 사이에 각각 정적 상관이 있다고 보고하였다.

#### (4) 지 역

일정한 지리적 지위 또는 거주지역에 있는 사람들은 소비자역할에 대하여 유사한 태도와 지식을 갖는다. 그러므로 이들 집단구성원으로서 개인이 갖는 태도, 문화적 패턴 및 가족역할은 소비자역량에 의미 있는 영향을 미치게 된다.

소비자의 거주지역이 도시와 농촌인 경우 소비생활양식에 많은 차이가 있으며 농촌에서는 제한된 소비생활을 경험하게 된다. 골드만(Goldman, 1976)은 특정상품에 대한 실증적 연구를 통해 구매지식과 사회적 변수와의 관계를 분석하였는데, 거주지역이 도시화되어 있을수록 구매지식 수준이 높았다고 제시하였다.

### (5) 소득수준

저소득층 아동은 화폐를 사용하는 경험이 적으며, 소비재의 범위가 적으므로 고소득층의 아동보다 어떤 면에서 소비자기능에 대한 학습이 덜 이루어진다.

성인의 경우 저소득층 소비자는 소비자정보가 있는지도 모르며 소비자로서의 인식이 부족하며 선택을 할 때도 심사숙고하지 않는다.

우리나라의 성인소비자를 대상으로 해서 처음으로 소비자 인식수준을 조사한 연구(이기춘, 1974)에 의하면 경제수준이 낮은 집단의 주부가 경제수준이 높은 집단의 주부보다 인식수준이 낮은 것으로 나타났다. 한편, 학습이론의 견해 중 저소득층의 아동은 희소한 자원을 사용하는 훈련이 잘 되어 있기 때문에 보다 숙련된 소비자가 되는 경향이 있다고 주장하는 견해도 있다.

카토나와 뮐러(Katona & Mueller, 1965)는 의사결정의 행동 면에서 소득수준이 저소득층 내지 고소득층에 비해 중간 소득층일 경우 포괄적인 의사결정행동을 보인다고 밝히고 있다. 우리나라의 농촌소비자를 대상으로 한 경우, 소득수준에 따른 소비자 구매의사결정 합리성에는 의미 있는 차이가 없었다(윤정혜 · 이기춘, 1981).

### (6) 소비자경험

아동기의 경험이 성인생활에 있어서의 인식과 행동 패턴을 형성하는 데 극도로 중요하다는 것은 행태과학에서 광범위하게 지지받고 있는 신념이다. 아동기의 경험이 아동기 이후의 소비자행동 패턴에 영향을 미치느냐 아니냐는 두 가지 이유에서 연구할 문제가 된다. 첫째는 아동기경험에 대하여 앎으로써 성인소비자 행동의 어떤 면을 예측할 수 있을지도 모르기 때문이다. 둘째는 아동이 소비에 관련된 기능, 지식, 태도를 획득하는 과정을 이해함으로써 공공정책을 수립하고 소비자교육 프로그램을 개발하는 데 중요하기 때문이다.

워드(Ward, 1974)는 광고나 구매행위를 통한 성장기의 소비자경험이 성장 후의 소비자역할에 지속적으로 영향을 미친다고 하였다.

맥닐(Mcneal, 1964)은 소비자 역할학습은 관찰(observation), 참여(participation), 훈

련(training)을 통해 이루어지며 소비자행동에는 다음과 같은 세 가지 사실이 내재해 있다고 하였다. 첫째, 한 개인의 소비자 행동유형은 자기의 전 생애를 통하여 연령에 따라 달라진다. 둘째, 특정시점에 있어서 한 개인의 소비자행동은 과거의 자기행동으로부터 영향을 받는다. 셋째, 특정시점에 있어서의 소비자행동과 관련된 한 개인의 태도와 지식은 소비자의 역할에 참여한 전 기간 중의 모든 태도와 지식의 총계이다.

### 4) 소비자역량과 소비자교육

소비자교육은 일반적으로 어떤 형태의 소비자역량을 개발시키기 위한 것이다.

소비자교육은 개인 각자가 가치를 선택하고 그것을 근거로 하여 생활양식(life style)을 이루어 나가는 역량을 개발하는 것이다. 그리고 소비자교육은 어느 특정의 가치를 획일적으로 강요하는 것이 아니고 각자가 다양한 가치 가운데에서 역량을 개발함으로써 소비자로서의 행동을 주체적으로 선택·결정하고 생활양식을 이루며 그 결과에 대한 책임을 지는 능력을 개발하기 위한 것이다(박혜경, 1992).

메첸(Metzen, 1967)에 의하면 소비자역량은 소비자역할의 효율적인 수행 또는 기능과 구체적으로 관련되며 소비자 개인이 가지고 있는 지식, 기능, 태도이다. 그는 소비자교육의 내용과 목표설정을 위한 기초자료를 제공하기 위하여 젊은 주부에게 필요한 소비자역량을 규명하였고 연령, 결혼여부, 주거지역, 소득수준과 같은 변수가 젊은 주부들이 소비자역할로서 중요하다고 생각하는 역량의 유형에 미치는 영향을 조사하였다. 젊은 주부와 소비자교육 전문가의 소비자에게 중요한 역량의 평가를 비교한 결과, 여러 가지 소비자역량의 상대적 중요성에 대한 두 집단 간의 견해에 차이가 있다고 설명하였다.

크레이튼(Creighton, 1976)은 소비자 교육자들을 계속 좌절시키는 것은 재정적인 후원의 부족뿐만 아니라 잘 정의된 목표와 방법의 결여이며, 소비자 교육자들이 목적의식의 결여와 견해의 불일치 때문에 어려움을 겪어 왔다고 진술하였다.

소비자교육의 적절성과 책임에 대한 관심은 역량에 기초한 교육원리를 소비자교육에 적용시키는 데 대한 관심을 고무시켰다. 역량에 기초한 교육은 바람직한 능력이 명확하게 진술되고 평가기준이 기획되어서 학습자들에게 알려 주는 학습환경을 제공한다.

모스와 테라스(Morse & Terrass, 1977)는 역량에 기초한 교육은 개인이 그들에게 기대

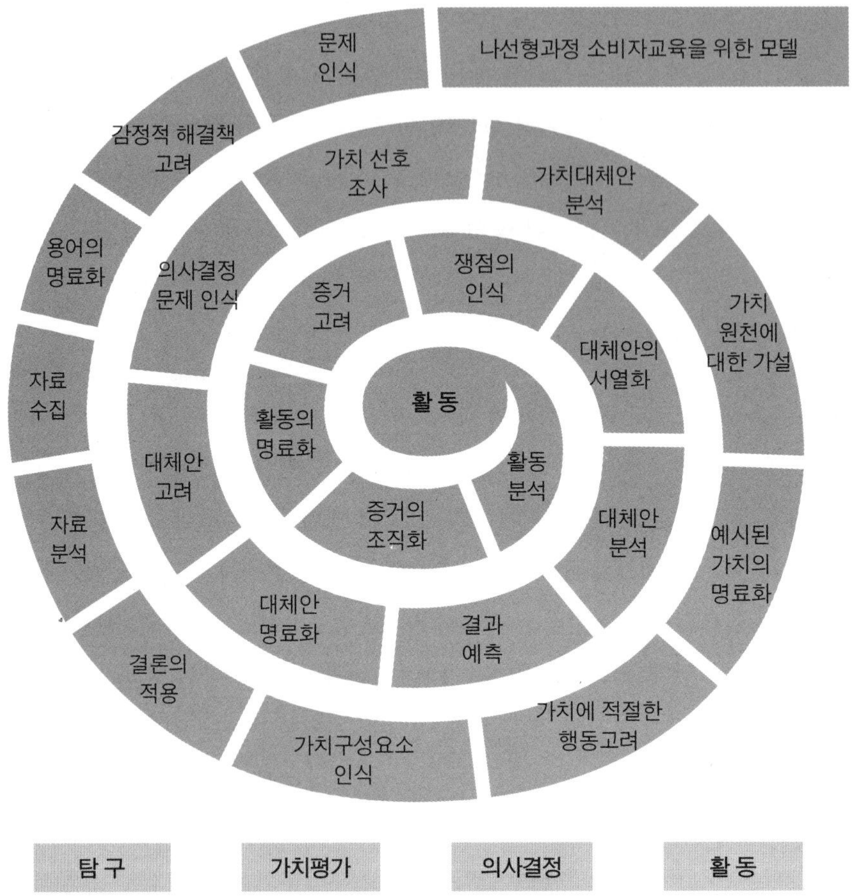


**그림 5-5 나선형 과정 소비자교육 모델**

되는 역량을 이해하고, 요구되는 역량의 획득을 실증하는 과정이라고 하였다.

머피(Murphy, 1974)와 공동연구가들은 현존하는 소비자교육 프로그램이 충족시키지 못하는 욕구를 규명하기 위하여 소비자교육 커리큘럼 자료를 포괄적으로 고찰한 후 중학교 3학년 이상에게 적절한 모듈을 개발하였다. 각 모듈은 이론적 타당성, 내용에의 도입, 측정도구의 사전 · 사후 평가, 교육목표, 학습활동, 자료의 목록 등을 포함하고 있다.

이 모듈은 내용지향적이 아니고 과정지향적으로서 탐구(inquiry), 가치평가(valuing), 의사결정(decision-making), 소비자활동(consumer action) 등의 4가지 소비자과정역량을 습득하게 함으로써 사고하며 계속적으로 학습하는 능력을 갖춘 소비자가 되게 한다.

메이어(Mayer, 1981)에 의하면 역량에 기초한 교육을 받게 되면 학습자는 무엇인가를 할 수 있는 역량을 습득하게 된다. 역량에 기초한 교육에 있어서는 성취해야 할 표준이 정해져 있고 모든 학생이 역량을 습득하게 되며 다만 역량을 습득하는 시간에 있어서만 차이가 있게 된다. 교사는 학생들의 욕구와 역량에 비추어서 더욱 효율적인 학습을 허용하는 학습 환경을 조성해 준다.

역량에 기초한 교육의 개념에 의하면 학생들에게 개발시켜 주어야 할 역량이 선정되

**표 5-1 머피의 소비자역량과 목표**

| 소비자역량 | 목 표 |
|---|---|
| 탐구과정 | 1) 문제의 인식<br>2) 잠정적 해결책 고려<br>3) 용어의 명료화<br>4) 자료의 수집<br>5) 자료의 분석<br>6) 결 론 |
| 가치평가 과정 | 1) 가치의 구성요소 인식<br>2) 가치에 적절한 행동 고려<br>3) 예시된 가치의 규정<br>4) 가치의 원천에 대한 가설 설정<br>5) 가치의 대체안 분석<br>6) 가치선호의 검토 |
| 결정과정 | 1) 의사결정문제의 인식<br>2) 대체안의 고려<br>3) 대체안의 규정<br>4) 결과의 예측<br>5) 대체안의 분석<br>6) 대체안의 서열화 |
| 활동과정 | 1) 쟁점의 인식<br>2) 증거와 대체활동의 고려<br>3) 소비자활동의 규정<br>4) 증거와 선택활동의 조직<br>5) 활동의 분석 및 결과의 수용<br>6) 활동의 개시 및 평가 |

고, 학생들은 자신에게 적절한 속도로 학습하며, 개인의 학습 스타일이 각자의 역량개발 방식을 결정한다. 그리고 수행을 기초로 목표가 기술되고 학생들에게 알려지며, 평가는 기준에 준거해서 이루어지게 된다(Glik, Henning & Johnson, 1975). 역량에 기초한 소비자교육 모델은 학습자를 완전히 개별화시키는 것이며 융통성 있는 시간의 틀 속에서 자신에게 적절하게 소비자역량 개발이 이루어지도록 하는 모델이다.

플레이스는 전국 중 · 고등학교 교장협의회에서 역량에 기초한 교육의 강점을 발표하였다(Place, 1973). 첫째, 교육 프로그램에 있어서 융통성과 협동을 증가시킨다. 둘째, 지식의 연결과 나선형식으로 상승시키는 데 기여한다. 셋째, 학생들이 그들에게 기대되는 것이 무엇인지 알기 때문에 자신의 보조에 맞추어 진행하여 주기적인 피드백(feedback)을 받아들인다. 넷째, 학생들의 학습동기가 강해지며 보다 긍정적인 자기영상을 갖게 된다. 다섯째, 사회공동체와의 관련과 관심이 증가된다. 여섯째, 교사의 의사결정과 창의성이 향상된다. 일곱째, 일관성 있는 평가와 수정이 가능하다.

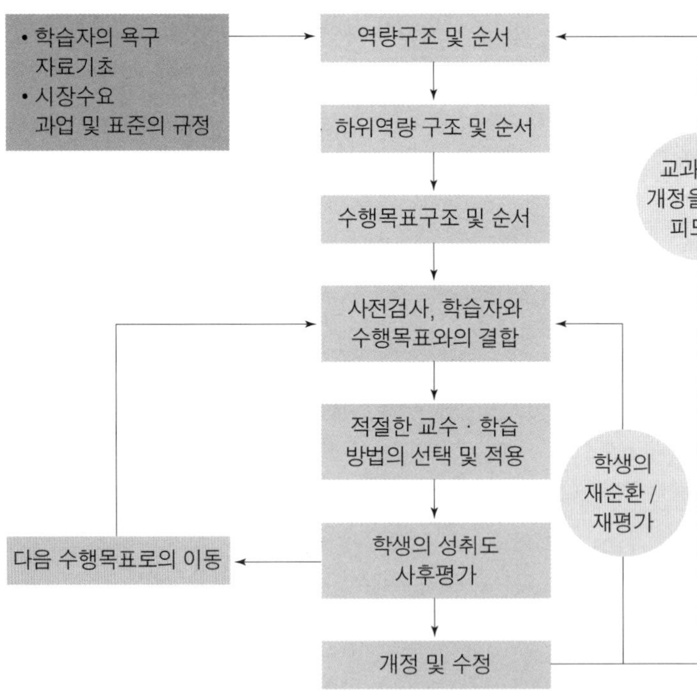


**그림 5-6 메이어의 역량에 기초한 소비자교육 모델**

플레이스가 지적한 개선점은 교사들에게 어려움이 있다는 점과 교사의 기능을 개발시키고 필요한 자료와 절차를 형성하는 데 재정적인 지원이 필요하다는 것이다.

이상에서 고찰한 바와 같이 소비자역량은 소비자교육의 핵심이 되므로 소비자역량(consumer competency) 강화에 기초한 소비자교육이 중요하다. 앞에서 살펴본 바와 같이 역량에 기초한 소비자교육은 많은 장점을 가지고 있으며 소비자교육의 목표를 효율적으로 달성하게 해준다.

# Project

1 소비자사회화의 접근에는 인지 발달 이론에 기초한 사회화 모델과 사회학습이론에 기초한 모델이 있는데 이 두 가지 모델의 주요 특징을 설명해 보자.

2 소비자의 아동기 경험이 중요한 이유는 무엇인지 예를 들어 설명하고, 소비자행동을 연구하는 데 있어서 소비자의 생애과정을 통한 종단적인 연구가 필요한 이유에 대하여 생각해 보자.

3 소비자사회화의 작용인으로 부모, 동료집단, 대중매체가 있을 수 있는데 이 중에서 가장 영향력이 크다고 생각하는 요인을 들고, 그 이유가 무엇인지에 대하여 함께 토론해 보자.

4 소비자역량은 소비자교육의 핵심인데 이 소비자역량의 구성요인이 무엇인지 설명하고, 역량에 기초한 소비자교육을 향상시킬 수 있는 방법을 생각해 보자.

5 소비자역량에 영향을 미치는 요인에 대한 많은 연구결과들이 있다. 이 중에서 소비자의 거주지역과 사회적 경험에 따른 소비자역량에 대하여 설명하고 소비자교육에의 시사점을 찾아보자.

6 역량에 기초한 소비자교육의 특징을 알아보고, 아울러 역량에 기초한 교육의 강점을 검토해 보자.

# Chapter 6

# 소비자교육의 형태

**인간은** 생애를 통해 끊임없이 소비자로서 활동을 수행하며, 소비자사회화를 통해서 역할학습을 하게 된다. 소비자사회화에 영향을 미치는 요인은 부모, 또래집단, 교사, 학교, 대중매체 등이며 이들 요인은 소비자의 발달단계에 따라 소비자교육에서 중요한 영향력을 행사한다. 소비자학습이 이루어지는 장 또는 소비자교육의 주체에 따라서 소비자교육 형태를 가정 소비자교육, 학교 소비자교육, 사회 소비자교육으로 분류할 수 있으며, 가정 소비자교육은 주로 유아기와 아동기에, 학교 소비자교육은 청소년기에, 사회 소비자교육은 성인기와 노년기에 초점을 맞추게 된다.

## 1. 가정 소비자교육

### 1) 소비자교육의 장으로서의 가정

전통적으로 인간은 태어날 때부터 소비자로서의 기능(skill)을 가지고 있는 것이 아니다. 소비자로서 해야 할 것과 하지 말아야 할 것을 배우는 과정은 매우 길고 복잡하며, 이에는 많은 영향요인이 개입한다(Solomon, 1994). 다시 말해, 소비자역할 행동의 학습은 인간이 태어나서 죽을 때까지 계속되는 연속적인 과정이며, 인간이 태어나서 제일 먼저 접하게 되는 소비자교육의 장이 바로 가정이다.

가정은 사회의 기본 단위이며 인간이 살아가는 데 있어서 가장 기본적이고도 중요한 생활의 장이 된다. 우리 인간이 공기를 호흡하면서 생존하고 있으면서도 공기가 고갈되어 생존의 위협을 받는 상태를 평상시에 상상하지 못하듯이 대부분의 인간이 가정에서 태어나서 성장하며 역할을 학습하면서도 평상시에는 그 중요성을 깨닫지 못하게 된다.

더욱이 현대의 변화하는 사회 속에서는 가정의 기능도 변하며 가정의 기능 중에서 일부는 사회로 이전되고 몇몇 기능은 더욱 강조되고 있다. 현대사회의 특징 중에서 가장 현저하게 나타나는 것 중의 하나가 바로 가속도적인 변화이다. 사회는 지금까지도 가속도로 변해 왔고 앞으로도 계속 변화할 것이다.

과학과 기술의 발달이 선도하여 경제구조, 정치구조를 변화시키면서 가정의 기능도 변화시키게 된다. 사회가 산업화하고 도시화함에 따라서 가정에서의 자급 · 자족활동은 감소하고 소비활동이 증가되었으며 소득의 획득방법, 생활양식(life style) 등도 변화해 왔다. 따라서 가정의 기능 중에서 경제적 기능이 중요시되고 있다.

가정에서의 경제적 자원을 중심으로 한 자원의 활용과정 역시 인간관계에 영향을 미친다. 인간이 사용하는 중요한 자원인 화폐와 시간을 소비하는 방식에 따라서 인간의 생활양식이 결정된다.

인간의 생활양식에서 큰 비중을 차지하는 것이 소비생활방식이다. 소비자의 소비생활 방식의 차이는 기본적으로 화폐에 대한 가치관과 태도에 좌우된다. 소득을 획득하기 위하여 일하는 것은 인간의 직업생활과 직결되는 것이며, 화폐를 사용하는 일은 생활양식에 영향을 미치기 때문이다.

결국 화폐를 획득하는 과정과 사용하는 과정에서 어떠한 가치관이 적용되는가에 따라 소비자가 건전하고 생산적인 방향의 삶을 영위하거나 반대로 비생산적인 방향의 삶을 영위하게 된다. 화폐에 대한 바른 가치관과 태도가 형성되어 합리적인 생활방식이 이루어지기 위해서는 소비자가 가정에서 학습할 기회를 가져야 한다.

가정에서도 소비자교육이 이루어져야 함을 규명한 연구(이기춘, 1985)에 의하면 소비자능력에 영향을 미치는 중요한 변수 중의 하나가 가정에서의 소비자경험이었다. 소비자 발달주기로 볼 때 아동기에 가정에서 소비생활을 관찰하고, 실제 구매에 참여하고, 부모로부터 훈련을 받고 소비생활에 관해서 부모와 대화하는 등의 소비자경험은 향후 소비자로서의 능력향상에 중요한 요인이 된다.

가정에서 소비자교육의 주체는 부모인데, 우리나라의 가정에서는 소비자교육에 소홀히 하여 왔다. 이는 일부 전통 한국사회의 물질경시 풍조에서 유래한 것으로 보인다. 유교적 가치관은 돈에 대한 언급을 기피하도록 하여 어린 시절에 돈의 의미, 돈이 미칠 수 있는 긍정적 · 부정적 영향력에 대해 제대로 교육받지 못하도록 하였다. 이는 성인기의 소비생활 습관에도 영향을 미쳐, 돈을 숭상하거나 돈과 관련해 무능한 사람으로 성장하게 하는 결과를 초래하였다(이원영, 1998).

건전한 소비행동은 어렸을 때 교육에서 비롯된다는 점은 아동기부터 가정에서 소비자교육을 실시하여 경제에 대한 바른 인식과 건전한 습관이 형성되도록 할 필요성을 높인다.

특히, 저연령 아동의 경우 제도화된 교육기관보다 가정에서 교육의 비중이 크고, 이들에 대한 소비자교육은 도달상태의 교육이 아니라 출발상태의 교육(이원영, 1998)이므로 가정에서 소비자교육의 중요성은 더욱 크다.

그러나 가정에서의 소비생활 자체도 치밀한 예산을 세우고 계획적으로 지출하기보다는 습관적인 지출, 충동구매 등의 비합리적인 성향을 많이 지니고 있어서 자녀에 대한 소비자교육적 효과를 기대하기 어려운 경우가 많다.

부모의 자녀에 대한 소비자교육 내용 중에서 주된 부분을 차지하고 있는 것이 용돈관리와 구매행동의 지도이다. 자녀의 용돈은 대부분이 가계지출 중에서 지급되기 때문에 부모가 그 액수에 대해서는 관심을 가지나 화폐에 대한 올바른 가치관과 태도, 효율적으로 화폐를 관리하는 방법에 대해서는 무관심한 경우가 대부분이다.

화폐 그 자체가 목적이 아니라 올바르고 선한 목표를 달성하기 위한 수단이며, 이 수단은 정당하고 바른 방법으로 획득되어야 함을 부모가 실천해 보여 주어야 한다. 즉, 화폐는 땀을 흘린 노동의 대가로 획득해야 가치가 있는 것이며, 그렇기 때문에 함부로 낭비하지 말되 목표를 달성하기 위해서는 바르게 효율적으로 사용하는 가치관과 태도가 가정에서 학습에 의해 형성되어야 한다. 이것이 바로 소비자교육의 근본이며 모든 가정에 이러한 교육이 이루어질 수 있어야 한다.

미국에서는 '모든 사회문제를 해결하기 위한 열쇠는 소비자교육에 있다' 라고 지적하기도 한다. 소비자문제는 가정생활 문제 및 사회문제와 연동되어 있으므로 이를 해결하기 위해서는 가정에서의 소비자교육이 고려되어야 한다는 것이다(今井光映 · 中原秀樹, 정용선 외 역, 1998). 가정에서의 소비자교육은 건전한 소비자로서 지식, 기능, 태도를 습득하는 데 필요한 기초적 수준의 소비관련 생활경험을 유아 및 아동기에 갖게 하는 교육으로 규정할 수 있다. 가정에서의 이러한 기본적인 소비자교육이 바탕이 되어서 양심과 이성에 충실한 소비자, 사회의 일원으로서 시민적 책임을 성실하게 수행할 수 있는 소비자로서 사회화될 것이다.

## 2) 자녀의 소비자역할 학습

아동은 가족의 소비자 의사결정에서 중요한 역할을 하고, 그 나름대로 소비자로서 책임감을 형성하게 된다. 그들은 완구 및 과자류의 산업을 지원해 왔는데, 현재는 다른 제품도 구매하거나 구매에 영향을 미치고 있다. 좋건 싫건 새로운 세대는 "제품구매를 위해 태어났다(Born to Shop)" 고 할 수 있다(Solomon, 1994).

시장에서 기능하는 데 적절한 능력을 획득하는 방법은 여러 가지가 있을 것이다. 아동은 서로 제품에 대해 이야기할 수 있고 이러한 경향은 연령의 증가에 따라 강해진다. 하지만, 어린 아동에게 가장 주요한 사회화 기제는 부모와 대중매체이다. 저연령층 아동의 경우, 부모는 직간접적으로 아동의 환경을 통제하고 영향을 미친다. 부모는 의식적으로 소비에 대한 자신들의 가치를 자녀들에게 주입하거나, 자녀들이 TV나 판매원, 동료와 같은 다른 정보 원천에 노출되는 정도를 결정한다. 또한 부모는 관찰학습을 위한 중요한 모델이 되기도 한다(Solomon, 1994).

다시 말해, 아동기는 소비자로서의 역할행동을 학습하는 시기이며, 주로 가정에서 부모와의 긴밀한 관계 속에서 소비자역할 행동의 학습이 이루어지게 된다고 할 수 있다.

소비자의 역할을 획득자, 배분자, 구매자, 사용자, 처분자의 역할을 포함하는 넓은 개념으로 볼 때 가장 먼저 학습하는 역할은 사용자의 역할이다. 아무리 어린 나이의 소비자일지라도 그들이 소비하고 사용하는 물건은 많은 종류에 달한다. 따라서 이때부터 소비하는 물건의 개념, 바르게 소비하고 사용하는 태도와 기능을 교육시켜야 한다.

다음으로 자녀가 매우 적은 금액의 화폐를 부모로부터 받게 되고 화폐라는 것을 알게 되면 소비자로서의 또 다른 새로운 역할을 학습하게 된다. 즉, 획득자의 역할이다. 다른 모든 태도나 습관과 마찬가지로 화폐에 대한 태도와 습관도 어린 시기에 습득된다.

자녀는 부모가 화폐에 대하여 어떻게 느끼는가를 관찰함으로써 화폐에 대하여 학습하기 시작한다. 즉, 자녀는 부모가 화폐를 소비하는 방법에 있어서 조용히 의논을 하는지 또는 논쟁을 하는지, 누가 기록하며, 청구서 지불을 하는지 등을 인지하게 된다.

이 관찰자로서의 학습은 한 인간이 일생을 통해서 화폐에 대하여 어떻게 느끼는가의 중요한 근원이 된다. 아동소비자의 태도학습에 있어서 부모의 말보다는 행동이 더 큰 영향을 미친다. 즉, 화폐가 보상, 뇌물 또는 통제수단으로 사용되는지, 물질재를 열망하는지, 유행을 따르려고 애쓰는지, 선물을 주는 감정보다 선물의 가격을 더 강조하는지 등을 관찰하고 인지하게 된다.

자녀가 자신의 화폐를 소유해 보는 것은 화폐의 목적과 가치를 학습하는 길이 된다. 이들이 화폐를 획득하게 하는 데에도 다양한 접근방법을 쓸 수 있다. 화폐를 요구할 때마다 줄 수도 있고 규칙적인 수당의 방식으로 줄 수도 있다. 좋은 성적이나 가사노동에 대한 대가와 같이 보상으로서 화폐가 사용되는 것은 좋지 않으며 또 체벌로서 수당을 감소시키는 것도 좋은 방법은 아니다.

자녀가 화폐를 요구할 때마다 항상 여유가 없다는 말을 사용하는 부모는 자녀에게 화폐의 결핍으로 인한 불만스러운 감정을 갖게 할 수도 있다. 이러한 경우 부모는 자녀에게 가계재정문제에 대한 상황을 설명하고 이해하도록 해야 한다. 자녀가 원하는 많은 것이 조달되지 못하는 경우에 자녀는 그 이유를 알아야 하며, 가능성 있는 대안이 제시되어야 한다.

바쁜 부모들이 빠지기 쉬운 함정은 자녀에 대한 애정이나 교제와 대체하기 위하여 화폐를 사용하는 것이다. 이러한 상황은 자녀의 정서적 안정을 방해하는 것이므로 바람직하지 못하다.

자녀가 자신의 수중에 있는 화폐로 필요한 상품을 직접 구입하게 되면, 구매자의 역할을 학습하게 되는 것이다. 아마도 동전을 가지고 아이스크림이나 과자를 사먹게 되면서 이 역할의 수행이 시작될 것이다. 구매자의 역할을 잘하기 위해서는 화폐의 단위, 화폐의 사용법 등을 학습해야 한다. 그리고 물건을 구매할 수 있는 구매장소의 종류, 상품의 종류와 잘 선택하는 법 등에 관해서 학습할 수 있어야 한다.

아동소비자의 역량개발에 대한 부모의 역할은 매우 크지만, 부모의 교육은 정규적인 학교교육과는 달리 목표를 설정한 체계적인 교육훈련이 아니고 일상생활에서 아동들에게 비쳐지는 부모의 태도나 행동에 의해 우연히 이루어지는 경우가 많다. 물론 목적적이고 체계적인 교육을 실시하지 않더라도 교육방법은 행동의 금지, 지시, 자녀와의 토론,

본보이기, 자기경험을 통한 학습 중 하나가 될 것이다(홍영기 · 최선경, 1988).

부모의 양육특성이 권위적(authoritarian), 방임적(neglecting), 관용적(indulgent)인가에 따라 자녀에 대한 교육태도나 방식은 상대적으로 달라질 수 있을 것이다. 권위적이거나 방임적인 부모는 자녀와 온화한 관계를 유지하지 못하고 자녀의 소비행동이나 노출매체를 지나치게 통제하거나 무관심한 태도를 보이는 경향이 있다. 이와 달리 관용적인 부모는 소비와 관련된 문제에 대해 자녀와 풍부한 의사소통을 하고, 자녀가 시장에 대하여 학습할 때 지나친 개입이 없어야 한다고 믿는다(Solomon, 1994).

앞에서도 언급하였듯이 구매 또는 소비는 아동의 주요 관심사 중 하나[1]이며, 가정에서의 소비자교육은 건전한 소비자를 육성하는 교육의 출발점이다. 따라서 부모는 풍부한 의사소통을 바탕으로 가능한 명확한 목표를 설정하고 일관적인 태도로 자녀에 대한 소비자교육을 수행하여야 한다. 가정에서의 소비자교육은 학교에서의 소비자교육 못지않게 중요한 것이다.

---

1) 미국 아동의 경우에 쇼핑은 7대 관심사 및 활동 중 하나로 인식된다. 또한 1988년 미국의 한 조사에 따르면 어린이 응답자의 80%가 물건을 사기 위한 돈을 더 많이 가지는 것이 가장 큰 소원이라고 하였다(Solomon, 1994).

Consumer Issue 6-1

## 부모와 자녀가 함께하는 소비자교육

| 소요시간 | 단계 및 단계별 주요 단원 |
|---|---|
| 10분 | 도 입<br>1. 우리 사회의 변화를 볼까요?(소비자문제)<br>2. 소비자교육의 필요성은 무엇인가요?<br>3. 가정 소비자교육의 중요성은 무엇인가요?<br>4. 아동 소비자교육의 중요성은 무엇인가요? |
| 45분 | 본 론<br>1. 의사결정의 중요성은 무엇인가요?<br>2. 소비자의사결정의 내용은 무엇인가요?<br>3. 소비자의사결정에 영향을 미치는 요인은 무엇인가요?<br>4. 아동소비자의 소비자교육 사례를 의사결정과정별로 들여다볼까요? 부모가 알고 있는 상식 파괴하기(이동)<br>5. 소비자의사결정과정을 단계별로 적용해 볼까요?(적어보기)<br>1) 문제를 인식합시다.<br>• 소유하고 싶은 것을 다 가지면 안 되나요?<br>• 어린이도 명품족이 있을까요?<br>2) 정보를 잘 탐색합시다.<br>• 가격의 차이를 알아야 합니다.<br>• 광고에 지배당하는 소비자인가요?<br>• 품질표시를 잘 알아 두는 건 기본입니다.<br>3) 대안을 잘 평가합시다.<br>• 딱히 원하는 디자인이나 색상이 없다면?<br>• 기존 것과의 어울림을 고려해야 합니다.<br>4) 구매선택을 잘 합시다.<br>• 목록 만드는 습관을 길러야 합니다.<br>• 잃어버린 물건은 아닌가요?<br>• 환불, 교환을 하기 위해 영수증 관리는 기본입니다.<br>5) 구매 후 잘 평가합시다.<br>• 불만족했을 때 어떻게 행동하시나요?<br>• 냉각기간인 쿨링오프를 아세요?<br>그 외 소비자가 알아 두어야 할 사항입니다.<br>• 그린 소비자로서 환경의 중요성을 알아야 합니다.<br>• 재활용을 제대로 잘 하시나요? |

| 소요시간 | 단계 및 단계별 주요 단원 |
| --- | --- |
| 45분 | • 내 곁을 떠난 물건은 어떤 것이 있나요?<br>6. 부모가 알고 있는 상식 파괴하기<br>• 혹시 자녀보다 앞질러 생각하지는 않나요?<br>• 잘 사는 나라보다 용돈이 적다고 생각하나요?<br>참고: 자녀의 용돈관리 실천사항 |
| 8분 | 결 론<br>자선을 배우는 습관을 길러야 합니다.<br>생활이 소비자교육의 장소입니다. |

**〈자녀가 지켜야 할 용돈 사용의 실천 사항〉**

1. 감사하는 마음으로 받읍시다.
2. 항상 사용계획을 세웁시다.
3. 사용내역에 대해서는 부모님과 상의합시다.
4. 용돈의 범위 내에서 소비하는 습관을 키웁시다.
5. 용돈기입장은 반드시 사용합시다.
6. 소비자 의사결정 과정을 명심합시다.
7. 자신의 물건에 이름표를 답시다.
8. 자신의 물건에도 의미를 부여하고, 마음으로 사용합시다.
9. 용돈기입장을 부모님께 점검 받도록 합시다.

**〈자녀에게 용돈 줄 때 부모의 실천 사항〉**

1. 자녀와 함께 합의하여 결정합시다.
2. 정해진 용돈은 정기적으로 줍시다.
3. 용돈 사용은 늘 책임이 뒤따르도록 키웁시다.
4. 기록하는 모범을 보입시다.
5. 용돈기입장을 사용하게 합시다.
6. 자녀의 통장을 만들어 줍시다.
7. 용돈 내에서 일정한 금액을 저축 먼저 하는 습관을 키웁시다.
8. 보상을 금전으로 해결하지 맙시다.
9. 재활용을 생활 속에서 익히도록 모범을 보입시다.

출처: 김시월(2004). 부모와 자녀가 함께 하는 소비자교육. 시그마프레스.

# 2. 학교 소비자교육

## 1) 학교 소비자교육의 의의

소비자교육의 목표는 바람직한 가치관의 인식, 의사결정 능력의 배양 및 소비자시민으로서의 역할수행을 강조하는 것이며 이러한 능력의 습득은 체계적인 교육을 통해서 이루어져야 한다.

학교에서는 교육목표가 수립되고 교육내용이 설정되어서 피교육자의 수준에 따른 교육이 단계적 · 체계적으로 이루어질 수 있기 때문에 소비자교육도 학교교육을 통해서 가장 효율적으로 이루어질 수 있다.

가정에서의 소비자교육은 이미 현대사회의 복잡성에 따른 기능분화로 인해 가정 자체가 사회적으로 제한적인 교육기능만을 가지고 있다는 점과 교육자에 따라서 주관적으로 흐를 수 있다는 점에서 일정한 한계가 있으며, 사회 소비자교육은 학교교육에서 미흡했던 부분, 혹은 새롭게 변화하는 생활환경의 변화에 재적응이 필요한 부분을 중심으로 일종의 재사회화 기능을 수행하는 만큼 보완적인 성격이 강하다. 반면에 학교교육은 가정교육에서의 초보적인 소비자교육을 이어받아 학령기에 이른 아동에서부터 성년으로서 독자적인 경제활동을 앞둔 청소년, 청년들을 대상으로 학교라는 제도적인 틀 속에서 인간발달 단계에 따라 조직적이고 체계적인 소비자교육이 가능하다.

또한 학교교육은 가치형성 과정으로서 그 중요성을 갖고 있는 만큼, 학교중심 소비자교육을 통하여 소비자교육의 근간이라고 할 수 있는 합리적이고 바람직한 가치관 형성, 특히 소비생활의 가치관 형성을 가장 효과적으로 교육할 수 있다.

더불어 학교 소비자교육은 가정교육이나 사회교육 차원의 소비자교육이 교육대상자를 선택적으로 특정화하고 있는 것과는 달리 제도적인 교육이라는 점에서 교육대상자를 특정대상으로 제한하지 않고 사회 구성원 대부분을 포괄한다는 점에서 교육의 사회적 형평성을 살릴 수 있다는 의의를 갖는다(이득연 · 송순영, 1993).

### 2) 학교 소비자교육의 목표

소비자교육의 일반적인 목표는 크게 다음의 세 가지 차원이 고려될 수 있다(이득연 · 송순영, 1992). 첫째는 가치교육의 차원으로서 소비행위의 기저에 놓여 있는 가치의 문제를 따져보고 바람직한 소비가치의 형성을 꾀하는 것을 목표로 한다. 둘째는 구매교육 차원으로서 특정한 소비행위의 의사결정 시 무엇을 따져보고 유념해서 결정을 내리는 것이 가장 합리적인지 그 의사결정능력을 배양시키는 것을 목표로 한다. 셋째는 시민의식교육의 차원으로서 소비상황에서의 부당함이나 문제발생 시 이를 소극적으로 감수하지 않고 사회적 차원으로서 적극적인 해결을 꾀함으로써 시민사회 구성원으로서의 그 책임과 의무를 다할 수 있도록 하는 것을 목표로 한다.

이러한 일반적인 소비자교육의 교육목표는 구체적인 교육의 장에 적용되었을 때 그 상황에 맞는 형태로 특화되어야 하는데, 학교중심 소비자교육에서는 어떠한 형태가 되어야 할 것인가? 학교교육에서 지향하는 인간교육의 기본 가운데 하나는 인간으로서 자연적 · 사회적인 환경 속에서 생명을 영위하고 생활하기 위해 환경 속에 자신의 행동을 적응시키고 그 행위를 적절히 수행할 수 있는 능력을 개발시키도록 하는 것이다. 소비자교육 역시 이 기능의 일부를 수행한다. 즉, 소비자교육은 소비생활을 영위하는 데 필요한 기초적인 지식과 태도, 기능을 교육시킴으로써 합리적인 소비생활을 주체적으로 영위할 수 있도록 하고자 한다.

이득연과 송순영(1993)은 소비자교육의 일반적인 목표를 차원을 달성하기 위한 학교교육 목표의 구체적인 내용항목을 지식과 기능, 태도의 영역으로 나누어 표 6-1과 같이 제시하고 있다.

이 표에서 설정한 학교 소비자교육의 일반적인 교육목표가 실제 교육현장에서 소기의 효과를 달성하기 위해서는 이를 각급 학교단계별로 구체화시킬 필요가 있는데, 이는 각급 학교별로 학생들의 발달단계와 소비생활 환경이 차이가 나기 때문이다.

일반적인 인간발달 단계를 고려하면서, 소비자교육 차원에서의 초 · 중 · 고등학생의 발달단계를 보면 표 6-2와 같다.

초 · 중 · 고등학생의 발달단계와 학교 소비자교육의 일반적인 교육목표를 토대로 이득연과 송순영(1993)은 각급 학교별 소비자교육의 세부적인 교육목표를 다음과 같이 설

**표 6-1 학교중심 소비자교육의 차원별 영역별 일반교육 목표**

| | 가치교육 | 구매교육 | 시민교육 |
|---|---|---|---|
| | 차원별 다음 사항의 개념적 · 사실적 · 원리적 이해 | | |
| 지 식 | • 욕구와 욕망<br>• 가치와 목표<br>• 생활주기<br>• 생활양식<br>• 생활설계<br>• 소비윤리<br>• 소비문화<br>• 소비환경 | • 경제사회의 기본원리<br>• 자원관리<br>• 소비자의사결정 과정<br>• 소비자문제<br>• 소비자안전 · 위해<br>• 품질 · 성능 · 규격<br>• 계약 · 거래방법<br>• 가격 · 유통<br>• 환경 | • 소비자권리<br>• 소비자책임<br>• 소비자보호법체<br>• 소비자보호기관<br>• 소비자운동<br>• 소비자참여 |
| 기 능 | • 가치의 명료화 능력<br>• 가치분석능력<br>• 가치결정능력<br>• 가치갈등의 해소능력 | • 자원관리능력<br>• 정보의 수집능력<br>• 정보의 분석 · 평가능력<br>• 대안모색능력<br>• 의사결정능력<br>• 결과평가능력 | • 문제상황 정의능력<br>• 해결목표 설정능력<br>• 자기주장 전달능력<br>• 반응결과의 평가능력<br>• 대안행동 모색능력<br>• 문제상황 해결능력 |
| 태 도 | • 소비와 관련된 개인적 가치기준의 반성<br>• 소비와 관련된 사회적 합의 가치 수용 | • 주체적 의사결정<br>• 합리적 의사결정 | • 비판적 · 능동적사고<br>• 적극적인 행동의지 |

출처: 이득연 · 송순영(1993). 소비자교육 관련 교과서 내용집필 방향.

정하고 있다.

초등학교는 교육의 초기단계로 자신의 문제를 중심으로 생활문제를 처리시키게 되고 일부 가족과 협력하는 것을 생각할 수 있다. 이 가운데 저학년(1, 2학년)은 아동이 직감적으로 판단하는 시기이기 때문에 가능한 시각을 통해 구체적인 사실을 기초로 교육해야 할 것이다. 이 시기에도 2학년이 되면 다소 논리적으로 생각할 수 있게 되지만 소비생활에 대한 초보적 인식과 좋은 가정의 이미지를 갖게 하는 데 역점을 둘 필요가 있다. 중간 학년(3, 4학년)에서는 소비생활 문제에 대한 체험을 시도하는 가운데, 여러 가지 실제 생활과 관련시켜 이를 이해시키고 조금씩 논리적으로 생각하게 한다. 또 상대의 기분

**표 6-2 소비자교육에서의 초 · 중 · 고등학생의 발달단계**

| | 초등학생 | 중학생 | 고등학생 |
|---|---|---|---|
| 소비생활의 인식 | 이미지로, 체험적으로 본다. | 생활내용과 성격의 구체화가 가능하다. | 생활의 총체적 체계에 대한 인식이 가능하다. |
| 소비자의 의사결정 | 초보적인 것은 스스로 하지만 대부분은 타인에게 의존한다. | 타인과 상의하는 것이 꽤 되며, 스스로 행한다. | 기본적으로는 스스로 하지만 일부는 타인과 상의한다. |
| 소비자교육의 기술 · 기능 | 기능중심 | 기초적 기술 | 응용적 기술 |
| 소비자교육의 경영 | 타인의 지도를 받아 자신이 조정한다. | 간단한 생활관리를 한다. | 생활의 종합적인 관리가 가능하다. |
| 소비생활 사고평가 | 구체화 | 추상적 | 추상화하여 객관적으로 평가 |
| 소비생활 환경 | 환경적응 | 환경적응과 일부조성(비판) | 환경적응과 환경조성 |

출처: 日本消費者教育學會 編(1992). 小・中・高校教師のための學校消費者教育推進のマニュアル.

도 조금씩 이해하게 되기 때문에 소비생활에서도 사람에 대한 이해심이나 정서교육적 내용을 넣는 것이 중요하다. 고학년(5, 6학년)에서는 생활활동의 범위가 보다 넓어지기 때문에 여기서 일어나는 모든 문제를 스스로 처리할 수 있는 능력을 키우는 것이 필요한데 특히 사물을 보다 논리적으로 생각하는 교육에 주력해야 한다. 또 손의 정교함도 상당히 향상되기 때문에 생활에 대한 기초적인 처리기술을 올바르게 가르치고 의욕을 갖고 생활문제를 처리하도록 해야 할 것이다. 요컨대 초등학교에서는 교육내용이 기초적이고 초보적인 문제인 만큼 구체적인 체험을 통해서 생활을 생각하게끔 하여야 한다.

따라서 초등학교 소비자교육의 세부적인 교육목표는 학생들이 갖고 있는 인지발달의 미성숙과 독립적인 생활주체로서의 제약을 고려하여, 지식의 측면에서는 자신을 둘러싼 외부 소비생활 환경에 대한 초보적인 체험적 이해에 중점을 두며, 기능측면에서는 이 초보적 지식을 바탕으로 기본적인 독립적 소비생활에의 적응을 위한 기초적인 행동기능을 숙달하게 하고, 태도측면에서는 사고 및 행동에서의 자기중심성을 벗어나 더불어 사는 삶을 인식하고 이에 필요한 건전한 기본 소양을 배양하도록 한다.

중학교 단계에서는 생활문제도 보다 구체적으로 이해할 수 있게 되지만 이것을 추상적 · 논리적으로 사고할 수 있도록 하는 교육이 필요하다. 또 생활을 적극적으로 영위해 나갈 수 있는 힘을 기르고 구체적인 처리능력을 갖도록 하기 위해 생활기술을 과학적으로 생각하게 하고, 간단한 생활문제는 스스로 의사결정하게 할 필요도 있다. 또한 일상생활의 범위도 넓어지기 때문에 환경적응뿐만 아니라 자신을 둘러싼 환경요소를 좋게 하는 노력도 가능하도록 한다.

따라서 중학교 소비자교육의 세부적인 교육목표는 학생들이 갖게 되는 인지발달의 일정한 성숙과 제한적인 독립적 생활주체로의 성장을 고려하여, 지식의 측면에서는 어느 정도 추상화된 외부생활과 관련된 구체적 사실에 대한 기본적 이해에 중점을 두며, 기능측면에서는 이 추상화된 구체적 지식에 대한 기본 이해를 바탕으로 제한적이나마 독립적인 소비생활의 영위에 필요한 기본적인 행동기능을 숙달하도록 하고, 이를 기초로 자신의 행위가치를 사회적 수준에서 반성할 수 있으며 제한된 수준에서 사회적으로 합의된 가치의 실현을 위한 행동 동기화가 이루어질 수 있도록 한다.

고등학교 단계는 생활문제를 폭넓게 종합적인 체계로 인식하는 한편 추상적 · 객관적으로 이해할 수 있도록 하는 시기이다. 그리고 현재 단계에서 일부 학생들은 졸업하여 바로 사회로 나가기 때문에 구체적인 가정생활의 관리문제에 역점을 두고 환경적응뿐만 아니라 보다 나은 환경을 구성하는 태도를 키워야 할 것이다.

고등학교 소비자교육의 세부적인 교육목표는 학생들이 갖게 되는 인지발달의 성숙과 어느 정도 독립적인 생활주체로서의 성장을 고려하여, 지식의 측면에서는 추상화된 형태의 소비생활 환경에 대한 총체적이고도 체계적인 이해에 중점을 두며, 기능측면에서는 추상화된 지식에 대한 총체적 이해를 바탕으로 독립적인 소비생활에서의 주체적이고도 합리적인 의사결정에 필요한 응용적인 행동기능의 숙달을 목표로 하고, 태도측면에서는 단순히 생활환경에 적응하는 것에서 벗어나 보다 바람직한 형태로 생활환경으로 바꾸어 나가는 데 필요한 가치의 수용과 실현에 수반되는 적극적이고도 비판적인 사고와 행동의지를 갖출 수 있도록 한다.

### 3) 학교 소비자교육의 내용과 발전방안

다음은 한국 소비자원에서 2006년 발간한 초등학교 인정교과서 '올바른 소비생활' 에 관한 내용이다. 학교 소비자교육의 내용에 관한 부분은 한국소비자원(2006)의 '학교 소비자교육 활성화를 위한 교재개발' 의 내용에 기반한다. 초등학교 소비자교육 관련 해당 교재는 1~2학년용 1단계, 3~4학년용 2단계, 5~6학년용 3단계로 구분되어 단계별로 목차 및 내용구성과 토픽, 교재전개방식이 조금씩 다르게 나타난다.

**표 6-3 올바른 소비생활 3단계의 내용구성 및 토픽**

| 구 분 | 목 차 | 주요 토픽 및 내용 |
|---|---|---|
| 1. 경제와 소비생활 | 우리들의 생활과 경제 | 재화, 용역, 생산, 분배, 소비, 소비자용어 정리 |
| | 경제원칙과 경제원리 | 희소성, 기회비용, 경제원리 등에 대한 기초 개념 정리 |
| | 시장과 가격 | 정직한 가격, 생산자의 윤리, 소비자의 윤리 |
| | 가족의 소득과 소비 | 소득, 소비, 저축, 용돈기입장 |
| 2. 합리적인 소비생활 | 구매의사결정 | 합리적 구매, 구매의사결정, 티셔츠 고르기 |
| | 소비자정보 | 소비자정보, 품질정보, 품질인증마크, 가격정보 |
| | 광고 | 광고의 기능, 광고를 올바르게 보는 법 |
| | 구매의 실제 | 구매계획, 구매장소, 좋은 상품 고르는 요령 |
| 3. 소비자문제의 해결과 예방 | 소비자문제 | 소비자문제, 소비자피해의 뜻, 어린이에게 자주 발생하는 소비자문제, 소비자문제예방 |
| | 소비자문제의 해결 | 문제해결, 불만편지와 청약철회의 의의 |
| | 우리 동네 소비자기관 탐방 | 한국소비자보호원, 소비자단체 |
| | 어린이소비자안전 | 안전인증마크, 리콜제도, 놀이안전사고, 안전한 식품선택 |
| 4. 바람직한 소비생활 | 우리들의 소비생활 | 우리 어린이들/외국어린이들의 소비자행동 |
| | 나눔의 소비 | 나눔의 의의, 아나바다운동, 아름다운가게, 푸드뱅크이야기 등 |
| | 환경을 생각하는 소비 | 아껴 쓰는 생활, 물건재활용, 쓰레기분리수거 |
| | 환경마크 | 환경마크제도 알기 등 |

목차와 내용은 크게 경제와 소비생활, 합리적인 소비생활, 소비자문제의 해결과 예방, 바람직한 소비생활의 4장으로 나뉘며 총 16주제로 구성된다. 교재의 주요한 구성방식은 '내용설명-워크북-되돌아보기-쉼터' 이다.

현재 중등학교 소비자교육 교재는 관련 교과목인 도덕과, 사회과, 기술 · 가정의 교육내용을 통해서 파악할 수 있다. 현 제7차 교육과정 도덕교과서에서는 중학교 2학년(8학년)에서만 소비자교육 관련 주제가 다루어진다. 표 6-4는 도덕 교육과정에서의 소비자교육 관련 내용을, 표 6-5는 2009년 도입된 개정시안에서의 소비자교육 관련 주제를 보여 준다. 종합하면 중등학교 도덕과 교과서 상의 소비자교육 내용은 크게 전자상거래 관련 소비자안전(프라이버시) 및 인터넷 상품 정보와 선택 등의 주제영역과 돈의 가치, 절약, 지속가능한 소비와 같은 자원관리, 가치관 분야에 집중되어 있다.

**표 6-4 도덕 교육과정 및 교과서에서의 소비자교육 내용**

| 대 상 | 제7차 교과과정 | 관련된 소비자교육 주제 |
|---|---|---|
| 중 2(8학년) | 생활 속의 경제윤리<br>- 건전한 소비자와 절약하는 생활<br>• 질적인 소비문화<br>• 예산수립<br>• 인터넷 상품정보활용<br>• 가격비교<br>• 광고바로보기 | 돈의 관리와 절약(예산수립, 가격비교, 인터넷 상품정보활용)<br><br>인터넷 상품정보와 광고 |

**표 6-5 도덕과 개정시안에서의 소비자교육 내용**

| 대 상 | 2009년 도입 개정시안 | 관련된 소비자교육 주제 |
|---|---|---|
| 중 1(7학년) | 환경친화적 삶의 방식 | 지속가능한 소비 |
| 중 2(8학년) | 사이버공간에서의 도덕과 예절 | 프라이버시, 전자상거래 소비자안전 |

다음은 중등과정의 사회과 교과서에서 나타나는 소비자교육 관련 주제 내용과 8차 개정시안의 주요내용이다.

**표 6-6 사회 교육과정 및 교과서에서의 소비자교육 내용**

| 대 상 | 제7차 교과과정 | 관련된 소비자교육 주제 |
|---|---|---|
| 중 2(8학년) | 개인과 사회의 발전<br>• 청소년기의 특성과 청소년 문화<br>사회생활과 법규범<br>• 공동체와 시민의 권리 | 청소년의 소비문화<br>소비자권리와 책임 |
| 중 3(9학년) | 민주시민과 경제생활<br>• 경제문제의 합리적 해결<br>경제의 의미, 합리적 선택, 선택의 조건, 합리적 의사결정<br>• 경제체제의 변천과정<br>시장경제의 장점, 미래의 경제생활<br>• 민주시민의 경제적 역할<br>올바른 소비생활, 소비자시민, 소비자 주권<br>시장 경제의 이해<br>• 시장 경제의 특성<br>• 가격의 결정과 변동<br>• 시장 경제의 발전과제 | 시장 경제의 기본 원리 이해<br><br>청소년의 소비문화<br>소비자권리와 책임 |

**표 6-7 사회과 개정시안에서의 소비자교육 내용**

| 대 상 | 2009년 도입 개정시안 | 관련된 소비자교육 주제 |
|---|---|---|
| 중 2(8학년) | 우리의 생활과 법 | 소비자법, 소비자권리와 책임 |
| 중 3(9학년) | 민주시민과 경제생활, 시장경제의 이해 | 시장경제의 이해 |

사회과의 내용을 종합하면 7차 교과과정과 8차 개정시안에서 모두 '시장경제의 기본 원리' 가 중점적으로 다뤄지고 있다. 다만 7차 과정에서는 청소년의 소비문화 관련 내용이 상대적으로 더 많이 다뤄졌던 반면, 8차 개정시안에서는 소비자법과 관련 '우리생활과 법' 이라는 교육과정이 강화된 특징을 살펴볼 수 있다.

다음으로 현 제7차 교육과정 및 향후 개정시안(제8차) 상의 기술 · 가정 교과서에서 소비자교육과 관련된 주제를 요약하면 다음 표 6-9, 6-10과 같다.

**표 6-8 기술 · 가정 교육과정 및 교과서에서의 소비자교육 내용**

| 대 상 | 제7차 교과과정 | 관련된 소비자교육 주제 |
|---|---|---|
| 중 2(8학년)<br>중 3(9학년) | 의복마련과 관리<br>• 의복마련계획<br>• 의복의 구입<br>컴퓨터와 생활<br>• 소프트웨어의 올바른 선택<br>자원의 관리와 환경<br>• 자원의 활용과 환경<br>• 나의 시간과 일관리<br>• 나의 소비생활<br>청소년의 소비문화, 구매의사결정, 상품구매 소비자정보, 소비자권리와 책임, 소비자문제해결 | 합리적 구매<br>소비자정보와 광고<br>소비자권리와 책임<br>소비자문제해결<br>소비자자원의 관리<br>소비문화 |
|  | 가족의 식사관리<br>• 식사준비와 평가<br>식품의 구입, 식품 구입 시 고려사항, 음식물쓰레기 | 소비자안전<br>지속가능한 소비<br>소비자정보와 광고 |

**표 6-9 기술 · 가정 개정시안에서의 소비자교육 내용 분석**

| 대 상 | 2009년 도입 개정시안 | 관련된 소비자교육 주제 |
|---|---|---|
| 중 1(7학년) | 청소년의 생활<br>• 청소년의 영양과 식사<br>• 옷차림과 자기 표현<br>• 청소년의 소비생활 | 소비자안전과 정보<br><br>소비자구매의사결정<br>청소년의 소비문화 |
| 중 2(8학년) | 가족의 생활<br>• 식품선택, 옷의 선택, 주거선택 | 구매의사결정<br>소비자정보 |
| 중 3(9학년) | 가정생활문화<br>• 의식주생활문화<br>• 가족소비생활문화 | 소비문화 |

현 제7차 교과과정의 기술 · 가정 교과는 한국소비자원의 소비자교육내용모형 8대 영역(시장경제원리, 돈과 신용, 광고와 소비자정보, 구매와 사용법, 소비자권리와 책임, 건강과 안전, 생활양식과 소비, 친환경소비문화) 중 거의 전 영역이 조금씩 다뤄지고 있다. 또한 개정시안에도 소비자법이나 문제해결, 환경과 같은 주제를 제외하고는 대부분의 주제를 다루며, 특히 합리적 구매와 선택에 대해서는 그 어느 교과보다 많은 내용을 언급한다. 그러나 이들 교과의 문제점은 주어진 수업시간이 적고 심도있는 수업진행이 어렵다는 점이다. 향후 이들 교사들에 대한 집중적인 지원을 통해 재량활동수업을 강화하고 심화학습을 발전시키는 지원이 필요하다.

현재의 상황에서 소비자교육의 실효성을 높이기 위해서는 관련 교과에서 각 교과의 특성에 맞게 교육을 함으로써 일관성 있고 체계적인 교육을 실시하는 것이 중요하다. 예를 들어서 도덕과 윤리과목에서는 바람직한 소비 가치관 및 태도를 형성하는 데 주력을 하고, 사회과목에서는 경제현상에 대한 이해를 토대로 개인적 · 사회적으로 당면하는 경제문제를 이해하는 데 주력하는 것이다. 현대사회에서의 소비현상을 올바르게 이해하고, 소비생활을 영위하는 데 중요한 기본적인 가치와 지식을 습득하게 하는 것이 필요하다. 또한 소비생활이 가정을 중심으로 이루어지고 있는 만큼, 소비자교육에서 가장 중요한 비중을 차지한다고 할 수 있는 가정교과에서는 우선적으로 소비자교육 관련내용의 절대량이 늘어날 필요가 있으며, 교육방향은 타 교과에서 학습한 지식이나 원리가 실제 생활에 적용할 수 있어야 한다.

국내의 학교 소비자교육은 선진국 대비 미흡한 실정이다. 소비자교육의 특성상 유아교육기관으로부터 소비자교육의 기초를 다져야 교육의 극대화를 취할 수 있음에도 불구하고 초등학교의 경우 교육내용의 계속성과 통합성이 부족한 것으로 지적된다. 특히나 중 · 고등학교의 경우, 대학입시 위주의 교육에 밀려 활성화되지 못하는 경향이 강해 이에 대한 전반적인 교육환경의 개혁이 필요하다. 무엇보다도 독립된 교과목의 부재와 전문교사의 부족, 그리고 일방향 위주의 교육방식이 가져오는 비효율성과 소비자교육교재의 부족에 대한 사회적 인식을 공감하고 실생활 위주의 실천적인 교육방식이 정착될 수 있도록 하는 제도적 지원이 필요하다.

# 3. 사회 소비자교육

## 1) 사회 소비자교육의 의의

사회교육이란 성인교육, 계속교육, 평생교육, 비공식교육 같은 여러 이름을 가진 사회화의 한 특수유형이다. 사회교육이 그 중요성을 인정받게 된 것은 학교라는 공식교육제도의 범주를 벗어난 맥락에서이다. 그리고 사회의 교육기능이 더욱 복잡화되는 과정에서 그 경계가 서서히 허물어지는 부분이 생겨나기 시작했다.

성인교육이라는 관점에서 주로 사회교육을 접근한다 해도 교육과정의 공식화 현상이 두드러지고 준학교적인 단체가 생겨남으로써 학교교육과의 엄격한 구분이 어려워지고 있다. 뿐만 아니라 대중매체는 가정에까지 깊숙이 침투하여 중요한 교육기능을 공식·비공식으로 수행하기 때문에 가정교육에 영향을 미치고 있다. 그런 의미에서는 성인뿐만 아니라 아동, 청소년들도 사회교육을 통한 사회화를 경험하게 된다.

사회교육은 자칫하면 학교교육에서 취급하지 않는 여러 가지 것을 모아서 가르치는 것으로 오인되기 쉽다. 물론 사회교육의 내용은 비교적 가볍고 단기적인 훈련이나 참여로써 습득할 수 있고, 일상적으로 응용 가능한 것을 취급한다. 그러나 삶의 질적 향상과정으로서의 교육의 경험이라는 맥락에서 볼 때 그 차원을 이상적인 수준으로 높여야 한다(김경동, 1984).

사회교육은 인간의 욕구 중 최상의 욕구인 자아실현에 도움을 줄 수 있다. 자아실현은 기본적으로는 자기 충족감을 맛보는 것이지만 그것은 자기 자신의 잠재능력을 발휘함으로써 가능하다. 자아실현은 인간의 잠재능력을 최대로 발휘할 수 있도록 도와주는 교육과 밀접한 관계를 갖게 된다.

현대사회에서 자아실현을 위한 사회교육의 필요성은 다음과 같다.

첫째, 지식과 기술이 폭발적으로 증가하고 있기 때문에 학교교육만으로는 교육적 욕구를 충족시킬 수 없고, 또 학교를 졸업한 후에도 교육을 계속 받아야 한다는 평생교육적인 필요성에서이다.

둘째, 학교교육이 지식교육과 너무 밀접하게 관련되어 있고 인격교육이나 사회생활에서 실제로 필요한 교육을 등한하는 등, 학교교육의 제한성 때문이다. 자아실현을 위하여 필요한 것을 학습하기에는 학교교육은 너무나 제도화·획일화되어 있다.

셋째, 여가의 증가와 새로운 직업기술 교육에 대한 요구의 증대이다. 직업은 자아실현의 가장 중요한 과정이다. 오늘날과 같이 새로운 직업기술이 끊임없이 발달하는 경우에 학교와 같은 교육기관이 기능을 담당하기 어렵기 때문에 사회교육을 통하여 직업기술을 연마할 수 있다.

이상과 같이 사회교육의 의의를 고찰하였는데 소비자교육은 사회교육의 일부로서 매우 적합한 교육이다. 특히 소비자교육에서 개인의 가치관 확립과 그 가치관에 입각한 목표의 설정을 중요시하고, 소비자시민으로서의 권리와 책임을 강조함으로 사회 소비자교육이라는 독자적인 영역이 수립될 수 있다.

소비자교육의 형태를 가정 소비자교육, 학교 소비자교육, 사회 소비자교육으로 분류하고, 가정 소비자교육에서는 아동소비자가 주로 대상이 되고 학교 소비자교육에서는 청소년소비자가 주로 대상이 된다고 볼 때, 사회 소비자교육에서는 성인소비자가 주 대상이 된다.

인간의 사회화과정은 성인기 이전에 국한되지 않고 성인기에도 계속되며 성인들은 연령, 생활환경, 사회적 지위, 소속집단 등이 바뀌어감에 따라 계속 새로운 생활양식을 배워야 하고 사회의 변동에 따른 새로운 지식이나 기능을 학습해야 한다(서울대학교 사범대학 사회교육연구회, 1983).

사회 소비자교육은 끊임없이 변화하는 사회·경제적 상황에 대응할 수 있는 성인소비자 능력을 양성시키는 역할을 갖는다.

사회 소비자교육의 주체로는 소비자단체, 기업, 정부기관 및 공익기관, 대중매체 등이 있는데 지금까지 사회 소비자교육을 주도적으로 담당한 주체는 여성들이 중심이 된 소비자단체였다. 따라서 교육의 대상도 주로 주부에 국한이 되었다. 소비자교육의 특징으로는 단기적이고 계절적이며 교과내용도 계몽활동과 정보제공 정도였다.

소비자주의의 발달단계상 초기의 소비자단체는 주부들의 소비자 의식함양과 소비자 정보화에 많은 기여를 하였다. 그러나 앞으로 교육목표의 확립과 교육내용의 체계화를 통한 소비자교육의 발전이라는 과제를 수행해야 할 것이다. 그리고 교육의 대상을 여성소비자에게 국한시키지 말고 남성소비자에게 확대시켜야 할 것이다.

소비자단체와 더불어 소비자교육에 기여한 주체는 대중매체로서 연령, 지역, 계층을 초월해서 소비자 전체를 대상으로 소비자 의식화에 폭넓게 공헌한 점이 특징이다. 현대 사회에서 대중매체는 강력한 영향력을 가지고 있기 때문에 대중매체가 효율적 · 의도적으로 소비자교육을 수행한다면 기여하는 바가 더욱 클 것이다.

정부 및 공익기관의 소비자교육은 지금까지 미미한 상태였다. 그러나 소비자보호원의 설립을 시점으로 해서 이들의 활동이 강화되고 있다. 특히 사업체의 소비자담당 인원에 대한 소비자교육 활동 등은 이 기관의 고유한 업무가 될 수 있을 것이다.

기업의 소비자교육은 기업의 소비자지향적 경영체제가 활성화됨에 따라 자발적인 소비자보호 방법의 일환으로 채택되고 있다. 자사의 제품 및 서비스에 대한 정보제공과 적절한 사용에 초점이 맞추어지는 경향이 강하다. 이는 소비자의 정보탐색비용 중 일부를 기업이 부담함으로써 바람직한 현상으로 간주된다. 점차로 기업 소비자교육의 관심영역도 광범해지고 있는 추세이다.

소비자교육이 발전하기 위해서는 가정, 학교, 사회의 3자가 일치되어 노력을 해야 한다. 특히 가정에서 자녀의 소비자교육을 담당할 부모들이 준비가 되어 있지 못한 실정이므로 성인을 대상으로 하는 사회 소비자교육의 강화가 중요하다.

## 2) 사회 소비자교육의 현황과 방법

### (1) 소비자단체의 소비자교육

소비자단체는 소비자의 집합체로서 소비자의 복지증진이라는 공유된 목표 또는 가치를 달성하기 위하여 상호작용하는 집단으로 일종의 이익집단이다. 다시 말해, 소비자주권을 회복하고 경제 · 사회적 지위를 향상시키기 위하여 소비자들이 스스로 모여 조직 · 운영하는 발전적인 단체이다.

소비자보호 활동을 담당하는 단체는 전문단체와 비전문단체로 구분할 수 있다. 전문단체란 일정한 수준 이상의 교육을 받은 사람들이 습득한 전문지식과 기능을 제공하는 단체를 말하고, 비전문단체란 이런 전문가의 비율이 적거나 없는 단체를 말한다. 소비자주의의 발달단계상 초창기에 활동한 단체는 비전문단체였으나, 소비자보호 활동만을 전문으로 담당하는 소비자단체들이 점증하여 소비자보호를 활성화시키고 있다.

우리나라의 초기 소비자운동은 여성단체들을 중심으로 분산적으로 이루어졌다. 그러나 1976년 4개 단체가 '소비자보호단체협의회' 를 설립하고, 1978년에 경제기획원에서 사단법인으로 인가를 받음으로써 새로운 전기를 맞이하였다. 1985년 '소비자문제를 연구하는 시민의 모임' 이 소비자보호단체협의회에 가입하였고, 1988년에는 '한국공익문제연구원', '한국소비자교육원', '한국부인회 총본부', '한국 YMCA 전국연맹' 이 가입함으로써 10개 단체가 활동하였다(소비자보호단체협의회, 1996). 그러나 1996년과 1997년 '한국공익문제연구원' 과 '한국부인회' 가 각각 탈퇴함으로써 서울에 8개 단체와 이들의 지방조직 150여 개가 활동하였다.

소비자기본법에 명시되어 있는 소비자단체의 주요 업무는 ① 국가 및 지방자치단체에 대한 소비자보호 시책에 관한 건의, ② 물품 등의 시험 · 검사 및 거래조건이나 거래방법에 관한 조사 · 분석, ③ 소비자문제에 관한 조사 · 연구, ④ 소비자 교육, ⑤ 소비자 피해 및 불만처리를 위한 상담 · 정보 제공 및 당사자 간 합의권고의 업무 등이다. 우리나라의 소비자단체들은 급속한 소비환경의 변화에 따라 활동의 영역을 다변화하고 있으나, 소비자문제의 증가 추세에 비교해 볼 때 양적으로 미미한 수준일 뿐만 아니라, 여성단체 위주의 구성으로 열악한 재정 실정을 보이고 있다(김시월, 2004).

소비자단체들은 한국소비자단체협의회를 중심으로 공동활동을 펼치기도 하는데 한

**그림 6-1 한국소비자단체협의회 구성단체(www.consumer.or.kr)**

국소비자단체협의회는 1976년 4개의 발기단체를 시작으로 현재는 10개의 회원단체와 전국 255개 지역단체들과 함께 소비자운동을 전개하고 있다.

### (2) 정부 및 공익기관의 소비자교육

한국소비자원은 소비자보호법의 개정으로 1987년 정부출연 특수법인으로 설립됨으로써 사설단체의 차원을 넘어서 소비자보호의 기반을 견고히 하고, 소비자교육 면에서도 상당한 기여를 하게 되었다. 2006년 소비자보호법이 전면 개정되어 소비자기본법으로 변경, 2007년에는 '한국소비자원' 으로 명칭이 정식 변경되었다.

한국소비자원은 소비자피해 분쟁의 신속 · 공정한 구제 · 소비자계몽, 상품 테스트 등 신뢰성 있는 생활관련 정보의 제공과 국민생활의 질적 향상을 위한 조사연구 및 정부에의 건의를 목적으로 하고 있다.

이와 같이 한국소비자원은 소비자피해 구제를 위한 활동에 중점을 두고 있으나 6개의 부서 중 교육홍보부를 두어서 소비자교육에도 힘을 쓰고 있다. 교육활동은 대학생, 교사, 사업자, 공무원을 주 대상으로 한다. 특히 사업체의 소비자 담당인원을 대상으로 한 소비자교육이라든가 학생들의 소비자 인턴십(consumer internship)과 대학생 관련 견학 프로그램 운영 등을 하고 있다. 그리고 《소비자시대》의 발간과 T-gate 홈페이지 개설을 통한 현명한 온라인 구매활동 지원, 어린이안전넷 운영 등을 통해 시민으로서의 소비자에게 중립적인 정보를 제공함으로써 소비자의 태도 및 기능과 관련한 교육적 효과를 확대하고 있다.

그러나 한국소비자원의 경우, 지역적 특성으로 인하여 수도권 소비자 위주라는 한계점을 지적받아 왔다. 이에 지역거주 소비자의 신체적, 재산적 피해를 보호하기 위해 각 특별시와 광역시, 도청에 개설된 소비자행정 전담기구로서 소비생활센터의 역할이 중요하다. 소비생활센터는 소비자보호 행정 서비스의 균등한 제공과 지방 소비자보호 강화를 위하여 소비자기본법에 근거하여 설치하게 되었으며 자치단체별로 운영한다(김시월, 2004).

소비생활센터의 주요 업무로는 소비자상담 및 피해구제, 소비자정보 제공 및 홍보, 소비자교육, 소비자위해정보 수집과 결함상품 리콜 등이 있다. 소비생활센터는 지방자치단체에 대한 소극적 인식 때문에 다소 형식적인 운영이라는 비난을 받아오고 있다. 소비생활센터가 보다 적극적인 지역소비자의 안전창구가 되도록 무엇보다 전문적인 인력의 역량 강화를 위한 투자가 필요할 것이다.

### (3) 기업의 소비자교육

기업의 소비자보호 활동을 의무적 활동과 자발적 활동으로 분류한다면, 소비자에게 정보를 제공하고 교육하는 것은 정부규제에 대응하는 법규준수 활동이 아니라 자발적으로 행해지는 기업활동이다(노영화 · 황정선, 1995).

기업이 실시하는 소비자교육의 핵심은 의사결정의 기본이 되는 정보의 제공이다. 판매하는 상품과 서비스의 내용을 보다 명확하게 규정하고 교육함으로써 소비자의 알 권리에 대한 기업의 사회적 책임을 다하고 이후 적절한 사용과 관련하여 소비자의 책임과 의무를 파생시키게 된다(今井光映 · 中原秀樹, 정용선 외 역, 1998).

기업이 소비자교육에서 포함하는 정보는 기업에의 파급효과 측면에서 부정성과 긍정성을, 범위 면에서 구체성과 일반성을 가진다고 할 수 있다. 실제로 정보는 공급자의 입장에서 비귀속성의 문제를 안고 있기 때문에 충분한 정보의 공급, 더 나아가 부정적 정보를 노출할 유인은 작아지게 마련이다.

그러나 판매영업의 관점에서 기업에 부정적인 영향을 미칠 수 있는 정보를 소비자에게 실태정보로 제공함으로써 소비자와 제품과의 상호작용을 원활하게 하고 잘 사용할 수 있도록 소비자교육을 하면 부정적 정보도 기업과 소비자 모두에게 긍정적 정보가 될 수 있다. 예를 들어, 주류업체와 담배제조업체가 위험에 대해 경고하고 교육하는 것은 사업자에게는 과학기술의 한계를 극복하기 위한 노력을 하게 하고 소비자에게는 재화가 가진 주 기능을 고려하고 목적에 맞도록 구매 · 사용할 필요성을 자각시킨다(今井光映 · 中原秀樹, 정용선 외 역, 1998).

또한, 기업의 측면에서 소비자교육에 투자하는 것은 상표충성도를 유지하는 하나의 방법이 된다. 주요 기업들은 같은 제품 범주 내에서 비교를 하도록 하고 자사의 이미지를 제고하기 위하여 교육적 자료를 제공하고 있다. 아메리칸 익스프레스(American Express)사는 여성에게 신용에 대한 정보를 제공하고, 코카콜라(Coca-Cola)사는 '기업에 호소하고 반응을 얻는 방법(How to Talk to Company and Get Action)' 이라는 팸플릿을 발간하였다. 이러한 정보와 출판물들이 제품지향적이 아닐지라도 소비자조사를 통해 보면, 이러한 정보나 교육을 제공받은 소비자들은 기업에 대하여 보다 호의적인 태도를 가지는 것으로 나타났다(Solomon, 1994).

미국에서는 학교에서 기업이 제작한 소비자교육 교재를 학교에서 이용하고 있고, 일본에서도 역시 기업들이 제작한 교재를 교사에게 보내는 일이 많아졌다(今井光映 · 中原秀樹, 정용선 외 역, 1998). 미국의 페니(J.C. Penney)사는 소비자교육 활동을 매우 다양하게 전개하고 있는데, 소비자교육 계층에 따라 교재를 제공하고 객관적인 제품정보를 포함한 구매지침을 제공하고 있다. 또한 지역상점의 교육 프로그램에 가정학자들을 참석시키고, 대학에서 소비자교육을 시도하였다(이기춘 외, 1995).

기업에서의 소비자교육이라는 명백한 목표로 발족한 조직이 HEIB(Home Economist In Business)이다. 이는 기업에서 일하는 가정학 전공자라는 뜻으로 가정대학에서 배운 지식과 경험을 살려 일하고 있는 사람들을 일컫는다. 미국에서 HEIB는 기업에서 소비자부, 소비자교육부, 광고부 등 소비자 전담 부서에 배속되는 경우가 많고, 광고선전, 상품테스트, 소비자교육, 연구개발, 마케팅 등 다양한 범주에서 활동하고 있다. HEIB는 기업에서 소비자의 입장을 대변하고 그가 속한 기업의 제품을 소비자지향적으로 개발하려고 노력함과 동시에 소비자 의식 증진과 소비자교육을 위하여 노력하고 있다.

HEIB의 역할로 소비자에 대한 소비자교육과 관련되는 점을 구체적으로 살펴보면 다음과 같다. 첫째, 소비자가 어떤 상품을 살 것인가를 판단할 때 구매 전 정보로서 소비자의 입장에서 광고 · 상품소개라는 판매촉진 정보를 제공한다. 둘째, 소비자가 상품을 살 때 처음으로 접하는 상품에 대한 정보로서 라벨 표시와 취급설명서 등을 제공하여 소비자의 오용 · 남용을 방지함으로써 소비자문제를 사전에 예방한다(今井光映 · 中原秀樹, 정용선 외 역, 1998).

주로 기업 내의 소비자교육을 조직하는 HEIB와 입장은 다르지만, 1973년 기업시민주의를 배경으로 소비자문제 전문가회(Society of Consumer Affairs Professionals, SOCAP)가 등장하였다. SOCAP은 미국이 혼란상태에 있던 1970년대 랄프 네이더(R. Nader)에 의해 촉발된 소비자주의에 대응하고자 기업의 소비자관련 부문의 책임자들로 구성되었다. 이들은 사회에서 기업의 신뢰성을 회복하기 위하여 공공의 소비자교육에 참여하고자 노력하였다(今井光映 · 中原秀樹, 정용선 외 역, 1998).

현재 우리나라에서도 각 기업의 소비자관련 업무담당자들이 자율적으로 기업소비자

전문가협회(Organization of Consumer Affairs Professionals in Business, OCAP)를 조직하여 전문적인 소비자보호 활동을 수행하고 있다(이기춘 외, 1995). 소비자문제가 다양해지는 현 시점에서 각 기업 내의 소비자부문 담당자 간 정보교환 및 소비자업무에 대한 자질 향상, 소비자문제를 해결하기 위해 기업, 행정기관, 소비자(단체) 간의 교량역할을 할 수 있는 조직이 요구되었기 때문이다. 기업소비자전문가협회의 주요사업은 현 정부 및 소비자단체와의 업무교류, 조사연구 및 정보제공 사업, 교육사업, 국제교류 사업, 홍보/출판, CS 경영 홍보 및 컨설팅, CCMS(소비자만족 자율관리 프로그램) 사업 등이다. 이 중 소비자교육과 관련하여 구체적인 활동사항은 다음과 같다.

- 기업소비자 전문가 과정교육
- 고객상담실 관리자 과정교육
- 상담업무 스트레스 관리 과정교육
- 대연상담 심화 과정교육
- 고객상담실 운영체계 및 구축과정교육
- CCMS 실행체계 구축과정교육
- CCMS 유지개선 촉진과정
- CCMS 교육세미나

기업이 수행하는 소비자교육의 의의는 다음과 같다.

소비자의 측면에서는 충분하고 적절한 정보가 주어지므로, 합목적적으로 최적의 선택과 비교 · 검토가 가능하다. 따라서 소비자의 만족을 극대화할 수 있게 된다.

기업의 측면에서는 소비자교육을 실시함으로써 소비자의 신뢰도 강화, 기업의 상품과 서비스에 대한 구매의도 증가, 시장확대와 새로운 고객의 획득, 불만처리 업무의 비용절감 등의 효과를 기대할 수 있다.

따라서 기업은 자신의 이익 증진을 위해서도 소비자교육을 효과적으로 실천할 책임이 있으며, 이러한 책임은 기업이 시장에서 전문가이기 때문이 아니라 지식과 정보가 열등한 소비자를 개발시킬 수 있는 입장에 있다는 사실에 근거한다. 소비자교육은 소비자에게 사업자와 동등한 지위와 자격을 몸에 익히게 하기 위한 하나의 수단이 되는 것이다(今井光映 · 中原秀樹, 정용선 외 역, 1998). 그러므로 기업주도의 정보제공과 소비자교육은 시장 메커니즘을 활성화하여 소비자의 주권을 회복하고 건전한 기업으로 발전하도록 하는 데 기여할 것으로 예상된다.

### (4) 대중매체의 소비자교육

대중매체(mass media)는 신문, 잡지, 도서 등의 인쇄매체와 TV, 라디오, 영화, 동영상 등의 시청각매체로 나눌 수 있다. 대중매체는 산업화에 따른 도시에의 인구집중, 교육의 확산, 경제적 여유와 여가시간의 증대 등 대중사회의 여건이 형성되면서 성립 · 발달되었고, 짧은 시간 내에 익명의 이질적인 대다수 계층의 많은 사람들에게 메시지를 전달할 수 있다.

대중매체는 사회현상을 거울처럼 반영하기도 하고, 사회를 통제하고 문화를 유도하기도 한다. 따라서 대중매체는 그 시대의 사회문화와 상호작용을 하면서 새로운 문화를 창조하는 역할을 한다.

현대 대중매체의 기능 가운데 간과할 수 없는 것은 단순히 밖으로 표명된 현재적 언론의 취재 정도에 그치는 것이 아니라 표명되지 않은 잠재적 여론을 경험적 방법에 의하여 추출하고 이를 표면화 · 조직화함으로써 사회문제를 정책문제화하고 정부기관에 효과적으로 투입하는 기능을 담당하고 있는 점이다.

우리나라에서도 시민의식조사에 의거한 정책문제 제기라든가 각종 사설을 비롯해 저녁 황금시간대에 전파를 타고 방영되는 심층취재 프로그램 등은 청소년범죄, 유명 외국상품 도입 및 과소비, 가짜상품 등 수많은 사회문제를 정책문제화하고 행정당국의 관심을 유도하는 데 상당한 효과를 거두었다.

특히 소비자문제와 관련하여서 1960년부터 본격화되기 시작한 민간단체들의 소비자운동은 언론매체를 통해 자신들의 활동이나 추구하는 목적을 표현하고 사회적 관심을 확보함으로써 사업자와 대등한 관계로서 입장을 표현할 수 있었다. 즉, 대중매체는 단순한 사실보도 수준에 머무르는 것이 아니라 사회 이익집단을 대변하는 역할을 한다(신원득 · 두성규, 1994).

미국의 경우 대중매체는 네이더에 의해 부추겨진 자유주의적 편견을 가졌다고 종종 비난받기도 하지만, 항상 소비자운동에 우호적인 것은 아니었다. 1960년대까지 대중매체의 무관심은 계속되었는데, 한 예로 1966년 CBS는 다양한 형태의 대출을 비교하도록 해주는 이자율의 공개 관련 법률의 필요성에 대한 프로그램을 제작하는 데 후원자를 찾을 수 없었다. 그러나 점차 대중매체와 소비자운동 간의 관계는 한결 우호적으로 발전해 텔레비전은 뉴스 프로그램에서 소비자 리포터를 고정으로 배치하게 되었다. 소비자 옹호주의자들은 방송보도가 효율적이고 대중의 각성과 여론형성을 함에 있어 저렴한 수단임을 인식하였다. 즉, 개혁주의 입장에서 대중매체는 전적으로 신뢰할 수 있는 지원자는 아니지만 중요한 것으로 여겨진다(Mayer, 이기춘 외 역, 1996).

이러한 대중매체의 기능은 대중매체가 소비자교육을 위한 좋은 수단이 될 수 있음을 보여 주는 근거가 된다. 대중매체는 정부의 정책추진 입법방향과 현황에 대한 홍보를 하기도 하고, 정부정책에 대한 감시와 비판기능도 담당한다. 정책당국의 소비자정책 시행에 관한 내용을 별 비판 없이 단순한 기사로 처리하는 경우는 상품조사 결과나 관계당국의 정책시행과 관련한 단속현황, 소비자정보 제공 등이 그 주된 내용이 된다. 사실보도는 대중매체의 본래적인 기능이나 소비자나 독자들에게 사안에 대한 이해를 쉽게 하고 관심과 주목을 끌기 위해 결론이나 방향제시를 부가한 심층취재가 많아지면서 상대적인 비중이 감소하고 있는 추세이다(신원득 · 두성규, 1994).

우리나라의 경우 대중매체가 의도적이고 체계적으로 소비자교육을 시도하지 못했다. 그러나 일부 프로그램들이 단편적으로 소비자교육에 기여한 바 있으며, 최근에 와서 소비자교육적인 의도에서 소비자문제를 전문적으로 다루는 프로그램들이 출현하면서 그 영향력이 점점 커지고 있다.

① 인쇄매체

인쇄매체는 신문이나 잡지를 일컫는다. 신문이 갖는 매체로서의 특성, 즉 공시성, 기록성 등은 일반 시민들에게 체계적으로 소비자교육을 시키기에 적합하다. 따라서 신문, 잡지 등에 소비자교육을 위한 고정란을 설치하여 소비자정보를 제공하면서 의도적인 소비자교육을 시도해야 할 것이다. 최근에 여성신문이 '소비자칼럼' 이라는 고정란을 신설하여 소비자의식 향상과 소비자교육적인 정보제공에 기여하고 있는 것은 바람직한 사례이다.

② 시청각매체

과거의 대표적 시청각매체는 TV와 라디오였다. 정보화시대에 들어서서 각종 동영상과 만화 등의 자료가 소비자교육에 이용되고 있다. TV와 라디오는 모든 계층의 시민들이 이용하는 대중매체이며, 특히 아동소비자들의 TV 프로그램 선호도가 높기 때문에 소비자교육에 효과적으로 이용될 수 있다. 그중에서도 음향과 영상의 결합으로 이미지를 제시하는 텔레비전은 그 영향력이 막강하므로 의도적인 소비자교육에 힘써야 한다.

소비자교육에 대한 시청각매체의 영향을 프로그램 측면과 광고 측면으로 나누어 볼 수 있다. 예를 들어, TV 프로그램은 뉴스, 교양강좌, 드라마, 코미디 등이 의도에 따라 소비자교육에 기여할 수 있다.

광고는 프로그램의 내용보다도 소비자에게 더 큰 영향을 미친다. 광고는 소비자의 태도와 행동을 변형시킬 목적으로 유료로 대중매체를 통하여 다수의 소비자에게 자극(메시지)을 전달하는 영리적 설득 커뮤니케이션 활동이다(차배근, 1983).

광고는 일반적으로 소비자에게 불리한 측면과 유리한 측면의 영향을 미치지만 기업에 의하여 일방적으로 제공되는 광고는 과대광고, 허위광고 등으로 소비자의 합리적인 의사결정을 저해하는 경우가 많다. 그러므로 지나친 광고는 지양되어야 하며 소비자에게 올바른 상품정보를 제공하는 차원에서 시행되어야 한다. 그리고 공익광고 등을 통하여 소비자의식을 함양시키는 데 기여해야 할 것이다.

현대사회에 있어서 대중매체의 기능 확대와 역할 증대는 두드러진 특징 중 하나이며 대중매체는 효율적인 소비자교육 수단으로 자리 잡고 있다. 대중매체가 소비자에게 미치는 영향을 계량화할 수는 없지만 대중매체를 소비자 사회화 작용인으로 볼 때, 단기적 영향이나 효과뿐만 아니라 잠재적이고 누적적인 영향까지 고려해서 소비자교육에 활용하는 것이 좋을 것이다.

더불어 디지털 경제하의 온라인 소비자교육은 성인소비자의 자발적 특성을 잘 충족시켜 사회소비자교육의 주요한 도구로서 활용되고 있다. 온라인 교육은 첫째, 시공간의 제약이 없으며, 둘째, 자기 주도적 학습이 가능하고, 셋째, 개인의 요구에 맞춤화 교육이 가능하며, 넷째, 최신의 트렌드와 이론을 신속히 반영할 수 있으며, 다섯째, 인터넷의 매체적 특성을 활용하여 다양한 교육방법의 활용이 가능하다는 장점을 가지고 있다(배순영 · 이기춘, 2001). 향후 온라인 학습방법을 더욱 개발하여 제도적 교육의 장을 확대할 수 있는 평생학습의 적용이 사회 소비자교육에 있어 주요한 과제가 될 것이다.

Consumer Issue 6-2

# 부산시 소비생활센터 소비자교육 프로그램 소개

**프로그램 운영방향**

- 실제 업무에 응용할 수 있는 상담 및 피해사례 등을 중심으로 교과목 편성
- 문제해결 능력을 제고할 수 있도록 이론위주의 교육을 지양하고 토론, 역할연기 등 참여식 교육방법 지향
- 사업자교육은 최근 제 · 개정된 '방판법', '제조물책임법', '전자상거래소비자보호법' 등 관련 법규와 사례연구 위주로 교육 진행

**소비자시민대학**

● **목 적**

- 부산시민 누구나 참여할 수 있는 교육프로그램을 통해 시민의 소비자능력을 배양하고 합리적인 소비문화를 고취시킴으로써 소비생활의 향상과 지역경제의 건전한 발전에 기여

● **교육대상**

- 일반시민

● **교육내용**

- 합리적 소비문화
- 관련 법규, 소비자피해사례, 소비자정보 등

**소비자문제 전문과정**

● **목 적**

- 소비자상담 및 피해구제 업무를 수행하고 있는 소비자단체의 간사, 모니터와 지자체 공무원 및 소비자 관련학과를 전공하고 있는 지역의 대학생을 대상으로, 소비자상담 및 피해구제 실무능력을 배양하고 지역의 소비자문제 전문가를 양성함으로써 지역사회 소비자보호업무의 질적 향상을 도모 교육대상

- 소비자단체 임직원, 모니터 및 소비자업무 공무원
- 지역 대학에서 소비자 관련학과를 전공하고 있는 대학생 교육내용
- 소비자상담 및 피해구제 실무: 전문서비스분야, 자동차, 주택 등 전문지식을 요하는 분야
- 관련 법규 및 제도: 제조물책임법, 공정거래법, 방문판매법 등
- 기타 경제교육, 사회조사방법론 등

**사업과정**

● 목 적

- 지역의 제조업, 유통업 등 사업자를 대상으로 소비자보호와 관련한 법규 및 제도, 소비자피해사례, 고객지향적 경영 등에 대한 교육을 실시함으로써 소비자 중심적 경영풍토를 조성하고 사업자 스스로의 자율적인 소비자보호능력의 향상을 도모 교육대상
- 기업체 경영자, 관리자 및 소비자업무담당 실무자 교육내용
- 소비자상담 및 피해구제 실무: 사례연구 및 상담기법 등
- 관련 법규 및 제도: 소비자피해보상규정, 제조물책임법, 공정거래법, 방문판매법 등
- 소비자보호와 CS경영 등 고객지향적 경영기법

출처: http://consumer.busan.go.kr

# Project

1 소비자교육은 가정, 학교, 사회의 세 주체에 의해서 실시될 수 있는데, 어린 시기에 가정 소비자교육이 중요한 이유에 대하여 설명하고, 가정에서의 소비자학습에 대하여 바람직한 방향을 모색해 보자.

2 학교 소비자교육의 특성과 중요성을 설명하고 초등학교 소비자교육에서 활용할 수 있는 소비자교육의 교수방법에 대하여 생각해 보자.

3 중학교와 고등학교에서 시행되는 소비자교육의 내용을 검토해서 그 문제점이 무엇인지 살펴보고, 각 교과에서 강화되거나 시정되어야 할 부분에 대해서 논의해 보자.

4 민간 소비자단체에서 시행하고 있는 소비자교육 프로그램과 내용을 살펴보고 교육의 전문성과 효과에 대하여 평가해 보자.

5 인터넷을 통하여 외국 소비자단체에 대한 자료를 수집해서 소비자교육이 실시되고 있는 상황을 조사해 보자.

6 사회 소비자교육의 주체에는 기업도 포함되는데 기업이 담당해야 할 역할에 대하여 생각해 보고 외국과 한국 기업에서 시행되는 소비자교육의 실제 상황을 비교해 보자.

Chapter 7

# 소비자교육 내용

**소비자에게** 무엇을 가르칠 것인가의 문제에 해당되는 소비자교육의 내용은 광범위하고 포괄적인 만큼 학자들마다 다양하게 분류하여 왔다. 한정적인 자원과 시간의 제약 속에서 효과 높은 소비자교육이 이루어지기 위해서는 기본적인 교육내용에 관하여 일치된 견해가 필요하다. 또한 학습자와 사회의 교육적 요구를 충족시켜 주는 내용을 파악하여 이에 관한 내용이 우선적으로 교육되어야 한다. 그리고 학습자에게 구체적인 소비자교육 내용이 전달되기 위해서는 소비자교육 프로그램이 구축되어야 한다. 그러므로 다양한 소비자교육 내용을 고찰하고, 요구분석과 소비자교육 프로그램의 설계에 관한 기초적인 사항을 검토해 보기로 한다.

## 1. 소비자교육 내용의 분류

소비자교육에 관한 초기의 연구들은 소비자교육에 포함되어야 할 영역에 대한 합의가 거의 이루어지지 않고 있음을 지적해 주고 있으며, 또한 보고 자료도 소비자교육의 내용 범위에 대한 일치가 부족함을 지적하고 있다(Herrmann, 1982). 그러나 교육 시스템에 대한 소비자교육의 영향을 최대로 하기 위해서는 소비자교육에서 다룰 기본 요소에 관한 일치된 견해가 필요하다(Bannister & Monsma, 1980).

현재까지의 소비자교육 내용에 관한 연구들은 소비자교육 주제영역을 분류하여 소비자교육 프로그램의 기초를 마련하거나, 교과서 등을 분석하여 소비자교육의 내용을 체계화시키는 노력을 기울였다.

소비자교육에서 다루어야 할 내용에 관해서는 1970년대에 들어와 활발하게 연구되었다. 오하이오주 교육위원회(Ohio State Board of Education, 1970)는 1970년에 소비자교육 커리큘럼 지침서를 작성하였으며, 초등학교 1학년부터 중학교 3학년까지의 아동을 위한 소비자교육의 내용과 실행방법의 지침을 제시하였다.

미국의 여러 주 정부나 기관에서는 다수의 커리큘럼 지침서를 발행하였다.[1] 미국 교육위원회가 후원한 머피(Murphy, 1974) 연구팀은 중 · 고등학교 교사들의 요구를 충족시키기 위하여 '소비자교육 커리큘럼 모듈: 나선형 교육과정 접근법' 을 개발하였다. 소비자가 정보를 획득하고, 가치를 탐구하며, 의사결정을 내리고, 활동을 취하는 네 가지 과정의 결정적 역할에 초점을 두어 학습자가 이 과정을 체득하도록 지도하는 내용을 포함하고 있다.

미국 주교육위원회 초등 · 중등과의 후원으로 빌헬름은 소비자교육 프로젝트의 최종 보고서를 편집 · 발간하였다(Wilhelms, 1979). 미국의 50개 주 정부를 대상으로 하여 소비자교육에 관한 주 정부의 정책방향, 소비자교육 프로그램 활동의 수준과 형태를 조사한 내용이었는데 이상의 연구들은 소비자의 습관이나 지식수준을 분석하여 소비자교육의 필요성을 강조하고 소비자교육 프로그램을 위한 기초자료를 제공하기 위한 것이

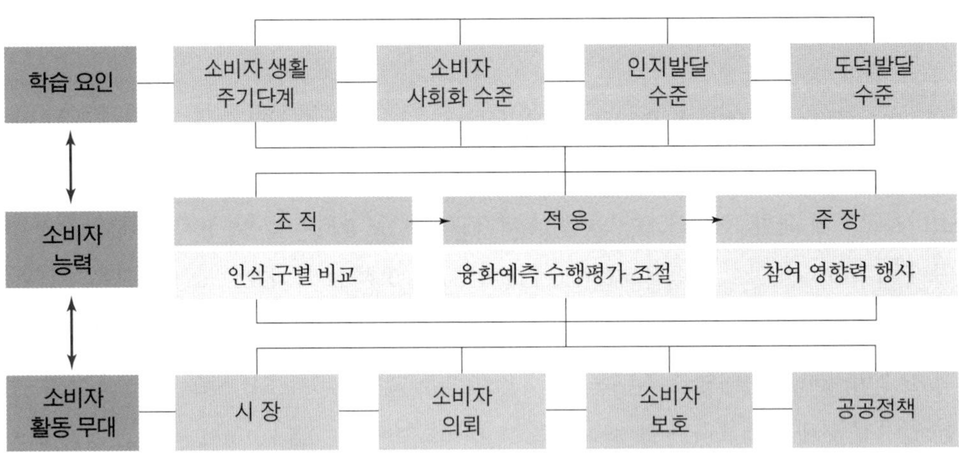


**그림 7-1 디킨슨의 소비자교육 발달 모델**

출처: Dickinson(1980)

1) 그 당시 발행된 소비자교육 지침서의 수는 32개에 달하였다.

었다.

1980년대에 들어와서는 소비자교육을 효율적으로 수행하기 위해서 내용을 분류하고 취해야 할 접근방법에 관한 연구들이 이루어졌다. 접근방법으로는 발달적 접근방법, 공공정책 접근방법, 능력에 기초한 소비자교육 모델, 역사적 접근법에 의한 소비자교육 내용분석 등이다. 이를 상세히 보면 다음과 같다.

디킨슨은 소비자교육이 일생을 통한 과정이므로 발달 모델의 틀(framework of a developmental model)로 효과적으로 관찰될 수 있다고 보았는데 소비자교육의 발달 모델은 학습요인, 소비자능력, 소비자활동 무대라는 세 가지 개념으로 구성되어 있다(Dickinson, 1980).

에드워즈는 소비자교육에서 공공정책 접근방법(public policy approach)을 취할 것을 권장하였다(Edwards, 1980). 이는 기본적으로 시민성 접근방법(citizenship approach)이며 사회 시스템의 기능을 수행하는 데 있어서의 소비자역할의 인식 및 확신을 의미한다.

그는 소비자교육에서 소비자의 이기적인 권리만을 강조하지 말고 거시적인 안목을 갖도록 하며 소비자가 처해 있는 정치 · 경제 시스템이 기초로 하고 있는 사회의 가치를 이해하고 소비자로서의 역할을 인식하도록 교육해야 한다고 진술하였다. 그러기 위해서는 정치학 및 정부 기능에 대한 지식, 정치 · 경제생활에 있어서 국제관계에 대한 인식, 거시적 행동의 기본 이념과 원리의 이해가 필요하다고 주장하였다.

메이어는 능력에 기초한 소비자교육 모델(Competence-Based Consumer Education, CBCE)을 제시하였다. 순수한 형태의 CBCE 모델은 전통적인 교수 – 학습 모델과는 대비되는 것으로서 학습자를 완전히 개별화시켜 융통성 있는 시간의 틀 속에서 학생 자신에게 맞는 속도로 소비자능력을 개발시키는 것이다(Mayer, 1981).

허만은 고등학교 교과서 내용의 비교 · 검토를 통하여 소비자교육 내용의 역사적 발전을 연구하였다. 1938년부터 1978년까지 40년간 발행된 고등학교 소비자교육 교과서 15권을 검토하여 내용을 50개의 주제로 분류 · 비교한 결과 교과서에 포함된 주제내용과 양은 다양하였다. 이러한 적용범위의 차이는 주로 소비자교육을 제공하는 분야인 가정, 상업교육, 일반사회의 견해가 다르기 때문으로 보았다(Herrmann, 1982). 중 · 고등학교 소비자교육 내용은 40년이 경과하는 동안 약간의 변화는 있으나 크게 발전하지 못한 것으로 나타났다.

구체적으로 소비자교육 내용을 분류한 바니스터와 몬스마(Bannister & Monsma, 1980), 암스트롱과 율(Armstrong & Uhl), 허만(Hermann, 1982)의 소비자교육 내용은 다음과 같다.

## 1) 바니스터와 몬스마의 교육내용 분류

바니스터와 몬스마(Bannister & Monsma)는 소비자교육에 포함하는 개념들을 조사 · 분류함으로써 소비자교육 내용의 범위를 명료화시켰다. 주제개념을 크게 세 개로 나누고, 이 세 가지 개념을 다시 세분화된 하위개념으로 분류하였다.

### (1) 의사결정

① 소비자 의사결정에 영향을 미치는 외적 요인

- **경제체제**(Economic System)
  - 혼합경제(mixed economy)
  - 희소성(scarcity)
  - 공급과 수요(supply and demand)
  - 가격(price)
  - 경쟁(competition)
  - 경제문제, 실업, 인플레이션(economic problems, unemployment, inflation)
- **정치체제**(Political System)
  - 정부(government)
  - 공공정책(public policy)
  - 규제(regulation)
  - 이익집단(interest groups)
  - 권력(power)
- **사회체제**(Social System)
  - 역할(roles)

- 지위(status)
- 문화적 가치(cultural values)
- 생활표준(standard of living)
- 생활의 질(quality of life)
- 차별(discrimination)
- 사회변동(social change)
- 가족 구성(household composition)
- 노동력 구성(work force composition)
- 광고(advertising)

**○ 생태학적 영향**(Ecological Influence)

- 환경보호(environmental protections)
- 자원보존(conservation of resources)
- 대체 에너지(energy alternatives)

**○ 기술적 영향**(Technological Influence)

- 커뮤니케이션 기술(communications technology)
- 컴퓨터 기술(computer technology)
- 과학적 혁신(scientific innovation)
- 공학의 발달(engineering advances)

### ② 소비자 의사결정에 영향을 미치는 개인적 요인

**○ 자원**(Resources)

- 금전자원(financial resources)
- 인적자원: 시간, 에너지, 지식, 기능(human resources: time, energy, knowledge, skill)
- 자연자원(natural resources)
- 지역사회자원(community resources)

**○ 생활주기**(Life Cycle)

- 연령(age)
- 소득(income)

- 가족구성(household composition)

- **가치와 목표**(Values and Goals)
  - 심리적 영향(psychological influences)
  - 사회적 가치(social values)
  - 개인적 가치(individual values)
  - 가치의 명료화(value clarification)
  - 목표 설정(goal setting)
- **욕구와 욕망**(Needs and Wants)
  - 개인적 욕구(individual needs)
  - 사회적 욕구(social needs)
- **생활양식**(Life Style)

③ 의사결정과정

- **문제의 쟁점**(Problem-Issue)
- **정보**(Information)
  - 정보원(sources of information)
  - 정보수집(gathering of information)
  - 정보 입수가능성(availability of information)
  - 정보비용(cost of information)
  - 정보평가(evaluation of information)
- **대안**(Alternatives)
- **결과**(Consequences)
- **의사결정－실행**(Decision-Action)
  - 기준(criteria)
  - 기회비용(opportunity cost)
  - 트레이드 오프 관계(trade-offs)
  - 소비자행동(consumer behavior)
- **평가**(Evaluation)

### (2) 자원관리

#### ① 재무계획

- **금전자원의 획득**(Obtaining Financial Resources)
  - 근로소득(employment income)
  - 퇴직금(retirement income)
  - 투자소득(investment income)
  - 공적 부조(public assistance)
- **지출계획**(Spending Plan)
  - 부기(record keeping)
  - 예산(budgeting)
- **차용**(Borrowing)
  - 신용협정(credit agreements)
  - 신용의 원천(credit sources)
  - 신용의 비용(credit costs)
  - 신용의 평가(credit rating)
  - 신용카드(credit cards)
- **저축**(Saving)
- **투자**(Investing)
- **보험**(Insurance)
  - 생명보험(life insurance)
  - 건강보험(health insurance)
  - 재산보험(property insurance)
  - 자동차보험(automobile insurance)
  - 사회보장보험(social security insurance)
- **세금납부**(Tax Paying)

② 구 매

- **구매결정**(Shopping Decisions)
  - 비교구매(comparison shopping)
  - 대체시장(alternative markets)
  - 계약(contracts)
- **재화**(Goods)
  - 식품(food)
  - 의류(clothing)
  - 주택(housing)
  - 가구와 가정기기(furnishing and appliance)
  - 교통(transportation)
  - 오락과 여가(recreation and leisure)
- **서비스**(Services)
  - 지역사회 서비스(community services)
  - 장례 서비스(death related services)
  - 교육 서비스(education services)
  - 금융 서비스(financial services)
  - 보건 서비스(health services)
  - 법률 서비스(legal services)
  - 유지와 수선 서비스(maintenance and repair services)
  - 정부 서비스(government services)

③ 보 존

- **자원 감소**(Diminishing Resources)
- **효율적인 이용**(Efficient Use)
- **자원 대체**(Resource Substitution)

## (3) 시민참여

### ① 소비자보호

- **소비자권리(Consumer Rights)**
  - 배상(redress)
  - 안전(safety)
  - 정보(information)

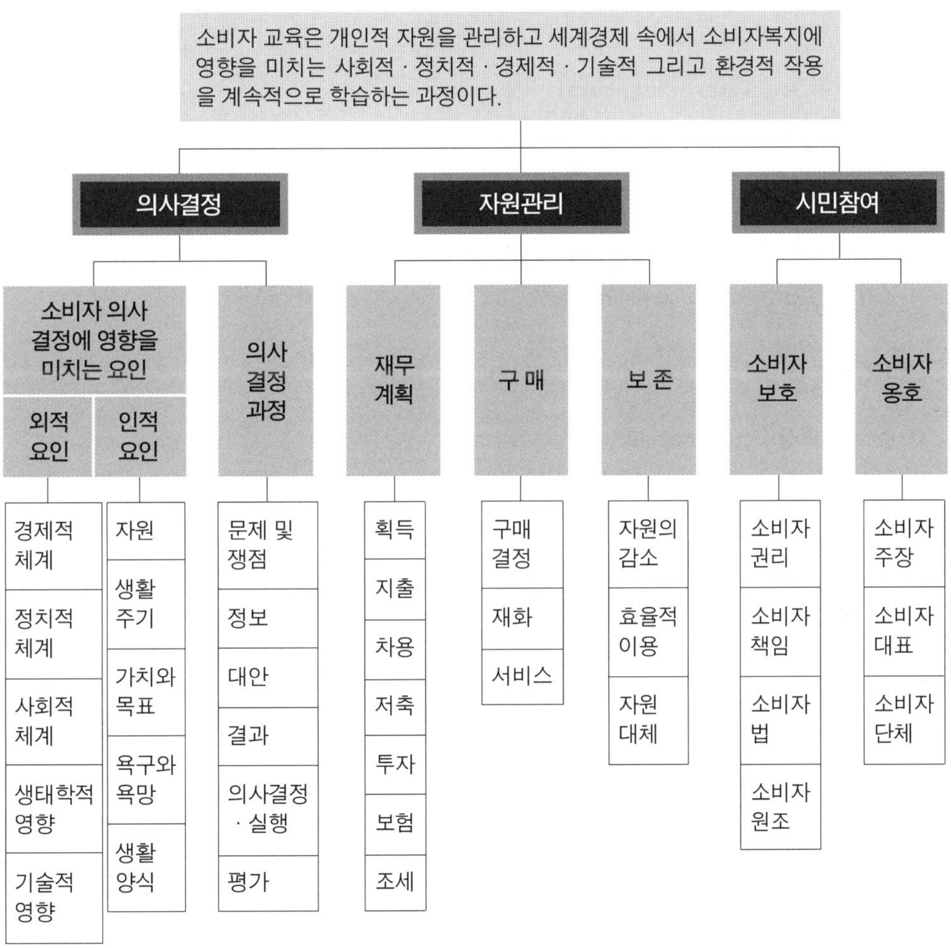


**그림 7-2 바니스터와 몬스마의 소비자교육 개념 분류**

출처: Bannister & Monsma(1980)

- 선택(choice)
- 불공정한 관행(unfair practices)

**◦ 소비자책임**(Consumer Responsibilities)
- 윤리적 행동(ethical behavior)
- 효과적인 수행(effective performance)
- 환경보호(environmental protection)

**◦ 소비자법**(Consumer Laws)
- 정보적인 법(informative laws)
- 보호적인 법(protective laws)
- 권한부여 조례(enabling laws)

**◦ 소비자원조**(Consumer Assistance)
- 정부기관(government agencies)
- 지역사회기관(community agencies)
- 기업원조(business assistance)

② 소비자옹호

**◦ 소비자주장**(Consumer Assertiveness)
- 효과적인 의사소통(effective communication)
- 불만호소 절차(complaint procedures)
- 스트레스 관리(stress management)
- 갈등해결(conflict resolution)

**◦ 소비자대표**(Consumer Representation)
- 공공회원제(public membership)
- 규제위원회(regulatory commission)
- 공청회(public hearing)
- 소비자 자문회의(consumer advisory panel)

**◦ 소비자단체**(Consumer Organization)
- 조직전략(organizing strategies)

- 행위전략(action strategies)
- 소비자단체: 지역단체, 국가단체, 국제단체, 협동조합(consumer groups: state and local groups, national groups, international groups, cooperatives)

## 2) 암스트롱과 율의 소비자교육 내용 분류

암스트롱과 율(Armstrong & Uhl)은 미국에서 행해지고 있는 소비자교육 활동을 평가하기 위하여 20개의 주제영역으로 분류된 소비자교육 내용을 제시하였다. 그리고 20개의 주제영역을 다시 2~12개의 하위 주제영역으로 세분함으로써 총 105개의 소비자교육 주제를 제시하였다.

**경제사회 내에서의 소비자**(The Consumer in the Economy)

- 인간의 욕구와 욕망(human needs and wants)
- 소비자가치와 목표(consumer values and goals)
- 희소성과 자원의 배분(scarcity and resource allocation)
- 여러 대안 중에서의 선택(choosing among alternatives)
- 경제체제에서의 소비자역할: 권리와 책임(role of the consumer in the economic systems)
- 비교경제체제에서의 소비자선택(consumer choice in comparative economic systems)
- 집단적 소비 대 개인적 소비(collective versus individual consumption)
- 소비자 또는 가계의 선택 또는 행동에 영향을 주는 요인: 교육, 연령, 가족생활주기, 가족수, 결혼상태(factors affecting consumer or family choices or behavior: education, age, stage in family cycle, family size, marital status)
- 자동 소비제한기제로서 가격체계(pricing systems as an automatic rationing device)
- 소비자행동이론(theories of consumer behavior)
- 소비경향(consumption trends)
- 보존(conservation)

**○ 소비, 생산과 소득**(Consumption, Production and Income)

- 자유기업, 자유시장과 자유로운 소비자선택(free enterprise, free markets, and free consumer choice)
- 생산결정요인으로서의 소비자지출(consumer spending as a determinant of production)
- 소득과 지출의 순환(circular flow of income and spending)
- 국민소득계정과 소득의 구성요소(national income accounting and components of income)
- 화폐의 가치: 구매력, 인플레이션, 디플레이션(value of money: purchasing power, inflation, deflation)

**○ 관리와 가계소득**(Management and Family Income)

- 금전을 관리하는 이유(why manage money)
- 예산과 금전관리(budgeting and financial control)
- 자산, 채무, 순자산(value of assets, liabilities and net worth)
- 현금 대 신용(cash versus credit)
- 금전의 대체물로서의 시간과 에너지 사용(using time and energy as substitutes for money)
- 지출 대 저축(spending versus saving)
- 재산정리계획: 유언, 신탁(estate planning: wills, trusts)
- 재무관리 서비스(financial management services)

**○ 저축과 투자**(Saving and Investment)

- 저축과 투자의 목적(purposes of saving and investment)
- 저축과 투자의 형태(forms of saving and investment)
- 강제저축(forced saving)
- 고정수익 대 변동수익(fixed versus variable returns)
- 투자사기와 보호(investment fraud and protection)
- 저축과 투자기관(saving and investment institutions)

- **신용(Credit)**
  - 현금 대 신용소비(cash versus credit consumption)
  - 신용평가(credit-ratings)
  - 신용쇼핑, 신용비용(shopping for credit, costs of credit)
  - 신용문제: 파산, 속임수, 이자법(credit problems: bankruptcy, rackets, usury laws)
  - 경제에서의 신용의 역할(role of credit in the economy)
  - 신용의 사회적 비용과 통제(social cost and control of credits)
  - 부채상담(debt counselling)
- **소비자의 위험과 불확실성에 대한 계획(Planning for Consumer Risk and Uncertainty)**
  - 위험의 유형(types of risk)
  - 위험에 대처하는 방법(methods of meeting risk)
  - 보험의 원칙(principles of insurance)
  - 보험의 필요성 결정(determining the need for insurance)
  - 보험 쇼핑: 형태, 원천(shopping for insurance: forms, sources)
- **대중사회의 소비와 조세(Community Consumption and Taxes)**
  - 조세: 비용, 이익, 형태, 이익분배(taxes: costs, benefits, forms, distribution of benefits)
  - 집단 대 사적 소비선택(community or collective versus private choice-making)
  - 사회적 대 사적 생산(community or social versus private production)
  - 자선과 사회적 서비스(charity and social services)
  - 지역사회자원에 대한 지식과 이용(knowledge and use of community resources)
  - 지역사회의 소비문제: 저소득층, 노년층, 장애자(community consumption problems: low income, senior citizens, handicapped)
  - 소비에 영향을 미치는 정부 프로그램(government programs affecting consumption)

**시장 내에서의 소비자**(Consumers in the Markets)

- 대체 마케팅 채널의 비용과 편익(costs and benefits of alter native marketing channels)
- 판매비용과 가격의 구성요소(selling costs and components of prices)
- 광고와 판촉(advertising and promotions)
- 규격, 표시의 표준화가 소비자에게 주는 이점(benefits to consumer of standardization of sizes, parts and labelling)
- 상품차별, 보증(product differences, guarantees)
- 경쟁가격과 독점가격(competitive and monopolistic prices)

**소비자원조와 보호**(consumer aid and protection)

- 사기와 기만(deception and fraud)
- 경쟁을 높이고 가격을 낮추려는 정부의 노력(government attempts to improve competition and lower prices)
- 계약과 재산권(contracts and property rights)
- 기업의 자발적 규제와 품질관리(self-regulation and quality control by business)
- 사적 · 공적인 상품 테스트(product testing: private and public)

**식품소비**(Consumption of Food)

- 식품: 비용, 가격, 지출(food: costs, prices, expenditures)
- 식품선택: 영양, 편의성, 기호, 유행(food choices: nutrition, convenience, tasts, fads)
- 식품 쇼핑: 품질판단, 가격비교(shopping for food: determining qulity, comparing prices)

**의복과 직물**(Clothing and Household Soft Goods)

- 선택: 계획, 가격, 품질, 유행, 내구성(selection: planning, price, quality, fashion, durability)
- 구입 대 가정에서 생산(buying versus home production)
- 기술발달이 비용, 다양성, 품질에 주는 영향(technological advances affect on cost, variety, quality)

- 주택과 주거(Housing and Shelter)
  - 대안들: 임대, 구입, 건축(alternatives: renting, buying and building)
  - 거주지역 선택(choosing a location)
  - 비용(costs)
  - 법적인 측면: 임차, 계약(legal aspects: lease, title, deed, contracts)
  - 지역사회 문제(community problems: zoning, building codes)
  - 숙소의 선택: 호텔, 여관, 기숙사 등(selecting housing away from home: hotel, motel, dormitory, club)
- 설비, 가정기기와 가구(Durables-Equipment, Appliances and Furniture)
  - 선택과 구입(selection and purchase)
  - 임대 대 소유(renting versus owning)
  - 관리와 사용(care and use)
- 교통수단(transportation)
  - 사적인 교통수단: 비용과 편익(private transportation: costs and benefits)
  - 공적인 교통수단: 비용과 편익(public transportation: costs and benefits)
- 소비자 서비스(Consumer Services)
  - 공급, 수요와 서비스 비용(supply, demand and costs of services)
  - 품질표준과 관리(qulity standards and control)
  - 서비스 쇼핑과 이용: 수리, 법률 등(shopping for and use of services: repair, legal, etc.)
- 여가(Leisure)
  - 구매 대 D.I.Y.(buying versus do it yourself)
  - 여가에 대한 계획과 교육(planning and education for leisure)
  - 여가의 대안적 이용(alternative uses for leisure)
  - 상업적 오락과 유흥을 위한 쇼핑(shopping for commercial entertainment and recreation)
  - 여가와 오락을 위한 시설(equipment for leisure and recreation)
  - 여가비용(costs of leisure)

**교육**(Education)

- 교육의 경제적 · 사회적 가치(economic and social value of education)
- 교육유형의 선택(selecting among types of education)
- 교육비 조달: 비용과 재정지원 계획(financing education: planning costs and financial assistance)
- 서적, 정기간행물, 신문구입(purchasing books, periodicals and news-paper)
- 라디오, TV로부터의 교육획득(obtaining education from radio, TV)

**소비자보건**(Consumer Health)

- 보건 서비스의 수요와 공급: 소비자지출(demand and supply of health services: consumer expenditures)
- 의료 서비스, 의약품 쇼핑과 구입(shopping for and purchasing medical services, medicine and drugs)
- 보건과 의료 서비스의 적절성(adequacy of health and medical services)
- 마약과 알코올의 사회적 비용(social costs of drugs and alcohol)
- 의료사기와 오진(medical fraud and quackery)
- 공공보건 서비스와 예방약품(public health services and preventive medicine)
- 비교보건 서비스: 공적, 사적(comparative health services: private and public)
- 대기, 수질, 토양오염(air, water and land pollution)

**소비자단체**(Consumer Organization)

- 소비자운동과 역사(consumer movement and history)
- 소비자권익을 촉진하는 조직과 기관(organizations and institutions promoting the consumer interests)
- 소비자에 대한 정부의 지원(government assistance to consumer)

**소비자정보**(Consumer Protection)

- 평가(evalution)
- 원천: 사적, 공적(sources: private and public)
- 입수가능성과 접근가능성(availability and accessability)
- 정보획득방법(methods of obtaining information)

### 3) 허만의 주요 소비자교육 주제

허만은 선택, 재무관리, 구매법, 소비자 시민성 4개의 큰 주제영역으로 분류하고 이를 다시 50개의 하위주제로 세분하였다(Herrmann, 1982).

#### (1) 선택(Choice Making)

- 선택에 대한 가치와 사회의 영향(Values and Social Influences on Choice)
- 의사결정(Decision-Making)
- 자원: 화폐, 시간, 신용, 지식(Resources: money, time, credit, knowledge)
- 예산(Budgeting)

#### (2) 재무관리(Financial Management)

- 신용(Credit)
- 저축과 투자(Savings and Investment)
- 금융 서비스, 수표(Banking Service, Checking)
- 생명보험(Life Insurance)
- 의료보험(Health Insurance)
- 자동차보험(Auto Insurance)
- 주택보험(Home Insurance)
- 사회보장보험(Social Security Insurance)

#### (3) 구매법(Buymanship)

- 제품선택(Product Choice)
    - 임대주택(rental housing)
    - 이동주택(mobile homes)
    - 주택구입(house buying)
    - 가구(home furnishings)

• 기기와 설비(appliances, utilities)

• 식품(food)

• 의류(clothing)

• 화장품(toiletries and cosmetics)

• 자동차, 교통수단(autos, transportation)

• 보건(health)

• 오락(recreation)

• 교육(education)

**○ 소비자와 시장**(Consumer and the Market)

• 비영리 정보 서비스(non-profit information services)

• 정부에서 제공하는 정보(government information)

• 제품표시 정보(product label information)

• 기타 정보원: 판매원, 대중매체(other information sources: store personnel, mass media)

• 광고(advertising)

• 상점선택/구매(store choice/purchasing)

• 배상(redress)

• 소비자보호법(consumer law)

**○ 공공재**(Public Goods)

• 공공재의 제공(provision of public goods)

• 조세(taxes)

### (4) 소비자 시민성(Consumer Citizenship)

**○ 미국경제에서의 소비자 역할**(Consumer Role in American Economy)

**○ 소비자권리와 책임**(Consumer Rights and Responsibilities)

**○ 소비자문제**(Consumer Problems)

• 규제에 대한 요구(need for regulation-general)

- 정보, 교육의 부족(lack of information, education)
- 기만(fraud)
- 제품안전(product safety)
- 배상문제(problems in redress)
- 독점과 기업의 권력(monopoly, corporate power)
- 소비자 대표성 결여(lack of consumer representation)
- 소득분배(income distribution)
- 환경(environment)
- 도시의 타락과 팽창(urban decay and sprawl)
- 교통위기(transportation crisis)
- 노인문제(problems of aged)

**○ 소비자보호(Consumer Protection)**

- 정부의 규제활동(government regulatory activity)
- 소비자보호를 증진시키기 위한 활동(action to improve consumer protection)

## 2. 소비자교육 내용을 위한 소비자교육 요구분석

소비자교육의 특성상 소비자교육 내용은 다양하고 포괄적이다. 그렇지만 소비자교육에 소요되는 시간이라는 자원은 한정되어 있기 때문에 소비자교육 내용 가운데에서 가장 적절한 내용이 선정되어야 한다. 소비자교육 내용을 체계적으로 선정하기 위해서는 일정한 원칙에 준하여야 한다.

일반적으로 교육내용 선정 시, 기준으로 삼는 준거는 크게 학습자, 학문, 사회로 구분하여 볼 수가 있다. 적절한 교육내용이 선정되기 위해서는 소비자학의 기초가 되는 개념이나 사고방식을 전달하는 내용 외에 학습자나 사회의 요구를 충족시켜 주는 내용이어야 한다. 그러므로 효과 높은 소비자교육이 이루어지기 위해서는 소비자교육 내용에 대한 요구를 파악하는 것이 우선적으로 이루어져야 한다.

### 1) 요구의 개념

요구는 여러 학자들에 의해 다양하게 정의되고 있는데, 다음의 세 가지로 구분하여 정의할 수 있다. 첫째, 가장 광범위하게 통용되고 있는 것으로서 차이(discrepancy)로서의 요구이다. 여기서 '요구란 실제적인 상태가 목표로 하는 수준보다 더 낮은 상태'를 의미한다. 둘째, 기대나 취향으로서의 요구로 '나는 이러한 것을 바라고 있다'라는 뜻이다. 셋째, 결핍으로서의 요구로 여기에는 객관적인 부족, 절대적인 결핍이 포함된다. 이와 같은 견해들 속에서 공통적으로 제시되고 있는 중심 사고를 추출하여 볼 때 결국, 요구란 개인이 느끼고 있는 결핍상태를 충족시키기 위하여 필요로 하거나 원하는 상태를 말하며 이는 현재의 상태(what is)와 바람직한 상태(what should be) 사이에 존재하는 격차 또는 조건으로 정의할 수 있다.

요구는 크게 인간의 기본적 요구와 교육적 요구로 나누어 볼 수 있다.

인간의 기본적 요구는 모든 인간에게 공통되는 생물학적 · 심리학적 요구이다. 매슬로(Maslow)는 인간의 욕구를 생리적 욕구, 안전 욕구, 애정과 소속 욕구, 자기존중 욕구, 자아실현 욕구로 구분하였고, 차일드(Child)는 매슬로의 5단계 욕구 외에 학습욕구를 가장 상위에 두고 있다. 교육적 요구는 인간의 발달단계에 따라 원하는 내용과 정도가 다르고, 존재양식이 다르며, 행하거나 구하는 내용과 정도도 다르다.

요구의 종류나 수준이 상이함에도 불구하고 인간의 요구는 최소한 네 가지 특징을 갖고 있다. 첫째, 인간의 요구충족은 낮은 수준의 요구로부터 고차원의 요구충족으로 발전되어 나간다. 둘째, 인간에게 있어서 완전한 요구충족이란 있을 수 없다. 요구충족은 상대적이며 누적적이다. 셋째, 인간의 요구들은 서로 연관되어 있다. 따라서 인간의 태도나 행동은 몇 가지 요구가 서로 복합적으로 작용한 결과로 이해되어야 한다. 넷째, 일단 충족된 요구는 그 강도가 약해지기 마련이다. 따라서 충족된 요구는 요구로서의 의미를 상실하게 된다(한국청소년개발원, 1997).

요구는 주체의 수준에 따라서 분류되기도 하는데 개별학습자의 요구, 기관의 요구, 사회의 요구이다. 이들 요구 중에서 가장 중요한 것이 개별학습자의 요구인데, 개별학습자의 요구가 다른 주체수준요구의 바탕이 되기 때문이다(김수일 외, 1982). 또한 요구는 대상에 따라 교육목적 및 내용, 교육운영 및 방법에 관한 요구 등으로 분류될 수 있다.

이 중에서 교육의 목적 및 내용영역에 관한 요구가 주된 부분을 차지한다.

## 2) 요구분석

요구분석(need assessment)이란 학습자의 배우고자 하는 교육적 요구를 조사 · 분석하여 파악하는 것을 말한다. 요구분석은 교육적 요구들을 확인하고 그것들의 우선순위를 결정하기 위해서 사용되는 방법으로 핵심적인 요구들을 확인할 수 있고, 통일된 견해가 없을 경우 공유된 가치를 전달할 수 있기 때문에 자주 사용된다.

### (1) 요구분석의 절차

요구분석의 절차는 계획과 실행으로 나뉜다.

#### ① 요구분석의 계획

요구분석을 잘 수행하기 위해서는 주의 깊은 계획이 기초가 되어야 한다. 요구분석 계획은 다음과 같이 6단계로 이루어진다(Rossett, 1987).

- **상황평가**: 문제들을 창출하고 문제들을 해결하는 과정에서 실수하지 않도록 하기 위해서는 요구분석이 실시될 상황, 특히 학습자와 지역사회에 대한 충분한 정보를 파악하는 것이 필요하다.
- **요구분석의 목적 결정**: 요구분석을 할 때에는 요구분석을 하는 사람이나 응하는 사람 모두 요구분석의 목적을 정확히 알고 임하여야 한다.
- **목적에 입각한 기법과 도구의 선정**: 요구분석에 이용될 기법과 도구는 목적에 영향을 받는다는 것을 인식하고 가장 적절한 방법을 선정해야 한다.
- **전체 요구분석을 위한 시안과 일반적 계획의 개발**: 문제와 관련한 전후 관계, 목적, 정보들을 이해하고 문서화하는 단계로, 이전 단계의 내용들이 체계화된다.
- **단계별 계획의 개발**: 각 단계마다 해야 할 것들을 정확하게 이해하고 실행할 수 있도록 세부적으로 계획하고 개발한다.
- **요구분석 결과의 커뮤니케이션**: 요구분석 결과와 관련된 커뮤니케이션은 요구분석을 실시하는 동안과 요구분석 실시 후의 결과, 두 가지 수준에서 고려될 수 있다.

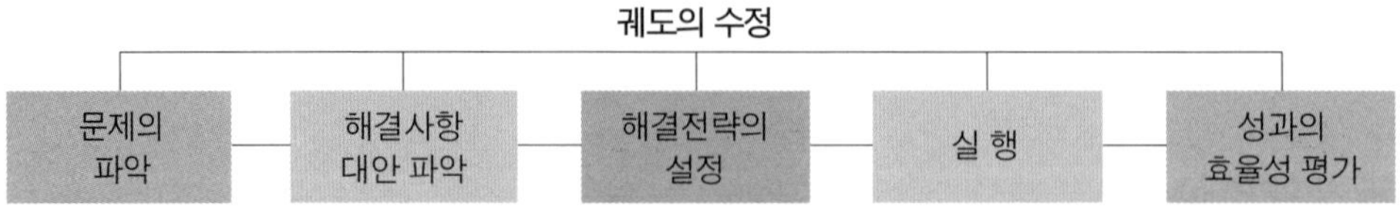


**그림 7-3 요구분석을 위한 체제접근 방법**

출처: Kaufman & English(1972)

② 요구분석의 실행

요구분석 과정에는 학습자, 교육자, 지역사회 구성원의 계획이 포함되어야 한다. 이는 요구분석 결과의 수용 가능성을 높게 해주며, 문제의 모든 면들이 파악될 가능성도 높게 해준다.

현실적인 결과와 바람직한 결과 사이의 차이(요구)를 결정하는 것이 요구분석의 필수적인 기능이므로 문제를 파악하고 해결하는 데 일반적인 과정이 되는 체제접근(system approach)에 대해서 살펴보기로 한다. 체제접근은 문제의 파악, 해결사항의 파악, 파악된 대안으로부터 해결대안의 선정, 해결대안들의 이행, 효과와 효율성 결정, 요구되는 것으로의 수정 등 6단계 과정을 거쳐 요구분석이 실행된다(Kaufman & English, 1972).

체제접근을 통한 요구분석 해결의 각 단계를 자세히 살펴보면 다음과 같다.

- **요구에 기초한 문제의 파악**: 요구분석 해결의 초기 단계로서 현재의 결과와 바람직한 결과 사이의 차이(요구)를 결정하고, 여기에서 나타난 문제들 중에서 차이의 크기에 따라 문제해결이 시급한 순서대로 우선순위를 결정한다. 이것은 문제해결 과정이 타당하고 유용하며, 중요하다는 것을 확신시켜 주는 중요한 단계임을 의미한다.
- **해결사항의 결정과 해결대안의 파악**: 요구수준을 파악하고 확정한 다음, 요구의 우선순위에 따라 요구충족을 위해 해결해야 할 사항을 결정한다. 또한 가능한 해결대안들을 파악한다.
- **해결대안을 기초로 한 해결전략의 설정**: 이 단계에서는 문제해결을 위해 필요한 효과적인 방법과 수단을 강구한다. 효과적인 해결전략을 찾기 위해서 개별적인 의견수용과 여러 사람의 토론에 의한 의사결정도 병행할 필요가 있다. 이 과정에서 이

미 파악되었던 요구 중 일부가 삭제되기도 한다.

- **선정한 방법과 수단의 실행**: 요구를 실현하고 문제를 해결하기 위해 설정한 여러 전략을 실제로 수행하는 단계이다.
- **성과의 효율성 평가**: 계획한 일을 수행한 후에 계획대로 성취된 일과 그렇지 못한 일을 평가하는 단계로 실제로 성취된 결과가 어느 정도인가를 비교 · 평가한다.
- **궤도의 수정**: 이 궤도의 수정단계는 앞의 다섯 단계 각각에서 어떤 수정이 필요할 때마다 수행되는 연장된 과정이다.

### (2) 요구분석의 방법

요구분석 방법은 형식적 분석방법과 비형식적 분석방법으로 구분할 수 있다.

#### ① 형식적 분석방법

- **조사연구**: 요구를 파악하는 데 가장 널리 쓰이는 방법이다. 일반적인 의미로서의 조사는 질문지와 면접을 통해서 의견, 기호도, 사실에 대한 지각 등을 수집하는 것을 말한다.
- **관찰법**: 관찰자가 조사 대상인 개인 또는 사회집단의 행동이나 사회 현상을 현장에서 직접 보거나 들어서 필요한 정보나 상황을 정확히 알아내려는 방법이다. 이 관찰법에는 직접 행하고 말하는 것을 관찰하는 방법과 사람들에게 자신과 타인의 행동에 대하여 질문하게 하는 방법이 있다.
- **개별적 소개법**: 개인적으로 요구를 결정하고 기록하는 데 이용되는 방법이다. 분석자료들이 여러 전문직에 이용될 수 있고 여러 가지 주제와 내용 영역에서 다양한 분석 자료들을 얻을 수 있다.
- **결정적 사건 접근법**: 필요한 관찰과 평가를 하기 위해 가장 적절한 지위에 있는 사람으로부터 특정한 행동에 대한 기록을 얻어내는 것이다. 이 기법은 성공적인 행동과 그렇지 못한 행동들을 잘 판별해 줄 수 있는 결정적인 사건들이 수집될 수만 있다면 교육문제에 있어서 매우 유용한 방법이다. 특히 교육행정가나 교사의 자질문제에 적합하다.

- **능력분석**: 이 접근법은 전문 직업인들이 가져야 하는 바람직한 혹은 최소한의 능력을 확인하기 위해서 그 분야의 전문가로부터 정보를 얻은 후, 대상 집단들의 능력수준을 결정하기 위해 시험을 본다. 전문가들이 필요하다고 확인한 것과 결정된 능력수준 간의 차이가 내용을 선정하고 프로그램 설계를 개발하는 데 필요한 기초가 된다.
- **델파이법**: 전문가의 직관이나 판단이 미래 사건 또는 사건의 발생 가능성들을 예견하는 데 효과적일 수 있다는 인식에 기초한 것으로서, 목적, 관심 사항, 잠재적인 요구들의 일치점을 얻기 위해 교육 요구분석에 가장 많이 이용되는 방법이다. 이 방법은 특정주제에 대해 인지할 수 있는 사람들로부터 일치를 필요로 할 때에는 언제든지 이용이 가능하며, 문제의 확인, 요구의 파악과 우선순위의 결정, 해결책의 확인과 평가, 바람직한 미래를 위한 발전방안 파악 등에 매우 가치있게 적용될 수 있다.

② 비형식적 분석방법

- **비형식적 대화**: 일상적인 접촉 과정을 통해 요구에 관한 정보를 수집할 수 있다. 예를 들면, 참여자들로부터 모임 후의 반응, 투서함, 그리고 모임에서 제기된 문제들은 요구를 파악할 수 있는 좋은 기회가 된다.
- **비활동적 측정**: 면접법이나 질문지법에 의해서는 얻을 수 없는 이용 가능한 자료가 상당히 많다. 물리적 흔적, 기록물, 관찰 등이 그 예인데, 각각의 실례를 들어보면 다음과 같다.
  - 과거의 행동을 조사하는 물리적 흔적의 예: 도서관 책이 닳아 해짐은 그 책의 주제에 대한 관심도를 나타낸다.
  - 기록물의 예: 출생기록은 신설 학교나 기타 사회교육시설의 필요성을 나타낸다.
  - 관찰의 예: 청소년들이 지루해하거나 피로한 듯한 표정을 짓는 것은 오락 활동에 대한 요구를 나타낸다.

이상의 방법들을 통해서 요구를 분석해 낼 수 있다(한국청소년개발원, 1997).

소비자교육 내용의 범위에 대한 연구자 간의 합의가 이루어지지 않은 상태에서 소비자교육 내용을 위한 학습자의 요구분석은 소비자교육에 어떤 내용을 포함하고 제외시킬 것인가에 시사점을 제공한다.

특히 성인교육은 학교교육과 달리 성인학습자의 자발적인 동기와 참여에 의한 주체적인 자기학습이라는 점에서 요구분석이 필요하다. 즉, 성인소비자와 노인소비자는 자발적인 학습자로서 교육 프로그램이 자신에게 필요하다고 느낄 때 참여하므로 학습자가 필요로 하는 것, 요구하는 바가 무엇인가를 조사·분석하여 교육을 실시해야 한다. 아동소비자나 청소년소비자의 경우 학교교육이 중심이 되므로 이들의 요구를 분석하여 기초로 하되 학교라는 기관의 요구나 교사의 요구가 함께 분석되어야 한다.

실제로 학습자들의 소비자교육 요구를 질문지법에 의한 조사연구를 통해서 파악한 연구들을 살펴보면 다음과 같다.

성영애와 이기춘(1988)은 성인소비자(주부)를 대상으로 17개 소비자교육 주제영역에 관한 요구도를 조사하였다. 5점 척도에서 4.0 이상의 요구도를 보인 식품, 교육 주제영역의 요구도가 가장 높았다. 가계경제계획 및 실행방법, 저축과 투자, 조세와 지역사회자원, 일반 구매지식, 의류, 주택, 가정용 기기 및 가구, 소비자보건, 소비자기만과 보호, 소비자조직과 소비자참여, 경제이론은 평균 점수가 3.50~3.99의 요구도를 보여 주었다. 또 보험, 신용, 여가는 3.00~3.49의 요구도를 보여 주어 이들 주제 영역에 대한 요구도는 비교적 높은 편이었다. 자동차 영역이 유일하게 3.0 미만의 요구도를 보여 이 주제영역에 관한 소비자교육 요구는 비교적 낮은 편이었다. 이러한 결과는 소비자의 우선순위가 높은 주제영역이 우선적으로 교육내용에 포함되도록 하되 거의 모든 영역이 소비자교육 내용에서 포괄해야 함을 시사하고 있다.

권정원과 이기춘(1997)은 노인소비자(만 60세 이상의 남녀 노인)를 대상으로 소비자교육의 내용영역과 방법에 대한 요구도를 조사하였다. 7개 내용영역별 요구도 가운데 가장 요구순위가 높은 영역은 건강, 병원이용이고, 그 다음으로는 피해구제, 여가, 조세, 구매기술, 재산관리 그리고 재취업준비 순서이었다. 그리고 소비자교육 방법으로는 강의식을 선호하였고, 교육장소로는 조사대상자의 절반 이상이 노인학교에서 배우고 싶어하는 것으로 나타났다.

아동소비자의 소비자교육을 위해서 교사를 대상으로 교육요구도를 조사한 김영옥과

이기춘(1991)의 연구에 의하면 14개 주제영역 모두 요구도가 5점 척도에서 3.60 이상으로 높았다. 가장 높은 주제영역은 환경 및 자원의 보존이고, 그 다음으로는 물품관리 및 처분, 개인의 소비에 대한 가치관, 사회성원으로서의 소비행동, 지역사회 자원의 활용과 조세, 인간의 욕구와 합리적 선택, 소비자의 권리와 책임이 7위 이상의 높은 순위를 차지하였다.

앞의 영역들보다 상대적으로 요구순위가 낮은 영역은 금전관리 및 저축, 재화와 서비스의 구매, 광고 및 판매촉진 활동, 일반 경제지식, 소비자조직과 참여, 소비자정보, 법과 소비자보호 영역들이다. 아동소비자교육을 체계적으로 실시하기 위해서 14개 주제 영역 모두가 다루어져야 하지만, 요구순위가 높게 나타난 사회의 공적 영역과 관련된 소비자의 관리 · 유지 · 활용능력 및 소비에 대한 근본적인 가치관과 태도를 심어줄 수 있는 주제영역이 우선적으로 교육되어야 한다.

## 3. 소비자교육 프로그램의 설계

학습자에게 구체적인 소비자교육 내용이 전달되기 위해서는 소비자교육 프로그램이 설계되어야 한다. 교육 프로그램의 설계에서 기본적으로 고려되어야 할 사항은 일반적으로 다음과 같다(Tyler, 1949).

- 달성하고자 하는 목적
- 목적을 달성하기 위해 제공 가능한 내용의 선정과 조직
- 내용을 효과적으로 교육하는 방법의 선정
- 목적의 달성여부 확인방법, 즉 평가

### 1) 소비자교육 프로그램의 목적과 목표설정

#### (1) 목적과 목표의 개념

프로그램의 계획 과정에서 목적과 목표가 혼동되는 경우가 있으나, 엄밀한 의미에서 목

적과 목표는 다르다. 프로그램의 일반 목적은 최종적으로 도달하여야 할 장기적이고 광범한 교육활동의 방향성을 제시하는 것으로 어떤 사회적 활동이 지향하는 포괄적 · 일반적 · 궁극적 목표가 되며, 보통 하나의 문장으로 표현된다.

반면에 프로그램의 목표(program objectives)는 목적을 달성하기 위하여 단계별로 성취하여야 할 단기간의 소범위 교육활동을 의미한다. 프로그램 목표는 전체 프로그램 중에서 각 부분의 프로그램 영역이 일정 기간 동안에 지향하는 교육상의 결과와 운영상의 결과를 언급할 때 사용된다. 따라서 측정이 가능한 형태로 진술되는 것이 바람직하다.

목표진술을 명확하게 하기 위해 프로그램 개발자들은 다음의 원칙을 고려해야 한다.

- 목표는 수업의 절차나 방법을 기술하는 것이 아니라 의도한 결과를 진술해야 한다. 즉, 학습이 이루어지고 난 후 어떤 행동을 할 수 있느냐가 명시되도록 진술해야 한다.
- 목표는 기대되는 성취행동이 나타나는 조건도 함께 진술되어야한다. 즉, 어떤 조건 하에서 그러한 행동이 나타날 것인지를 진술하여야 한다.
- 목표진술에는 수락기준이 포함되어야 한다. 즉, 목표진술에서는 기대되는 행동의 결과가 일정 수준에 도달하였는지를 알 수 있는 기준이 제시되어야 한다(한국청소년개발원, 1997).

### (2) 목표의 설정준거

소비자교육 프로그램의 목표를 설정할 때 고려해야 할 사항은 학습자의 교육적 요구를 정확히 파악하여 충족시킬 수 있도록 해야 하며, 지역사회나 국가 사회적 요구에 합치될 수 있어야 한다는 점이다. 즉, 모든 프로그램의 목표는 학습자들의 개인적 요구나 필요를 충분히 충족시킬 수 있도록 반영하여야 한다. 그리고 사회의 변화에 따라 사회적 요구사항 또한 변화할 것이므로, 사회적 목표를 설정할 때 사회적 변화의 흐름을 파악하여 최소한도의 사회적 요구를 반영시킬 수 있도록 하여야 한다(정지웅 · 김지자, 1986).

## 2) 소비자교육 프로그램의 내용선정과 조직

### (1) 프로그램 내용의 선정

구체적으로 설정한 목표에 도달할 수 있도록 프로그램의 내용을 결정해야 한다. 교육내용을 선정할 때 고려해야 할 기준들로서 여러 교육학자들은 다음 사항을 들고 있다.

타바(Taba, 1962)의 교육내용 선정준거는 다음과 같다.

- 타당성과 중요성으로 당대의 과학적 지식을 반영하는 기본적인 것이며 탐구방법과 정신을 전달하여야 한다.
- 사회적 실재와의 일치성으로 변화하는 세상을 이해하고 그에 대처할 수 있는 합리적 기술을 개발하게 하며 새로운 상황에 전이될 수 있어야 한다.
- 넓이와 깊이의 균형으로 각 지식의 역할에 따라 필요한 깊이와 범위의 균형을 취하여야 한다.
- 광범위한 목표를 위한 준비로 학습자가 여러 유형의 학습에 능동적으로 참여할 수 있는 기회를 증진시킬 수 있어야 한다.
- 학생들의 적응능력과 학습가능성으로 학습자에게 형성되어 있는 능력을 알아야 하고, 사회적 유산을 학습자가 내면화하는 데 도움을 줄 수 있는 경험으로 옮겨야 한다.
- 학생들의 욕구와 흥미에 대한 적절성으로 학습내용과 방법에서 학습자의 관심, 장점, 욕구, 흥미 등을 충족시키거나 개발할 수 있는 것으로 선정해야 한다.

자이스(Zais, 1976)는 교육내용의 선정원리로서 중요한 것으로 해당 학문에서 본질적이고 기초적인 내용, 유용성(성인 활동을 수행하는 데 유용한 내용), 흥미(학습자의 흥미를 고려한 내용), 인간발달(사회적 반영물의 전수만이 아닌 사회의 변화방향을 제공하는 내용)을 들었다.

정지웅 · 김지자(1986)는 교육내용의 선정준거로 다음을 들고 있다.

- 합목적성, 즉 목표와의 일관성으로 교육내용은 목표가 지시하는 내용이어야 한다.
- 능력수준과 흥미에의 적합성으로 학습자의 필요와 흥미 또는 능력수준을 고려하여

주제의 내용과 방법이 친밀감 있는 것이어야 한다.

- 지도 가능성으로 이상적으로 선정된 내용이 현실적으로 지도 가능한가를 검토하여야 한다.
- 일목적 다경험과 일경험 다목적의 원리로 한 가지 목표를 달성하기 위하여 몇 가지 내용과 연관지어 선정할 수 있어야 하며, 또 반대로 한 가지 내용이 두 개 이상의 목표와 관련되어 동시학습이 이루어질 수도 있도록 선정되어야 한다.
- 실용성으로 사회적 요구에 적합하여 사회생활 속에서 실제로 적용 · 활용할 수 있어야 한다.

김영옥(1999)은 아동을 위한 소비자교육 내용의 선정원칙으로서 일반적인 교육내용의 선정준거인 학습자, 학문, 사회를 고려하여 다음과 같이 선정하였다.

- 인지발달 단계, 특히 경제적 인지발달 단계에 맞게 이해 가능하도록 구체적이어야 한다.
- 소비자 특히 구매자로서의 관심, 요구 및 문제와 관련이 있는 내용을 다루어 능동적으로 학습에 참여하도록 하고 현실사회에서 아동들이 소비자로서의 역할수행 시 실제적인 도움을 얻을 수 있도록 한다.
- 소비자학의 기초적인 개념과 사고방식을 전달하는 내용, 즉 소비자교육의 근간이 되는 핵심적인 내용에 초점을 두어 학습의 전이효과가 높고 학습된 내용의 지속효과가 높은 내용으로 구성되어야 한다.
- 미래의 소비자활동에 기초가 되는 내용과 소비환경을 소비자복지 지향적으로 변화시키는 데 필요한 내용, 즉 미래사회에 맞는 소비자의식을 지니고 소비자권리와 책임을 인식하고 수행하는 데 도움이 될 내용이 이해수준에 맞게 제시되어야 한다. 이상과 같이 여러 연구자들의 교육내용의 선정원리를 살펴보았는데 다양하면서도 공통점을 지니고 있다.

### (2) 프로그램 내용의 조직

교육 프로그램의 목표를 달성하기 위하여 내용을 조직할 때 고려해야 할 원리로서 타일러(Tyler, 1949)는 계속성, 계열성, 통합성 세 가지를 제시하고 있다. 계속성은 학습경험의 수직적 조직에 요구되는 원리로서 중요한 경험 요소가 어느 정도 계속해서 반복되도록 조직하는 것이다. 일회적 또는 단기간의 학습경험으로는 중요한 행동특성의 변화를 기대하기 어렵고, 배운 내용을 쉽게 망각하지 않을 정도까지 학습하기 위해서는 상당기간 반복적인 학습경험의 기회가 제공되어야 한다는 것이 계속성 원리에서의 강조사항이다.

계열성은 학습경험의 수직적 조직에 요구되는 원리로서 앞의 계속성과 관계가 있기는 하지만, 학습내용의 단순한 반복이 아니라 점차로 경험의 수준을 높여서 더욱 깊이 있고 다양한 학습경험을 할 수 있도록 조직하는 것이다. 계열성의 원리를 적용하는 방법에는 단순한 내용에서 점차 복잡한 내용으로, 구체적인 개념에서 추상적인 개념으로, 부분에서 전체로 등 여러 가지가 있다. 계열성의 개념은 동일한 성격의 학습내용을 학년수준이 높아짐에 따라 더 깊고 더 폭넓게 가르쳐야 한다는 소위 나선형 교육과정의 개념과도 통한다(이종승, 1998).

통합성은 학습경험의 수평적 조직에 요구되는 원리이다. 통합성은 각 학습경험을 제각기 단편적으로 구획시키는 것이 아니라 횡적으로 상호 보충 · 보강되도록 조직해야 학습효과를 높일 수 있으며 종합적이고 전체적인 안목을 기를 수 있다. 예컨대 한 교과목에서 길러지는 능력을 그 교과의 학습으로만 국한시키지 말고, 일상생활의 문제해결에 활용할 수 있도록 학습경험의 배열조직을 횡적으로 잘 연결시키면 그만큼 학습효과는 높아지고 학생들은 통합된 지식을 가질 수 있다. 통합성이 고려되지 않는다면 여러 교과의 내용이 상호 연결되지 못하고 중복, 누락, 상극 등의 불균형 또는 부조화가 초래될 우려가 있다.

이상에서 본 바와 같이 학습내용들은 계속성, 계열성, 통합성을 고려하여 조직되어야 효과적이다(Tyler, 1949). 그러므로 소비자교육 내용도 계속성과 계열성, 통합성을 고려하여 조직하여야 교육효과를 높일 수 있다. 여기서는 설명의 편의상 교육내용의 선정과 조직으로 구분하였으나, 실제 프로그램의 설계와 수행과정에서는 이 두 단계가 분리되지 않는다.

### 3) 소비자교육 프로그램의 실행방법 선정

소비자교육을 선정 실시하는 방법은 매우 다양하고 광범위하다. 교육방법은 학습자의 특성, 목표와 내용, 활용 자원의 가용성, 교육자의 품성과 능력 등에 따라서 그 유형이 달라질 수 있다. 교육방법을 선정할 때 고려해야 할 원리는 다음과 같다(정지웅 · 김지자, 1986).

#### (1) 다양성의 원리

교육방법은 한 내용에 대해서 한 가지만 있는 것이 아니므로 다양하게 다른 방법을 도입하거나 전체적으로 조화와 균형을 이루도록 변화를 주는 것이 필요하다. 이를 통해서 동기를 유발시키고, 주의를 집중시키거나, 계속적인 흥미와 관심을 보이며, 적극적인 참여와 긍정적인 태도를 유지시킬 수 있다.

#### (2) 적절성과 효율성의 원리

다양한 방법을 도입하는 것이 동기유발이나 계속적인 활동의욕을 불러일으키기에 좋다고 하더라도 각 방법들의 도입에 따른 효과를 생각해야 한다. 시간적 · 경제적으로 적당한 선에서의 최적성 또는 효율성을 찾아 여러 방법들이 선택되어야 한다.

#### (3) 현실성의 원리

교육방법은 지역, 시대, 사회문화적 현실에 맞는 것이어야 한다. 특히 소비자교육에서는 현실과의 관련성이 높으므로, 구체적으로 실생활에 적용할 수 있는 방법이어야 하며 활동의 결과 또한 실생활에 즉각적으로 적용할 수 있는 것이어야 한다.

### 4) 소비자교육 프로그램의 평가

소비자교육 프로그램의 평가설계가 올바르게 이루어질 수 있도록 하기 위해서는 다음과 같은 사항들을 고려하여야 한다(한국청소년개발원, 1997).

- 프로그램의 평가는 활동의 과정 속에서 일어난 여러 다양한 사상 또는 상태들이 바람직한지를 필연적으로 평가하게 된다. 그러므로 이러한 바람직함에 대한 프로그램 평가에는 가치판단이 개입하게 된다. 가치화 또는 가치화적 판단행동이 완전히 배제되고 순수한 경험적 · 실증적 접근에 의해서만 프로그램을 평가하면 그 의의는 대단히 낮을 수밖에 없다.
- 프로그램 평가는 현재 실천되고 있는 교육활동 상황 속에서 문제를 발견, 진단, 치료는 물론 문제를 예방하는 활동까지 포함한다. 즉, 프로그램 평가는 교육활동을 더욱 승화시킬 수 있는 해결책을 강구하기 위한 노력이다.
- 프로그램의 평가는 차후의 의사결정 또는 정책수립을 촉진하기 위한 출발점이 되므로, 프로그램의 진행이 어떻게, 언제, 어느 방향으로 이루어져 가고 있는가를 분명히 밝혀내야 한다. 다음과 같은 질문의 해답에 접근해 나가는 것이 프로그램 평가의 기본 자세이다.
  - 목적을 향하여 바르게 나가고 있는가?
  - 프로그램 진도는 얼마나 나가고 있는가?
  - 어느 정도의 속도로 진행하고 있는가?
  - 수행방향이 제대로 되고 있다는 구체적인 증거는 무엇인가?
  - 수행과정 속의 여러 활동과 목표들은 어떠한 관련을 갖는가?
- 프로그램 평가는 지속적이고 종합적으로 전개되어야 평가목적을 성취할 수 있다. 프로그램 목적과 목표에 따라 각 영역에서 수행해 오던 활동들이 한자리에 수합되고 통합 조정되는 것이 프로그램 평가단계에서의 과정이다. 이러한 평가의 종합성은 곧 평가방법과 평가기술 등 제반 평가활동의 다양화를 꾸준히 요구하고 있다.

**Consumer Issue 7-1**

# 한국소비자원의 소비자교육모형

## 소비자교육의 내용과 차원

● **소비자교육의 내용은 크게 다음과 같은 세 가지 차원으로 구분된다.**

- 소비생활의 기본을 이해하고, 자신의 가치세계를 인식 · 발전시키는 차원
- 자신의 처지를 기반으로 사회적 · 경제적 · 생태 상황을 고려하여 합리적 의사결정을 내리는 차원
- 소비자권리와 책임을 이해하고 소비자시민의 역할을 잘 수행하여 새로운 소비문화를 형성해 나가는 차원

| 소비생활의 기본을 이해 | 합리적 의사결정과 기술개발 | 새로운 소비문화 형성 |
|---|---|---|
| • 기본 지식과 이해를 터득<br>• 비판의 눈을 가지고 가치체계를 발전 | • 지식 · 이해 · 가치를 바탕으로 합리적 의사결정능력 터득<br>• 합리적 의사결정 반복을 통해 다양한 생활기술을 개발 · 적용 | • 소비자권리와 책임을 이해<br>• 문제해결을 위한 법과 제도를 적용<br>• 자신만의 라이프스타일을 정립<br>• 소비자시민으로서 각종 경제 · 사회 정치에 참여 |

● **소비자교육 내용영역은 크게 4개 대영역, 8개 중영역, 40개 세부영역으로 구분하고 각 범주가 균형을 이루도록 조절한다.**

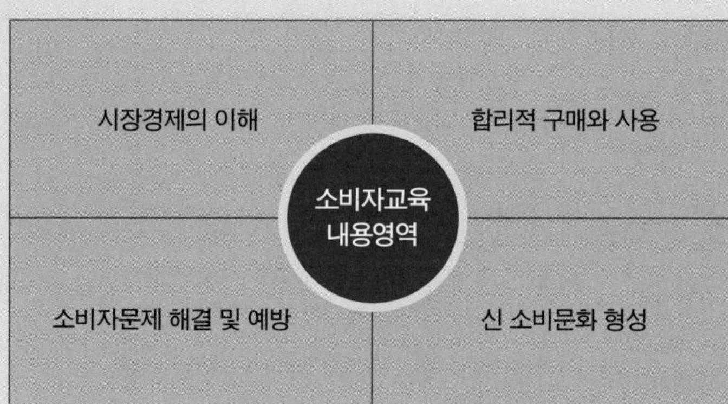

<table>
<tr><th rowspan="2">대영역</th><th rowspan="2">소영역</th><th rowspan="2">내용 및 목표</th><th colspan="3">적용 단계</th></tr>
<tr><th>어린이</th><th>청소년</th><th>성 인</th></tr>
<tr><td rowspan="10">1. 시장 경제의 이해</td><td rowspan="5">(1) 시장 경제의 기본 원리</td><td>희소성(욕구와 자원), 기회비용(trade-off), 교환, 생산성 등 기본경제원리 이해하기</td><td>도입</td><td>강화</td><td>강화</td></tr>
<tr><td>수요와 공급, 시장과 가격, 유통, 경쟁과 시장, 시장실패, 정부역할 등 미시경제원리 이해하기</td><td>도입</td><td>강화</td><td>강화</td></tr>
<tr><td>국민총생산, 인플레이션, 실업, 금융정책, 재정정책 등 거시경제원리 이해하기</td><td>도입</td><td>강화</td><td>강화</td></tr>
<tr><td>정부, 기업, 가계 등 경제주체의 역할과 win-win 관계 이해하기</td><td>도입</td><td>도입<br>강화</td><td>강화</td></tr>
<tr><td>환율과 국제수지, 국제경쟁과 국제협력, 주요국 시장동향 등 글로벌 시장경제환경 이해하기</td><td>도입</td><td>도입</td><td>강화</td></tr>
<tr><td rowspan="5">(2) 소비자 자원의 관리</td><td>소득 획득의 의미와 관리법 알기(돈의 이해, 소득의 원천, 영향요인, 직업선택, 사회보장 등)</td><td>도입</td><td>도입<br>강화</td><td>강화</td></tr>
<tr><td>자금관리의 의미와 관리법 알기(예산수립과 작성, 금융선택, 보험과 위험관리, 세금납부 등)</td><td>도입</td><td>도입<br>강화</td><td>강화</td></tr>
<tr><td>지출 및 신용의 의미와 관리법 알기(비교구매, 지불방법, 신용유형, 신용비용과 책임 등)</td><td>도입</td><td>도입<br>강화</td><td>강화</td></tr>
<tr><td>저축과 투자의 의미와 관리법 알기(관련상품, 위험과 수익, 장단기저축플랜, 노후설계 등)</td><td>도입</td><td>도입<br>강화</td><td>강화</td></tr>
<tr><td>금전 외의 자원(시간, 각종 내구재와 공공재 등)의 의미와 관리법 알기</td><td>도입</td><td>도입<br>강화</td><td>강화</td></tr>
<tr><td rowspan="4">2. 합리적 구매와 사용</td><td rowspan="4">(3) 소비자 정보의 수집과 분석</td><td>인터넷, 신문, 잡지 등에서 다양한 소비자정보를 수집하고, 읽고, 분석할 수 있기</td><td>도입</td><td>도입<br>강화</td><td>강화</td></tr>
<tr><td>광고, 마케팅전략 등 각종 상업적 정보의 목적과 소비자선택에 미치는 영향을 파악하기</td><td>도입</td><td>강화</td><td>강화</td></tr>
<tr><td>소비자단체나 언론, 정부 등이 제공하는 각종 중립적 정보의 중요성을 알고 활용하기</td><td>도입</td><td>강화</td><td>강화</td></tr>
<tr><td>규격 · 품질 · 안전 · 위해 · 가격 등 각종 표시정보를 알고 활용하기</td><td>도입</td><td>도입<br>강화</td><td>강화</td></tr>
</table>

| 대영역 | 소영역 | 내용 및 목표 | 적용 단계 | | |
|---|---|---|---|---|---|
| | | | 어린이 | 청소년 | 성 인 |
| 2. 합리적 구매와 사용 | (3) 소비자 정보의 수집과 분석 | 상품 · 서비스 구매 시 계약서, 약관, 사용설명서 등을 읽고 활용하기 | 도입 | 강화 | 강화 |
| | (4) 구매의사결정 과정과 구매, 그리고 사용 | 구매의사결정과정을 이해하고 이에 영향을 미치는 각종 요인을 고려하여 선택하기 | 도입 | 도입<br>강화 | 강화 |
| | | 상품과 서비스 구매 시 적절한 거래 및 계약방식을 알고 부당한 거래 선택하지 않기 | 도입 | 도입<br>강화 | 강화 |
| | | 전자상거래, 홈쇼핑, 방문판매, 백화점, 할인점 등 다양한 구매유형의 장단점과 올바른 이용방식을 알고 선택하기 | 도입 | 도입<br>강화 | 도입<br>강화 |
| | | 현금, 할부, 신용카드 등 다양한 대금지불방식의 장단점을 알고 선택하기 | 도입 | 도입<br>강화 | 강화 |
| | | 구매한 각종 소비자 제품 및 서비스의 안전하고 편리한 사용과 보존법 알기 | 도입 | 도입<br>강화 | 강화 |
| 3. 소비자 문제 해결 및 예방 | (5) 소비자 문제의 해결 | 소비자문제의 원인과 빈번하게 발생하는 소비자문제를 알고 예방하기 | 도입 | 도입<br>강화 | 강화 |
| | | 제조물책임법과 리콜제도 등 소비자안전과 관련된 법과 제도를 알고 적용하기 | 도입 | 도입<br>강화 | 강화 |
| | | 효과적인 불만제시방식(서면, 전화, 대면 접촉 등)을 알고 실천할 수 있기 | 도입 | 도입<br>강화 | 강화 |
| | | 소비자피해 및 분쟁 해결 시 활용할 수 있는 제도와 기관 알기 | 도입 | 도입<br>강화 | 강화 |
| | | 소비자이익을 돌보는 지역 및 전국단위, 국제단위의 기관 및 조직을 알고 활용하기 | 도입 | 도입<br>강화 | 강화 |
| | (6) 소비자 주권과 소비자참여 | 소비자주권의 의미, 소비자 권리와 책임의 개념을 알고 그 중요성을 인식하기 | 도입 | 강화 | 강화 |
| | | 누가 소비자법과 제도를 만들며 이것이 위반될 경우 어떠한 손실이 있을지 알기 | 도입 | 도입<br>강화 | 강화 |

| 대영역 | 소영역 | 내용 및 목표 | 적용 단계 | | |
|---|---|---|---|---|---|
| | | | 어린이 | 청소년 | 성 인 |
| 3. 소비자 문제 해결 및 예방 | (6) 소비자 주권과 소비자참여 | 소비자참여 및 운동의 역사를 알고 이것이 더 나은 경제환경, 법 및 제도를 만듦을 인식하기 | 도입 | 도입<br>강화 | 강화 |
| | | 기업모니터링, 소비자패널, 인터넷정보생산 등 각종 새로운 소비자참여방식을 알고 실천하기 | 도입 | 도입<br>강화 | 강화 |
| | | 소비자단체 등 소비자대표기관의 역할을 이해하고 지원하기 | 도입 | 도입<br>강화 | 강화 |
| 4. 신 소비 문화형성 | (7) 소비문화와 트렌드 | 소비의 의미와 소비문화현상의 역사적 변화과정 알기 | 도입 | 도입<br>강화 | 강화 |
| | | 생활주기와 개인의 욕구에 따라 소비문화가 다름을 알고 자신과 타인의 소비문화 이해하기 | 도입 | 도입<br>강화 | 강화 |
| | | 연령별, 세대별, 성별, 국가별 등 국내외의 다양한 소비문화를 알고 그 배경을 이해하기 | 도입 | 도입<br>강화 | 강화 |
| | | 각종 소비유행과 트렌드를 읽고 소비자의 눈으로 다시 보기 | 도입 | 도입<br>강화 | 강화 |
| | | 나눔의 문화 등 바람직한 소비문화를 인식하고 개발하기 | 도입 | 강화 | 강화 |
| | (8) 공동체와 소비자 | 지역사회에서 선택 가능한 공공시설물을 알고 올바르게 이용하기 | 도입 | 강화 | 강화 |
| | | 공동체에서 건강하고 안전한 소비생활양식(금연, 안전한 제품사용 등)을 알고 선택하기 | 도입 | 강화 | 강화 |
| | | 에너지와 물, 식물, 동물 등 각종 자연자원을 아끼고 보존하는 법을 알고 선택하기 | 도입 | 강화 | 강화 |
| | | 쓰레기를 줄이고 재활용하는 소비생활양식을 선택하고 실천하기 | 도입 | 강화 | 강화 |
| | | 지속가능한 소비, 국경 없는 소비자 등 각종 글로벌 소비환경 이슈를 알고 행동하기 | 도입 | 도입<br>강화 | 강화 |

출처: 한국소비자원 홈페이지(www.kca.go.kr)

# Project

1 바니스터와 몬스마의 소비자교육 개념을 살펴보고 개념 분류에서 소비의사결정에 영향을 미치는 개인적 요인과 사회적 요인에 대하여 구체적으로 검토해서 한국의 중등교육 차원에 적합하다고 판단되는 요소들을 찾아보자.

2 인간의 기본적 요구와 교육적 요구가 무엇인지 생각해 보고, 소비자교육 요구분석의 필요성과 특히 성인 소비자교육에서 중요한 이유를 알아보자.

3 소비자교육 요구분석의 절차를 계획과 실행으로 나누어서 살펴보고, 체제접근을 통한 요구분석 해결의 단계를 설명해 보자.

4 학습자에게 구체적인 소비자교육 내용이 전달되기 위해서는 소비자교육 프로그램이 설계되어야 하는데 기본적으로 고려해야 할 사항에 대해서 검토해 보자.

5 소비자교육을 실시하는 방법은 매우 다양한데 교육방법을 선정할 때 고려해야 할 원리와 교육프로그램의 평가에서 기준이 되는 사항을 알아보자.

# Part 3

# 대상별 소비자교육

Chapter 8 아동소비자 교육

Chapter 9 청소년소비자 교육

Chapter 10 성인소비자 교육

Chapter 11 고령소비자 교육

'모든 인간이 곧 소비자' 라고 해서 모든 인간이 유사한 소비행태를 보이는 동일한 소비자유형으로 취급될 수는 없다. 오히려 모든 인간이 소비자이기 때문에 이들이 나타내는 소비행동은 더욱 다양할 수밖에 없으며, 생활주기와 소비환경 그리고 사회경제적 배경 등에 따라 한 개인으로서의 소비자를 규정짓는 배경변수들이 다양하다.

소비자교육을 통해 소비자능력을 개발하고자 할 때 교육의 대상이 되는 소비자가 어떤 배경이나 특성을 가지고 있는가는 교육의 내용이나 형식을 다르게 만드는 중요한 요인이다. 따라서 현실적인 교육효과를 거두기 위해서는 대상별로 차별화된 소비자 교육방안이 모색되어야 할 것이다.

여기서는 소비자교육을 통해 소비자능력을 개발하고자 할 때 교육의 대상에 따른 소비자 교육방안이 모색될 것이다.

# Chapter 8

# 아동소비자 교육

**과거에는** 아동소비자가 독립적인 소비자로서 소비생활의 주체로 인식되지 못했으며 단지 미래에 소비활동을 할 가능성이 있는 장래 소비자로 간주되었다. 그러나 오늘날 아동은 시장에서 자신의 욕구와 선호에 따라 소비활동을 하는 독립적인 소비자로서 행동하고 있다. 또한 가족이나 또래의 구매행위에 직접 또는 간접적으로 영향을 미치며, 특히 가족의 구매의사결정에 있어서는 중요한 의견선도자가 되고 있다.

아동기는 소비자 사회화과정을 통해 소비자역할을 획득해 나가는 시기로, 아동소비자 교육은 현재 소비자로서의 능력을 키워 주는 것과 동시에 미래의 현명한 소비자를 양성한다는 측면에서 매우 중요하다. 그러므로 성인소비자와는 다른 특성을 가지고 있는 아동소비자의 특성과 소비행동을 살펴보고, 아동소비자를 위한 소비자교육 방안을 모색해 보기로 한다.

## 1. 아동소비자의 개념과 특성

### 1) 아동소비자의 개념과 역할행동

#### (1) 아동소비자의 개념

모든 인간은 태어나는 순간부터 상품과 용역의 소비자로서 역할을 하게 된다. 아동도 사용자로서의 역할을 시작으로 해서 구매자 역할을 수행하게 되는 소비자이다.

인간의 발달은 개인에 따라 다르며 단계를 분명하게 구분하기 어려운 연속적인 과정이기 때문에 아동기에 대한 명확한 규정이 어렵다. 일반적으로 넓은 의미의 아동기라고 하면 유아기를 포함하는 것으로 대략 출생에서부터 12~14세, 즉 청소년기에 들어가기

전까지를 말한다. 좁은 의미의 아동기는 6~7세에서 12~14세의 시기로서 유아기를 지난 다음의 단계로서, 이 시기는 초등학교 재학시기와 거의 일치한다.

또 아동기를 아동 전기와 아동 후기로 나누기도 하는데, 아동 전기는 만 2세 말에서 만 5세까지로 취학 전기 또는 학령 전기이며, 아동 후기는 만 6세~12세의 학령기이다(유안진, 1987). 따라서 아동소비자는 만 2세 말~12세의 소비자로 규정할 수 있으며, 이는 유아기의 소비자를 포함하는 개념이다. 최근에는 성인소비자 시장의 세분화와 아울러 아동소비자 시장의 세분화에 대한 관심이 고조되어 아동소비자를 연령별로 세분화하는 추세이다. 특히 영유아도 중요한 소비자로 마케팅 전략의 대상이 되어 유아소비자 교육에 대한 요구도 날로 높아지고 있다.

### (2) 아동소비자의 역할행동 습득단계

소비자행동을 인간발달의 측면에서 볼 때 아동소비자의 역할행동은 영유아기 때부터 시작된다. 제1단계는 부모를 따라다니면서 관찰하는 시기이다. 태어난 후 앉기가 가능해지면 부모를 따라서 유모차나 쇼핑 카트에 앉아 소비자로서 시장을 관찰하기 시작한다. 2세경의 유아는 아동을 대상으로 하는 TV 광고의 내용물과 상점의 물건을 연결시킬 수 있게 된다.

제2단계는 부모를 따라가서 구매를 요구하는 시기이다. 2세경부터 부모와 함께 쇼핑을 가면 갖고 싶은 것에 대해 부모에게 구매를 요구하며 이에 대한 부모의 반응도 학습하게 된다. 그리고 이때부터 부모의 소비자행동에 아동이 영향을 미치기 시작한다. 2~3세는 부모가 아동의 욕구충족 방식을 주로 결정하지만, 자녀의 의사표시가 있을 때 자녀의 선택이 약간 허용된다.

제3단계는 아동이 부모와 함께 상점에 가서 부모의 허락 아래 물건을 선택해 보는 시기이다. 3~4세가 되면 걸어다니면서 자신이 좋아하는 것을 직접 선택해 보고 싶어하기 때문에 부모가 이를 허용해 줄 수 있다. 이 단계의 아동은 선호하는 상표가 생긴다.

제4단계는 아동이 부모를 따라가서 혼자 구매하는 시기이다. 5~6세의 아동은 화폐개념이 형성되어 있으므로 독자적으로 구매행동을 할 수 있으나 어려움을 겪는다. 돈을 계산해야 하고 성인과 똑같이 줄을 서서 기다려야 한다. 때로 판매원으로부터 정당하지 못한 대접을 받게 되면 혼란을 겪을 수도 있다.

마지막 단계는 소비자로서 독자적인 행동을 하는 단계로 7~8세가 되면 이러한 행동을 하기 시작한다. 아동은 이상의 5단계를 거치면서 독립적인 소비자가 되어간다. 그러므로 아동의 인지능력과 발달과업에 따른 소비자교육이 이루어질 때 효과적인 소비자능력의 획득과 역할학습이 이루어지게 된다.

## 2) 아동소비자의 중요성과 키즈마케팅의 성장

아동소비자가 기업의 관심을 받기 시작한 것은 제2차 세계대전 이후로, 전후 베이비붐으로 인해 아동의 수가 급증했기 때문이다. 1950년대에는 아동수의 증가, 1960년대에는 아동이 소비할 수 있는 소득의 증가가 이루어졌으며, 1970년대에는 아동이 원하고 구매할 수 있는 수많은 신상품과 서비스가 개발 · 생산되었다. 1980년대에 와서는 아동에게 성인과 동등한 소비자로서의 적합성과 평등성이 부여되었으며 아동소비자를 대상으로 한 대중매체의 영향이 증폭되었다. 1990년대는 시장의 세분화와 함께 아동소비자 시장이 세분화되어 연령별로 차별화된 마케팅 전략이 구사되고 있다.

최근 외동 자녀를 일컬어 '소황제', 혹은 '골든 키드' 라고 칭하며 유망 소비자 집단으로 선정하기도 한다(통계청, 2007). 계속되는 체감경기의 악화에도 불구하고, 아동을 위한 키즈 산업(kids market)만큼은 불황은 모르는 꾸준한 성장세로 주목받고 있는 것이다. 0~9세를 대상으로 한 키즈 산업 규모는 연간 20%가 넘게 성장하며 2004년 10조 원, 2005년 15조 원, 2006년에는 18조 원을 기록하였다(배영순 · 김현주, 2007).

이에 아동을 대상으로 하는 마케팅도 크게 두 가지 형태로 특화되고 있는데 첫 번째는 아동을 대상으로 하는 프리미엄 마케팅, 'VIB(Very Important Baby)' 마케팅이다. 이는 아동용 의류나 아동전용 서비스 등을 중심으로 성인 소비자의 명품 시장 못지않은 프리미엄 서비스를 제공하는 경우이다. 두 번째로는 가족의 라이프사이클과 라이프스타일을 고려하여 아동을 매우 중요한 구성원으로 인식하며 부모의 만족도를 향상시킴으로써 장기적으로는 아동을 미래의 잠재고객으로 대우하는 것이다. 각종 외식 및 여가 산업에서 온 가족이, 특히나 아이들과 함께 즐거운 시간을 보내도록 하는 전략이 주를 이룬다.

맥닐(McNeal, 1992)은 아동소비자를 하나의 시장으로 인식하고 이들을 직접 돈을 지불하고 소비하는 '1차 직접구매시장(Direct Market)' 과 부모와 가족의 의사결정에 영향을 미치는 '간접영향력시장(Influence Market)', 중요한 잠재고객으로서의 '미래시장(Future Market)' 이렇게 세 가지 시장으로 구분하였다(안보섭 · 최승연, 2010).

① 직접구매시장

아동은 보통 4세에서 6세가 되면 절반가량이 '독자적인 소매점 방문(Solo Store Visit)'이 가능하며 7세에는 70% 이상, 9세는 완벽한 '자율적 쇼퍼(Autonomous Shopper)'가 된다. 이들은 주로 과자류나 학용품 등 저렴한 상품을 중심으로 문방구나 동네 슈퍼마켓을 통해 경험을 증대시킨다.

② 간접영향력시장

골드 키즈의 영향력이 증가하며 과거 부모가 자녀의 소비결정에 영향을 미쳤던 사회화 과정이 역전되고 자녀의 기호가 부모의 의사결정에 영향을 미치는 '역사회화(Reverse Socialization)'가 증가하고 있다.

③ 미래시장

아동들의 본격적인 시장활동 연령대가 점차 낮아지면서 기업들은 십 년 이상을 내다보는 장기적 관계 맺기를 성공시키기 위해 아동소비자에게 더욱 주목하여 왔다. 실제로 아동들의 시장 경험이 활발해지면서 근본적인 소비가치와 선호도 등이 상당 부분 결정되는 시기이기 때문에 소비자라는 주체에게 이 시기는 결정적인 소비자 정체성의 형성기라고 볼 수 있다.

## 3) 아동소비자의 특성

아동소비자는 현대사회에서 다음과 같은 특성을 갖는다.

① 자유재량 소비액의 증가

계속적인 경제성장으로 인해 가계소득 수준이 높아지고 가정의 자녀수가 감소되어 아동의 지위가 향상됨에 따라 아동소비자가 쓸 수 있는 자유재량 소비액이 증가되었다. 물론 아동소비자 한 개인이 사용하는 자유재량 소비액은 성인소비자에 비해서 대단히 적겠지만 전체 인구에서 이들이 차지하는 비율이 상당하므로 이들의 소비규모는 소비시장에서 무시할 수 없는 정도가 된다.

② 소비욕망 절제력의 부족

부모의 자녀양육태도가 과잉보호적이고 지나치게 허용적이어서 자녀의 충동적인 욕망에 대해 관대하기 때문에 현대의 아동소비자는 소비에 대한 욕망의 절제를 잘 하지 못한다. 따라서 구매욕구가 발생하면 당장에 그 상품이나 서비스를 소유하려 하며 욕구충족 행동을 연기시키지 못한다. 그리고 소비를 선택하는 방식에서도 많은 자유를 누린다.

③ 대중매체에의 과다한 노출

대부분의 아동소비자는 소비욕구를 자극하는 대중매체에 과다하게 노출되어 있다. 특히 TV에 의해 가장 큰 영향을 받는데 아동에게 있어서 TV는 강력한 영향력을 발휘하는 매체이다. 아주 어린 시기부터 아동은 TV 광고에 노출되어 영향을 받게 되며, 나이가 들면서 광고된 상품을 소유하려는 소비욕구가 커지게 된다. 특히 아동소비자를 대상으로 하는 광고나 경품을 통한 마케팅이 심화되고 있는 가운데 아동소비자는 무방비 상태로 이의 영향을 받는다.

④ 가계구매행위에 영향력 행사

현대의 아동소비자는 부모가 아동용품을 구매할 때 아동 자신의 의사를 반영시킴으로써 영향을 미친다. 또한 가족 전체를 위한 재화와 서비스의 구매에도 영향을 미침으로써 가계구매행위에 직간접으로 영향력을 행사한다.

⑤ 소비자교육 기회의 부족

현대의 아동소비자는 소비자교육에 대한 준비가 되어 있지 못하며 소비자능력을 향상시킬 수 있는 소비자교육의 기회 또한 충분치 못하다. 실제로 마케터들의 판촉대상인 아동소비자는 시장에서의 문제점을 파악하지도 못하고, 광고에 대한 인지적 방어기제가 발달되어 있지 못하며, 계속되는 경제성장에 따른 물질의 풍요로 재화의 귀중함도 인식하지 못하고 있다.

# 2. 아동소비자의 소비행동과 문제

## 1) 아동소비자의 소비행동

### (1) 아동소비자의 소비자역할 학습

아동은 신체적 · 심리적으로 완전히 성숙되어 있지 못한 상태이므로 합리적인 소비자행동을 하기가 어렵다. 따라서 아동기는 부모나 학교로부터 올바른 소비생활을 배워 나가야 하는 시기라고 할 수 있다. 소비에 대한 아동의 이해는 연령에 따라 증가하세 되지만, 연령뿐만 아니라 개인적 경험과 사회 · 경제적 요인에 의해서도 영향을 받는다. 즉, 소비자로서의 경험이 많을수록 소비과정에 대한 인식을 잘 할 수 있다.

슈트라우스(Strauss)는 아동의 화폐에 대한 이해를 추적하는 과정에서 대부분의 아동소비자는 5세가 되면 무엇을 구매하기 위해서 화폐가 필요하다는 것을 알게 된다고 지적했다. 어머니와 함께 슈퍼마켓에 가서 물건을 사는 것을 보고, 또는 놀이공원에 입장할 때 화폐가 필요하다는 사실에서 화폐는 상품뿐만 아니라 무형의 서비스를 획득하는 데도 사용된다는 것을 깨닫게 된다. 또 6세경에 대부분의 아동소비자는 화폐의 종류와 가치를 알게 된다고 했다. 즉, 100원짜리 동전보다 500원짜리 동전이 더 많은 사탕을 살 수 있고, 1,000원짜리 지폐가 500원짜리 동전보다 더 많은 것을 구입할 수 있다는 사실을 깨닫는다는 것이다. 그리고 8세가 지나면서 상점의 주인은 사람들에게 물건을 팔고 이득을 얻는다는 사실을 이해하게 된다.

맥닐(McNeal)은 5세와 7세 아동소비자 집단을 연구한 결과, 일반적으로 5세 아동은 부모의 선택에 의존하고 대부분의 7세 아동은 때때로 스스로 구매행위를 한다고 지적했다. 또한 이러한 성향은 부모의 자녀에 대한 역할강화나 아동지향적 광고에 의해 보다 이른 시기에 형성될 수도 있다. 7세경에 대부분의 아동소비자는 상품을 구매하는 데 필요불가결한 것이 화폐라는 것을 인식하며, 당장의 즐거움을 위해서 구매할 뿐만 아니라 미래의 구매를 위해서 저축하기도 한다. 이들은 종종 혼자서 또는 친구들과 함께 구매를 한다. 그리고 세상에 대한 지식이 확대되면서 점점 더 가계구매에 영향을 미치게 된다.

아동소비자는 상점에 혼자 가는 데서 독립감을 느끼며 구매행위를 통해서 두 가지 만족을 느낀다. 첫째는 구매한 상품으로부터 생기는 만족감이며, 둘째는 자신이 스스로 상품을 구매했다는 성취감이다. 따라서 아동에게 있어 구매행위는 중요한 독립심의 표현이 될 수 있다.

그러나 아동들은 금전에 대하여 민감하고 욕구가 충족되지 않을 경우에는 욕구불만의 상태가 갈등이나 비행으로 나타나 범죄를 유발하는 경우도 있다. 이러한 원인은 가치관의 혼란, 욕망의 무절제, 그릇된 소비생활의 모방에서 비롯된다. 따라서 아동기에는 소비생활이 합리적이고 바람직한 패턴을 갖도록 지도하는 것이 매우 중요하다.

아동 소비자행동은 학습에 의해서 향상될 수 있으며 학습경험을 통해 자연적으로 얻는 것보다 의도적인 훈련으로써 효과를 높일 수 있다. 따라서 아동소비자의 기능과 역할을 중요시하면서 아동의 소비행동에 관한 연구를 통해 소비자능력 향상을 통한 교육방안을 모색하는 것이 필요하다.

### (2) 아동소비자의 소비행동과 어머니의 역할

어머니와 아동의 소비자행동을 함께 살펴보면, 어머니의 소비자행동이 건전할수록 자녀에 대한 교육행동이 건전하며, 자녀에 대한 교육행동이 건전할수록 자녀의 소비자행동이 건전한 것으로 나타난다(이재은, 1980). 어머니의 소비자교육 태도는 자녀의 소비자행동에 유의한 상관이 있으며, 어머니의 교육수준이 높을수록 자녀에 대한 소비자교육이 철저하여서 자녀의 소비자행동이 완전하다(윤종희, 1978)는 연구결과도 있다.

어머니의 양육태도에 따른 양육유형별로도 소비자 사회화 수행에서 소비에 대한 의사소통, 매체의 영향에 대한 중재, 구매에 대한 통제 등의 하위차원에 유의한 차이가 있으며, 어머니의 시장 · 광고에 대한 태도와 소비자주의에 대한 태도에 따라 소비에 대한 의사소통, 매체의 영향에 대한 중재, 구매통제 등에 차이가 있었다(나종연 · 이기춘, 1998). 따라서 아동기 자녀에 대한 소비자 사회화수행에 있어서는 어머니의 역할이 중요하며, 특히 소비에 대한 태도와 자녀양육 태도가 건전하고 다소 권위적일수록 소비자 사회화 수행에 긍정적인 것으로 나타났다.

그 외 초등학교 아동들의 금전관리 실태에 대한 연구(김명순, 1983)에서는 어머니의 교육수준이 높을수록 용돈의 액수가 크고, 지급이 정기적이고 가계경제 문제의 의사소통에 참여하는 아동이 저축률이 높다고 하였다. 아동소비자의 소비절약 태도에 있어서는 어머니의 학력 및 연령이 높을수록 여자아동이 소비절약 태도가 높게 나타났으며, 어머니의 소비자역할 태도가 높으며 자녀교육 태도가 독립심을 격려해 주고 합리적으로 지도할 때 아동의 자율적인 소비생활이 가능한 것으로 나타났다(전동희, 1988).

또한 비취업 어머니의 아동이 취업한 어머니의 아동보다 건전한 소비행동을 보이며 부모의 아동에 대한 관심도가 높을수록 아동은 건전한 소비행동을 보인다는 결과(권명희, 1988)도 있다.

그러나 최근에는 핵가족화에 따른 남편의 육아 참여 비율 확대 등과 더불어 소비의사결정에 있어서도 어머니의 역할 못지않게 아버지의 역할이 강조되고 있다. 이에 아동소비자에 대한 연구 역시, 모성뿐만 아니라 부성을 함께 고려한 연구들이 더욱 중요해질 것이다(안보섭 · 최승연, 2010).

### (3) 아동소비자의 소비자행동 관련요인

아동소비자의 구매행동은 학년, 성별, 사회계층, 경제수준 및 주거지역에 따라 차이를 보인다(최향미, 1998). 특히 학년과 주거지역이 아동소비자의 구매행동에 영향을 미치는 주된 변수로 나타났다. 즉, 연령에 따라 구매행동이 차이를 보였으며 상점접촉이 용이한 지역에 사는 아동과 그렇지 못한 아동 간의 구매행동에도 의미있는 차이를 보였다. 또한 TV 시청량과 TV 광고 인지도에 따라 구매행동에 의미있는 차이가 나타났는데, 시청량과 광고 인지도가 높을수록 'TV 광고를 보고' 상품구매동기를 갖게 되었다는 아동이 많았고, 'TV 광고 여부' 가 상품구매 결정요인이 되었다고 응답한 아동이 많았다.

김영옥 · 이기춘(1987)은 아동의 소비자기능 및 관련 요인을 규명한 연구에서 아동소비자의 기능은 사회인구학적 특성인 성별, 어머니의 교육수준, 월평균 가계소득에 따라 의미있는 차이를 나타내고 있는데, 아동소비자 기능수준은 여학생이 남학생보다 높고, 어머니의 교육수준이 높은 집단, 월평균 가계소득이 높은 집단에서 높게 나타난다고 밝혔다. 그런데 아동소비자의 기능에 영향을 미치는 것은 사회인구학적인 특성보다 소비자학습 관련요인으로서 아동소비자가 지각한 어머니의 소비자기능, 소비자기능 수행경험, 소비생활에 대한 어머니와의 의사소통이었다.

한국소비자보호원의 조사(1988)에 의하면, 아동소비자의 소비자능력은 비교적 높은 수준으로 측정되었는데 지식수준에 비하여 소비태도와 행동수준은 상대적으로 낮게 나타나, 소비생활에서 중요한 긍정적인 소비태도와 합리적인 행동에 적용될 수 있는 실제적인 소비자교육이 요구되었다. 그리고 가족, TV, 친구, 학교 등의 사회화 작용인에 따라 아동의 소비자지식, 태도, 행동에 미치는 영향을 검증해 본 결과, 가족과 학교요인은 긍정적으로, TV는 부정적으로 영향을 미치는 것으로 나타났으며, 친구는 별로 관련이 없는 것으로 나타났다. 특히 부모의 참여 정도와 아동의 학년이 중요한 관련요인으로 나

**표 8-1 아동소비자의 소비자행동 관련 변수**

| 아동소비자의 소비자행동 관련 변수 | 문항 내용 |
|---|---|
| 구매행동의 합리성 평가 | • 나는 물건을 사기 전, 미리 무엇을 살 것인지 계획을 세운다.<br>• 나는 충동적으로 물건을 산다.<br>• 나는 남에게 보이기 위한 구매를 한다.<br>• 나는 물건을 사기 전 계획에 따라 구입하려는 물건에 대해 여러 가지 정보를 수집하고, 구매할 때 미리 수집한 정보를 참고로 한다.<br>• 나는 가능하면 유명브랜드를 선택한다.<br>• 나는 튼튼함, 편리함, 기능은 고려하지 않고 디자인, 색상 등 외양에만 중점을 두어 고른다. |
| 사용행동의 합리성 평가 | • 나는 잃어버린 물건은 다시 찾아서 사용한다.<br>• 나는 학용품에 이름을 써 놓는다.<br>• 나는 사용할 수 없을 때까지 사용한다.<br>• 나는 제품을 함부로 다루지 않고 조심스럽게 다루며 깨끗하게 사용한다.<br>• 나는 사용하다가 문제가 생겨 사용할 수 없게 되면 고쳐서 사용할 수 있는 경우 고쳐서 사용한다.<br>• 나는 일회용품을 사용한다. |
| 처분행동의 합리성 평가 | • 나는 다 쓴 물건은 재활용을 한다.<br>• 나는 다 쓴 물건은 분리수거를 한다.<br>• 나는 물건을 사용하지 않는 경우 같은 종류의 다른 제품이나 다른 종류의 물건과 바꾼다.<br>• 나는 당장 사용하지 않더라도 나중에 이용할 가능성이 있으면 버리지 않고 보관해 둔다.<br>• 나는 더 쓸 수 있지만 유행, 디자인이나 기타 이유 등으로 싫증이 나면 더 이상 쓰지 않는다.<br>• 나는 사용하지 않는 경우 필요한 사람에게 공짜로 준다. |

출처: 곽현정 · 이승신(2003). 아동소비자의 소비자행동 합리성에 관한 연구. 대한가정학회지, 41(5): 77.

타났는데, 부모의 참여 정도가 크고, 아동의 학년이 높아질수록 아동의 소비행동 수준이 높게 나타났다.

최근에는 아동의 소비자행동을 단순히 구매행동에 국한시켜 바라보는 관점에서 벗어나 보다 광범위한 개념으로 소비자의 역할수행 전 과정과 관련하여 이해하는 연구들이 진행되었다. 이에 곽현정 · 이승신(2003)의 연구에서는 아동소비자의 소비자행동 합리성 관련 변수로 구매행동과 사용행동, 그리고 처분행동의 합리성으로 내용을 구성하였다(표 8-1).

## 2) 아동소비자의 소비자문제

아동은 성인소비자에 비해 욕구충족 행동을 연기시키지 못하면서, 마케터들의 활동에는 무방비 상태로 노출되어 있어 일반적인 소비자문제뿐만 아니라 아동 특유의 소비자문제를 경험하게 된다.

### (1) 아동소비자의 일반적 문제

앤더슨과 맥닐(Anderson & McNeal, 1981)이 8~11세 아동소비자가 겪는 소비자문제를 조사한 결과, 아동은 특정 물품의 구매의사결정 시 상품의 질을 확신하기 어렵고 가격과 상품가치와의 관계를 알지 못하는 어려움을 겪고 있었다.

재정경제원(1997)에서 초등학생을 대상으로 한 소비의식과 행태 연구에 따르면 아동소비자문제는 크게 다음의 네 가지로 구분될 수 있다.

- **구매 단계**: 과시나 모방심리에 의한 고급 및 외제품 선호
- **사용 단계**: 자원 낭비
- **처분 단계**: 이웃과 환경을 생각하지 못한 무분별한 태도
- **저축 단계**: 과다한 용돈의 무계획적 사용, 저축의 중요성에 대한 인식 미흡

초등학교 교사를 대상으로 아동의 소비생활문제를 파악한 조사(한국소비자보호원, 1992)에 의하면, 많은 아동이 용돈을 무분별하게 사용하고 있으며 소비태도와 의식이 겉치레에 치중하여 고가사치품의 선호가 높았다. 그리고 TV 광고로부터 영향을 크게 받고

인기연예인이나 친구에 대한 모방 구매로 인해 합리적인 소비를 하지 못하는 것으로 나타났다. 이와 같이 아동소비자는 인지능력이나 정보처리능력, 상품지식이 제한되어 있고 상업광고에 대한 인지적 방어가 발달되어 있지 못하기 때문에 특히 광고로 인한 소비자문제가 심각한 문제로 지적되고 있다.

또한 광고문제 외에 아동소비자가 경험하는 소비자문제로 아동대상의 사기성 상술행위, 학교 주변의 소비환경 문제 등이 있다.

자유재량 소비액이 크게 증가한 아동을 대상으로 사행심을 부추기거나 비교육적인 유행상품을 만들어 아동소비자를 현혹하는 상행위, 어른들의 소비행태를 모방하여 소비심리를 부추기는 행위 등은 아동소비자 고유의 소비자문제라 할 수 있다. 예를 들면, 수십 장의 스티커를 일련 번호대로 모두 모은 학생에게 경품을 지급한다고 상품을 판매하면서 사실은 한 번호만 빠지게 스티커를 만들어 경품을 타는 것이 불가능한 상행위가 있었다(중앙일보, 1997년 7월 12일자).

또 초등학생에게 서비스 카드를 발급하여 구매액에 따라 서비스 점수를 부여하고 실적에 따라 할인 및 우대 혜택을 부여하는 경우도 있었다. 이러한 서비스 카드제는 그 자체에는 문제가 없지만 아동들이 단지 높은 점수를 받고 싶은 생각에 무분별한 소비를 한다거나 친구들 사이에 점수의 높고 낮음에 따른 위화감이 조성될 수도 있어 문제가 된다.

송미애 · 이승신(2004)의 연구에서는 아동 소비자문제를 단순히 구매에 한정시키지 않고 광범위한 개념으로 이해하며 소비자의 역할수행과정과 연관된 소비생활전반의 문제를 포함하고자 소비생활문제라는 용어를 사용하였다. 이에 아동의 소비생활문제 5가지 영역으로 구분하였으며 자세한 내용은 다음과 같다.

- **금전관리문제**: 자원 배분과 관련, 비계획적인 지출
- **상품구매문제**: 비효율성과 불만족
- **상품사용문제**: 사용상의 비효율성
- **소비의식 및 태도 문제**
- **자원절약생활문제**

성인의 경우에는 악덕 상술로 인한 소비자피해에 대해 자력구제의 능력이 어느 정도 형성되어 있고, 구매의사결정 시 신중히 검토하는 등의 소비행동을 하고 있지만 아동소

비자는 사기나 기만적인 상행위에  따른 피해를 인지하지도 못하거나 인지한다고 해도 해결방법을 몰라서 피해구제를 받기가 매우 어렵다. 더욱이 이러한 아동소비자 문제의 대부분은 아동의 소비자역할이 이루어지고 있는 학교 주변에서 발생하기 때문에 부모의 통제를 받기가 쉽지 않다.

따라서 아동의 소비자문제를 줄이기 위해서는 스스로 문제를 인식하고 문제를 해결해 나갈 수 있는 능력을 키워 주는 것이 필요하다. 이는 소비자교육을 통해 체계적으로 교육되어야 효과적이다. 이와 함께 학교 주변 환경에 대한 규제도 요구된다. 특히 아동들이 자주 드나드는 문구점이나 완구점 등의 영업행위를 철저히 감시할 필요가 있는데, 아동용 상품의 안전성·위해성 등의 기본적인 규제뿐만 아니라 상품 판매방식에 대한 것까지를 모두 포함한 강력하고 철저한 규제가 요구된다.

### (2) 아동소비자의 광고

아동은 자신의 소비자능력을 습득해 가는 과정인 소비자사회화를 통해 광고의 영향을 크게 받는다. 소비자사회화란 시장경제 체제하에서 아동들이 소비자로서의 역할을 수행하는 데 필요한 지식, 태도 및 기능을 습득해 나가는 과정이다.

광고가 아동소비자에게 미치는 영향에 관한 연구는 1970년대에 접어들면서 활발해지기 시작하였고 연구의 분야도 다양하게 세분화되었다. 연구자들은 대부분 피아제(J. Piaget)의 인지발달 이론을 적용하였는데, 이는 아동들의 인지발달 각 단계는 생각과 행동에 있어서 질적으로 차이가 있고, 각 단계로 발달해 가는 속도는 아동에 따라 다르나 그 순서는 일정하며, 아동소비자들의 광고인지 능력도 이에 준한다는 것이다.

광고가 아동소비자에게 미치는 영향은 대체로 다음과 같다.

첫째, 아동소비자들의 광고에 대한 반응은 인지발달 단계를 반영한다. 즉, 8~9세 이전의 아동들은 프로그램과 광고의 구별에 있어서 상당한 장애를 느끼고 혼동을 일으킨다. 초등학교 2학년 수준에 가서야 프로그램과 광고를 확실히 구별할 능력이 생기며, 4학년 수준에 이르게 되면 TV 광고에 대해 비호의적이고 비판적인 태도를 갖게 된다. 남녀의 차이는 크게 나타나지 않으며, 나이가 들수록 더 비판적이 되고, 6학년 수준에 가면 광고에 대한 태도가 완전히 개발되어 성숙한 반응을 나타낸다. 그리고 나이가 어릴수록 광고에 대한 신뢰도가 높아지는 경향이 있다.

둘째, 광고는 잠재폭력성의 증가 가능성을 불러일으키지만 실제로 흉내를 내거나 행동에 옮기는 경향은 그런 행동을 했을 때 부모로부터 받는 상이나 벌에 따라 달라진다. 즉, 아동소비자에 대한 TV 광고의 영향은 부모의 중재 정도에 따라 달라질 수 있다.

셋째, 경품이나 사은품은 아동소비자들의 소비성향을 자극하기 때문에 경품과 사은품 제공에 관한 광고는 아동소비자들의 건전한 소비행동에 문제를 일으키기도 한다.

넷째, 부모는 아동소비자와 광고의 관계를 약간 부정적으로 간주하고 있고, 이들 사이의 중재역할을 맡고 있다. 광고에 대한 어머니의 인식과 태도는 자녀에게 영향을 미치며, 자녀들도 부모의 상품 구매행위에 약간의 영향을 미친다. 또한 대부분의 부모들은 비사회적인 내용을 담은 프로그램에 대해서는 자녀들의 시청을 규제하고 있는 것으로 나타났다.

다섯째, 아동소비자들이 광고에 대하여 즉각적인 반응을 일으켜 사달라고 조르는 상품은 간식이나 음료수 등 식품 종류인 것으로 밝혀졌다. 부모가 사주기를 거절하면 여아들은 울거나 기분이 상하는 것으로 나타났고, 남아들은 화를 내거나 물건을 던지는 등 공격적인 반응을 보인다.

이처럼 아동의 소비자사회화의 작용인이 되는 광고는 소비생활에 부정적인 영향을 미치면서 아동소비자의 소비자문제를 유발하기도 한다. 아동소비자를 대상으로 하는 광고는 아동들로 하여금 자신이 충족시킬 수도 없고, 부모가 받아들일 수도 없는 욕구와 필요를 창출시켜서 이로 인한 가족 간의 긴장을 조성하거나 아동의 인격형성에 해를 끼친다. 또한 아동소비자에게 지나치게 물질주의적인 가치를 강조함으로써 고가의 장난감이나 아동용품, 의류 등을 소비하는 것이 정당하다는 인식을 심어 주고 아동의 소비열망수준을 높이는 결과를 낳고 있으며, 사탕이나 초콜릿, 아이스크림 등과 같이 비만이나 충치를 유발하여 아동의 건강에 유해한 식품의 과다한 소비를 자극한다.

뿐만 아니라 광고는 아동소비자들의 구매경험 부족이나 본능적인 신뢰감을 악용하며, 프로그램과 광고를 구별하지 못하는 아동의 능력부족을 악용하기도 한다. 그 밖에 경품제공 광고의 문제, 폭력과 안전기준을 위반한 표현문제, 반복광고로 인한 누적적인 영향문제, 광고의 포맷과 시청각 기술 및 이에 대한 광고 메시지의 수용문제 등이 아동대상 광고의 비판의 근거가 되고 있다.

따라서 아동의 정서와 품성을 저해하는 사항에 대한 일반적인 광고규제 외에도 광고

**표 8-2 한국, 미국, 영국의 아동소비자 대상 방송광고규제**

| 구분 | | | | 한국 | 미국 | 영국 |
|---|---|---|---|---|---|---|
| 외적 규제 | 일일광고 허용량 | | | 시간당 10분 | 평일 시간당 12분<br>주말 시간당 9분 30초 | 시간당 평균 7분<br>최대 12분 |
| | | | | 방송법 | 통신법 | ITC규정(지상파 TV) |
| | 광고방송 시간제한 | | | 담배(전면금지), 의약품, 주류, 청소년유해매체물 | 담배(전면금지), 의약품, 비타민, 도수 높은 알코올음료, 피임서비스 등 | 담배(전면금지), 주류, 콘돔, 복권, 성냥, 의약품, 비타민, 종교, 여성생리대, 다이어트, 15~18등급 영화/비디오 등 |
| | | | | 방송심의규정 | 통심법/CARU규정 | ITC규정 |
| 내적 규제 | 정보 제공적 측면 | 정보 표현방법 | | – | • 이해 가능한 언어<br>• 시각적 · 청각적 표현 | – |
| | | 가 격 | | – | 가격 최소화표현 금지<br>(오직, 단지) | • 비싼 제품은 가격표시<br>• 추가제품 구입비용 표시<br>• 가격 최소화표현 금지 |
| | | 광고상품 | 장난감 | • 자동/수동 표시<br>• 크기, 소리 과장 금지 | • 조립, 축전지 포함 여부<br>• 개별 구입 제품 표시<br>• 크기, 속력, 작동법, 색, 소리, 기능 과장 금지 | • 자동/수동 표시<br>• 크기, 소리, 기능의 과장 금지 |
| | | | 식 품 | 건전한 식생활을 저해하는 표현 금지 | • 균형 있는 식사의 기본틀 내에서 표현<br>• 스낵은 식사대용품이 아님을 표시 | – |
| | | | 주문 상품 | – | 수신자부담전화는 어른의 허락에 대한 표시 | 우편, 전화, 이메일 등을 통한 주문광고 금지 |
| | 설득적 측면 | 판매압력 | | • 아동에게 구매 강요, 구매요구 표현 금지<br>• 상품을 소유하지 못하면 열등하거나 조롱대상이 된다는 표현 금지<br>• 사행심 조장 표현 금지 | • 제품구입을 재촉하는 표현 금지<br>• 제품을 사주는 부모가 더 지적이고 관대하다는 암시 금지<br>• 상품을 소유하지 못하면 열등하거나 조롱대상이 된다는 표현 금지 | • 아동에게 구매 강요, 구매요구 표현 금지<br>• 상품을 소유하지 못하면 열등하거나 가치가 없는 사람이 된다는 표현 금지 |

(계속)

<table>
<tr><th colspan="4">구분</th><th>한국</th><th>미국</th><th>영국</th></tr>
<tr><td rowspan="5">내적 규제</td><td rowspan="5">사회적 책임 측면</td><td rowspan="3">광고기법</td><td>부상품</td><td>–</td><td>부상품 중심 광고 금지</td><td>–</td></tr>
<tr><td>모 델</td><td>호스트판매(host selling) 금지</td><td>호스트판매 금지</td><td>호스트판매 금지</td></tr>
<tr><td>비 교</td><td>–</td><td>입증 가능한 비교주장</td><td>–</td></tr>
<tr><td colspan="2">아동보호</td><td>품성과 정서, 가치관을 해치는 표현 금지</td><td>• 감수성으로부터 아동보호<br>• 상상력을 침해하는 표현 금지</td><td>• 사회적 · 정신적 · 육체적 · 도덕적으로 해를 끼치는 요소 금지<br>• 낯선 사람을 따라 가는 장면 금지<br>• 아동이 성적 대상으로 이용되는 장면 금지</td></tr>
<tr><td colspan="2">안전성</td><td>• 위험한 장소에 있는 장면 금지<br>• 위험한 행동을 취하게 하는 장면 금지</td><td>• 제품이나 행동에 위험이 내포되어 있는 경우 어른 감독 장면<br>• 안전장비 착용 장면<br>• 위험성 및 오남용을 부추기는 광고 금지<br>• 제품사용에 적절한 연령의 아동에 의해 묘사</td><td>• 도로, 사고유발 가능 장소, 물가, 모래언덕 등 위험한 장소에서 위험한 행동을 취하는 장면 금지<br>• 의약품, 화학용품, 위험한 기계, 불, 성냥 등과 같이 위험한 도구 사용 및 위험한 제품방치 장면 금지</td></tr>
</table>

출처: 남기화 · 여정성(2005). 아동소비자 대상 방송광고 실태분석을 통한 규제방안 연구. 대한가정학회지, 43(1): 207.

형식과 경품광고, 식품광고, 광고의 양과 반복, 광고로 인한 부모와 아동의 갈등과 같은 특정문제에 대해서도 구체적인 기준이 필요하다. 또한 이미 규정된 규제안들에 대해서는 규제가 잘 이루어지도록 조직적인 감시체제와 처벌이 강화될 필요가 있다.

국내에서는 아동과 청소년을 대상으로 하는 방송광고에 관한 기본법규가 청소년보호법과 통합방송법으로, 구체적인 심의규정은 방송심의에 관한 규정과 방송광고심의에 관한 규제에 나타난다(정만수, 2001). 우리나라의 경우 규제지침의 유용성에 있어서 미국이나 영국의 규정과 차이가 난다. 미국과 영국의 규정은 실제로 시청하는 아동들이 이해할 수 있는 실질적 언어와 표현방법을 사용하도록 하며, 아동들이 정확하게 인지할 수 있을 만큼의 충분한 시간을 할당하도록 하는 등, 광고가 지니는 실제적인 유용성을 중시한다. 이에 비해 우리나라의 규정은 주로 "~해서는 안 된다." 정도의 금지 내용만 있을 뿐, 구체적인 광고의 조건이나 방향성을 보여주지는 못한다. 구체적인 내용은 표 8-2를 참고한다.

## 3. 아동소비자 교육방안

앞에서 살펴본 바와 같이 아동은 소비자로서 여러 활동을 수행하고 있으며, 이에 따른 소비자문제도 경험하고 있다. 그러므로 아동소비자의 소비자능력을 향상시켜 소비자문제를 예방하고 소비생활의 질적 향상을 도모하며 합리적인 소비자시민으로 양성하기 위해서는 아동소비자를 위한 소비자교육이 반드시 필요하다.

### 1) 아동소비자의 생활교육

#### (1) 아동소비자의 생활교육 방안

아동소비자가 합리적이고 건전한 소비자역할을 수행하기 위해서는 소비자능력의 향상이 필수적인데, 이러한 소비자능력은 소비자사회화를 통해 개발되고 향상될 수 있다. 따라서 아동의 소비자능력을 개발하기 위한 소비자교육의 방안으로 우선 다음의 세 가지 사실을 적용시킬 수 있다.

**① 모델링 대상으로서의 어머니의 소비자행동**

아동소비자의 소비자기능은 어머니의 소비자행동을 관찰 · 모방함으로써 향상될 수 있다. 따라서 모델링의 대상이 되는 어머니의 소비자기능 수준을 높여야 할 뿐 아니라 어머니의 소비자행동을 관찰할 수 있는 기회를 제공하여야 한다.

**② 용돈지급을 통한 금전관리 경험학습**

아동소비자에게 소비자기능의 수행 경험을 쌓게 하는 것도 중요한데, 특히 용돈을 정기적으로 주어 금전관리 경험을 가지게 하는 것이 효과적이다. 소비자는 화폐의 사용과 밀접한 관련을 가지고 있으며, 화폐의 사용으로부터 벗어나 생활할 수 없다. 그렇다고 해서 화폐의 중요성을 지나치게 과장해서도 안 되고 무시해서도 안 된다. 화폐의 중요성을 무시하는 것은 지나치게 과장하는 것만큼 비현실적이고 정상적이지 못하다. 화폐는 그 자체로서 어떤 가치를 지니는 것은 아니지만 재화나 서비스를 필요로 할 때 그것을 제공받기 위한 교환의 수단으로서 중요한 가치를 지닌다.

③ 용돈사용을 통한 화폐소비 경험학습

아동소비자에게 금전관리나 화폐의 구매력을 배우게 만드는 유일한 방법은 실제생활에서 스스로 행하게 하는 것이다. 모든 소비자는 화폐를 실제로 사용하는 경험으로부터 생활의 재정적 측면을 학습하게 된다. 아동소비자는 규칙적인 용돈의 사용을 통해서 가장 효율적으로 금전관리방법을 배울 수 있다.

### (2) 아동소비자의 용돈관리

규칙적인 화폐의 소비는 자녀의 화폐에 대한 실질적 욕구뿐만 아니라 독립을 위한 정서적 욕구를 충족시킬 수 있는 좋은 방법이다. 그러면 부모가 자녀에게 용돈을 주는 시기, 크기, 방법 등은 어떠해야 할까?

① 용돈지급 시기

아동 전기의 아주 어린 소비자는 화폐에 대한 실질적 욕구가 많지 않으며 충분히 판단을 할 수도 없다. 또한 이 시기에는 시간에 대한 개념이 아주 모호하기 때문에 화폐를 일정한 간격으로 요구하지 않지만 가끔 요구하게 된다. 따라서 이들에게는 먼저 화폐에 대한 개념을 가르쳐 주어야 한다.

용돈은 아동의 연령이 4세 또는 5세부터 시작할 수 있고 늦어도 7세에는 용돈 주기를 시작하는 것이 좋다.

초등학교 1학년의 아동소비자에게는 규칙적으로 일정한 양의 용돈을 주도록 하는데 매주 단위로 하는 것이 좋다. 부모가 그 날을 기억하기도 쉬우며 아동소비자가 관리의 단위로 하기에 적절하다. 중요한 것은 일관적인 태도를 보여 주는 것으로서 용돈을 주기로 약속한 요일에 틀림없이 시행하도록 한다. 용돈 주는 날을 잊어버리거나, 주는 날에 오늘은 너무 피로하니 귀찮게 하지 말라고 연기하는 것은 좋은 태도가 아니다.

② 용돈의 규모

그러면 과연 어느 정도의 용돈을 주는 것이 좋을까? 물론 처음 용돈을 주기 시작하는 단계에서는 적은 금액으로 시작하며 부모는 실제 비용에 대해서 알 필요가 있다.

학년이 올라갈수록 아동소비자의 소비가 증가하므로 증액을 시켜주는데 그들의 필요에 대해서 알아야 하며, 또한 그들이 관리할 수 있을 것으로 기대하는 금액을 고려하는 것이 좋다. 자녀에게 주는 용돈의 크기는 부모가 독자적으로 결정할 수 있지만 자녀가 필요로 하는 용돈은 소속된 지역사회에서 사용되는 것이므로 다른 아동소비자들의 상황을 참고로 해야 한다. 그리고 아동소비자의 성숙도, 성격, 출생순위 등도 관계가 된다. 돈을 책상 위에 놓아둔다든가, 옷 속에 넣어두고 잘 잊어버리는 아동에게는 돈을 분배해서 주는 것이 좋으며, 책임감이 있고 개인적 필요에 대해 신중한 아동소비자는 한꺼번에 주더라도 잘 관리해 낼 것이다.

용돈의 규모문제에 있어서 고려해야 할 또 하나의 사항은 일정한 간격으로 일정한 규모의 용돈을 주되 너무 경직되지 말고 융통성이 있어야 한다는 점이다.

아동소비자의 수중에 들어가기 전에 이미 용도나 목적이 확정된 용돈은 용돈으로서의 의미가 상실된다. 즉, 자녀의 손을 거쳐서 학교에 제출해야 하는 금액은 소비자의 학습도구라고 할 수 없다. 소비자로서 무엇을 어떻게 소비할까를 생각하게 하고 중요성의 우선순위를 고려해서 자유재량으로 쓸 수 있는 여지가 용돈에 포함되는 것이 좋다.

아동소비자의 용돈이 너무 적은 경우나 너무 많은 경우, 모두 문제가 될 수 있다. 용돈이 너무 적어서 친구들에게 뒤떨어져서 사회생활에 참여할 수 없는 정도라면 좌절감과 욕구불만을 느끼게 하며, 때로는 가족과의 갈등을 야기시킬 수 있다. 너무 많은 용돈도 문제가 된다. 친구가 별로 없고 자신감이 결여된 아동에게 용돈을 너무 많이 줄 경우, 화폐로 자신을 과시하고 우정을 사려고 한다. 어린 아동소비자의 경우, 많은 용돈을 어떻게 다룰지 몰라서 불안감을 갖게 할 수 있으며, 10대 소비자의 경우는 바람직하지 못한 소비자행동에 눈을 돌릴 수도 있다. 용돈으로 자신이 원하는 모든 것을 살 수 있다면 이 용돈 역시 학습도구로서의 기능을 잃는 것이다.

적당한 용돈의 크기로서 중용을 취하기 위해서 부모는 자녀와 대화를 하고 그들의 요구를 이해해서 결정하되 결정을 내리기 전에 용돈으로 이 아동소비자의 욕구, 취미, 활동 등에서 어느 정도까지 소비하게 할지에 대해 재고해 보아야 한다. 그리고 자녀의 연령이 증가함에 따라 실질적인 인플레이션의 영향도 고려해야 한다.

③ 용돈지급 방법

용돈은 아동소비자가 화폐를 관리하는 것을 배우는 학습도구이므로 자녀의 소비자교육을 위해서 필수적인 것이다.

그런데 부모 중에는 용돈을 자녀에게 주는 보상의 형태로서 취급하려고 하는데 이는 올바른 태도가 아니다. 즉, 심부름을 하거나 동생을 돌보거나 좋은 성적을 얻을 때 용돈을 지급하는데, 일상적인 가족구성원으로서의 책임을 정기적으로 지급하는 용돈과 관련시키는 것은 바람직하지 못하다. 가정을 위해서 자녀가 협조해서 하는 모든 일에 대하여 물질적으로 보상을 하게 되면 보상 없이는 손가락 하나 움직이지 않게 할 수도 있는 것이다. 또 벌로서 용돈을 지급하지 않는 행위도 자녀의 마음을 사랑의 거부와 화폐로서 혼란스럽게 만들 수 있다. 잘못을 저지르면 그에 대응하는 벌을 주어야지 용돈을 지급하지 않는 것은 적절한 대응방식이 아니다.

나이트(Knight)는 용돈이 행위를 교정하기 위한 수단으로 사용된다면 미묘한 감정을 일으키게 된다고 하였다. 즉, 용돈을 지급받는 것과 받지 못하는 것은 부모의 허락과 거절을 의미하기 때문에 마음의 상처를 받게 되고 감정적으로 혼란에 빠질 수 있다는 것이다.

부모의 부재 혹은 부모가 관심을 기울이지 못하는 것에 대해 매번 용돈을 지급함으로써 해결하려 하면 문제가 발생한다. 그 일례로 자녀는 잘못된 행위도 돈을 지불함으로써 해결될 수 있다는 생각, 나아가서 용돈에 의해 모든 잘못이 옳은 것으로 만들어질 수 있다는 생각을 갖게 될 수도 있다. 이때에 자녀에게 필요한 것은 오히려 따뜻한 정이 담긴 대화의 시간을 가져 주는 것이다. 부모와 자녀가 상호 간에 존중하는 분위기 속에서 의사소통을 하는 가운데 소비에 관한 의견을 유도함으로써 효율적인 소비자가 되도록 도와주어야 한다.

다음으로 자녀가 용돈을 소비하는 데에 부모가 어느 정도 통제하고 감독하여야 할까? 가장 바람직한 방법은 가족의 가치, 표준 내에서 자녀가 용돈을 쓰는 일에 관여하지 않는 것이다. 그렇다고 완전히 방임을 해서는 안 되는데, 부모의 통제가 전혀 없으면 자녀는 자기에게 무관심하다고 느낄 수 있다. 관심을 가지고 지도는 해주되, 통제 · 감독이

지나치면 실수를 통해서 학습하는 기회를 주지 않게 된다. 일단 실수를 하더라도 다음에는 그러한 실수를 되풀이하지 않을 것이며 이는 좋은 교훈이 될 것이다(Weinstein, 1985).

이상의 아동소비자의 생활교육 방안은 용돈관리뿐만 아니라 구매행동의 지도에도 적용되는 것으로서 아동소비자의 자유재량 소비액이 증가하고 시장과 관련이 많아짐에 따라 자신이 선택하도록 기회를 부여하는 것이 바람직하다.

## 2) 아동소비자를 위한 학교교육

학교는 체계적인 소비자교육을 통하여 아동의 소비자능력을 개발할 수 있는 가장 중요한 기관이다. 아동들은 직접 광고나 구매경험을 통해서 소비생활에 참여하고 있으므로 소비자교육은 가능한 한 빨리 실시될수록 더욱 효과적이며, 어린 시절부터 소비생활에 대한 바람직한 가치와 태도를 갖게 해주는 것은 매우 중요하다.

소비자교육은 가치체계의 발전과 건전한 의사결정 능력을 키우기 위하여 필요하며, 나아가 아동들이 직접 경험하는 금전적인 피해를 구제하고 그들의 생명과 안전을 직간접으로 보호하기 위해서 일찍부터 시작되어야 한다. 즉, 합리적인 의사결정을 키우는 소비자교육의 목적을 가장 효과적으로 달성하기 위해서는 조기 소비자교육이 필요하다.

### (1) 교육내용

다음은 초등학교 아동소비자의 교육영역과 내용을 연구하여 제시한 것이다(김영옥, 1999).

그림 8-1에서와 같이 학교에서 실시해야 할 아동소비자 교육내용은 주제별 영역과 요소로 나누어 구성할 수 있다. 교육내용은 소비자교육 목표에 준하여, 상위차원에는 소비자의식과 소비자의 권리 및 책임영역 그리고 아동이 현재 소비자로서 수행하는 소비자 자원관리 역할을 세분하여 금전관리, 구매, 개인 및 공공자원의 사용을 포함하여 총 5개 영역으로 구성된다.

소비자의식 상위차원 아래에는 소비자개념, 욕구와 희소성, 소비가치와 생활양식, 사회성원으로서의 소비의식 4개 하위차원 영역을 두었다. 금전관리 상위차원 영역 아래에

**그림 8-1 아동소비자 교육내용 영역**

출처: 김영옥(1999). 학교 아동소비자 교육내용의 구성과 분석.

화폐와 구매력, 소득(용돈)의 소비, 저축과 신용 3개 영역을 두었고, 구매 상위차원 영역 아래에 구매의사결정과정, 구매 시 주의점, 경제원리, 상품과 상점, 광고 5개 영역을 두었다. 개인 및 공공자원의 사용영역 아래에는 개인자원의 사용, 공공시설의 이용 2개 영역을 두었다. 소비자의 권리와 책임 상위차원 아래에는 소비자권리와 책임의 소개, 안전관련 권리와 책임, 정보 및 선택관련 권리와 책임, 환경관련 권리와 책임, 소비자보호법과 기구, 소비자문제 및 해결과정 6개의 하위차원 영역을 두었다. 따라서 하위차원의 영역은 모두 20개이다.

소비자교육의 주제별 내용 20개 하위차원 영역 각각에서 구체적으로 다루어야 할 내용요소에는 표 8-1에서와 같이 소비자교육 분야에서 기초적이고 중요한 소비관련 개념들과 핵심적인 부분으로 보는 의사결정과 관련된 내용, 아동의 학습효과를 높이기 위해 반영되어야 할 구매자로서의 경험과 관련된 내용 그리고 사회적으로 요구되는 내용을 포함시켰다. 이와 같이 특정 하위영역으로 한정짓지 않고 각 영역에 고루 포함시켜 구성함으로써 소비자로서 아동이 갖추어야 할 지식, 사고력, 실천력을 향상시킬 수 있다.

이처럼 아동소비자 교육내용의 영역과 요소들은 학습자인 아동의 인지발달 수준에 맞

**표 8-3 아동소비자 교육영역과 내용**

| 소비자교육 내용영역 상위차원 | 소비자교육 내용영역 하위차원 | 소비자교육 내용요소 |
|---|---|---|
| 소비자 의식 | 소비자개념 | 소비자 개념: 획득자, 배분자, 구매자, 사용자 그리고 처분자의 통합적인 개념, 소비자역할 인식 |
| | 욕구와 희소성 | 진실한 욕구와 욕망의 구별, 소비욕구의 무한성과 자원의 희소성, 욕구 충족 우선순위의 결정 |
| | 소비가치와 생활양식 | 개인의 소비가치, 다른 가족들의 소비욕구와 유형, 기본적인 생활용품, 소비생활양식의 다양성, 소비가치의 명료화 |
| | 사회성원으로서의 소비의식 | 개인적 욕구와 사회적 욕구, 주체적인 소비를 위한 과시 및 모방 소비 현상의 분석 및 조정, 소비절제를 위한 소비지향적 성향과 물질지향적 성향의 분석 및 조정 |
| 금전 관리 | 화폐와 구매력 | 화폐의 의미와 종류, 경제체계 내 의사결정자로서 소비자 구매력의 의미, 깨끗하게 화폐를 사용하는 보관방법 |
| | 소득(용돈)의 소비 | 소득(용돈) 소비계획, 소비지출 순위의 결정, 소비지출의 기록, 소비지출의 점검 및 반성 |
| | 저축과 신용 | 저축의 필요성(개인 및 사회의 미래 대비), 저금 및 은행 이용의 장점, 신용카드의 개념, 신용(카드)거래의 이익과 비용 |
| 구 매 | 구매의사결정과정 | • 문제의 인식: 문제의 명료화(구매 필요성에 대한 근원적 검토: 경품 등으로 인한 구매 충동 분석), 구매 대안의 고려(구매 연기, 차용 소비 등)<br>• 정보의 탐색: 정보원(중립적, 상업적)의 점검, 정보비용(금전, 시간, 에너지)<br>• 대안의 평가: 대안의 비용과 이익 검토, 학용품과 간식류의 구매 기준(가격, 성능, 안전, 환경)에 따른 검토, 가격과 질의 관계 분석<br>• 최종 선택: 최대의 만족을 주는 선택, 최소의 위험을 지닌 선택<br>• 구매 후의 평가: 상품과 서비스의 검토(만족과 불만족), 구매로 인한 개인적 · 사회적 영향 |
| | 구매 시 주의점 | 구매 시 확인사항(가격 또는 단위가격, 성능, 성분, 안전, 보증, 제조일자, 제조업체 등의 검토), 지불절차(줄서기, 물품확인, 거스름돈 확인, 영수증 검토하기) |
| | 경제원리 | 경제체제, 생산과 소비, 가격, 유통(분배와 수송), 분업(시장에서의 상호의존성), 무역(수입과 수출), 무역자유화의 개념 |

(계속)

| 소비자교육 내용영역 | | 소비자교육 내용요소 |
|---|---|---|
| 상위차원 | 하위차원 | |
| 구 매 | 상품과 상점 | 상품과 서비스의 개념 및 종류, 상점원의 개념, 상점의 종류(소매상, 도매상, 슈퍼마켓, 백화점, 재래시장, 통신판매), 상점에 대한 평가(방법 및 절차), 상표의 개념 및 영향 |
| | 광 고 | 광고의 종류: 매체별(TV 라디오 신문 잡지), 광고목적별(공익과 상업), 광고의 정보적 · 설득적 기능, 광고의 허위성과 과장성 판별 연습 |
| 개인 및 공공자원의 사용 | 개인자원의 사용 | 아껴 쓰기 · 같이 쓰기(이웃 간 함께 쓰기, 물려서 쓰기) · 다시 쓰기(알뜰시장의 개최, 중고품의 교환 등)의 인식과 실행, 개인물품 관리 요령(이름 쓰기, 분실 시 찾기 등) |
| | 공공시설의 이용 | 학교시설 및 공공시설(공공도서관, 공중화장실, 공중전화, 놀이터 등) 아껴 쓰기, 공공시설의 적극적인 활용(도서관, 공원), 공공시설을 위한 세금의 사용 |
| 소비자의 권리와 책임 | 소비자원리와 책임의 소개 | 소비자 권리의 소개(안전, 정보, 선택, 보상, 의사반영, 교육, 환경, 단체), 소비자책임의 소개(상품탐색 시 주의하기, 거래 시 정직하기, 공평한 대우 추구) |
| | 안전관련 권리와 책임 | 식품(불량식품, 식품첨가제, 농약), 시설물(놀이터, 학교시설), 교통시설(자전거, 자동차 등) 이용 시 안전에 관한 의식과 실천 노력, 위험 물질(가스, 본드 등)의 안전 관리 요령 |
| | 정보 및 선택관련 권리와 책임 | 정보의 활용(라벨 및 설명서 읽기, 제공되는 정보의 활용), 선택할 권리와 책임 및 선택 안 할 권리와 책임의 인식 및 실행 |
| | 환경관련 권리와 책임 | 환경오염(대기, 수질, 해양, 토양 오염)의 실태 인식, 환경보존을 위한 구매 · 사용 · 처분에 대한 분석적인 의사결정 및 실천 노력[환경친화적 제품의 구매 및 사용(재생용품의 사용, 일회용품 사용의 절제), 물품의 부분적인 재활용, 쓰레기의 분리수거 및 최소화, 자연자원의 절약(전기, 물, 가스, 천연자원)], 대체자원의 개발 |
| | 소비자보호법과 기구 | 소비자보호 관련법, 소비자보호 기구(소비자보호원, 기업의 소비자 상담실), 민간 소비자단체의 이용 |
| | 소비자문제와 해결과정 | 소비자문제와 해결의 필요성(문제에 적극적으로 대처하기), 문제해결과정의 절차(문제상황의 정의, 해결목표의 설정, 자기주장의 전달, 반응 결과의 평가, 대안행동의 모색, 문제상황의 해결), 결정에 따른 실천의 예(불만 편지 쓰기) |

출처: 김영옥(1999). 학교 아동소비자 교육내용의 구성과 분석.

게 저학년(1~3학년)에서 도입되고 고학년(4~6학년)에서 반복 · 심화되도록 서술되어야 한다. 단 소비자권리와 책임의 소개, 소비자보호 법과 기구 영역의 내용은 고학년(4~6학년)에서 도입되어도 좋으며, 이 내용이 저학년을 대상으로 교육될 때는 특히 아동의 이해 수준에 맞게 구체적인 예를 들어 서술되어야 한다. 그리고 소비자교육 내용을 전개할 때는 지식의 나열만이 아닌 분석적인 의사결정과정과 문제해결력 등의 사고력을 키우고, 이를 실천으로 이어지도록 서술되어야 한다.

### (2) 교육방법

일반적으로 학교 소비자교육의 추진방법으로는 ① 독립교과로서 행하는 경우, ② 특정교과 중심으로 행하는 경우, ③ 전 교과의 일부로 행하는 경우, ④ 학교교육 전체에서 행하는 경우 등 여러 가지가 있을 수 있다. 그러나 현재 독립교과를 만들거나 전 교과에 걸쳐 소비자교육을 실시하는 것은 현실적으로 대단히 어려우며, 학교교육 전체로 소비자교육을 실시하는 것 역시 학교 전체 교원의 이해가 없으면 힘든 일이다.

따라서, 현실적으로 가장 효과를 거둘 수 있는 방안으로서 교과내용에 의한 직접적인 교육은 주요 담당교과를 설정하여 시행하고, 이를 보완하는 의미에서 다른 교과에서 간접적으로 소비자교육 관련내용을 교육의 제재로서 활용하며, 동시에 생활교육으로서 전체 학교교육 차원에서 소비자교육을 실시하는 것이 바람직할 것이다.

현행 교과서에는 소비생활과 관련된 부분이 근본적인 원리에 치중하고, 평면적인 서술에 그치고 있어 실생활 속에서 일상적으로 행동하는 소비자로서 현명한 선택과 판단을 일상화할 수 있는 소비자양성에는 한계가 있다. 소비자교육은 이론과 실제 체험이 특히 밀접하게 관련되어 있는 분야이기 때문에 직접체험 방식을 통한 교육방법이 바람직하다고 본다. 아동에게 실제적이며 직접적인 경험을 주기 위한 교육방법으로는 다음과 같은 방법들을 들 수 있다(Edward, 1986).

첫째, 교사는 직접적이고 개별적인 경험을 줌으로써 아동이 경제체제에 대해 더 구체적인 정보를 갖도록 도울 수 있다. 예를 들어 현장견학을 통해 운송, 지역사회 사람들, 공공 서비스, 산업, 건물 및 도로 건설, 구매, 판매 등의 주제 학습을 할 수 있으며 견학 후 집단토의, 극놀이를 시행하여 학습효과를 높일 수 있다.

둘째, 교사는 사회극놀이를 통해 아동이 자세하고 확실하게 이해하도록 도와줄 수 있다. 편안하고 활동적인 놀이상황은 아동이 자신이 알고 있는 바를 실제 행동으로 나타내 보고 탐색해 볼 수 있는 기회가 된다.

또한 개발된 모든 자료는 컴퓨터에 입력하여 정보화하는 것도 필요하다. 이는 각 지역에서 컴퓨터 네트워크 시스템(computer network system)을 통해서 교사들이 정보를 쉽게 입수하여 보다 효과적으로 학생들을 지도할 수 있게 도움을 줄 수 있고, 아동들에게 컴퓨터로 가상 상황을 설정해 주고 소비자역할을 경험하게 할 수도 있을 것이다.

**Consumer Issue 8-1**

## 아이들이 행복한 아파트 "아이 좋아"… 건설업계 '키즈 마케팅'

**단지 내에 도서관 영어교실… 놀이터도 학습공간으로**

건설사들이 아파트 단지 안에 어린이를 위한 각종 시설로 젊은 부모들의 마음을 움직이는 '키즈 마케팅'을 전개하고 있다.

어린이집, 단지 내 도서관은 기본이고 파티룸, 실내놀이터, 영어학원까지 그동안 아파트단지를 벗어나야만 이용할 수 있던 시설을 단지 안에 설치하고 있다. 이 같은 '키즈 마케팅'은 젊은 부부들이 선호하는 중소형 아파트에서 특히 치열하다는 게 전문가들의 설명이다.

부동산정보업체 부동산써브 함영진 실장은 "건설사들이 과거에는 각종 교육 놀이시설이 인근에 있다는 점을 내세웠으나 최근에는 아예 아파트단지 자체를 교육공간으로 꾸미고 있다."며 "부모들도 입지 못지않게 아파트 자체의 교육환경을 따지기 시작했다."고 말했다.

**자녀 놀이와 엄마 취미생활 한곳에서**

롯데건설은 어린이 실내놀이터와 부모들의 휴식공간을 결합한 '캐슬 맘 앤 키즈 카페'를 새로 짓는 아파트에 설치할 계획이라고 3일 밝혔다. 이 카페는 아이들을 위한 실내놀이터, 파티룸, 동화구연실 등이 있는 '키즈 카페'와 아이를 보며 육아정보를 교류하고 소규모 강좌도 열 수 있는 '맘스 카페'로 구성됐다. 롯데건설 관계자는 "최근 몇 년간 어린이 안전 문제가 부각되자 상대적으로 안전하고 다양한 프로그램을 갖춘 실내놀이터를 설치하고 부모가 여기서 노는 아이를 보면서 이웃과도 교류할 수 있는 장소를 결합시킨다는 아이디어를 냈다."고 말했다.

롯데건설은 '캐슬 맘 앤 키즈 카페'를 경기 파주시 교하읍 운정지구에 들어서는 '교하 롯데캐슬'에 처음 적용할 예정이다. 이 아파트단지는 지하 1층, 지상 18~30층 총 22개 동에 전용 59~126㎡ 총 1,880채로 구성되었으며, 5월에 분양이 예정되어 있다. 롯데건설은 이 카페를 단지 중앙에 설치해 입주민들이 쉽게 이용할 수 있도록 할 방침이다.

### 놀면서 공부하는 놀이터

과거 어린이놀이터는 그네, 시소, 미끄럼틀 같은 기본 놀이기구와 모래바닥이 전부였다. 요즘 건설업체들은 놀이터를 놀이와 학습이 동시에 이루어지는 공간으로 꾸며 소비자들의 호응을 얻고 있다.

대림산업은 2009년 6월 입주한 '정릉 2차 e편한세상'과 같은 해 11월 입주한 '고양 원당 e편한세상'에 '에너지 놀이터'를 설치했다. 이 놀이터에서 어린이들은 놀이기구를 가지고 노는 동안 생성된 운동에너지가 전기에너지로 바뀌는 과정을 직접 체험할 수 있다. 대림산업 관계자는 "소비자 아이디어 공모전에서 나온 내용을 놀이터에 반영한 것으로 입주자들의 반응이 좋다."며 "이 밖에도 '거북선 놀이터', '예술작품이 있는 놀이터' 등 다양한 놀이터를 설치해 아이들에게 놀이와 학습의 장을 제공하고 있다."고 말했다.

### 감성을 키워 주는 인테리어

웅진그룹 극동건설이 경기 파주시 문산읍 당동리 일원에 분양하는 '파주 극동스타클래스'의 마케팅 포인트는 '교육 특화 아파트'다. 유아를 대상으로 한 단지 내 보육시설과 초등학생 자녀를 위한 영어교육기관을 입주 후 2년간 무료로 이용할 수 있다는 점 등을 내세운다. 여기에 '내 아이를 위한 집'이라는 테마로 아이를 위한 인테리어를 강조한다. 감성 계발에 도움이 되는 것으로 알려진 '컬러 세러피'를 이용해 초록색, 오렌지색, 파란색, 갈색 등의 벽지나 타일로 아이 방을 꾸밀 수 있게 한 것이다. 극동건설 관계자는 "부모들의 반응을 보고 올해 상반기에 분양할 예정인 대구 중구 남산동 '극동스타클래스'와 경북 안동시 '옥동 스타클래스'에도 적용할 방침"이라고 전했다.

출처: 동아일보(2011. 5. 4)

Program Case

# 아동소비자 교육 프로그램 사례

## 통합적 접근에 의한 소비자교육 프로그램 구성

| 단계 | 내용 |
|---|---|
| 프로그램의 근거 및 기본입장 | 발달적 상호작용주의에 근거한 통합적 접근: 주제접근 |
| 프로그램의 목적 및 목표 | 1. 경제 개념의 발달:<br>희소성, 화폐가치, 교환가치, 기회비용, 자원과 생산, 재와와 용역, 보충과 대안<br>2. 소비자행동의 발달:<br>소비자가치, 자원관리, 합리적 구매, 소비자 시민의식<br>3. 사회적 능력의 발달:<br>개발적 특성, 사회적 기술, 또래 관계 |
| 프로그램의 내용 | 1. 가치관교육: 소비윤리, 환경보호<br>2. 자원관리교육: 경제원칙, 금전관리<br>3. 합리적 구매교육: 의사결정, 구매, 소비자 정보<br>4. 소비자 시민의식교육: 소비자역할, 소비자의 권리와 책임, 소비자 문제와 해결 |
| 프로그램의 방법 | |
| 활동의 조직 | 1. 생활주제에 따른 5개 영역에서의 16개 단위 활동:<br>게임, 사회극놀이, 실제경험하기, 부모참여 및 가정 통신, 견학, 동작, 작업, 음악, 이야기 나누기, 토론, 동화 · 동시 · 도서, 창조적 쓰기활동, 조작, 실물제시, 실험 · 조사 · 관찰, 요리<br>2. 생활주제와 관계없이 지속적으로 실시되는 활동:<br>절약하기, 폐품 활용하기, 저축하기 |
| 프로그램의 교수 · 학습 원리 | 1. 유아의 일상생활과의 연관성에 기초한다.<br>2. 구체적인 경험을 강조한다.<br>3. 지속성을 강조한다.<br>4. 유아들의 인지발달 수준을 고려한다.<br>5. 유아 · 유아 상호작용을 강조한다.<br>6. 개별 · 소집단 경험을 중심으로 한다.<br>7. 가정과의 연계성을 강조한다.<br>8. 유아의 내적 동기유발을 강조한다.<br>9. 지역사회를 학습자원으로 활용한다. |
| 평 가 | 활동평가:<br>1. 유아의 흥미 정도는 어떠한가?<br>2. 자료의 준비가 적절하였는가?<br>3. 활동 진행에 문제가 없었는가?<br>4. 유아의 사전 경험과 연관되었는가? |

통합적 소비자교육 프로그램 구성

출처: 변길희 외(2006). 통합적 접근에 의한 소비자교육 프로그램이 유아의 소비자행동에 미치는 영향. 아동학회지, 27(6): 172.

변길희 외(2006)는 발달적 상호작용주의에 근거하여 통합적 접근방식을 취하며, 유아동의 경제 개념 발달 특성에 따른 생활주제를 중심으로 한 통합적 교육 프로그램을 개발 실행하였다. 이들은 소비자교육 및 경제개념 발달과 관련한 선행 연구자료를 근거로 소비자교육의 목적과 내용, 방법, 그리고 교수학습 원리 등을 선정하였다. 전체적 교육 프로그램의 구성은 그림과 같다.

## 생활주제별 기본 단위 활동

통합적 접근에 의한 소비자교육 프로그램의 내용은 다음의 표와 같이 생활주제별로 건강, 사회, 표현, 언어 탐구의 총 5개 영역에 걸쳐서 16개의 단위 활동들로 조직되었다. 이 활동은 개별 또는 소집단 활동들로 체험하게 된다. 각 체험활동에서 유아의 참여도에 따라 스티커를 선물하고, 각 유아별로 스티커 통장 수첩을 만들어 이를 모은 후, 마지막 수업에서 아나바다 장터 활동 시 화폐로 사용하도록 교육한다.

**생활주제별 교육 활동**

| 주 | 생활주제 | 건 강 | 사 회 | 표 현 | 언 어 | 탐 구 |
|---|---|---|---|---|---|---|
| | | 게임 | • 사회극놀이, 견학<br>• 실제경험하기<br>• 부모참여 및 가정통신 | • 동작<br>• 작업<br>• 음악 | • 이야기 나누기, 토론<br>• 동화 · 동시 · 도서<br>• 창조적 쓰기활동 | • 조작, 실물제시<br>• 실험 · 조사 · 관찰<br>• 요리 |
| 1–2 | 봄 | 씨 뿌리고 거두기 | • 화원견학, 화원놀이<br>• 용돈의 필요성 | • 꽃, 꽃병 만들기<br>• 동물 저금통 | • 아나바다에 대해 토론<br>• 용돈으로 할 수 있는 일<br>• 누가 밀알을 심을까? | • 미나리 기르기<br>• 물건값을 주세요 |
| 3 | 나는 소중해요 | 지시대로 따르기 | • 저축의 필요성<br>• 필요한 것 사기 위해 저축하기 (어버이날 선물)<br>• 컴을 사용해서 이 닦기<br>• 자기 물건은 스스로 챙겨요 | • 비닐재활용그림<br>• 몽당연필의 노래 | • 원하는 물건 구입계획하기<br>• 내 물건에 표시하기<br>• 이슬이의 첫 심부름 | • 양치질 방법에 다른 물의 사용량 실험<br>• 내 집을 찾아 주세요 |

| 주 | 생활주제 | 건강 | 사회 | 표현 | 언어 | 탐구 |
|---|---|---|---|---|---|---|
| | | 게임 | • 사회극놀이, 견학<br>• 실제경험하기<br>• 부모참여 및 가정 통신 | • 동작<br>• 작업<br>• 음악 | • 이야기 나누기, 토론<br>• 동화 · 동시 · 도서<br>• 창조적 쓰기활동 | • 조작, 실물제시<br>• 실험 · 조사 · 관찰<br>• 요리 |
| 4 | 나와 가족 | • 나는 동전이에요 1<br>• 우리 가족 물건 찾기 | • 현명한 소비자의 첫걸음<br>• ○○마트 놀이<br>• 계획한 선물 구매하기 | • 동전 베끼기<br>• 카드 만들기<br>• 우리 집 꾸미기<br>• 나는 동전, 나는 종이 돈 | 부모님께 선물하고 싶은 것 계획하기 | • 돈의 종류 알기<br>• 동전 놓아보기<br>• 계획한 선물의 가격 조사하기 |
| 5 | 우리 동네 | 시장 다녀오기 | • 물건의 가격 비교<br>• 구두 수선점 견학<br>• 구두 수선점 놀이<br>• 수도꼭지를 꼭 잠가요 | 우리 동네 | • 싸게 살 수 있어요<br>• 돈과 은행은 이렇게 생겼어요 | • 물건의 가격 비교<br>• 싸게 살 수 있어요<br>• 나는 얼마일까요 |
| 6 | 여러 가지 직업 | 나는 동전이에요 2 | • 저금하기 (시장놀이)<br>• 장난감 수선하기 | • 직업을 나타내는 인형 만들기<br>• 저금통 만들기 | • 전기를 아끼는 방법<br>• 저금 계획 세우기<br>• 집을 팝니다 | • 엄마 · 아빠가 하시는 일<br>• 여러 가지 직업퍼즐<br>• 전구 끄기 게임 |
| 7 | 동물 | 누구의 것일까? | • 장난감을 바꿔서 놀아요<br>• 아나바다 장터견학 | • 무엇을 주련<br>• 동물 만들기<br>• 동화 듣고 역할 극하기 | • 이런 것들이 있어요<br>• 영희와 수돗물<br>• 동물이 주는 이로운 점<br>• 철이가 강아지 한 마리만 갖게 된 이야기 | • 고마운 동물<br>• 이런 것들이 있어요 |
| 8 | 동물 2 | | | | | |
| 9 | 공룡 | 물건을 아껴요 | | • 공룡 콜라주<br>• 동화 듣고 역할 극하기 | 공룡 인형 광고 만들기 | |
| 10 | 음식 | • 동그라미 게임<br>• 제화와 용역 이해 | • 빵집 주방 견학<br>• 간식 사기<br>• 음식 광고놀이 하기 | | • 밀이 빵이 되기까지<br>• 음식 광고 만들기<br>• 음식 흘리지 않고 먹기<br>• 다 먹었어요 | 도넛 만들기 |

| 주 | 생활주제 | 건 강 | 사 회 | 표 현 | 언 어 | 탐 구 |
|---|---|---|---|---|---|---|
| | | 게임 | • 사회극놀이, 견학<br>• 실제경험하기<br>• 부모참여 및 가정통신 | • 동작<br>• 작업<br>• 음악 | • 이야기 나누기, 토론<br>• 동화 · 동시 · 도서<br>• 창조적 쓰기활동 | • 조작, 실물제시<br>• 실험 · 조사 · 관찰<br>• 요리 |
| 11 | 교통기관 | | • 자전거 수리점 견학<br>• 자전거 수리점 놀이 | | • 오늘은 우리 차가 쉬는 날<br>• 대중교통 | |
| 12<br>13 | 깨끗한 우리의 환경 | • 바닷가의 쓰레기 치우기<br>• 재활용 물건 찾기 | 고쳐서 다시 써요 | • 악기 만들기<br>• 악기 연주하기<br>• 땅이 아파요<br>• 내가 하는 환경 보호<br>• 내가 먼저<br>• 우리 지구<br>• 재생지 만들기 | • 소중한 철수의 동화책<br>• 오래 쓰는 물건<br>• 우리가 버린 쓰레기<br>• 분리수거<br>• 재활용 표시<br>• 땅이 아프면<br>• 쓰레기 괴물<br>• 종이 아끼기 | • 같은 종류의 쓰레기<br>• 환경 줄다리기<br>• 깨끗한 지구<br>• 일회용품은 싫어요<br>• 물건을 아껴요<br>• 썩는 물건과 썩지 않는 물건<br>• 내가 만드는 쓰레기 |
| 14 | 시장놀이 | • 구출게임<br>• 자원이해 | • 아나바다 장터 열기<br>• 일상생활에서의 소비자 교육<br>• 시장놀이 | 시장 꾸미기 | • 생산과 유통과정<br>• 좋은 구매태도 가지기<br>• 원하는 것과 필요한 것<br>• 사야할 것 목록 만들기<br>• 영수증 만들기<br>• 간판 만들기, 광고 만들기 | 시장 다녀오기 |

출처: 변길희 외(2006). 통합적 접근에 의한 소비자교육 프로그램이 유아의 소비자행동에 미치는 영향. 아동학회지, 27(6): 174~175.

# Project

1 과거와 달리 현대의 아동들은 보다 보호적인 환경에서 생활하고 있음에도 불구하고 스스로 방어하기 어려운 다양한 소비자문제를 경험하고 있는데, 이런 소비자문제를 양산하는 시장환경에 대해 조사해 보자.

2 아동소비자가 연령이 증가해 가면서 소비자로서의 역할을 학습하게 되는 단계를 실제 사례를 중심으로 설명해 보자.

3 사회환경이 변화되면서 소비자교육자로서 어머니의 역할이나 영향력에 어떠한 변화가 초래되고 있는지를 생각해 보자.

4 소비자역할을 학습해 나가는 과정인 소비자사회화의 개념에 비추어 생각해 볼 때 아동소비자의 소비행동이 가지는 의미와 아동소비자 교육의 중요성에 대해 이야기해 보자.

# Chapter 9

# 청소년소비자 교육

**아동기에** 형성되었거나 청소년기에 학습을 통해 지니게 되는 가치 · 태도 및 행동은 성인기까지 그대로 연장되며, 성인기의 소비자사회화를 통해서도 완전히 변화되기 어렵다. 때문에 청소년기에 올바르지 못한 소비자 가치나 태도가 형성될 경우 개인의 미시적인 차원에서 일탈 소비행위의 유발, 미래의 합리적이고 효율적인 소비기회 박탈 등의 문제가 발생할 수 있다. 또한 사회 전체의 거시적인 차원에서도 바람직하지 않은 소비문화 형성과 그로 인한 여러 가지 문제들이 파생될 수 있다. 오늘날의 청소년소비자들은 미래사회의 소비문화를 주도해 나가는 주체로서의 역할을 담당한다. 그러므로 청소년소비자들을 대상으로 바람직한 가치, 태도, 소비행동을 형성할 수 있도록 소비자교육을 실시하는 것이 중요하다.

## 1. 청소년소비자의 개념과 특성

### 1) 청소년소비자의 개념

청소년소비자는 소비자 발달단계에서 보면 아동소비자와 성인소비자의 중간에 위치하며 그들과는 구별되는 생활양식과 소비특성을 갖는 소비자이다. 일반적으로 발달심리학적 측면에서 보면 청소년기란 아동기가 끝나는 약 12세부터 23,4세까지로, 사춘기를 기점으로 하여 이후 약 10년간을 포함하는 시기이지만 통상적으로 13~18세의 중 · 고등학생을 청소년이라고 일컫는다(유경환, 1984).

청소년기는 아동에서 성인으로 이행하는 과도기로 급격한 신체적 변화와 독립성의 확보, 적절한 성적(性的) 적응, 친구관계의 협조와 동일시, 직업의 선택 및 도덕관의 체득 등 자아주체성을 형성하게 되므로 인간발달에 있어서 결정적인 시기이며, 개인의 사회화에 있어서 매우 중요한 시기로 사회참여에 필요한 가치, 태도, 기능을 개발해 나가게 된다.

청소년기는 아동기와는 현저하게 다른 인지발달의 특성을 가지고 있다. 첫째, 아동은 당면한 문제를 실제적 상황에서 구체적으로 조사하여 해결하려고 하지만 청소년은 가장 타당한 해결방안을 찾기 위하여 모든 가능한 대안을 검토해 본 후에 추상적으로 가능한 대안을 찾으려고 모색한다.

둘째, 아동은 귀납적 사고를 하는 데 반하여 형식적 조작기에 속하는 청소년은 연역적 사고를 한다.

셋째, 아동은 체계적이고 조합적인 사고가 불가능하나 청소년은 가능하다. 마지막으로 청소년은 시간에 대한 개념을 명확하게 획득할 뿐만 아니라 과거와 미래에 대한 시간대가 길어지기 때문에 미래에 대한 계획을 수립할 수 있으며, 목표지향적인 사고가 가능하고, 자아개념도 단순히 현재에만 머물러 있는 것이 아니기 때문에 아동에 비하여 더 먼 미래를 전망할 수 있다(유영주 외, 1990).

청소년소비자의 개념은 연령을 기준으로 소비자 집단을 분류할 때의 한 유형이다. 이러한 분류에 명확한 기준이 있는 것이 아니어서 청소년소비자의 범위를 어떻게 보느냐는 학자들마다 견해가 완전히 일치하지는 않는다. 청소년소비자를 10대 소비자(teenage consumer)와 동일한 개념으로 보는 견해(Fetterman & Klamkin, 1976)도 있고, 13~18세의 연령층으로 정신적 · 육체적으로 약간 미숙한 상태의 인간성장 단계라고 보는 학자들도 있다. 약간씩의 차이가 있기는 하지만 보통 우리나라에서는 중 · 고등학생을 청소년소비자로 구분하는 것이 가장 일반적인 경향이다.

### 2) 청소년소비자의 특성

청소년기의 독립성이나 자아주체성 추구와 같은 인지발달 특성으로 인하여 청소년소비자는 아동소비자보다는 부모의 영향을 덜 받고 독립적으로 소비자행동을 할 수 있다. 그러나 아동과 성인의 중간인 애매한 입장에서 청소년기에 경험하게 되는 여러 가지 정서적 불안과 심리적 혼란은 청소년소비자로 하여금 성인소비자보다 충동적이고 비합리적인 소비자행동을 하게 할 가능성이 크다.

청소년소비자는 다른 시기의 소비자와는 구별되는 다음과 같은 특성을 갖는다.

① 부모로부터 독립된 소비자행동

부모의 의존에서 독립하려는 청소년기의 과도기적인 특성은 청소년소비자 자신의 구매의사결정권이 향상되어 소비자로서의 역할이 확대되는 쪽으로 나타난다. 즉, 구매와 소비행동에 있어서 아동소비자보다는 부모의 영향을 덜 받고 독자적으로 행동하는 비율이 높아지게 되고, 가족 공용의 상품과 서비스에 대한 가계의 구매의사결정에 참여도가 커짐으로써 가계구매 행동에도 직간접적으로 영향을 미치게 된다.

② 또래집단의 영향력

청소년은 자신을 개념화시키고 가족보다도 친구 · 동료집단 · 교사와의 동일시에 초점을 두면서 생활양식의 의식적인 변화를 갖기 시작하며, 또래집단이 청소년의 사회화에 중요한 역할을 한다. 콜만에 따르면 청소년기에는 부모나 학교 선생님보다는 또래의 의견을 더욱 중요시하는 경향이 있으며(Coleman, 1961), 무어와 스티븐스도 아동이 청년이 되어감에 따라 소비자 사회화의 요인으로서 부모보다는 또래의 영향이 더 크다고 하였다(Moore & Stephens, 1975). 청소년소비자의 다양한 소비행동에 친구나 동년배 집단이 큰 영향을 미친다는 많은 연구결과들도 이를 뒷받침해 주고 있다.

③ 성인소비자 행동으로의 이행과정

청소년기의 과도기적 특성과 관련하여 주목해야 할 또 다른 점은 청소년기가 아동기의 단순한 소비행위로부터 완전한 성인으로서의 독자적인 소비행태로 옮겨가는 과정이어서 아동기와 청소년기의 소비관련 경험들은 성인이 될 때까지 지속되어 성인소비자 행동의 유형을 결정한다는 것이다.

④ 가치관 혼란에서 오는 소비행동

청소년소비자의 특성과 관련하여 마지막으로 생각해 볼 것은 청소년들은 성장하면서 점차 가정이라는 테두리를 벗어나 학교, 사회와 접촉하게 되는데 이때 빠른 속도로 변화하는 환경적 자극을 접하게 된다. 또한 전통적인 가치관과 새로운 가치관 사이에서 혼란을 경험함에 따라 자신의 위치와 역할에 대해 심한 갈등을 겪게 되면서 이런 갈등을 과시소비, 모방소비, 충동구매, 과소비 등과 바람직하지 않은 형태의 소비행동으로 표출하는 경우가 많다는 것이다.

이런 경향과 자유재량 소비액 증가, 가치관과 가족구조의 변화, 가정의 경제적 향상 등이 맞물려 작용하면서 청소년소비자가 대규모 소비재 시장을 구성함에 따라 이들의 소비지출이 전체 경제에서 차지하는 비중이 커졌고, 그 결과 이들이 영향력 있는 소비자 집단으로 대두되고 있다.

# 2. 청소년소비자의 소비행동

## 1) 청소년소비자의 소비특성

디지털 네이티브(Digital Native)라고 불리는 오늘날의 청소년소비자는 소비행동에 있어서도 이전 세대와는 다른 독특한 특성을 강하게 드러낸다. 이 중 두드러진 청소년소비자의 소비특성을 정리하면 다음과 같다.

### (1) 감각지향적 소비

청소년소비자는 의사결정에 있어서 감각지향적인 성향이 강하다. 청소년들은 제품을 선택할 때 제품의 기능과 내구성 등 이성적 판단요인보다 제품의 디자인이 가지는 스타일이나 브랜드 이미지, 서비스와 분위기 등 감성적이고 감각적인 요소를 중요하게 고려한다는 것이다(김영신 외, 2003). 이들은 성장기에 풍요의 시대에 노출되어 부모세대와는 다르게 문화적이고 사치적인 욕망에 보다 자연스러우며 관용적인 경향이 있다. 이에 필요(Needs)에 의한 소비보다는 문화적 욕망(Wants)으로 인한 사치적 소비가 빈번한데 이러한 문화적 욕망의 판단근거로 이성적 요인보다 감각적이고 감성적인 요인들이 중요시된 것이다. 무엇보다도 감각적인 스타일과 이미지를 강조하는 지금의 광고시장이 소비자의 이러한 성향을 더욱 강화하고 있으므로 이에 대한 적절한 교육적 접근이 중요하다.

### (2) 과시소비

현대 자본주의 사회에서 문제가 되고 있는 일반적인 의미의 과시소비는 지위를 나타내기 위한 부의 전시라는 점에 초점을 맞추어 정의되고 있다. 이 관점에서 보았을 때 과시소비란 제품과 서비스의 상징성을 통하여 지위를 획득하거나 유지하려는 목적으로 다른 사람에게 부를 과시할 수 있는 제품이나 서비스를 구매 · 사용하는 것(백경미, 1995)이라고 정의할 수 있다.

사회적으로나 개인적으로 바람직하지 않은 소비행태로서 과시소비의 부정적 측면이 부각되고 있는 가운데, 청소년소비자의 과시소비는 사회의 이목을 집중시키는 문제로 나타나고 있다.

청소년소비자의 과시소비성향은 비교적 높고 사회 전반적으로 보편적인 현상으로 나타나고 있다. 이런 과시소비성향은 청소년소비자의 특성에 따라 차이를 보이는데, 월평균 용돈액수가 클수록, 그리고 남자청소년이 여자청소년에 비하여 과시적 소비를 더 많이 하는 것으로 나타났다. 이는 여학생보다는 남학생이 소비를 통하여 자아를 표출하려는 사회적 구매동기가 강함을 보여 주는 결과이다.

또한 물질주의 가치와 소비지향적 태도는 청소년소비자의 과시소비성향에 큰 영향력을 행사하는 동시에 과시소비성향에 정적인 영향을 미쳐서, 물질주의 가치를 많이 가지고 있고, 소비지향적 태도를 강하게 지니고 있는 청소년소비자일수록 과시소비성향이 높아지는 것으로 나타났다(김문희, 1995; 서정희 · 석봉화, 1998).

이처럼 사회 전반적으로 확대되고 있는 청소년소비자의 과시소비성향은 청소년의 비행을 더욱 심화시키는 원인이 된다. 과시소비성향으로 높아진 소비욕구를 충족시키기 위해서 필요한 금전을 마련하기 위한 청소년범죄가 날로 증가하고 있는 현상이 그 대표적인 예이다.

청소년소비자의 과시소비는 여러 가지 형태로 표현될 수 있지만 가장 대표적인 것이 브랜드 선호와 외제품 선호이다. 실제로 청소년들은 유명 브랜드 제품과 외제품을 상당히 선호하고, 소비하는 것으로 나타났다.

### (3) 충동소비

최근에 급속히 발달하고 있는 기업의 마케팅, 광고, 판촉기법과 일반화된 셀프 서비스

판매, 신용카드의 보편화, 자유재량 소비액의 상승 등이 소비자의 충동구매를 자극하고 있는 환경에서 아직 가치관이 확실하게 정립되지 못하고 합리적인 판단을 내리기 어려운 청소년들은 충동구매욕구를 억제하기 어렵다. 청소년소비자는 자아개념의 미확립으로 인하여 상품구매 시에도 상품의 가치보다는 정신적 불안정을 극복하는 수단으로서 충동구매를 하기 쉽다.

청소년소비자의 전반적인 충동구매성향은 약간 높은 것으로 나타나는데, 연령이 어릴수록, 남학생보다는 여학생이, 부모 직업이 화이트 칼라 계층일수록, 용돈을 많이 받을수록, 제품구매 시 친구의 영향을 많이 받을수록, 구매 시 부모와 상호작용이 적을수록, 물질주의 성향이 높을수록, 그리고 자기통제력이 낮을수록 충동구매성향이 높은 것으로 나타났다(박철, 1996).

청소년소비자의 통제소재와 충동구매행동에 관한 연구에서 우리나라 청소년들의 충동구매 수준은 매우 높은 편이며, 통제의 소재(locus of control)가 외부에 있는-재수, 운, 타인의 압력 등에 행동결과의 원인을 두는- 청소년들이 통제소재가 내부에 있는-자신의 능력, 노력, 의지 등에 행동결과의 원인을 두는- 청소년들보다 충동구매행동을 더 많이 하고 있었다(서정희 · 홍향숙, 1996).

충동구매는 개인 소비자의 문제로 국한되는 것이 아니라 사회적인 문제로 확대될 수 있다. 특히 경제적인 가용자원이 부족한 청소년들이 과도한 충동구매 욕구를 이기지 못하여 비정상적인 방법으로 상품을 획득하려고 한다면 청소년범죄가 증가하게 될 것이다. 청소년소비자의 충동구매는 청소년들의 올바른 소비자사회화를 저해하여 여러 가지 부정적인 결과를 유발할 수 있는 위험을 안고 있다.

### (4) 동조소비

동조소비 행동은 소비상황의 불확실성이 높거나 집단 내 응집력이 강한 경우, 그리고 행위자의 집단 소속 욕구가 큰 경우에 강하게 나타난다. 따라서 또래집단 내 압력(Peer Pressure)이 매우 강하게 나타나는 청소년소비자의 경우 이러한 동조소비 성향이 강하게 나타나곤 한다. 청소년들은 소속되어 있거나, 소속되고 싶은 준거집단의 상징이 되는 물품들을 무차별적으로 모방하는 경향이 있다. 대표적으로 또래 친구들 사이에서 유행하는 제품을 동일하게 구매하고자 하는 강한 압박과 연예인과 같은 열망집단에의 최신

유행 아이템을 모조품으로라도 구매하고자 하는 성향을 사례로 들 수 있다(채정숙 외, 2008). 동조소비성향에서 중요한 점은 자신에게 도움이 되고 어울리는 제품인지 여부가 아니라, 제품이 현재 얼마나 유행하는지, 그리고 자신의 열망집단 내지는 준거집단에서 그 제품에 대해 어떻게 평가하는지 등 매우 타인지향적인 관점이다.

사회가 급변하고 소비환경이 글로벌화하면서 아동의 소비자사회화가 더욱 빨리 진행되고, 이에 따라 청소년소비자의 행동특성들이 이미 프리틴(preteen)과 같은 아동소비자에게서 두드러지게 나타나고 있다.

Consumer Issue 9-1

## 프리틴족을 잡아라

**신소비 집단 프리틴족이 뜨고 있다**

유행에 민감하고 나이에 비해 자기주장이 뚜렷하고, 취향도 분명한 프리틴이 신소비 그룹으로 급부상하고 있다. 프리틴(Preteen)이란 10세 전후의 초등학교 3~6학년 정도의 아이들을 지칭하는 말이다. 주로 1990년대에 태어난 아이들은 경제적으로 풍요롭게 성장했고, 맞벌이 부모를 둔 경우가 많다. 프리틴은 또래 친구들과의 유대관계를 위한 동조소비경향이 강하며, 리더의 빅 마우스(Big Mouth) 영향력이 막강해 구전을 유발할 수 있는 커뮤니케이션 활동에 영향을 받는다. 단순히 예쁜 디자인, 캐릭터 제품처럼 어린이 특성만을 강조하는 상품보다는 성숙하게 보이고 싶어 하는 모방심리가 특징이다.

제일기획에 의하면 2002년 프리틴의 구매 영향력 지수(부모의 최종 구입에 관여하는 정도)는 게임 CD 95%, 패션 60%, 컴퓨터 50%, 이동통신 40% 등이었던 것과 비교하면 2005년에는 이 수치가 훨씬 높아졌다. 자신들의 소모품뿐만 아니라, 부모의 소비 및 가정 내 구매 파워력이 상당히 높은 것으로 나타나고 있다.

이러한 현상은 프리틴 세대들이 어릴 적부터 인터넷에서 다양한 상품을 접하고, 학원 왕래가 잦아지면서 비교 기준도 학급 또래를 벗어나 크게 확대되고 있기 때문이다. 무엇보다 한 자녀, 맞벌이 시대에 부모들의 자녀에 대한 지나친 애정이 이들에게 소비권력을 안겨 주고 있는 것이다.

부모의 지갑을 가장 쉽게 열게 만드는 신소비 집단인 프리틴을 겨냥한 상품은 의류뿐만 아니라 신발, 액세서리, 화장품, 전자제품 등 다양하게 선보이고 있다. 프리틴 마케팅이 가장 왕성한 분야는 의류분야다. 사립학교에 다니는 소수를 제외하고는 대다수가 사복을 입기 때문에 적지 않은 수가 교복을 입는 중고생과는 또 다른 특징이다.

한국섬유산업연합회가 발표한 자료에 의하면 2004년 프리틴이 포함된 아동, 청소년복 소비규모는 7,908억 원으로 2003년 상반기보다 20.7%가 증가해 프리틴 의류시장의 잠재력을 엿볼 수 있다. 또한 기초 및 색조화장품을 포함한 어린이용 화장품 시장 규모는 성인시장의 약 30%를 차지해 성인화장품 시장을 대략 5조 원으로 본다면, 어린이 화장품은 약 1조 5,000억 원 정도의 규모라 할 수 있다.

**패션에서의 프리틴 마케팅**

어른을 흉내 내려는 프리틴 심리에 맞춰 성인 캐주얼 의류와 거의 같은 디자인과 트렌드를 반영한 것이 프리틴 의류의 특징이다. 아동복은 유치해서 입기 싫고, 성인복은 사이즈 때문에 선택의 폭이 좁기 때문이다. 한창 외모에 신경 쓰기 시작하는 프리틴 세대들은 좋아하는 스타나 패션잡지 사진을 가져와서 비슷한 스타일의 의류나 액세서리를 요구하기도 한다. 부모 입장에서는 보통 성인 브랜드의 70~80%선에서 가격대가 형성되어 있어 다소 부담스러운 것도 사실이다. 하지만 고급스럽고 지적인 이미지를 선호하는 부모들은 하나뿐인 자녀라는 생각에 많이 구입해 주고 있다.

최근에는 프리틴 제품들이 성인 캐주얼과 디자인은 거의 같으면서 세탁하기 쉽고 가격도 20~30% 정도 저렴하다는 장점 때문에 체형이 작은 20~30대 초반 젊은 여성 고객들이 프리틴 의류를 구매하는 기현상까지 발생하고 있다.

2005년 초 국내에 첫선을 보인 '바비 스타일'은 프리틴 소녀들을 위한 미국 마텔사의 의류 브랜드이다. 바비 인형을 모델로 한 이 브랜드는 성숙하게 보이고 싶어 하는 프리틴의 심리를 꿰뚫어 성공한 사례로 꼽힌다. 이처럼 최근 몇 년간 아동복업계의 틈새시장으로 급부상해 브랜드들의 경쟁이 갈수록 치열해지면서, 독특하고 차별화된 마케팅 전략으로 프리틴의 구매 욕구를 자극하고 있다.

이미 게스, 리바이스, 폴로 등 고가 브랜드부터 베이직하우스, 지오다노, 더데이 등 중저가 브랜드까지 프리틴 전용매장을 속속 오픈하고 있다.

빈폴 키즈는 매장 이용의 편리성을 높이고, 제품 진열에 차별성을 실현하는 숍인숍(Shop in Shop) 전략을 펼치고 있다. 매장 면적을 기존보다 넓혀 공간에 여유를 둠으로써 편리한 쇼핑이 가능하도록 하고, 액세서리, 가방, 소품 및 의류 공간을 분리 배치해서 매장에 들어서면 마치 여러 콘셉트의 제품을 쇼핑하는 듯한 독특한 느낌을 받도록 했다.

2005년 하반기에 주니어 라인을 40~45%를 확대한 '베네통 키즈'도 한층 성숙한 분위기 연출에 초점을 맞추어 매장 디자인을 진행했다. 신세계백화점 본점 매장의 경우 금속성 느낌과 색감 있는 유리를 활용해 고객이 베네통 특유의 세련되고 스타일리시한 분위기를 느낄 수 있도록 했다.

이 외에 블루독은 유행에 민감하고 동종소비성향이 강한 프리틴의 마음을 사로잡기 위해 다음 시즌의 제품을 한발 앞서 선보였다. 리바이스 키즈는 매장 개장에 앞서 인터넷 예약 판매를 통한 선주문 방식을 실시해 패션과 인터넷 정보에 민감한 프리틴 계층에 큰 호응을 받았다. 타깃의 주요 소통수단인 인터넷에 초점을 맞춰 마케팅 전략을 펼친 결과, 자기만의 새로운 브랜드를 원하는 소비자의 욕구를 충족시킬 수 있었다.

롯데백화점 본점 매장에 마련한 일본 브랜드 직수입 의류멀티숍인 '주니어시티'는 고객연령을 9세 이상을 타깃으로 하여 꾸준한 매출액을 보이고 있다.

**화장품에서의 프리틴 마케팅**

기존 세대와 프리틴 세대의 차이점은 바로 '화장품'에서 알 수 있다. 최근에는 프리틴 세대를 위한 전용 화장품 브랜드가 급증했다. 학교 앞 문구점에서 값싼 립글로스와 향수를 판매했지만, 요즘에는 전용 화장품을 백화점에서 당당히 판매한다. 그것도 기초화장품이 아닌 어린이 전용 색조화장품을 백화점에서 구입할 수 있다. 부모들이 예전보다 개방화되면서 아이들도 내재된 욕구를 자유롭게 표현하는 경향에 힘입어 어린이 색조시장이 형성됐다. 지금은 놀이 개념의 연장과 어른들을 모방하고 싶은 심리의 결합으로 화장품을 찾고 있다.

립스틱, 립글로스, 아이섀도 등 단품이 1만 5,000원 이상이며, 세트 상품은 10만 원대로 저렴한 편이 아니지만 꾸준히 판매되고 있다. '미스몰리'의 경우 프리틴 숙녀를 위해 메이크업 시연 행사도 여는 등 다양한 이벤트를 통해 월 평균 500만 원의 매출을 올리며, 어린이날, 크리스마스가 있는 5월, 12월에는 월 매출이 2배로 급등하고 있다.

신세계백화점 강남점에는 2004년에 어린이 전용 화장품 매장이 생겼다. 눈썹을 그리는 아이섀도와 립스틱, 매니큐어, 파우더까지 10여 종의 화장품들이 구비되어 있다. 주말이면 하루 50명이 넘는 아이들이 매장을 찾고 있다.

**전자제품에서의 프리틴 마케팅**

MP3 플레이어, 디지털 카메라, 휴대전화 등도 프리틴의 관심을 끄는 영역이다. 휴대전화와 MP3는 프리틴 세대에게 필수품으로 자리 잡고 있다. 특히 어학용을 겸비한 MP3와 휴대전화의 인기가 높다. 최근 초등학생의 제품에 대한 관심이 커지고 있어 관련 업체들도 예의 주시하고 있는 상황이다.

휴대폰의 경우 교환주기도 20대에 버금갈 정도로 빠른 것이 특징이다. 2004년 3월 SK텔레콤 고객 중 초등학생은 전체 가입자의 1.1%였으나, 지금은 2.1%로 증가되었다. KTF 역시 2년 전 2.24%였던 초등학생 비중이 최근 3.51%로 증가했다. 실제 부모 이름으로 가입해 아이들이 사용하는 경우까지 고려하면 실제 초등생의 휴대전화 이용률은 훨씬 높을 것으로 보고 있다. 싸이월드 도토리(사이버 머니)나 게임 아바타(사이버 캐릭터)를 구매할 때도 아이들은 휴대전화를 많이 사용한다.

따라서 유행에 민감하고 모방심리가 강한 프리틴 세대의 욕구를 반영한 아이템 개발과 시기, 성향에 맞춘 마케팅 전략을 통해 이들과의 심리적 유대관계를 유지해 나가야 할 것으로 보인다.

출처: http://bebeseg.egloos.com/18878

## 2) 청소년소비자의 소비자문제

과시소비, 충동구매 등 청소년소비자의 문제시되는 소비행동이 나타나는 이유는 다음과 같다. 첫째, 가치관이 명확히 정립되어 있지 않은 상황에서 청소년들이 소비를 조장하는 내적 · 외적 환경에 너무 쉽게 노출되고, 둘째, 소비자 지식과 경험이 부족하여 상품의 올바른 효용가치를 파악하지 못하고, 셋째, 정보탐색활동을 적극적으로 하지 않으며 탐색효용에 대해서도 인식하지 못하고 있기 때문이다.

청소년소비자의 소비행동에 관한 실증연구들을 보면 학년, 성별, 월별자유재량소비액, 부모의 교육수준, 직업, 가계소득, 가계 소비수준, 대중매체, 준거집단, 물질주의 가치, 소비지향적 태도 등 다양한 요인이 이들의 소비행동에 영향을 미친다. 그런데 이들 요인 중 특히 청소년소비자의 소비행동에 가장 큰 영향을 미치는 외부요인으로 대중매체와 준거집단을 들 수 있다. 대중매체나 준거집단은 청소년소비자의 합리적인 소비행동을 촉진하기보다는 비합리적인 소비행동이나 소비자문제를 야기하는 측면이 있어 이에 대한 고찰이 필요하다.

이승신 외(2004)는 청소년소비자의 소비자문제와 관련, 구매에 관련된 것과 비합리적이고 무분별한 소비행동에 관한 것으로 분류하여 설명하였다.

### (1) 구매와 관련된 소비자문제

앞서 언급한 바와 같이, 청소년소비자의 소비자문제 중 가장 큰 원인은 주요한 판단 근거로 이성적이고 실용적인 잣대보다 감각적이고 수동적인 가치판단이 주를 이루기 때문인 것으로 볼 수 있다. 이에 충분한 정보탐색과 합리적인 고려가 결여된 상태에서 소비가 이뤄지며 그 결과로 많은 소비자문제 및 피해가 발생하는 것이다. 또한 청소년소비자는 부모로부터 제공받는 기본적인 필수재 덕분에 특별히 합리적으로 금전관리를 하여야 할 동인이 부족한 데도 그 원인이 있다. 청소년들은 충동적인 금전 소비성향이 높을 뿐만 아니라, 금전지출에 대한 계획성이 낮으며 구매 후 검토와 기록 등의 관리행동도 낮은 것으로 지적된다.

### (2) 소비행동과 관련된 소비자문제

청소년들은 대중매체의 영향력이 매우 큰 집단으로, 스타 연예인들을 동조대상으로 삼아 무분별한 소비행동을 일삼기도 한다. 청소년소비자들은 잘못된 대중매체의 허상을 준거점으로 설정하며 이로 인한 과소비와 과시소비, 그리고 모방소비 등을 반복하게 된다.

이 중에서도 과시소비가 더욱 심각하게 여겨지는데, 이는 청소년소비자의 과시소비성향이 사회적으로 만연됨에 따라 브랜드 이미지에 대한 잘못된 가치관과 이로 인한 청소년소비자 문제로 비약하기도 한다.

# 3. 청소년소비자 교육방안

## 1) 교육현황

과거에는 소비자교육이 금전관리와 구매기능 향상을 목표로 하였으며, 소비자교육 내용이 일반 경제지식, 가계재정, 구매법과 자원의 관리 등에 치중되었다. 그러나 오늘날의 사회가 신용사회화 · 서비스화 · 정보화되면서 소비생활이 복잡해지고, 소비자가 경험하는 소비자문제가 재화에서 서비스로, 상품 자체에서 판매방법으로, 안전문제에 더하여 계약문제로, 상품가격과 같은 개인적 이해에서 환경문제와 같은 사회적 · 공공적 이해로 그 범위가 넓어짐에 따라 사회의 변화에 대처할 수 있도록 하기 위해 이전보다 다양한 영역을 소비자교육에서 다루어야 한다. 사회변화에 적절하게 대응할 수 있는 능력을 구비하는 과정 중에 있는 청소년소비자를 대상으로 한 소비자교육은 더욱 중요하다.

표 9-1은 한국 소비자원에서 개발된 청소년 대상 소비자교육 프로그램 현황이다. 전체적인 주제의 분표 현황을 살펴보면 금전관리와 신용(20종), 합리적 구매(26종), 소비자문제해결(18종) 등 소비자의사결정의 합리성과 관련한 전통적인 주제에 60%가량이 집중되어 있음을 알 수 있다. 반면에 전자상거래나 소비자안전, 소비자권리와 역할, 지속가능한 소비 등 주요한 소비문화적 이슈들을 여전히 많은 개발의 대상이다. 디지털 사회의 급속한 변화 속도만큼 끊임없이 나타나는 새로운 소비자이슈를 발빠르게 이해하고 이를 평가할 수 있는 청소년소비자의 도덕지능을 개발하고자 더욱 다양한 프로그램 개발이 요구된다.

**표 9-1 우리나라 청소년 소비자교육프로그램 DB 현황**

| 주 제 | 주요내용 | 프로그램 수 | 특 성 |
|---|---|---|---|
| 시장 경제원리 | 청소년을 위한 시장경제 강좌, 경제의 이해 등 | 12개 | 청소년교육자료나 단일 교안 |
| 금전관리 신용 | 청소년 신용캠프 등 | 20개 | 청소년교육프로그램 자료 |
| 소비자와 광고 | 광고의 의미와 효과 등 | 10개 | 교안 및 자료 |
| 합리적 구매 | 구매의사결정과정 등 | 26개 | 교안 및 자료 |
| 거 래 | 전자상거래 관련 청소년교육프로그램 등 | 8개 | 사회교육프로그램 및 자료 |
| 소비자권리 책임 | 소비자권리와 역할 등 | 8개 | 교안 등 |
| 소비자문제의 해결 | 소비자문제해결 등 | 18개 | 교안 등 |
| 소비자안전 | 소비자안전 등 | 2개 | 학습자료 |
| 지속가능한 소비 | 환경친화적 소비자행동교육방안 등 | 5개 | 교안 등 |
| 종 합 | | 109개 | |

출처: 한국소비자원(2006). 학교소비자교육 활성화를 위한 교재개발.

## 2) 교육방법

학교나 소비자단체 등에서 청소년소비자를 대상으로 실시하는 소비자교육이 최대의 효과를 얻기 위해서는 전통적인 강의 · 주입 일변도의 소비자교육 교수-학습에서 탈피하여 다양한 교수-학습방법들을 적절하게 활용하여야 하는데, 교수-학습방법을 선택할 때에는 다음과 같은 원칙을 고려하여야 한다(이득연 · 송순영, 1993).

### (1) 교수-학습방법의 기본 원칙

① 해당 교육과정에서 교육목표와의 유관 적합성을 가져야 한다

단순히 지식의 전달만을 목표로 할 경우의 교수-학습방법, 정보의 조작과 처리 능력의 배양을 목표로 하는 교수-학습방법, 사회적 상호작용을 강조하는 교수-학습방법들은 교육결과에 따른 교육효과의 차원이 각기 상이하다. 따라서 해당 교육과정에서 의도하고 있는 교육목표에 가장 잘 부합되는 교수-학습방법의 유형을 선택하는 것이 소기의

교육효과를 얻는 데 필수적이다.

② 교육내용을 고려하여 선정하여야 한다

특정의 교수-학습방법이 특정 교육목표에 잘 부합된다고 하더라도, 경우에 따라서는 교육내용상 적용하기 곤란할 수 있다. 교수-학습방법의 일반적 효과에만 주목하여 교육내용과의 적합성을 무시한 채, 무리하게 또는 상대적으로 비효과적인 교수-학습방법을 적용하게 될 경우에는 애초의 의도와는 달리 오히려 교육효과를 반감시키게 될 것이다.

③ 교육여건을 감안하여 교수-학습방법을 선택하여야 한다

아무리 효과적인 교수-학습방법이라고 하더라도 그에 필요한 제반 교육여건이 뒷받침되지 않는다면 의도했던 교육효과를 얻을 수 없다. 예컨대, 교육공학적 교수-학습방법을 활용하려면 이에 필요한 시청각 교육매체나 컴퓨터 설비가 구비되어 있어야 한다.

④ 학생의 학습능력 발달단계를 고려하여 교수-학습방법을 선택하여야 한다

교수-학습방법을 적용할 때 그 수준의 난이도를 조절함으로써 모든 교수-학습방법의 활용이 가능할 수도 있다. 하지만 개별적 교수법으로 구체적으로 들어가면, 각각 특정수준의 학습능력을 요구하게 되며, 이를 무시한 채 지나치게 높거나 반대로 지나치게 낮은 학습능력 단계에서 이를 활용한다면 교육효과 면에서 비효과적 또는 비효율적인 결과를 야기시킬 수도 있다.

⑤ 교수-학습방법 적용시의 전체 소요시간을 고려하여야 한다

교수-학습방법에 따라서는 1회의 수업으로 끝나지 않고 2~3회의 시간을 소요하거나 종일 교육형태를 요구하는 경우가 있다. 따라서 교과의 전체 수업 일정을 감안하여 시간배정에 있어 해당 교수-학습방법이 요구하는 소요시간의 할당이 가능한지를 고려하는 것이 일차적으로 필요하다.

이러한 원칙에 따라 특정 교수-학습방법을 채택해 이를 수업에 활용할 때 그 제재의 선정은 되도록 청소년소비자들의 실제 생활경험을 살리고 학습활동 이후에도 학습결과를 생활에 적용할 수 있는 제재를 선정하도록 한다. 제재 선정 시에는 해당지역의 지리적, 사회 · 경제 · 문화적 특성도 고려해야 한다.

또한 학습자가 참여할 때 교육효과는 더 커지므로 청소년소비자들의 흥미를 유발시키

고 소비자교육 활동에 대한 동기를 부여하여 적극적으로 참여를 유도하는 것이 중요하며, 학습능력이 뛰어난 일부 학생들에 의해 학습활동이 독점되지 않고 가능한 한 전체 학생 모두가 참여할 수 있도록 기회를 마련해 주어야 한다.

소비자교육 활동이 종료된 이후에는 반드시 이를 평가 · 정리하는 절차를 거치도록 하여 다음 소비자교육 활동에 반영하도록 해야 하는데 이를 위해서는 시간안배가 적절히 이루어지도록 조치하여야 한다.

### (2) 교수-학습방법의 종류

강의 외에 청소년소비자들에게 활용할 수 있는 교수-학습방법에는 토의 · 논쟁, 인쇄매체 · 시청각매체 · 컴퓨터매체 등을 활용하는 방법, 면접조사 · 실태조사 등의 조사기법을 활용하는 방법, 역할놀이, 실물제시, 견학 등이 있다(김해미, 1996).

#### ① 인쇄매체 활용법 절차

- 학생들에게 팸플릿을 준비하게 한다.
- 팸플릿을 획득하는 과정에서 학생들 나름대로 소비자정보 탐색능력을 키울 수 있도록 한다.
- 팸플릿의 정보원적 가치를 인식하도록 지도한다.

#### ② 시청각매체 활용법 절차

- 어떠한 매체를 활용할 것인지 결정한다.
- 기존에 제작된 시청각교재를 활용할 것인지 별도 제작할 것인지를 결정하여 교육교재를 확보한다.
- 시청각자료를 미리 시청하고 시청요령 지침을 작성한다.
- 시청각자료 시청 후 이에 대한 감상과 의견을 서로 토의한다.

#### ③ 역할놀이 방법

- 상황설정 및 준비단계로서 먼저 역할놀이의 목표, 주제, 상황 등을 설정하고 구체적인 절차를 준비한다.

- 참가자, 즉 배역을 선정하고 역할을 정한다. 배역은 학생들이 문제상황을 들은 후 스스로 자원하도록 이끈다.
- 교실에서 즉시 준비할 수 있는 무대를 마련하고, 역할놀이를 실현한다.

**표 9-2 소비자교육의 효과적인 교수-학습방법(중학교용)의 교재구성**

| 구 분 | 목 차 | 주요내용 |
|---|---|---|
| 1. 교수 · 학습방법 활용원칙 | | 선정원칙, 적용준비상의 원칙, 지도상의 원칙 |
| 2. 교수 · 학습방법의 유형별 활용 절차와 사례 | (1) 인쇄매체 활용 | 소비자의사결정 / 상품테스트 정보 활용 |
| | (2) 시청각매체 활용 | 환경문제의 지구적 확산 / 지구환경문제 |
| | (3) 컴퓨터의 활용 | 가정자원의 개념, 활용 / 가계부 소프트웨어 활용 |
| | (4) 실물제시법 | 의복의 구매 / 의복구매와 표시사항 |
| | (5) 게시 · 전시 | 현대경제와 국민생활의 향상 / 우리의 소비생활 어느 정도 향상되었나? |
| | (6) 실험 · 실습 | 식품의 선택 / 냉동식품의 조리 |
| | (7) 설문조사 | 현대사회의 시민윤리 / 연소자 관람불가의 비디오 시청경험 |
| | (8) 면접조사 | 식품의 낭비와 쓰레기문제 / 음식물쓰레기문제 |
| | (9) 실태조사 | 소비자문제의 해결 / 소비자보호기관 및 소비자단체 현황조사 |
| | (10) 사례연구 | 소비자문제의 해결 / 소비자불만편지쓰기 |
| | (11) 게임 | 소비자문제의 해결 / 소비생활 관련 용어의 이해 |
| | (12) 토의 · 논쟁 | 소비자정보의 활용 / 광고의 유용성 |
| | (13) 역할놀이 | 소비자문제의 해결 / 소비자불만의 해결 |
| | (14) 시뮬레이션 | 현대경제생활의 이해 / 가격기제와 인플레이션 |
| | (15) 문제해결학습 | 구매의사결정 / 무엇을 살 것인가? |
| | (16) 프로젝트학습 | 환경보전을 위한 활동 / 환경문제와 소비자책임 |
| | (17) 견학 | 현대경제와 국민생활의 향상 / 생활용품 생산 공장 견학 |
| | (18) 지역활동참여 | 현대사회의 시민윤리 / 지역교통안전캠페인 참가 |

출처: 한국소비자원(1996). 소비자교육의 효과적인 교수-학습방법.

- 종합적인 토의와 평가를 실시하고 결론을 이끌어 낸다. 관찰자와 출연자들 그 외 청중들과 함께 서로의 경험과 느낌 등을 나누어 갖는 기회로서 전체 토론이 이루어지도록 한다.

한국소비자원(1996)은 '소비자교육의 효과적인 교수-학습방법'을 발간하여 유형별 교육사례를 제시한 바 있다. 이는 18가지 교수-학습방법별로 소비자의사결정, 자원의 활용, 소비자문제 해결, 현대경제생활의 이해, 친환경적 소비행동 등 다양한 주제를 다루고 있다. 주로 콘텐츠별 접근을 시도하는 여타의 프로그램과 비교 시, 이러한 접근법은 교육 프로그램의 실행에 있어 방법론적 다양성을 모색할 수 있다는 데 의의가 있다. 이는 무엇보다 현업에서 학생들을 이끌어야 하는 교사들에게 의미있는 접근법으로서 교육환경의 선진화와 더불어 더욱 활발하게 논의되어야 할 주제이다.

# 청소년소비자 교육 프로그램 사례

다음은 공정거래위원회의 21세기 소비자교육 과정에 따른 소비자교육 내용 사례로서 중 · 고등학교 대상 교육 프로그램이다.

## 가치관 교육

● **대상 학년 및 교과**: 중학교 2학년 가정

● **교과서 관련 단원**: 생활 자원과 환경의 관리–자원의 활용과 환경

● **활용 가능한 영역**: 지속가능한 소비는 중학교 3학년 사회 인간과 사회의 '민주 시민과 경제생활', 고등학교 사회 인간과 공간의 '환경문제와 지역문제', 고등학교 도덕 사회 생활의 '공동체 의식문제와 환경문제' 고등학교 사회의 '국민경제와 합리적 선택'과 재량 시간에 활용할 수 있다.

● **주 제**: 지속가능한 소비

● **단원 설정 이유**: 경제발전에 따라 소비 및 생활 양식에 많은 변화를 통해 우리들의 일상 소비생활 자체가 환경문제가 되었다. 그리고 소비생활을 환경의 측면에서 보고자 하는 움직임이 활발해졌으며, 세계적으로 지속가능한 소비를 촉진시키기 위해 다양한 대책을 마련하고 있다. 또한 환경 소비자들(Green Consumer)이 등장하여 소비패턴과 소비문화를 주도하고, 경제활동과 기업경영 등에 파급효과를 주고 있다. 따라서 앞으로 미래를 주도할 청소년에게 과거의 환경보호가 아닌 지속가능한 소비에 대한 인식을 심어 주고 환경소비자로서의 태도를 기를 수 있는 계기가 되고자 한다. 이에 학생들 스스로가 학습활동을 통해 심각한 환경문제를 몸소 깨닫고 친환경적인 소비생활 태도를 가질 수 있도록 한다.

● **학습목표**

- 지속가능한 소비와 환경소비자들에 대한 개념을 안다.
- 환경소비자들의 등장으로 소비패턴과 소비문화, 경제활동과 기업경영 등에 어떠한 영향을 주고 있는지 안다.
- 환경문제의 구체적인 사례에 관해 알고 이에 대응하는 친환경적인 소비 생활을 하는 태도

를 기른다.

- 다음 세대에 어떠한 환경을 물려주는 것이 바람직한가에 대해 생각할 수 있으며 폭넓은 관점을 가진다.

● **자료**: 〈자료 1〉 환경을 소중하게 생각하는 생활이란, 〈자료 2〉 환경 친화적인 생활소비양식의 동향, 〈자료 3〉 지속가능한 소비를 위해 제안되고 있는 과제

● **교수-학습방법**: 구안학습

● **학습활동**

| 단 계 | 학습내용 | 교사활동 | 학생활동 | 시간(분) | 자 료 |
|---|---|---|---|---|---|
| 나의 문제 발견하기 | 문제 제기 | • 〈자료 1〉 "나는 환경보호에 얼마나 참여하고 있나"를 체크해 보도록 한다.<br>• 환경문제의 구체적인 사례를 살펴보고 환경보호를 위해 어떠한 활동을 하고 있는지 알아본다. | • 〈자료 1〉을 체크해 봄으로써 자신의 소비생활이 환경친화적인지 점검해 본다.<br>• 자신의 주변에 환경문제와 환경보호의 구체적인 사례를 발표한다. | 15 | 자료 1 |
| 문제의 배경 이해하기 | 환경보호의 추세와 환경친화적인 소비생활 | • 지속가능한 소비와 환경소비자에 대한 개념을 리우선언 관련 자료와 환경 관련 비디오를 통해 설명한다.<br>• 환경친화적인 소비생활에는 어떤 것이 있는지 알아본다. | • 지속가능한 소비와 환경소비자가 세계 사회에 어떻게 영향을 미치는지 이야기한다.<br>• 자신이나 주변에서 환경 친화적인 소비생활하고 있는지 생각해 보고, 자신이 할 수 있는 환경친화적 행동에 대해 발표한다. | 30 | 자료 2<br>자료 3 |

| 단 계 | 학습내용 | 교사활동 | 학생활동 | 시간(분) | 자 료 |
|---|---|---|---|---|---|
| 행동의 계획 세우기 | 구안학습 주제 설정 | • 구안학습에 대한 설명과 각자 또는 조별로 구안학습을 통해 연구할 주제를 정한다.<br>• 구안학습의 실시계획을 세워서 제출한다.<br>–지속가능한 소비<br>–환경소비자들<br>–환경친화적 소비생활 양식 등등 | • 구안학습에 대해 이해하고 환경친화적인 소비생활과 관련된 연구 주제를 정한다.<br>• 수업 내에 작성하지 못한 학생은 수업이 끝나고 자세한 계획을 세워 교사의 지도를 받은 후 실천한다. | 45 | |
| 실천하고 되돌아보기 | 구안학습 실시 | • 구안학습을 1주일 정도 실시하는 동안 중간 점검을 한 번 정도 한다. | • 각자 정한 주제에 따라 구안학습의 과정을 통해 연구를 행한 후 보고서를 작성한다. | | |
| | 평가 및 정리 | • 구안학습 과정에서 느낀 점과 어려웠던 점들을 학습 활동 결과에 대해 학생들이 서로 평가한 것과 함께 적어 제출한 후 학습 전체가 의견을 교환한다. | • 학생들의 학습활동 결과를 발표하고 이에 대해 평가한다. | 45 | |

자료 1

## 환경을 소중하게 생각하는 생활이란

### 1. 환경에 관한 물음에 답해 보자.

다음 ①~⑳번까지의 질문에 대해 'YES' 면 A란에, 'NO' 면 B란에 ◯표를 하세요.

A(YES), B(NO)

| 질문사항 | A | B |
|---|---|---|
| ① 기름이 심하게 묻은 그릇은 낡은 종이나 헌 천으로 닦아낸 후 씻고 있다. | ( ) | ( ) |
| ② 양치질을 할 때, 흐르는 물로 하지 않는다. | ( ) | ( ) |
| ③ 목욕하고 남은 물을 세탁이나 청소할 때 다시 사용하고 있다. | ( ) | ( ) |
| ④ 가능하면 합성세제나 비누의 사용량을 줄이려고 유의하고 있다. | ( ) | ( ) |
| ⑤ 낡은 옷 등을 버리지 않고 재활용하고 있다. | ( ) | ( ) |
| ⑥ 회수 가능한 병과 1회용 병의 차이를 안다. | ( ) | ( ) |
| ⑦ 재생지 이용 상품을 의식해서 사용하고 있다. | ( ) | ( ) |
| ⑧ 화장실용 휴지는 100% 재생 종이로 만든 것을 사용하고 있다. | ( ) | ( ) |
| ⑨ 봉투는 뒤집어서 메모 용지로 사용하고 있다. | ( ) | ( ) |
| ⑩ 걸을 수 있는 거리는 의도적으로 걸어다닌다. | ( ) | ( ) |
| ⑪ 샴푸나 드라이어 사용을 자제하려고 노력한다. | ( ) | ( ) |
| ⑫ 여름에 덥더라도 냉방기를 하루 종일 켜지 않으려고 노력한다. | ( ) | ( ) |
| ⑬ 환경 친화적인 상품을 구입하려고 노력한다. | ( ) | ( ) |
| ⑭ 살충제나 제초제는 필수품이라고 생각하지 않는다. | ( ) | ( ) |
| ⑮ 종이접시나 나무젓가락은 될 수 있으면 사용하지 않으려고 한다. | ( ) | ( ) |
| ⑯ 쓰레기 분리 수거를 철저하게 한다. | ( ) | ( ) |
| ⑰ 1회용 상품은 편리하더라도 사용을 자제한다. | ( ) | ( ) |
| ⑱ 음식 쓰레기를 줄이기 위해 노력한다. | ( ) | ( ) |
| ⑲ 이면지를 다양하게 활용한다. | ( ) | ( ) |
| ⑳ 편리나 용이, 신속함보다도 환경이나 자원이 더 중요하다. | ( ) | ( ) |

### 2. 스스로에 대한 체크를 통해 느낀 자신의 생활태도에 대해 평가해 보자.

(YES가 많으면 환경을 배려하는 생활을 하고 있다고 말할 수 있다.)

출처: 신상옥 · 이수희, 가정과 수업 이렇게 해보면 어떨까요.

자료 2

## 환경친화적인 생활소비양식의 동향

경제성장에 따른 국가 전체적인 환경오염부하를 경제활동의 중요한 부분으로 자리 잡고 있는 우리들의 일상 소비생활로 끌어내려 가져와 유심히 분석해 보면 소비생활 그 자체가 환경문제임을 쉽게 알 수 있다. 이러한 환경부하는 소비자가 그 제품을 필요로 하고 소비함으로써 유발되는 간접적인 오염으로 간주할 수 있고 제품의 생산과 소비 등을 포함하는 경제, 소비활동 등 그 자체가 광범위한 의미에서 환경오염을 유발하고 있다고 할 수 있다.

최근 소비생활을 환경의 관점에서 보고자 하는 움직임이 활발히 진행되고 있다. 1992년 6월 브라질 리우데자네이로에서 개최된 '환경과 개발에 관한 유엔회의(UNCED)' 에서는 개발도 상국의 인구문제와 빈곤, 선진국의 대량소비, 대량 폐기 및 생산활동이 지구환경에 미치는 영향이 지대하다고 인식한 바 있다. 따라서 **리우선언과** [Agenda 21] 등을 통해 **지속가능한 소비를 촉구하는 원칙과 행동지침을 천명**한 바 있다. 리우선언 제8원칙에서 '모든 사람들을 위해 지속가능한 개발 및 삶의 질을 개선시켜 수준 높은 생활을 누릴 수 있도록 지속가능하지 않은 생산 및 소비양식을 줄이고 추방' 하도록 하고 있고, [Agenda 21] 제4장에서는 소비행태의 개혁을 위한 행동계획을 수립, 추진하도록 한 바 있어 각 국별로 이의 실천을 위한 다양한 전략들이 발표되고 있다. 1994년 1월 노르웨이에서 개최된 '지속가능한 소비에 관한 Action Plan' 을 작성하도록 하여 작업에 착수하고 있다. 세계 각국에서는 이같은 국제적, 국내적인 지속가능한 소비를 촉진시키는 대책이 필요함을 인식하여, 정부 및 지방공공단체를 통해 정보제공 및 자금원조 등 다양한 지원을 추진하는 등 새로운 대책모색에 고심하고 있다.

한편 소비자 측면에서도 변화의 바람은 불고 있다. 구매고객들이 환경을 고려해서 소비의 사결정을 내리는 추세가 빠른 속도로 광범위하게 확산되면서 고객을 위한 새로운 가치 '환경' 을 중시하는 **환경소비자들**(Green Consumer)**이 등장**하고 있다.

이들 새로운 **환경소비자들은 소비패턴과 소비문화를 주도하고, 경제활동과 기업경영 등에 파급효과**를 주고 있다. 구매고객들이 환경을 고려해서 소비의사결정을 내리는 추세가 빠른 속도로 광범위하게 확산되면서 '환경에 유익한 것' 이 '기업에 좋은 것' 이라는 사회분위기를 고조시키고 있다. 원료선택과 서비스 활동이 환경을 얼마나 고려했는가가 기업의 시장경쟁력을 유리하게 하는 핵심이 되고 있다고 기업체들이 인식하게 되었다. 환경소비자를 의식하여 환경경영주의를 선언하고 대대적인 녹색 재구축작업과 홍보에 열을 올리고 있다.

출처: 김선희. 지속가능한 소비행태와 LCA(Life Cycle Assessment)

자료 3

## 지속가능한 소비를 위해 제안되고 있는 과제

- **자원**: 에너지의 대량소비, 대량폐기의 수정-현재의 대량소비, 대량폐기를 기반으로 하는 경제 · 사회구조 및 소비생활양식을 개혁하는 특별한 노력이 필요한데, 구체적으로 편리와 풍요의 풍조를 근검과 절약의 풍조로 되돌리고, 가급적 적게 쓰고, 적게 배출하도록 하고, 환경을 배려한 상품을 선택하고 물건을 가급적 오래 사용하는 '지속가능한 소비' 를 목표로 해 가는 것이 중요하다. 즉, 가급적 폐기물배출을 줄이고(Reduce), 재활용하고 (Recycle), 재사용하고(Reuse), 재구입하는(Rebuy) 4R운동을 범시민적으로 활성화시키는 방안 등이 모색되어야 한다.

- **상품 구입 시의 환경배**: 소비자의 선택여부에 따라 가정에서 배출되는 쓰레기 등의 배출물이 증가하기도 하고 줄어들기도 하기 때문에 소비자가 환경에의 부하가 적은 상품을 선택하게 되는 것이 보편화된다면 이것이 제품의 제조에 반영되어 경제사회를 환경을 배려한 방향으로 변화시켜 갈 수 있다. 한편 소비자들의 상품구입에 대한 가치관도 변화되어 앞으로 상품구입 등의 기준으로서 가격 및 편리성 이상으로 쓰레기양이 적은 제품, 환경에의 영향, 내구성 · 보존성 등에 유의하는 사람이 늘고 있고, 유행, 화려함 등을 고려하는 사람들은 줄고 있다.

- **환경마크제의 활성화**: 환경마크제도는 독일이 1977년 도입한 이래 캐나다, 프랑스, 일본 등

환경마크협회(www.kela.or.kr)

세계 22개 국가에서 시행 중에 있다. 환경상품에 대한 소비자여론조사에 따르면 독일을 비롯한 영국, 덴마크, 네덜란드 소비자의 60% 이상, 일본 소비자의 80% 이상이 다소 값이 비싸도 환경마크제품을 선호하는 쪽으로 나타나고 있다. 특히 독일의 Blue Angel이나 일본의 Eco-Mark, 캐나다의 Environment Choice, 유럽공동체의 EU Eco-Label, 북구의 White Swan, 미국의 Green Seal 등은 LCA에 기초하여 제품에 대한 전 과정을 평가하여 소비자들에게는 과학적이고 객관적인 환경정보를 제공하고, 생산자에게는 더 나은 환경적 특성을 갖는 제품을 개발하도록 하는 인센티브를 제공하고 있는 것으로 평가되고 있다.

출처: 김선희. 지속가능한 소비행태와 LCA(Life Cycle Assessment)

# Project

1 청소년소비자의 소비행태를 과거와 비교해 볼 때, 단지 자유재량액의 증가라는 피상적인 측면 외에 소비양식이나 소비가치관에 있어서 어떠한 변화가 나타나고 있는가를 규명해 보자.

2 청소년기의 중요한 소비자사회화 작용인이라고 할 수 있는 동료집단이 실제로 청소년소비자의 소비행동에 어떠한 영향을 미치고 있으며, 그 영향력의 정도가 얼마나 확대되고 있는지 실제 사례를 중심으로 이야기해 보자.

3 현대사회에서 TV를 비롯한 각종 대중매체가 청소년소비자의 소비가치관 및 실제 소비행동에 어떠한 영향을 미치고 있는지에 대하여 토론해 보자.

4 현재와 같은 교육과정에서 청소년소비자를 대상으로 하는 소비자교육을 보다 현실성 있는 교육으로 전개해 나가기 위해서는 어떠한 방안이 모색되어야 할 것인가에 대해 생각해 보자.

# Chapter 10

# 성인소비자 교육

**성인기는** 일생 중 가장 긴 기간이며 사회적으로 가장 활발히 활동하고 사회발전을 주도하는 시기이다. 소비자로서 성인은 개인적으로나 사회적으로 구매력이 가장 큰 시기로서 성인소비자의 중요성은 새삼 강조할 필요가 없을 것이다.

성인소비자가 어떠한 의식을 가지고 행동하는가는 다른 연령대의 소비자사회화에 많은 영향을 미치기 때문에 성인소비자들이 바른 가치관을 가지고 적극적으로 소비자문제에 참여하여 해결하려는 의지를 갖도록 교육하는 것이 매우 중요하다.

이 장에서는 성인기의 특성을 성인 전기와 후기로 나누어 살펴보고, 오늘날 성인소비자가 겪고 있는 소비자문제에 대해 알아본다. 그리고 성인소비자 문제에 대한 근본적인 해결책으로 평생교육의 일환으로 제공되는 소비자교육을 통해서 제시해 보고자 한다.

## 1. 성인소비자의 개념 및 특성

### 1) 성인소비자의 개념

성인기는 청년기로부터 성인기, 중년기, 장년기까지를 포함하는 시기로 생활연령으로는 18세 이후부터 59세까지를 말한다. 성인기는 일생 중 가장 긴 기간이며 사회적으로 가장 변화가 많고 활발히 활동하며 사회발전을 주도하는 시기이다.

인간발달의 전 단계에 걸쳐 볼 때 성인기가 가장 길고 집단의 규모도 크기 때문에 효과적인 소비자 교육안을 마련하기 위해서는 성인소비자의 개념을 파악하고 이를 토대로 다양한 특성을 가진 하위집단으로 나누어 보는 것이 효과적이다. 성인기를 하위집단으로 세분할 때 가장 보편적인 기준이 되는 것은 연령이다. 연령을 기준으로 성인 전기와 후기로 나누어 특성을 살펴볼 수 있다.

성인 전기는 연령상으로는 18세에서 35세 정도로, 청년기와 성인기를 포함하는 연령대를 지칭한다. 이 시기는 학교를 졸업한 후 독립된 성인으로서 사회 속에 통합되고 이에 적응하며, 자신의 적성과 능력에 맞는 직업을 선택하고 안정을 얻고, 결혼하여 자녀를 낳고 가정을 꾸미어 자녀를 양육하며, 성인 후기에 돌입할 준비를 해야 하는 시기이다.

한편, 성인 후기는 보통 중년기에서 장년기에 해당되는 시기이다. 수명연장과 자녀양육기의 감소로 인해 그 기간이 점점 증가하는 추세이며, 학자들의 정의나 명칭이 일치하지는 않지만 그 시기 설정에 있어서 생활연령과 가족생활주기가 주요 지표로 사용된다.

성인 후기는 이전 시기에서의 개척에서 얻어진 부산물을 향유하는 시기로, 자신에 대한 신뢰감이 성숙되고 자유로운 자아의식을 발달시키므로 개방적이고 다양성을 인정하고 편견이 적어진다. 따라서 잠재력을 발휘하고 창의적 · 생산적이며 목표하는 방향으로 전 에너지를 동원하기 때문에 역량에 있어서나 인생에 있어서나 신체기능에 있어서도 전 기능인(fully functioning person)이 된다. 뿐만 아니라 이 시기는 사회적으로도 젊은 세대를 지도할 연령으로 사회변화 특히 가치관의 변화를 주도하게 되며, 젊은 세대에게는 모델로서 지각되고 평가받게 된다. 이러한 지도적 역할은 개인적 · 사회적으로 축적한 풍요로운 경험을 기반으로 50세 이후에 더욱 활발하게 수행된다. 그런데 이 시기에는 타 연령층에 비해 상대적으로 높은 사회적 지위와 지도력과 함께 이전의 개방성보다는 신중함이 두드러지며 보수적이고 현재지향적인 성향이 나타나기도 하는데, 이러한 성향이 젊은 세대와의 갈등을 일으키는 원인이 된다.

이상과 같이 성인소비자는 일반적으로 18세에서 59세까지의 연령대에 속하는 소비자를 지칭하는데, 35세를 전후로 다시 성인 전기 소비자와 성인 후기 소비자로 나눌 수 있다.

## 2) 성인소비자의 특성

스탬플(Stampfl, 1978)의 견해에 따라 현재 한국사회의 성인 전 · 후기 소비자의 특성을 살펴보면, 성인 전기에 있는 사람들은 과도기 소비자와 일면 유사한 동시에 후기산업기 소비자의 특성도 지닌다고 볼 수 있다. 과도기 소비자는 구미에서 1960~90년에 성인이 되었으며 산업기 소비자인 부모나 교사로부터 교육을 받았고, 인플레이션 · 자원결핍 · 에너지 위기 · 공해문제 · 정부의 시장규제 등이 문제시되는 사회에서 의사결정을 하게 되고, 물질에 대한 사적 소유라는 기존의 가치와 사회환경에 관심을 가져야 하는 의무 사이에서 갈등을 느낀다. 그리고 직업과 효율적인 소비를 모두 고려하지만 자신의 경제적 행동이 사회에 미치는 결과는 별로 고려하지 않는다. 이에 비해 후기산업기 소비자는 1990년 이후에 성년이 되는 소비자로 과도기 소비자에 의해서 사회화되며, 효율적이고 책임감 있는 소비에 관심이 있으며, 소비자주의가 중심가치로 대두하여 권리와 책임에 대해 의식하며 소비행동을 한다.

현재 한국사회의 성인 후기에 있는 소비자는 스탬플의 산업기 소비자의 특성과 과도기 소비자의 특성을 함께 지닌다. 스탬플에 따르면 산업기 소비자는 구미에서 1920년에서 1960년 사이에 성년이 된 소비자로서 물질적 소유, 사적 소유, 편의성 등을 추구하면서 사회화되었다. 즉, 이들은 절약에 의한 축적을 중요시하여 '많이 소유할수록 좋다' 는 철학을 가지고 있으며 자신의 소비가 사회와 환경에 미치는 영향을 거의 고려하지 못한 세대의 소비자이다. 과도기 소비자는 전술한 대로, 1960년에서 1990년 사이에 성년이 되며 물질에 대한 사적 소유라는 기존의 가치와 사회환경에 관심을 가져야 하는 의무 사이에서 갈등을 느끼는 세대의 소비자이다.

시대적 특성이 소비행동에 반영되어 성인소비자의 특성을 규정짓기는 하지만, 다른 연령대의 소비자와는 달리 성인기는 발달과정 및 생활연령상 해당되는 영역이 넓어 그 특성을 몇 가지로 집약해서 표현하기는 어렵다.

Consumer Issue 10-1

# 두 마리, 모순된 토끼를 잡아라 2011년 소비 트렌드 키워드, 'TWO RABBITS'

대한민국 소비자는 어떻게 변화하고 있는가? 그 변화의 방향은 복잡다단하지만, 분명한 사실 하나는 소비자의 니즈가 날이 갈수록 까다로워지고 있다는 점이다. 기능은 더 많이, 사이즈는 더 작게, 디자인은 더 세련되게, 가격은 더 저렴하게…. 까다롭다 못해 때로는 모순된 요구를 현대의 소비자들은 아무렇지도 않게 한다. 서울대학교 생활과학연구소 소비트렌드분석센터는 신묘년(辛卯年) 토끼의 해를 맞아 2011년 트렌드 키워드를 'TWO RABBITS', 즉 '두 마리 토끼'로 선정했다. 현대의 시장에서 우리가 잡아야 할 것은 단순한 두 마리 토끼가 아니라, 매우 모순된 두 마리 토끼이다. '모순의 두 토끼'를 하나씩 살펴보자.

### Tiny Makes Big(작은 차이가 큰 변화를 만든다)

"신(神)은 디테일 속에 있다"는 건축가 미즈 반 데 로어의 말처럼 2011년 대한민국 트렌드의 흐름을 결정할 가장 중요한 요소로 '작은 차이'에 주목하고자 한다. 새삼스럽게 디테일의 중요성을 강조하는 것은, 사회 전체를 아우르는 거대한 대세보다는 작고 미세한 흐름이 2011년 한 해를 구성해 갈 것이라고 보이기 때문이다.

기술이 평준화되고 생산 경쟁이 매우 치열해지면서, 작은 '차별화 요소'가 더욱 중요해졌다. 더구나 오늘날의 소비자들은 소비의 이해력(consumer literacy)도 높고, 다양한 사회적 매체를 통해 정보를 서로 공유하고 있기 때문에 그 어느 때보다도 까다롭다. 이제는 사소한 것까지 신경을 쓴 총체적인 서비스와 솔루션이 중요해질 것이다.

수직적으로 성능을 향상시키는 업그레이드뿐만 아니라, 주변적이고 사소한 요소를 바꾸어 약간 다른 상품을 출시하는 '옆' 그레이드 현상이 중요해진다. 중후장대(重厚長大)한 사업에서도 사용자 친화적이고 직관적인 디자인의 역할이 강해지며, 산업마다 작은 니치(niche · 틈새)의 메인(main)화 현상이 가속화될 것으로 보인다. 이제 시장 전반에 고객의 사소한 불편도 놓치지 않는 '감동 경영'이 핵심 요소로 등장할 전망이다.

### Weather ever Products(변하는 날씨, 변하는 시장)

기상 이변은 이제 예상하지 못한 '이변'이 아니라 정례화된 일상이 되고 있다. 단순히 지구 온난화(global warming)가 아니라 전 지구적 이상 기후(global weirding)의 양상마저 보인다. 이처럼 변덕스러운 날씨 변화에 얼마나 정확하고 신속하게 대응하느냐가 경영의 매우 중요한 요소가 될 것이다.

날씨에 즉각적인 영향을 받는 계절상품이나 의류뿐만 아니라 다양한 상품군에서 날씨 관련 마케팅이 선보일 것으로 전망된다. 급변하는 날씨와 소비자의 취향을 반영할 수 있는 '반응 생산 시스템(Quick Response System)'의 개념이 시장 전반에 확산될 것으로 보인다. 특화된 날씨 정보 사업이 주목받고, 기후 변화로 인한 위험 요인을 회피할 수 있는 날씨 관련 보험이나 파생

상품이 발달할 것이다.

**Open and Hide(개방하되 감춰라)**

모든 것을 개방하고 공유하는 '텔올 제너레이션(Tell-all Generation)'의 시대가 왔다. 자신의 일상을 소셜 미디어에 거리낌없이 올리는 사람들을 '미포머(meformer)'라고 하는데, 이제 많은 사람들은 이전에는 감추고 드러내기를 원하지 않았던 사적인 일상까지 소셜 미디어를 통해 활발하게 개방한다.

개방화의 추세는 산업계에도 불고 있다. 산업 간 경계가 허물어지면서 '프레너미(frenemy)' 현상이 일반화된다. 프레너미는 친구(friend)와 적(enemy)의 합성어로서 기업 간 협력과 적대관계가 동시다발적으로 일어나는 현상을 잘 보여 준다. 기업 간 협력이 확산되며, 산업의 융·복합화와 개방화가 가속화될 것으로 보인다.

반면 '정보 전염병(infodemics)'에 대한 염려도 함께 커질 것이다. 개방화의 흐름 속에서 정보 보안의 강화, 진실된 정보에의 갈증, 정보 윤리의 문제가 큰 사회문제로 대두할 것으로 전망된다.

**Real Virtuality(실재 같은 가상, 가상 같은 실재)**

가상이 현실의 경계를 넘어오고 있다. 3D, 4D, 증강현실 등 현실 재현 기술의 비약적인 발전에 힘입어 이제 현실이 가상적으로 느껴질 만큼 현실의 가상적 모사는 더욱 현실적이 된다. 스마트폰이나 태블릿 PC를 통해 이용 가능한 증강현실 서비스가 크게 증가하는 것은 물론, 패션이나 화장 등의 영역에서 자신을 시뮬레이션하는 것도 확산된다. 또한 소비자의 지각 능력과 정보력이 크게 향상되면서 인터넷 쇼핑은 '소셜 쇼핑'으로 진화할 것으로 보인다.

나아가 가상과 현실의 경계가 흐려지며, 현실 세계에 가상공간의 논리와 스타일이 덧대어진다. 대표적인 사례로 온라인의 미션 해결형 게임의 스타일과 논리가 적용된 TV의 리얼 버라이어티 예능 프로그램을 들 수 있다.

**Ad-hoc Economy(즉석경제의 시대)**

경제와 트렌드 변화의 주기가 빨라지고 미래의 예측이 불가능해지면서 현재 지향적이고 즉각적인 소비 가치가 확산되고 있다. 이른바 '즉석경제'의 시대가 도래한 것이다. 불확실하고 불투명한 미래의 모습보다는 현실에 충실하고 당장에 집중하는 이른바 '카르페 디엠(Carpe Diem·오늘을 잡아라)' 증후군을 보이는 임시(ad-hoc) 세대가 등장한다. 이들은 찰나족이라고 부를 만큼 순간에 강하고, 싫증도 쉽게 낸다.

임시 세대의 등장은 산업에도 많은 영향을 미친다. 제품의 순환 주기가 빨라지고 상품의 희소성과 한정성이 중요해진다. 마케팅의 추세도 점점 더 특별하고, 한정적이고, 즉흥적인 방향으로 바뀔 것이다. 즉석경제시대에 적응하기 위해 '순간 경쟁력'이 중요해지고 있는 것이다.

### Busy Break(바쁜 여가)

"백수가 과로사했다"는 우스갯소리가 있다. 이제 한국의 여가는 양적으로 늘어났을 뿐만 아니라, 질적으로도 이전과는 다른 성숙의 변곡점을 지나고 있는 것으로 보인다. 소비자들은 단지 편안히 휴식하는 여가가 아니라, 자신의 역량과 경력을 더 높이기 위해 바쁜 여가를 준비한다. 이제 휴가 계획은 자격증 취득, 해외 연수, 성형, 자원 봉사 등보다 진화한 목적을 담게 된 것이다. 여유를 찾으면서도 동시에 시간을 의미있게 사용하려는 현대인들의 일상적 태도가 휴식에도 전이된 결과다.

### By Inspert, By Expert(직접 하거나, 전문가에게 맡기거나)

2011년에는 스스로 만들고 창조하며 능동적인 활동을 하는 DIY(Do-It-Yourself) 소비와 전문적이고 고급스러운 서비스를 누리려는 DIP(Do-It-Professional) 소비가 동시에 늘어날 것으로 보인다.

먼저 DIY의 측면에서 소비자들은 도시에서도 텃밭을 가꾸어 자기가 먹을 채소를 직접 재배하거나, 스스로 스마트폰 애플리케이션을 만들어 내기도 하며, 능동적으로 '소셜 커머스(소셜 미디어와 온라인 미디어를 활용하는 전자상거래의 일종)'에 참여하기도 한다. 나아가 DIP에 대한 수요도 늘고 있다. 특히 미용 · 금융 · 건강 등 여러 서비스 영역에서 소비자의 모든 문제를 처음부터 끝까지 해결해 주는 '토털 솔루션 서비스'가 주목된다.

이러한 소비 트렌드가 확산되는 이유는 현대의 소비자들이 점점 더 양가적인(ambivalent) 소비가치를 갖기 때문이다. 다시 말해서 과거처럼 가격에 대해 정규분포를 이루도록 소비를 하는 것이 아니라, 아주 극단적으로 저렴하게 스스로 하거나, 아주 비싸더라도 전문가에게 확실한 문제해결을 기대하기 때문이라는 것이다.

### Ironic Identity(내 안엔 내가 너무도 많아)

이제 소비자들은 성별 · 나이 · 개성에 따라 규정된 전통적인 스타일을 고집하지 않고, 상황과 기분에 따라 전혀 다른 사람처럼 변모한다. 소비를 할 때에는 마치 지킬과 하이드 같은 다중인격자로 변하는 것이다.

여성들 사이에 남성적인 밀리터리룩이 유행을 하고, 남성에게 미용패션 전문잡지의 스타일링 소재들이 히트하듯이, 성별이 뒤바뀐다. 삶의 방식도 모바일 오피스를 구현해야 할 만큼 바빠지면서도, 동시에 느린 삶의 모토가 사회적 트렌드가 된다. 장 · 노년층들도 자신의 인식 연령을 매우 젊게 가져가면서, 나이를 잊은 소비 행태를 보여 준다.

이처럼 다중인격적 소비가 일반화되는 것은 현대의 소비자들이 마치 연극배우처럼 자기의 정체성을 다양하게 인식하기 때문이다. 따라서 소비자를 전통적인 인구학적 기준으로 분류하고 거기에 의거해 마케팅 활동을 펼치는 일은 더 이상 유효하지 않을지 모른다.

**Tell Me, Celeb(스타에게 길을 묻다)**

유명인을 따라하려는 사람들이 많아지고 있다. 대중문화계의 스타나 사회적 유명인(celebrity)의 영향력이 갈수록 커지면서 '셀렙 경제(celeb-economy)'라고 부를 만한 트렌드가 형성될 것이다. 스타나 유명인은 이제 먼 발치에서 바라만 봐야 하는 하늘의 별이 아니라, 라이프스타일의 새로운 기준을 보여 주는 친구이자 삶의 모델이다.

SNS와 같은 개인 미디어의 발달로 유명인의 일거수일투족이 공개되고 사람들은 자신의 삶 위에 그들의 삶을 자연스레 중첩시킬 수 있게 됐다. 1990년대부터 시작된 1세대 아이돌(idol) 문화를 접하고 살아온 젊은 세대는 이제 트렌드 형성의 중추로 자라났다. 스타와 자신을 동일시하는 것이 낯설지 않은 세대인 것이다.

**Searching for Trust(신뢰를 찾아서)**

실로 불신(不信)의 시대다. 이제 소비자의 신뢰를 차지하는 자가 시장을 갖게 될 것이다. 소셜 미디어의 폭발적인 성장과 함께 대중은 검증되지 않은 정보들의 무분별한 확산을 한편에선 조장하면서, 다른 한편에선 음모론과 과장에 공포심을 느낀다. 실생활에서도 위생과 안전에 대한 소비자들의 불안이 그 어느 때보다도 커지면서 신뢰에 대한 요구를 더욱 키운다.

개인 경비 등 안전 관련 산업이 각광받고, 건강 · 위생 · 항균 관련 상품이 더욱 인기를 끌 것이다. 스트레스 완화 관련 시장도 성장할 것이다.

※ 위 내용은 《트렌드 코리아 2011》(근간)의 내용을 발췌한 것임

출처: 조선일보 위클리비즈(2010. 11. 27)

# 2. 성인소비자의 소비자문제 유형과 교육요구도

## 1) 성인소비자의 소비자문제

성인소비자의 경우 다른 어떤 집단보다 그 연령대가 넓어 여러 가지 특성이 혼재하고 해당 인구가 많기 때문에 다양한 동기에서 다채로운 소비행동을 보이며 이와 더불어 소비자문제 역시 광범위한 영역에서 발생된다. 청소년기와 유사한 특성을 보이고 있는 성인 전기, 특히 청년기에 있는 소비자와 노인기를 앞둔 성인 후기, 특히 장년기 소비자는 행동특성이나 경험하는 소비자문제의 유형에 있어 상당히 다른 양상을 나타낼 것이다. 그러므로 성인소비자의 소비행동 특성과 소비자문제의 경험을 일반화시켜 설명하기가 매

우 어려우며, 특히 소비행동에 있어서는 더욱 그러하다. 따라서 여기서는 성인소비자의 행동특성을 구분지어 설명하지 않고, 소비자문제를 중심으로 서술하고자 한다.

소비자문제는 기본적으로 기업과 소비자 간의 상품과 서비스의 거래관계에서 소비자의 권리가 사업자에 의해 침해됨으로써 생기는 문제이므로 소비자행동보다는 구체화하기가 용이하다.

소비자문제는 그 기준에 따라 다양하게 분류할 수 있는데, 우선 형태에 따라 다음과 같은 6가지 문제로 분류할 수 있다(이기춘 외, 1995).

- **구매 전 문제**: 불완전하거나 그릇된 정보, 기만광고
- **가격문제**: 절대가격수준, 품질과 비교한 가격, 정찰제 불이행
- **품질문제**: 사용 중의 고장, 물리적 성분, 광고에서 주장된 것과 비교한 성능, 신체적인 위해 가능성
- **거래 · 특수판매 문제**: 방문판매 및 신용을 이용한 거래상의 문제, 할인판매기간의 불이행, 할인상품의 부족 또는 품질불량, 할인가격이 광고된 것만큼 싸지 않음
- **표시 · 보증 · 계약 문제**: 기만적이거나 부적절한 보증, 보증대로 이행하지 않음, 정직하지 못한 계약, 불충분하거나 부정확한 표시
- **구매 후 문제**: 잘못된 수선, 요구하지 않은 서비스에 대한 요금, 교환이나 환불이 어려움, 주문한 것과 다른 물건의 배달, 손상된 제품의 배달

한편, 소비자문제를 피해발생 측면에서 분류할 경우, 상품의 용역이나 내용상의 하자로 인해 소비자가 받는 피해인 내용상의 피해와 사업자와 소비자 사이의 거래계약에서 생기는 피해인 거래상의 피해로 구분할 수 있다(김기옥 외, 1998).

- **내용상의 피해**: 소비자의 생명이나 신체의 안전이 침해되거나 다른 재산상의 손해를 야기하는 경우
- **거래상의 피해**: 사기 세일, 부당한 약관조항, 허위 · 과장광고, 담합 등의 부당한 공동행위에 의한 부당한 가격형성이나 거래거절 등으로 소비자가 피해를 입고 문제를 경험하는 경우

이상을 종합하여 소비자문제를 그 형태에 따라 분류하면 다음과 같은 4가지 유형이

가능하다. 각 유형별 구체적 소비자문제를 간략하게 살펴보면 다음과 같다.

- **구매 전 문제**: 광고, 정보와 관련된 문제
- **제품과 관련된 문제**: 제품의 성능과 품질 또는 안전성, 제품의 표시 및 보증, 가격

**표 10-1 한국소비자원에 제기된 금융서비스 피해유형별 현황**

| 분 야 | 내 용 | 1999 | 2000 | 2001 |
|---|---|---|---|---|
| 은 행 | 여신 | 63 | 125 | 302 |
| | 예금 | 26 | 23 | 24 |
| | 기타 | 47 | 14 | 39 |
| 소 계 | | 136 | 162 | 365 |
| 증 권 | 일임매매 | 10 | 24 | 6 |
| | 임의매매 | | | |
| | 매매주문 | | | |
| | 투자신탁 | 14 | 18 | 5 |
| | 기타 | 7 | 16 | 19 |
| 소 계 | | 31 | 50 | 30 |
| 보 험 | 면 · 부책 결정 | 134 | 327 | 310 |
| | 보험금액 산정 | 111 | 254 | 241 |
| | 계약의 성립 실효 | 56 | 181 | 106 |
| | 보험모집 과정 | 54 | 67 | 57 |
| | 지급지연 | 29 | 65 | 67 |
| | 고지 · 통지의무 위반 | 26 | 64 | 102 |
| | 장해등급 적용 | 25 | 47 | 76 |
| | 기타 | 27 | 28 | 50 |
| 소 계 | | 462 | 1,033 | 1,009 |
| 계 | | 629 | 1,558 | 1,831 |

출처: 정운영 · 김영신(2007). 중 · 장년기 금융서비스 소비자교육을 위한 기초연구. 충남생활과학연구지, 20(1): 1-17.

과 관련된 문제

- **거래와 관련된 문제**: 우편주문, 신용을 이용한 거래상의 문제, 할부구매, 외판구매, 판매원의 태도, 부정 계량, 계약과 관련된 문제
- **구매 후 문제**: 애프터서비스 및 수선, 배달, 교환 및 환불문제

특히나 최근에는 개인자산관리가 대중화되면서 금융서비스에 대한 성인소비자의 관심이 높아진 만큼 이로 인한 소비자문제도 급격하게 증가하는 추세이다. 우리나라의 금융서비스 상담 및 피해구제 업무는 주로 금융감동위원회에서 담당하였으나 1999년부터 소비자법 개정안이 시행되면서 한국소비자원으로 담당 업무가 이관되었다. 정운영 · 김영신(2007)의 한국소비자원 분석 자료에 따르면 금융서비스 피해현황은 1999년 총 629건에서 2000년 1,558건, 2001년에는 1,831건으로 지속적인 증가 추세를 나타내고 있다(표 10-1).

이에 다음에서도 볼 수 있듯이 성인소비자의 교육요구도는 주로 매우 실질적인 생활경제적 이슈들과 직결되어 있음을 알 수 있다.

**Consumer Issue 10-2**

## 국제소비자기구는 G20 정상들이
## 금융소비자보호문제에 대응할 것을 촉구한다

(사)소비자시민모임(회장 김재옥)을 포함한 국제소비자기구(Consumers International, CI)의 115개국 220개 회원단체는 2010년 11월 서울에서 개최하는 G20 정상회의에서 정상들이 금융소비자보호를 위한 대책을 마련해 줄 것을 촉구한다. 국제소비자기구(CI)의 회원단체가 채택한 선언문을 '청와대'와 '서울 G20 준비위원회'에 전달하였다.

국제소비자기구(CI)의 회원단체들은 지난 몇 년간 금융상품 및 서비스 테스트, 소비자 대상 금융교육 실시, 정보 제공 등 금융소비자보호를 위한 활동을 지속해 왔다. 특히, 2010년 3월 15일 세계소비자권리의 날 '우리의 돈, 우리의 권리(Our money our rights)'라는 주제로 금융서비스에 관한 소비자권리 찾기 활동을 펼치기로 결의하였다.

국제소비자기구는 2009년 피츠버그 G20, 2010년 토론토 G20 정상회의에서 금융소비자문제 해결을 위하여 전 세계가 함께 노력하여야 함을 선언한 바, 서울 G20 정상회의에서 문제 해결을 위하여 '금융소비자보호전문가그룹' 구성 등 좀 더 구체적인 방안 논의를 촉구한다.

소비자시민모임은 10월 7일 금융소비자분야에 관심 있는 한국소비자학회, 한국소비자법학회, 한국금융소비자학회 등 소비자관련학회의 대표와 한국소비자단체협의회, 경제정의연구소 등 시민단체 전문가들이 모여 금융서비스 분야의 문제를 확인하고 문제를 해결하기 위한 전문가그룹의 결성 및 권고안 마련을 위한 지원방안을 논의해 줄 것을 정부에 촉구하였다.

현재 국제소비자기구 회원단체는 각각 미국의 오바마 대통령 백악관 고위관계자, 독일의 앙겔라 메르켈 총리, 호주 줄리아 길러드 총리 등으로부터 국제소비자기구의 제안을 지지한다는 긍정적 답을 받았다.

이에 소비자시민모임은 한국 정부가 2009년 피츠버그 G20 정상회의에서 선언하였던 금융소비자보호에 대한 선언을 구체적으로 논의해 서울 G20 정상회의에서 전 세계의 소비자들로부터 지지를 받는 정부가 되기를 촉구한다.

또한 2010년 10월 22일 국제소비자기구(CI)의 115개국 220개 회원단체는 서울 G20 정상회의에 참가하는 세계 지도자들에게 금융서비스분야의 소비자를 보호하기 위한 실제적인 대책 마련을 촉구하는 내용의 보도자료를 함께 발표하였다.

**국제소비자기구(CI)의 보도자료 : 금융소비자보호전문가그룹 구성해야**

2010년 10월 22일 소비자시민모임을 비롯한 국제소비자기구(CI)의 회원단체는 오는 11월 서울에서 열리는 G20 정상회의에 참가하는 세계 지도자들에게 현재 소비자권익이 제대로 보호받지 못하고 있는 금융서비스분야의 소비자를 보호하기 위한 실제적인 대책을 마련해 줄 것을 촉구한다.

국제소비자기구(CI)는 선진국 및 개도국 소비자들이 안정적이고 공정하고 경쟁적인 금융서비스에 접근할 수 있도록 금융소비자보호 전문가그룹을 구성할 것을 긴급히 제안한다.

소비자시민모임은 국제소비자기구의 회원단체이자 이사단체로서, 한국의 소비자들을 포함한 세계 소비자들이 금융서비스분야에서 보호받을 수 있도록 금융서비스보호 전문가그룹 등 세계적인 대책이 마련되어야 한다고 보고, 국제소비자기구의 회원단체들과 함께 금융소비자보호 캠페인에 참여하고 있다.

국제소비자기구의 저스틴 맥멀란 캠페인 팀장은 "소비자들은 너무나 오랫동안 금융서비스업계의 부당한 시장거래방식을 참아야만 했고 글로벌 경제침체로 인해 문제가 더욱 악화되고 있다. 매년 글로벌 경제는 최대 1억 5,000만 명의 신규 소비자를 금융서비스에 추가로 진입하게 하고 있으며, 이 신규 소비자의 대부분은 소비자보호와 금융관련문맹률이 아직 유아기에 머물고 있는 국가의 소비자들이다."라며 "2009년 피츠버그 G20 정상회의에서 세계 지도자들은 '부당한 시장거래방식으로부터 소비자, 예금자, 투자자를 보호하고, 높은 수준의 표준을 개발하겠다.'는 선언을 한 바 있다. 지금은 그들이 한 말을 행동으로 옮길 때이다. 이 일을 제대로 하는 것은 소비자들에게만 중요한 것이 아니라, 세계 경제의 지속적인 안정성에도 매우 중요하다."고 말했다.

국제소비자기구(CI)는 금융소비자보호 전문가그룹이 다음 사항에 관한 최소한의 기준을 제정하고 전 세계의 각국 정부들이 이를 채택할 것을 권고한다.

- 금융상품 및 서비스의 공정한 계약조건과 수수료(요금)
- 금융상품에 관한 정보 설계 및 공개
- 각국의 금융소비자보호기관의 관리체계와 기능

금융소비자보호 전문가그룹은 다음에 관한 권고사항도 제시해야 한다.

- 소비자 금융서비스 시장에서의 효율적인 경쟁 촉진
- 금융소비자보호와 관련된 국제적인 표준제정 및 조정을 위한 상설기구 설치

저스틴 맥멀란은 이어 "금융소비자보호에 관한 국제적인 협력을 통해서 세계 각국 정부들은 상당한 재정 절감을 실현할 수 있는 가능성이 있다. 이는 연구조사를 조정하고 표준과 가이드라인을 개발하고 좋은 시장거래방식을 공유하고 비용부담이 막대한 위기를 회피함으로써 이뤄질 수 있다."고 강조하고, "이 문제에 관하여 국제소비자기구 220개 회원단체는 매우 고조된 감정을 갖고 있으며, 회원단체 중 상당수는 각국 정부를 대상으로 이번 G20 정상회의에서 소비자들을 외면해서는 안 된다고 촉구하는 로비활동을 폈다. 국제소비자기구는 또한 세계은행 총장과 유럽의회 의장과도 접촉하였고, 금융서비스업계가 소비자의 필요를 후차적인 문제가 아니라, 중요한 문제로 여기며 변화하도록 계속하여 압력을 가할 것이다."라고 말했다.

출처: 소비자시민모임 홈페이지(www.consumerskorea.org)

## 2) 대학생 소비자의 소비자교육 요구도

이경옥 · 김영숙(2009)의 대학 소비자교육 실태조사 및 요구도 조사 관련 연구에 따르면 대학생 성인 소비자들은 재테크나 피해구제와 같은 일상소비생활에 직접적으로 관련되는 주제에 대한 교육 요구도가 매우 높은 것으로 나타났다. 즉, 대학생 소비자들은 대학의 소비자교육 강좌를 통해 원론적인 내용보다는 실생활에 도움이 될 수 있는 구체적인 생활 상식들을 배우고 싶어 한다는 것이다.

또한 교육 프로그램의 대 주제별 요구도가 일관된 성향을 보이기보다는 대 주제 안에서도 소주제별 요구도가 다양하게 분산되어 나타나는 것을 알 수 있었다. 그러므로 대 주제 위주의 추상적인 교과목 구성보다는 소주제별 세심한 요구도 분석 및 정교한 프로그램 개발이 중요하다.

따라서 소주제별로 요구도가 높은 실용적 소비생활지식을 위주로 사례를 구성하되, 성인 소비자의 본격적인 입문기라 할 수 있는 대학생들의 기본적인 소비가치관을 함양

**표 10-2 대학생 소비자의 강의주제별 교육요구도**

| 대분류 | 중분류 | 소분류 | 요구도 평균(표준편차) |
|---|---|---|---|
| 경제생활의 이해 | 소비자의 이해 | 소비자의 개념 이해 | 3.02(0.76) |
| | | 소비자의 역할 | 3.09(0.82) |
| | 시장의 이해 | 소비자 환경의 변화 | 3.16(0.87) |
| | | 기업의 시장 활동 | 3.17(0.85) |
| 정보와 의사결정 | 정보와 소비자 | 소비자정보의 개념과 내용 | 3.25(0.89) |
| | | 소비자정보의 원천 | 3.10(0.78) |
| | 정보탐색활동 | 소비자정보요구와 수집방법 | 3.50(0.93) |
| | | 소비자정보획득의 장애 | 3.15(0.85) |
| | | 정보활용방법 | 3.57(0.83) |
| | | 인터넷과 정보활용 | 3.52(0.85) |
| | | 광고와 소비자 | 3.72(0.78) |
| | 소비자의사결정 | 소비자 의사결정과정 | 3.12(0.86) |
| | | 합리성과 효율성의 의미 | 3.02(0.89) |
| | | 합리적인 의사결정방법 | 3.68(0.93) |
| 구매기술 | 구매준비단계 | 용돈관리 | 3.76(1.03) |
| | | 구매계획 | 3.61(0.92) |
| | 구매단계 | 거래조건과 거래방법 | 3.62(0.97) |
| | | 계약 및 약관 확인하기 | 3.61(0.97) |
| | | 제품의 올바른 처분 | 3.25(0.92) |
| 소비자피해구제 | 소비자관련법 | 소비자관련법 및 정책 | 3.47(0.98) |
| | | 소비자피해보상 규정 | 3.90(0.76) |
| | 소비자피해구제 | 소비자피해구제 기관 | 3.08(0.92) |
| | | 소비자상담 및 구제신청방법 | 3.80(0.98) |
| | | 소비자피해구제 사례 | 3.93(0.94) |

(계속)

| 대분류 | 중분류 | 소분류 | 요구도 평균(표준편차) |
|---|---|---|---|
| 재무관리 | 재테크의 기본 | 가계관리방법 | 3.64(0.97) |
| | | 생활주기별 포트폴리오 | 3.46(1.01) |
| | | 자신의 자산관리성향 알기 | 3.97(0.99) |
| | 재테크의 방법 | 저축의 이해 | 3.99(0.91) |
| | | 주식 투자의 이해 | 4.18(0.88) |
| | | 부동산 투자의 이해 | 3.95(0.95) |
| | | 보험의 이해 | 3.78(1.00) |
| | | 재테크 방법 | 4.09(0.65) |
| 소비문화 | 소비문화의 이해 | 소비문화의 개념 | 3.19(0.89) |
| | | 유행과 동조이론 | 3.42(0.85) |
| | 현대소비트렌드 | 소비트렌드의 이해 | 3.55(0.88) |
| | | 대학생 소비문화 | 3.89(3.42) |
| | | 현대의 소비트렌드 | 3.82(0.86) |
| 소비자시민성 | 소비자 권리와 책임 | 소비자의 권리와 책임 | 3.48(0.95) |
| | | 소비윤리 | 3.04(0.84) |
| | | 소비자가치관 | 3.32(0.82) |
| | 소비자문화 | 소비자운동 | 3.12(0.95) |
| | | 소비자주의 및 소비자주권 | 3.40(0.99) |

시키기 위한 이론적 틀도 적절히 공존할 수 있도록 소비자교육 프로그램을 구성하여야 할 것이다. 또한 성인 소비자의 적극적인 참여를 유도할 수 있도록 다양한 수업 매체를 활용하는 방법론의 개발 역시 중요한 과제가 될 것이다.

# 3. 성인소비자의 교육방안

## 1) 교육내용

21세기는 정보화사회로 고도의 기술 및 생산체계의 발달과 함께 사회 전반에 걸친 급격한 변화가 이루어질 것이며, 의학의 발달로 노령화사회로의 진행속도도 빨라질 것으로 예상된다. 따라서 성인소비자를 대상으로 한 소비자교육은 개인의 만족을 충족시키기 위한 수단으로서만이 아니라 무엇보다도 급격한 경제성장으로 인한 빠른 사회적 · 문화적 변화에서 발생하는 개인과 사회와의 분리현상을 최소한으로 줄이고 개인이 이에 적응하도록 한다는 점에서 매우 중요하다.

특히 성인소비자 교육은 보통 제도적인 학교교육을 마친 성인들을 대상으로 하기 때문에 이전 단계인 학교소비자 교육의 연장선상에서 현실성과 실용성을 강조한 내용이 요구된다. 그러므로 일반적인 소비자교육의 목표를 달성할 수 있는 교육내용을 기본 틀로 하면서, 급격한 변화로 인해 적절한 대응이 곤란한 분야를 좀 더 강화할 필요가 있다.

성인교육은 무엇보다 성인학습자의 자발적인 동기와 참여에 의한 주체적인 자기학습이라는 점에서 다른 연령집단에 대한 소비자교육과 차이가 있으며, 이로 인해 특히 성인소비자의 직접적 필요성과 요구가 중요한 의미를 가진다.

실제로 김민정 · 김기옥(2003)의 온라인 소비자교육 프로그램 개발 및 평가 연구를 보면 성인소비자들은 제조물책임법 등의 소비자관련법이나 소비자보호서비스의 상담내용에 대한 교육의 필요성을 강하게 인식하며 만족도 역시 높은 것으로 나타났다. 이는 일상의 독립된 주체로서 성인들이 소비생활과 직접적으로 연계되어 활용할 수 있는 지식의 형태들을 교육대상으로 선호함을 나타낸다.

그러므로 성인소비자 교육에 있어서는 특히 응용영역에 중점을 두는 것이 적절하다. 실제로 성인기 교육의 내용은 사회교육법 시행령에 규정된 국민정신교육을 위한 교양과목을 필수로 제시하는 것 외에는 아무런 제한이 없다. 그러므로 교육과정이란 용어를 쓰기보다는 프로그램, 교육 · 연수 · 훈련 프로그램이란 용어를 많이 쓰고 있으며, 심지어는 심포지엄, 세미나, 연찬회, 워크숍(workshop) 등의 형태로 주어지는 경우도 많이 있다. 따라서 그 다양성과 융통성은 이루 다 표현하기 어려울 만큼 큰 것이 현실이다.

또한 성인소비자는 사회경제적 · 인구학적 특성상 그 집단의 성격을 하나로 규정하기 어렵기 때문에 교육대상을 세분화하여 대상별로 적절한 교육내용을 마련할 필요가 있다. 즉, 성인소비자의 경우 그 범위가 상당히 넓고 여러 가지 성격이 혼재한 소비자집단으로서 이들에게서 일반화된 특성을 찾아내기가 어려우므로 직업, 연령, 지역 등에 따라 나누어서 세분화된 교육방안을 마련하는 것이 효과적이다.

예를 들면, 거주지역에 따라 직업구성도 차이가 있을 것이고, 이에 따라 도시지역과 농촌지역의 주민들이 필요로 하는 주요한 상품은 크게 다르다. 농촌소비자가 겪는 소비자문제로서는 직업과 관련된 비료, 농약, 농기구 등의 불량품 문제가 우선적이며, 가전제품과 의류의 문제는 부차적인 관심대상이다. 따라서 농촌지역 성인소비자 교육에서는 이들이 보다 절실히 필요로 하는 농업관련 영역에 대한 정보와 경험한 불만을 호소하고 해결할 수 있는 방법에 대한 정보를 알려 주는 것이 필요하다.

한편, 성인기는 20대 초반에서 50대를 포괄하는 집단이므로 각 소비자의 생활주기별로 재정상태와 목표가 다르다. 이에 미국의 경우는 연령에 따른 소비자교육 특히 재무관리 교육을 다음과 같이 구분하여 실시하고 있다. 23~28세는 현명한 소비를 위한 재무관리 훈련이 필요하며, 44~45세는 아이들의 대학진학과 연로한 부모님들에 대한 재정보조를 위한 재무관리가 필요하다. 그리하여 각 연령대별로 이에 필요한 정보를 제공하고 실제적인 재무관리 계획의 수립과 실행을 교육시킨다.

또한 지역에 따라서 보통 경제적인 상태가 다르므로 그 지역에 맞게 교육의 내용과 방법은 차이를 두어야 한다.

## 2) 교육방안

성인소비자 교육을 위한 교육방안에서 핵심적인 사항은, 평생교육으로서의 성인소비자 교육의 기회가 다수에게 주어져야 한다는 점이다. 현대사회에서 인간은 누구나 평생을 소비자로 살아간다. 그런데 인간을 둘러싼 경제적 · 사회적 · 정치적 · 법적 · 문화적 환경은 끊임없이 변화하므로 이에 적응하기 위한 소비자의 지속적인 노력이 요구된다. 이런 의미에서 소비자교육은 평생교육의 맥락에서 수행되어야 한다.

즉, 소비자교육은 평생교육으로서 연령에 제한을 두지 않는다. 사회교육으로서의 소비자교육은 유아나 아동을 대상으로 행해지는 것은 적고, 발달단계가 진행됨에 따라 그 관계가 점차 강해져 특히 정규 학교교육을 마친 성인을 중심 대상으로 하기 때문에 자발적이면서도 적극적인 참여의사를 가지지 않은 경우 교육에서 배제되기 쉽다. 따라서 한정된 일부 성인소비자가 아닌 대다수 성인소비자에게 접근할 수 있는 효과적인 방안이 모색되어야 할 것이다. 이러한 관계성을 균형화하는 것이 평생교육으로서의 소비자교육의 큰 목표이다.

이를 위해서는 구체적으로 다음과 같은 방안이 고려되어야 한다.

### (1) 평생 소비자교육을 위한 기회와 학습관련 시설의 정비

성인교육은 자발적인 의지에 의하여 이루어지므로 각자의 요구와 라이프스타일에 따라 소비자교육의 과제와 필요를 파악하기 위한 조사를 함으로써 정확한 성인소비자의 소비자학습 요구에 대해 적절한 대응을 하고, 이를 평생교육 관점에서 체계적으로 정비할 필요가 있다. 이를 위하여 소비자행정에서는 정보제공 등을 통하여 성인소비자에게 자발적으로 학습하고 사고할 수 있도록 문제에 대한 동기부여를 하고, 이러한 활동의 장이 될 수 있는 소비자교육 담당부서를 개설하여 관련제도를 정비할 필요가 있다. 이러한 소비자행정은 중앙 행정부서보다는 각 지역에서 자치적으로 시행함으로써 소비자들에게 보다 직접적이고 효율적으로 접근할 수 있을 것이다.

한편, 모든 지역이 필요한 시설을 동일하게 갖추는 것은 비용 면에서 비효율적이기 때문에, 각 지역에서 최소한도로 필요한 부분만 준비하고 자료, 도서, 정보 등 각각 특징있는 내용을 정비하면서 동시에 각 지역 간의 연계를 통하여 보다 통합적인 소비자행정 및 활동의 장을 마련하여 성인소비자들에게 더욱 만족스러운 평생 소비자교육을 제공해야 한다.

### (2) 대학과 기업 등 관련기관과의 제휴

대학의 연구와 교육에 있어서 사회 실현을 위해 소비자와 관련된 것을 준비하는 동시에 미국의 경우처럼 대학의 공개 강좌를 제도화하여 연구 및 교육과 함께 시스템화함으로써 성인소비자를 교육하는 방법이 효과적일 것이다. 그렇지만 이런 대학과 제휴한 성인소비자교육의 기회는 시간과 비용 면에서 참가할 수 있는 사람이 한정되어 있으므로, 일반 성인들이 종사하는 기업에서 고용인들을 위해 소비자교육 프로그램을 제공하는 것이 필요하다. 그리고 한편으로 기업은 그 고용인뿐만 아니라 소비자를 대상으로 기업의 설비와 인적자원을 이용하여 소비자교육을 실시하는 방법도 있다.

### (3) 지도자의 양성

평생 소비자교육 담당자를 학교의 교사나 소비생활 상담자 등으로 고정시킬 것이 아니라 소비자교육을 받은 사람이면 누구에게든지 교육을 담당할 수 있는 기회를 부여하며, 서로 학습하는 가운데 지도자로 성장하도록 하는 것이 성인소비자를 위한 평생교육적 태도이다. 위에서 지적한 소비자교육의 기회가 특정 사람들에게 한정된다는 문제점은 이와 같은 평생교육적 맥락에서 학습자 각자가 소비자교육 지도자로 성장해 나감에 따라 자연스럽게 해결될 수 있을 것이다.

## 성인소비자 교육 프로그램 사례

다음은 김정은 · 이기춘(2006)의 결혼의 소비문화 고찰을 통한 결혼준비 소비자교육 프로그램 구성이다. 결혼이라는 성인소비자의 주요한 관문을 현명하게 계획하도록 하는 취지의 교육 프로그램으로서 결혼의 소비를 둘러싼 특수한 문화적 맥락들을 이해하고 갈수록 과도해지는 과시적 소비성향의 현명한 자제를 독려한다.

### 결혼의 소비

현대로 접어들며 결혼은 시장의 방식에 자리를 내어주고 새롭게 유통관리되기 시작했다.

결혼의 비용

| 세부항목 | | 진행여부 (단위: %) | 행사를 진행한 경우 지출비용평균(단위: 만원) | | | 결혼비용 비율 (단위: %) | 2000년 지출비용 평균 |
|---|---|---|---|---|---|---|---|
| | | | 총비용 | 신 랑 | 신 부 | | |
| 결혼 전 의식 | 약혼식 | 3.1 | 6.5 | 2.3 (35.9%) | 4.2 (64.1%) | 0.1 | 35.4 |
| | 함들이 | 33.0 | 35.4 | 10.5 (29.6%) | 24.9 (70.4%) | 0.3 | 63.8 |
| | 예 단 | 99.0 | 1231.0 | 437.2 (35.5%) | 793.8 (64.5%) | 9.1 | 578.6 |
| | 예 물 | 99.3 | 922.6 | 568.2 (61.1%) | 354.4 (38.4%) | 6.8 | 500.8 |
| 결혼식 | 결혼식 | – | 1163.5 | 640.0 (55.0%) | 523.5 (45.0%) | 8.6 | 623.1 |
| | 피로연 | 37.1 | 35.3 | 24.5 (69.4%) | 10.8 (30.6%) | 0.3 | 43.4 |
| | 신혼여행 | 98.0 | 323.5 | 224.7 (69.5%) | 98.8 (30.5%) | 2.4 | 272.2 |
| 살림살이 | 주택마련 | 87.1 | 8465.1 | 7515.7 (88.8%) | 949.4 (11.2%) | 62.7 | 4629.2 |
| | 살림살이 | – | 1315.3 | 90.4 (6.9%) | 1224.9 (93.1%) | 9.7 | 1098.8 |
| 총비용 | | | 13498.2 | 9513.5 | 3984.7 | 100.0 | 7845.3 |

출처: (주)선우 부설 한국결혼문화연구소(2003). 한국의 결혼비용과 결혼문화.

결혼의 유통과정

타인에 대한 과시적 소비성향과 더불어 "일생에 한 번뿐인데"라는 비일상적 소비특성까지 결부되어 소비자들은 결혼 후의 삶에까지 영향을 미침에도 불구하고 과도한 결혼의 소비지출을 포기하지 못한다. 특히 최근에는 각종 웨딩 관련 전문업체 및 대행서비스인 웨딩플래너 업체들까지 급성장하며 보다 전문화·고급화되는 경향을 보여 주고 있다.

그러나 연구결과, 이러한 과도한 결혼의 비용 때문에 조사대상 소비자들은 이후의 일상생활에 제약을 겪게 되며 심한 경우에는 후유증으로 부부간 다툼의 소지가 되기도 하는 것으로 나타났다. 게다가 막상 많은 비용을 들여 제작한 결혼 관련 사진첩이나 영상 등의 다양한 제작물들은 대부분 크게 활용되지 못한다고 응답했다. 웨딩사진을 위해 공들였던 메이크업과 헤어 비용 및 스튜디오 촬영 비용 등을 모두 고려하면 매우 대조적인 결과물이다.

## 결혼준비 소비자교육 프로그램: "My Smart, Happy Wedding"

이에 본 연구에서는 "My Smart, Happy Wedding"이라는 주제로 결혼을 앞둔 예비 성인 남녀 소비자를 대상으로 결혼준비 교육프로그램을 구성하였다.

- **제1단계: 서로 알아가기_**서로에 대해 더 잘 이해하도록 하며 본격적인 포트폴리오 작성에 앞선 워밍업 단계
- **제2단계: 결혼문화의 이해_**한국 결혼문화의 특성을 이해, 자신의 결혼준비에 관한 바람직한 가치와 목표를 설정
- **제3단계: 결혼준비와 계획_**커플활동 중심, 나만의 결혼 Flow Chart 구상, 결혼준비에 대한 전체적인 이해 도모
- **제4단계: 결혼준비 포트폴리오_**예산안 및 자금의 조정계획 수립
- **제5단계: 결혼준비 포트폴리오 평가_**상호 간 포트폴리오 평가, 바람직한 결혼소비문화에 대한 논의

교육프로그램에 대한 구체적인 내용은 다음의 표와 같다.

My Smart, Happy Wedding

<table>
<tr><th colspan="4">제1단계: 서로 알아가기(120분)</th></tr>
<tr><td>목표</td><td colspan="3">1. 교육 참여자 간 친밀감을 도모한다.<br>2. 나를 이해한다.<br>3. 나의 배우자를 이해한다.<br>4. 프로그램의 목적 및 향후 계획을 이해한다.</td></tr>
<tr><td rowspan="2">시작<br>하기</td><td rowspan="2">25분</td><td rowspan="2">1. 프로그램 전반에 관한 계획 및 목적 소개<br>2. 커플 간 자기소개<br>: 각자 자신의 배우자와 자기가 자신에 대해 소개<br>: 커플역사, 커플스토리 소개<br>3. 커플 별칭 정하기<br>: 도화지 표현놀이<br>4. "행복의 인사"(활동인사법) 연습</td><td>준비물</td></tr>
<tr><td>크레파스<br>도화지<br>이름표<br>필기도구<br>포트폴리오 노트</td></tr>
<tr><td>전반<br>나눔<br>활동</td><td>15분<br><br>15분<br><br><br><br><br>15분</td><td>1. 결혼에 대한 서로의 가치관 및 이미지 알아가기<br>: (커플활동) 커플 간 각자의 생각을 자유롭게 토론<br>2. 결혼의 경제에 대해 이해하기<br>: (전체활동) 결혼이 지니는 경제적 가치 및 특성에 대해 진행자의 대략적인 설명<br>: 결혼의 경제에 대해 내가 생각하는 바를 개인적 사례에 비추어 자연스럽게 토론<br>3. 한국의 결혼문화 이해하기<br>: (전체활동) 다양한 직간접적 사례들을 중심으로 우리나라의 결혼 및 결혼식 문화가 가지는 특징에 대해 자유토론</td><td>포트폴리오 노트<br>필기도구</td></tr>
<tr><td colspan="4">휴식시간(10분)-다과, 배경음악</td></tr>
<tr><td>후반<br>나눔<br>활동</td><td>10분<br><br>20분</td><td>1. 이상의 내용을 정리하고 부족하였던 부분을 보완하여 '한국의 결혼문화'에 대해 커플별 자유토의 및 정리<br>2. '한국의 결혼문화'에 대하여 커플 간 발표 및 토의<br>: (전체활동) 전체 참가자 간 발표 및 토의<br>: 각자 활동 후 느낀 점을 이야기함</td><td>포트폴리오 노트<br>필기도구</td></tr>
<tr><td>정리<br>하기</td><td>10분</td><td>1. 진행장의 내용정리<br>: 결혼에 대한 잘못된 이해가 야기할 수 있는 문제점을 사례 중심으로 제시하고 결혼에 관한 목표설정과 상호합의의 중요성 강조</td><td></td></tr>
</table>

| 제2단계: 결혼문화의 이해(120분) | | | |
|---|---|---|---|
| 목표 | 1. 한국의 결혼문화를 이해한다.<br>2. 과도한 결혼비용이 야기할 수 있는 부작용을 이해한다.<br>3. 우리 커플만의 결혼준비 목표와 규칙을 접한다. | | |
| 시작하기 | 10분 | 1. `"행복의 인사" 나누기<br>2. 오늘의 나눔활동 소개 | 준비물<br>이름표 |
| 전반 나눔 활동 | 10분<br>10분<br><br>10분<br>10분 | 1. 결혼과 "부모의존문화"와 "성별 분담구조"에 관한 진행자 설명<br>: (전체활동) 결혼비용에 관한 연관성 자유토론<br>2. 결혼의 변명 "한 번뿐인데"가 불러오는 결과<br>: 진행자 설명 후 자유토론(전체활동)<br>3. 화려한 결혼과 일상의 관계<br>: 결혼의 화려한 기념품이 일상에서 지니는 위치에 대해 소비자인터뷰 자료 시청 후 자유토론(전체활동)<br>: 막대한 결혼비용이 이후 일상에 미치는 영향에 관하여 소비자인터뷰 자료 시청 후 자유토론(전체활동) | 소비자인터뷰 시청각자료<br><br>포트폴리오 노트<br>필기도구 |
| 휴식시간(10분)-다과, 배경음악 | | | |
| 후반 나눔 활동 | 15분<br>15분<br><br>20분 | 1. 우리 결혼의 목표 세우기<br>: (커플활동) 각 커플이 결혼에 대해 가지는 다양한 목표 정리<br>2. 결혼 준비에 대한 규칙과 행동의 범위 정하기<br>: (커플활동) 결혼준비에 있어 꼭 지켜야 할 규칙이나 행동의 범위를 토의함으로써 결혼준비에 관한 가치를 공유<br>3. 커플별 발표 및 자유토론<br>: (전체활동) 오늘의 활동 내용에 대해 느낀 바를 자유토론 | 포트폴리오 노트<br>필기도구 |
| 정리하기 | 10분 | 1. 결혼준비과정 사례에서 드러나는 일상소비와의 부조화를 설명하고 건전한 결혼소비문화의 중요성을 강조<br>: 다음 활동내용 예고 | |

<table>
<tr><th colspan="4">제3단계: 결혼준비와 계획(120분)</th></tr>
<tr><td>목표</td><td colspan="3">1. 결혼준비의 과정에 대해 이해한다.<br>2. 결혼준비에 대한 서로의 기대수준을 이해한다.</td></tr>
<tr><td rowspan="2">시작<br>하기</td><td rowspan="2">10분</td><td rowspan="2">1. "행복인사" 나누기<br>2. 오늘의 나눔활동 소개</td><td>준비물</td></tr>
<tr><td>이름표</td></tr>
<tr><td>전반<br>나눔<br>활동</td><td>20분<br><br><br><br>10분<br><br><br>10분</td><td>1. 결혼의 준비과정에 대한 이해<br>: (전체활동) 각자 결혼의 과정에 대해 가지는 생각을 자유토론. 알고 있는 것과 모르는 것, 걱정되는 점, 기대되는 점 등을 자유롭게 토론<br>2. 진행자가 "결혼과정"에 대해 설명<br>: 전형적인 결혼의 과정에 대한 Flow Chart 보여 주기<br>: 소비자 사례 비디오 자료 시청<br>3. 자신이 생각했던 결혼의 과정과 비교한 후 각자 발표 및 토론</td><td>포트폴리오 노트<br>필기도구<br><br>Flow Chart<br>소비자 사례<br>시청각 자료</td></tr>
<tr><td colspan="4">휴식시간(10분)−다과, 배경음악</td></tr>
<tr><td>후반<br>나눔<br>활동</td><td>10분<br><br>20분<br><br>20분</td><td>1. 결혼의 과정에 대한 전반나눔활동을 통해 느낀 점 이야기<br>: (전체활동) 이에 대한 각자의 의견을 자유토론<br>2. 커플별 "My Wedding Flow Chart" 만들기<br>: (커플활동) 커플토론을 통해 각자의 결혼계획 세우기<br>3. 전체발표 및 토론<br>: 과정을 추가하거나 수정한 이유를 설명하고 이에 대해 자유롭게 의견을 나눔</td><td>포트폴리오 노트<br>필기도구<br><br>도화지<br>크레파스</td></tr>
<tr><td>정리<br>하기</td><td>10분</td><td>1. 진행자가 결혼의 준비과정에 대한 다양한 사례를 설명하고 이의 소비문제를 지적<br>: 다음 수업내용 예고</td><td></td></tr>
</table>

| 제4단계: 결혼준비 포트폴리오(120분) | | | |
|---|---|---|---|
| 목표 | 1. 결혼준비를 위한 예산을 세워본다.<br>2. 각 자금의 마련방안을 구상한다.<br>3. 결혼준비를 위한 예산 포트폴리오를 세운다. | | |
| 시작하기 | 10분 | 1. "행복의 인사" 나누기<br>2. 오늘의 나눔활동 소개 | 준비물<br>이름표 |
| 전반 나눔 활동 | 15분<br><br>15분<br><br><br><br>10분 | 1. 웨딩 관련 전문업체의 이해<br>: 컨설턴트 이용 사례에 관한 장점과 단점 비교 설명<br>2. 결혼비용의 상승과 소비자신용의 활용 간 관계 이해<br>: 합리적인 신용 사용의 중요성에 대한 설명<br>: 결혼비용으로 인한 부채의 증가가 가지는 일상의 제약에 관해 소비자인터뷰 자료 시청<br>3. 결혼의 이해구조와 소비자신용의 활용에 관하여 이상 각자의 느낀 바를 자유롭게 토론 | 시청각자료<br><br>포트폴리오 노트<br>필기도구 |
| 휴식시간(10분)–다과, 배경음악 | | | |
| 후반 나눔 활동 | 20분<br><br><br>20분<br><br><br><br>10분 | 1. "My Wedding Flow Chart"를 중심으로 결혼 준비 예산 세우기<br>: (커플활동) 과정별 예상비용 및 지출 내역 작성<br>"My Wedding portfolio" 제작<br>2. 자금마련 및 재산관리에 관한 계획 세우기<br>: (커플활동) 소비자신용의 활용에 대한 계획 및 현금자산 마련과 활용방안에 대한 논의<br>"My Wedding portfolio" 제작<br>3. 그동안의 활동내용을 모두 정리하여 목표–과정–예산–자금마련정책에 관한 "My Wedding portfolio" 정리 후 발표/토의<br>: 포트폴리오 작성 후 느낀 점 등을 자유롭게 이야기 | 포트폴리오 노트<br>필기도구<br><br>도화지<br>크레파스 |
| 정리하기 | 10분 | 1. 결혼준비에 있어서 예산수립과 계획의 중요성에 대해 정리<br>: 다음 수업내용 예고 | |

<table>
<tr><th colspan="4">제5단계: 결혼준비 포트폴리오 평가(120분)</th></tr>
<tr><td>목표</td><td colspan="3">1. 참가자 간 서로의 포트폴리오에 대해 평가 및 제언을 내린다.<br>2. 본인의 포트폴리오에 보완되어야 할 부분에 대해 생각한다.<br>3. 바람직한 결혼소비문화에 대해 구상한다.</td></tr>
<tr><td rowspan="2">시작 하기</td><td rowspan="2">10분</td><td rowspan="2">1. "침묵의 인사" 나누기<br>2. 오늘의 나눔활동 소개</td><td>준비물</td></tr>
<tr><td>이름표</td></tr>
<tr><td>선반 나눔 활동</td><td>10분<br>15분<br>15분<br><br><br>5분</td><td>1. (커플활동) 커플별 포트폴리오 최종 정리 및 요약 발표<br>2. (전체활동) 서로의 포트폴리오에 대한 제언 및 평가<br>3. (전체활동) Best Portfolio 선정기준에 대한 논의<br>: 자금마련 전략의 독립성, 배우자 간 기여의 공평성, 자금마련행동의 협력 정도, 목표수립정도 등<br>4. Best Portfolio 투표</td><td>포트폴리오 노트<br>필기도구<br><br>도화지<br>크레파스</td></tr>
<tr><td colspan="4">휴식시간(10분)-다과, 배경음악</td></tr>
<tr><td>후반 나눔 활동</td><td>10분<br><br>20분<br>15분</td><td>1. Best Portfolio 발표 및 시상<br>: 선정동기 및 Best작의 바람직한 전략 정리<br>2. 커플별 교육과정에 대한 소감 및 느낀 바를 자유토론<br>3. 결혼준비교육에 바라는 바 및 바람직한 결혼소비문화를 위한 방안 모색<br>: (전체활동) 브레인스토밍</td><td>포트폴리오 노트<br>필기도구<br>Best작 상품 및 상패</td></tr>
<tr><td>정리 하기</td><td>10분</td><td>1. 결혼준비교육의 활동 내용에 대한 총정리<br>2. 교육 수료기념액자 증정</td><td>수료기념액자</td></tr>
</table>

# Project

1 아동기나 청소년기의 소비자교육과는 달리 성인기의 소비자교육에 있어서는 교육내용이나 교육방법을 선정하는 데 어려움을 겪게 되는 이유에 대해 설명해 보자.

2 성인기를 성인 전기와 성인 후기로 구분할 때, 각 시기의 성인소비자들이 가장 관심을 가지고 있는 소비자문제와 필요로 하는 소비자정보가 무엇인지에 관해 조사해 보자.

3 현재 민간 소비자단체나 지방자치단체에서 시행하고 있는 성인대상 소비자교육 프로그램의 유형과 내용을 살펴보고 한계점에 대해 토론해 보자.

4 사회교육의 일환으로서 성인소비자 교육 프로그램을 시행할 수 있는 가장 효과적인 전달매체와 전달방식에 대해 생각해 보자.

Chapter 11

# 고령소비자 교육

**사회의** 고령화가 진행됨에 따라 노인소비자의 규모가 커지고 있다. 또한 과거에 비해 규모 면에서뿐만 아니라 구매력 면에서도 상승하여 전체 시장에서 고령소비자가 차지하는 비중이 점차 커지고 있다. 그럼에도 불구하고, 상당수의 고령소비자들은 신체적 노쇠와 경제력 부족, 교육수준의 미약 등으로 소비자로서의 기능을 수행하는 데 어려움을 겪고 있다. 이러한 이유로 고령소비자는 다른 어떤 소비자보다 더 많은 소비자문제를 겪고 있는 취약소비자라고 할 수 있다.

그러므로 이 장에서는 고령소비자들이 경험하는 소비행동과 문제를 살펴보고, 이를 토대로 고령소비자들이 보다 효과적으로 소비자역할을 수행할 수 있도록 도움을 줄 수 있는 소비자교육 방안을 모색해 보고자 한다.

## 1. 고령소비자의 개념 및 특성

### 1) 고령소비자의 개념

UN은 65세 이상의 고령 인구 비율이 7%를 넘으면 고령화 사회, 14%가 넘으면 고령 사회라고 정의하였다. 우리나라는 2000년도에 이미 고령화 사회(Aging Society)에 진입하였다. 통계청(2005)은 우리나라의 고령인구 변화 추이에 관해 2018년에는 고령사회(Aged Society)로, 2026년 이후에는 전체 인구의 20%를 넘어서면서 초고령사회에 도달할 것으로 전망한다.

고령소비자는 노인기를 어떻게 정의하느냐에 따라 그 범위가 달라지게 된다. 노인기란 생물 · 사회 · 심리학적 과정을 포함한 복합된 현상이 나타나는 시기로, 몇 세부터를

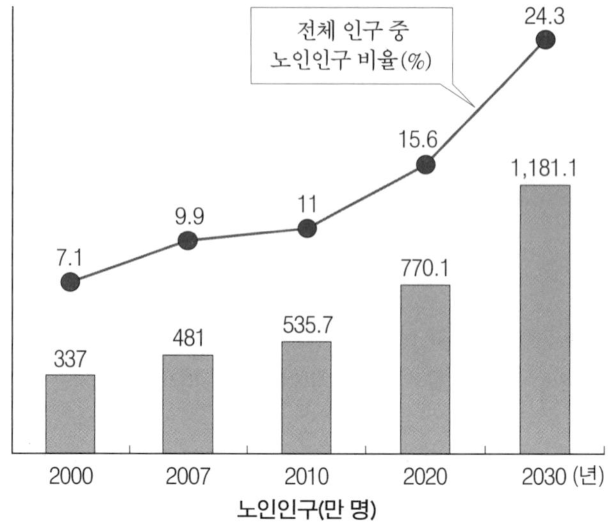


**그림 11-1 고령인구 증가 추이**

출처: http://www.woorizine.or.kr

노인으로 보는가는 견해에 따라 다양하게 정의될 수 있다.

구미에서는 정년퇴직과 소득상실, 여가증가, 사회적 이탈 등을 경험하는 65세를 경계로 하여 노인연령을 정의하고 있는 경우가 가장 많다. 또한, 고령소비자 스스로가 지각하는 노인기에 대한 개념도 국가마다 차이가 있다. 따라서 고령소비자에 대한 구체적인 기준은 연구자에 따라 상이하나, 국민연금법상 노령연금 수혜대상 자격 연령이 60세이며 노인복지법에서는 65세 이상을 노인인구로 설명하므로 대체적인 고령소비자의 연령 구분은 주로 60~65세 이상으로 볼 수 있으나 확정적인 것은 아니다. 이는 신체적인 쇠퇴나 직장에서의 은퇴, 자녀의 분가, 개인 및 사회적인 인식 등에 의해서 얼마든지 달라질 수 있기 때문이다.

따라서 고령의 기준과 소비자라는 개념에 기초하여 고령소비자의 개념을 다음과 같이 정의해 볼 수 있다. 고령소비자란 생애주기상 노년기에 있는 소비자로서, 자신의 욕구를 충족시키기 위해 자원의 획득 · 배분 · 사용 · 처분 · 평가하는 활동에 스스로 참여하는 사람이다. 또한 타인이 공급하는 상품과 서비스를 소비함에 있어, 다른 연령층의 소비자와는 구분되는 그들만의 고유한 특성으로 세분화될 수 있는 집단이다.

## 2) 고령소비자의 중요성

우리나라 인구의 고령화는 전 세계적으로 이례를 찾아볼 수 없을 정도로 빠르게 진행되고 있다. 고령화사회에서 고령사회로 진입하는 데 프랑스가 115년이 걸리고, 미국이 72년 걸린 반면, 우리나라의 경우 19년 정도만이 소요됨으로써 이에 대한 대비가 어느 나라보다 절실함을 알 수 있다.

고령소비자의 중요성이 강조되는 것은 비교적 최근에 이르러서이다. 최근 한국은행은 국내 고령소비자 시장규모가 2010년 43조 원에서 2020년 148조 원으로 확대될 것이라고 전망했으며 현재 새로운 고령소비자 집단, 즉 '뉴 실버 세대'라 불리는 베이비 부머 세대는 기존 노인소비자 집단과는 확연히 다르다고 강조한다. 지금의 고령소비자들은 본인을 노인이라고 인식하지 않으며 노인기 또한 '제3의 인생'과 '자아실현의 시기'로 받아들이고 있다. 실제로 6,200명에 달하는 미국의 베이비 부머 세대는 새로운 미국 소비시장의 주역으로 평가받고 있으며 일본의 베이비 부머 세대인 단카이 세대(1947~1949년생)의 은퇴가 주요한 시장의 이슈가 되었다. 실제로 일본의 60세 이상 인구의 1인당 저축액은 17만 달러에 이르며 1인당 퇴직금은 18만 달러에 이른다고 한다(김영호, 2009).

그러나 이러한 시장의 장밋빛 전망에도 불구하고 고령소비자들은 다양한 금융상품의

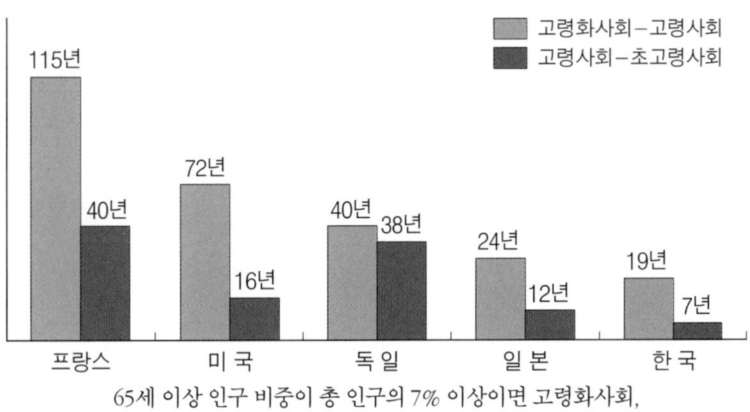


**그림 11-2 인구고령화 속도 국제비교**

출처: 아하경제(2011. 6. 27)

이해부족 및 방문판매나 통신판매와 같은 새로운 상술에 주요 피해대상으로 분석되고 있다. 더불어 상품설명서의 내용이나 외래어 이해가 어렵고 작은 표시기준이나 복잡한 내용을 이해하는 데 불편함을 겪는 것으로 나타났다(송순영, 2000).

일본은 이러한 고령 및 장애로 불편을 겪는 사람들을 위해 2001년 11월에 '고령자 및 장애가 있는 사람들의 요구에 대응한 규격 작성 배려 지침' 인 ISO/IEC 가이드 71을 발행하였으며 이는 고령자와 장애자를 포함해 누구나 사용할 수 있는 상품의 서비스를 제공하기 위한 전반적 지침을 제공한다. 자세한 내용은 다음의 표 11-1과 같다.

**표 11-1** ISO 가이드 71, '고령자 및 장애가 있는 사람들의 요구에 대응한 규격 작성 배려 지침'

| 기능, 능력 구분 | 감각능력 | 신체능력 | 인지능력 | 알레르기 |
|---|---|---|---|---|
| | 시각, 청각, 촉각, 후각 등 | 이동, 약력, 대화 등 | 판단, 기억 등 | 접촉, 음식 등 |
| 배려영역 | 노안, 난청, 저림 등 | 보행 곤란, 언어 장애 등 | 지적 장애, 자폐증 등 | |
| 정보 · 표시 | 색, 문자의 크기, 콘트라스트, 형상 등 | 위치, 레이아웃 | 그림기호 등 | |
| 포장 · 용기 | 색, 문자의 크기, 콘트라스트, 형상 등 | 취급하기 쉬움, 표면재질 등 | 표, 그림기호 | 성분, 표시, 표면재질, 소재 등 |
| 소재(재질) | 형상, 표면재질, 음향 등 | 취급하기 쉬움, 표면재질 등 | 색, 콘트라스트, 형상 등 | 성분표시, 표면재질, 소재 등 |
| 설 치 | 조명, 취급하기 쉬운 곳 등 | 취급하기 쉬움, 표면재질 등 | 색, 형상, 도리에 적합한 순서 등 | 성분표시, 표면재질, 소재 등 |
| 유저인터페이스 | 색, 문자의 크기, 레이아웃, 취급하기 쉬움 | 위치, 레이아웃, 취급하기 쉬움 등 | 표기호, 그림기호, 알기 쉬움 등 | 유해성 없는 재질 등 |
| 정비 · 보관 · 폐기 | 취급하기 쉽거나 도리에 적합한 순서 등 | 취급하기 쉬움 | 표기호, 그림기호, 도리에 적합한 순서 | 유해성 없는 재질 등 |
| 건축환경 | 조명, 엑서스 루트, 음량 등 | 위치, 레이아웃, 취급하기 쉬움 등 | 표기호, 그림기호, 알기 쉬운 말 등 | 유해성 없는 재질 등 |

출처: 송순영 외(2006). p. 51.

이렇듯 고령소비자는 새로운 소비시장의 주역으로 분명 과거에 비해 주체적인 대상이 되었지만, 그럼에도 불구하고 여전히 겪게 되는 고령소비자 특유의 다양한 신체적 · 인지적 불편함을 특징으로 한다. 이에 사회적으로 이러한 불편함과 이로 인한 부당한 거래과정을 최소화할 수 있도록 배려하고 개선해 나가는 정책적 노력이 중요하다.

**Consumer Issue 11-1**

## 16개 市道 모두 '고령화사회'… 대한민국 빠르게 늙어간다

대한민국이 빠르게 늙어가고 있다. 제조업체가 많아 젊은 인력이 가장 많은 지역이었던 울산마저 고령화사회에 들어가면서 우리나라 전국 16개 광역시도가 모두 65세 이상 노인 비중이 7% 이상인 '고령화사회'에 진입했다.

30일 통계청에 따르면 지난해 11월 1일을 기준으로 한 인구주택총조사에서 울산의 65세 이상인 고령인구 비중이 7.0%로 집계됐다. 울산은 2005년 고령인구 비중이 5.3%로 집계돼 유일하게 고령화가 진행되지 않은 지역이었지만 이번에 마지막으로 고령화사회에 포함되면서 전국 16개 광역시도가 모두 고령화사회가 됐다.

특히 전남은 65세 이상 비율이 20.4%에 이르러 고령인구 비중이 20% 이상인 초고령사회로 접어든 것으로 나타났다. 경북(16.7%), 전북(16.4%), 충남 · 강원(각 15.5%) 등이 뒤를 이었다. 반면 울산과 함께 대전(8.8%), 경기(8.9%) 등은 고령인구가 적은 지역에 속했다.

**시도별 65세 이상 인구의 비율**

(단위 : %)

| 지 역 | 비 율 | 지 역 | 비 율 |
|---|---|---|---|
| 서 울 | 9.6 | 강 원 | 1.5 |
| 부 산 | 11.7 | 충 북 | 13.9 |
| 대 구 | 10.3 | 충 남 | 15.5 |
| 인 천 | 8.8 | 전 북 | 16.4 |
| 광 주 | 9.1 | 전 남 | 20.4 |
| 대 전 | 8.8 | 경 북 | 16.7 |
| 울 산 | 7.0 | 경 남 | 12.5 |
| 경 기 | 8.9 | 제 주 | 12.8 |

출처 : 통계청

**전국 노인인구 11.3%… 전남 20.4% 가장 높아**

230개 시군구별로 살펴보면 초고령사회에는 전체의 35.7%인 82곳이 진입했다.

우리나라의 고령화 속도는 예상보다 빠른 것으로 나타났다. 고령인구 비중은 2000년 7.3%로 처음 고령화사회에 진입한 뒤 지난해 11.3%로 어느덧 고령사회 진입을 앞두고 있다. 고령인구 비중이 두 자릿수를 넘어선 것은 통계 작성 이래 처음이다. 이는 2005년 추계 때 예측한 2010년의 고령인구 비중 예상치 11.0%를 웃도는 수준이다. 당시 통계청은 65세 이상 인구 비중이 2018년 14.3%로 고령사회에 진입한 뒤 2026년 20.8%로 초고령사회에 진입할 것이라고 내다봤다.

연령별 인구구조는 유소년인구가 줄고 고령인구가 늘어 전형적인 '항아리형' 인구 피라미드를 보였다. 30대와 40대 인구가 전체의 33.3%를 차지하며 인구구조의 중심을 이뤘다. 50년 전인 1960년에 위에서 아래로 퍼지는 삼각형태의 전형적인 피라미드를 보였던 것과는 대조적이다. 중위연령(전체 인구 중 한가운데에 있는 사람의 나이)은 38.1세로 2000년 32.0세에 비해 6.1세, 2005년 35.0세에 비해 3.1세 높아져 지속적인 고령화 추세를 보여줬다. 유년인구(0~14세) 100명당 65세 이상 노인인구를 가리키는 노령화지수는 지난해 69.7로 2005년 48.6에 비해 21.1이나 높아졌다.

미혼율도 급증하고 있어 유년인구 감소에 따른 항아리형 인구구조가 상당기간 고착될 것으로 보인다. 30대 미혼율은 1990년 6.8%에 불과했지만 10년 만인 2000년 13.4%, 2010년 29.2%로 늘었다.

한편 지난해 11월 1일 기준으로 우리나라의 총인구는 4,858만 명으로 2005년(4,728만 명)보다 2.8%(130만 명) 늘어 연평균 증가율은 0.5%로 집계됐다. 남자는 2,417만 명, 여자는 2,441만 명으로 5년 전보다 남자는 2.3%, 여자는 3.2% 늘었다.

총인구 중 여성이 차지하는 비중은 2000년 49.8%, 2005년 50.0%, 2010년 50.3%로 지속적으로 늘고 있다. 고령화와 함께 여초현상이 심화되고 있는 것이다.

우리나라의 인구밀도는 ㎢당 486명으로 도시 국가와 소규모 섬 국가를 제외하면 방글라데시(1,033명), 대만(640명) 다음으로 세계 3위였다.

외국인은 59만 명으로 2005년의 23만 8,000명보다 148.2% 급증했으며, 국적별로는 중국(한국계)이 35.0%로 가장 많이 거주했고, 이어 중국 15.8%, 베트남 10.1% 등의 순이었다.

**고령화 사회**

유엔은 65세 이상 인구가 총인구의 7% 이상을 차지하는 사회를 고령화사회, 14% 이상이면 고령사회, 20% 이상이면 초(超)고령사회로 분류하고 있다. 출생률과 사망률이 점차 낮아지면서 한국과 선진국의 고령화가 빠르게 진행되고 있다.

출처: 동아일보(2011. 5. 31)

### 3) 고령소비자의 특성

고령소비자의 특징을 다룰 때 주의해야 할 점은 무엇보다도 먼저 다양성을 인정해야 한다는 점이다. 일반적으로 노인들에 대한 오해는 신체적인 나이에 지나치게 의존하여 그들의 다양성을 무시하고 획일적으로 규정하려는 데서 비롯된다. 사실 고령인구인 노인들은 최소한 60여 년 동안 서로 다른 개인적인 경험과 사건, 문화적 · 사회적 변화를 경험하므로 다른 연령층보다도 더 다양한 개인차를 보인다. 따라서 고령소비자에게 나타나는 일반적인 특성을 알아보려고 할 때는 필연적으로 다양한 개인차를 무시하게 되는 편향성을 갖게 된다는 한계를 인정하면서 고령기에 나타나는 특성을 살펴보아야 한다.

고령소비자는 태도측면에서는 위험을 회피하고 안전과 보장을 받고자 하는 욕구가 강하며, 대부분 노화에 따른 스트레스와 소외, 고독을 느낀다. 이들은 옛것을 선호하며 인생을 회고하는 과정을 보이지만, 타인에게 자신이 노인으로 인지되는 것은 싫어한다.

행동측면에서는 소극적 · 수동적 · 내향적이며, 경직성이 강하여 안전한 방법을 찾는다. 신체의 노화로 말미암아 여러 가지 유혹에 이끌리기 쉬우며, 자연히 사기에 희생되는 경우가 많다.

이와 같이 고령소비자가 다른 연령층의 소비자와 구별되는 고유한 특성을 가지게 되는 것은 다음과 같은 신체적 · 정신적 · 환경적 특징에서부터 비롯된다.

① 노화에 따른 신체기능의 저하

노화에 따른 여러 신체기능의 저하는 고령소비자의 소비 욕구와 행동양식을 변화시킨다. 예를 들면, 노화과정에서 발생하는 여러 질병들은 고령소비자의 의료에 대한 필요성을 증가시키고 구매 · 소비 행태에도 영향을 미친다. 또한 고령소비자들은 노화에 따라 사물을 분석, 추리, 기억, 해결하는 능력이 감퇴한다.

② '은퇴자', '고령자' 등의 새로운 역할 부여

사회적 노화과정에 의해 고령소비자들은 '은퇴자', '고령자' 등의 역할을 부여받게 되어 자신의 역할을 재조정하게 된다. 예를 들어, 퇴직 등으로 인해 사회 시스템 간의 상호작용이 급격히 감소하고, 이러한 현상이 고령소비자 자아상과 행동에 변화를 가져올 수 있다.

③ 다양한 인생경험

고령소비자들은 오랜 인생을 통해 여러 다양한 경험을 겪었다. 따라서 고령소비자들만이 공유한 경험이 다른 연령층과 구별되는 고유한 특성을 만든다. 예컨대, 노인은 풍부한 경험으로 인해 정보탐색이나 구매에 있어서 다른 연령층보다 좀 더 많이 경험에 의존한다. 풍부한 내적 정보로 인해서 정보탐색의 필요성을 느끼지 않아 전혀 하지 않거나, 정보탐색을 하더라도 상대적으로 적은 시간 동안 하게 되는 것은 그러한 이유 때문이다.

④ 시장환경의 변화

고령소비자는 상품과 서비스의 시장체계가 덜 복잡한 시기에 교육이나 훈련을 받았다. 그러나 오늘날의 시장환경은 매우 급진적인 변화를 보이고 있다. 즉, 상품과 서비스가 점점 더 다양해지고, 방문판매와 통신판매와 같은 새로운 판매방법이 등장하고 있으며, 광고나 선전 등은 급속도로 증대되어 가고 있다. 그런데 특히 변화의 속도가 빠른 현대사회에서 고령소비자층의 경험은 더 이상 크게 도움이 되지 않는 반면, 경직성은 새로운 환경에의 적응을 어렵게 만든다. 따라서 고령소비자가 현명한 소비자로서 행동하는 데 필요한 여러 가지 정보를 획득·처리하고, 적절한 의사결정과정을 통해서 합리적인 구매행동을 수행하는 데에는 많은 어려움이 있다. 예를 들어, 각종 전자제품이나 컴퓨터에 많이 노출되지 못한 고령소비자들은 신기술에 대해 젊은 층과는 다른 태도를 취한다. 그 결과 고령소비자들은 신기술의 사용에 젊은 층보다 더 큰 거부감을 느끼며 사용실적도 저조하다.

이처럼 노화현상과 사회활동의 축소로 말미암은 생리적·심리적·사회적 변화가 고령소비자들의 행동과 인식에 변화를 가져왔으며, 고령소비자들만의 독특한 경험은 다른 젊은 연령층의 소비자들과 소비욕구, 태도, 가치, 구매행태에 차이를 가져오게 하였다.

고령친화용품의 소비와 관련된 고령소비자 행태 특성에 관한 김영근(2009)의 연구에 따르면 고령소비자들은 대체로 제품선택의 기준으로 가격이나 편리성보다 기능성을 중요하게 평가하는 것으로 나타났다. 선호하는 매체로는 텔레비전이 꼽혔으며 남성소비자는 신문을, 여성소비자는 라디오를 더 선호하는 것으로 드러났다. 또한 고령소비자들의 경제적인 주도력과 능동성, 그리고 사회적 독립성이 강하게 나타나 여성 고령소비자의 경우 남성보다 제품을 직접 구매하는 경향이 높았다. 월소득이 높을수록, 교육수준이 높아질수록 고령소비자의 능동성은 증가하는 것으로 나타났으며, 제품 선호도에 대한 조사결과, 고령소비자의 경우는 건강 관련 제품 및 서비스에 높은 관심을 보이는 것으로 조사되었다. 특히, 여성소비자들은 건강용품이나 운동기구와 같은 건강 강화 용품들을 선호하였으며 남성소비자들은 레저스포츠 및 여행 관련 상품을 선호하였다. 이러한 조사결과는 고령소비자들의 소비행태가 점차적으로 생계 기반의 필수재적 소비방식에서 벗어나 자기 개발과 여가생활의 풍요로움을 증가시키는 등의 발전적 방향으로 성장하고 있음을 보여 준다.

## 2. 고령소비자의 소비행동과 소비자문제

### 1) 고령소비자의 소비행동

고령소비자의 정보처리 과정과 구매행동 특성에 관한 기존의 연구들을 살펴보면, 의견이 일치되는 부분도 있고 서로 상이한 결과를 보여 주는 부분도 있다. 그러나 고령소비자가 기호나 선호, 상품수요 면에서 다른 일반 소비자와 차이가 있다는 점, 구매행동에 있어서 고려하는 대안의 강조점이나 쇼핑 이전에 형성되는 성향이 다른 세대와는 다르다는 점에서는 많은 연구들이 동의하고 있다.

#### (1) 고령소비자의 정보처리 과정

소비자들은 외부로부터 노출되는 정보를 자신의 기존 지식을 바탕으로 해석하며, 이렇게 해석된 정보는 장기기억 속에 저장되고 차후 다른 정보를 수용하거나 판단할 경우에 회상되어 사용된다. 고령소비자의 경우도 마찬가지로 이러한 정보처리 과정을 거치게 된다. 그러나 고령소비자의 경우는 일반 소비자에 비해 인지능력이 떨어지고, 그들의 제품지식이 일반 소비자의 지식과는 다르기 때문에 정보처리의 구체적인 내용이 달라질 수 있다.

고령소비자에 대한 선행연구를 중심으로 고령소비자의 정보처리 과정상의 특징을 정리하면 다음과 같다(박명희 · 이민표, 1992).

첫째, 고령소비자의 정보수집량은 성인소비자에 비해 적다. 고령소비자의 경우 이미 구매하고 있는 제품에 대해서는 높은 수준의 지식을 갖고 있으나, 새로운 제품의 경우 정보수집의 비용이 커 정보의 수집에 적극적이지 않기 때문이다.

둘째, 고령소비자의 정보원천은 일반 소비자와 다르다. 고령소비자의 경우 매스미디어에 대한 노출이 증가되고 가족이나 친지 등 대인적 정보에 의존하는 경우가 많다. 그러나 이것이 획일적인 것은 아니다.

셋째, 고령소비자의 정보처리 수행능력은 성인소비자에 비해 떨어진다. 따라서 정보처리 과정의 속도가 느리기 때문에 학습능력이 감퇴되고, 같은 양의 정보를 제공하여도 성인소비자에 비해 보유하고 있는 정보의 양이 적게 된다. 그러나 이것 역시 고령소비자의 개인적 인지능력 차이에 따라 큰 차이를 보인다.

### (2) 고령소비자의 구매행동

고령소비자의 소비 패턴과 구매행동에 대한 연구들을 보면, 고령소비자의 구매행동은 타 연령층의 소비자에 비해 소극적이다. 고령소비자들은 상품 자체보다 단골점포라든가 점원 등의 요인을 더 중요하게 생각한다. 또한 고령소비자는 청년소비자에 비해 부당함에 대한 인지도가 낮으며, 자신들이 정당한 대우를 받지 못한다는 것을 알면서도 불만족스러운 구매경험에 대한 불만호소 행동은 낮은 수준이다.

그러나 이와는 다른 견해도 있다. 고령소비자들은 적극적인 제품구매자로서, 쇼핑을 통하여 상품에 관한 정보를 획득하고, 여가를 즐기며 운동을 한다. 노인들의 점포선택 기준은 다른 집단과 크게 차이가 없으며, 점포를 이용하는 데에도 큰 문제점을 가지고 있지 않다. 또한 고령소비자들은 일반적인 생각과는 달리 점포 내의 구매 보조물과 판매원이 제공하는 정보를 잘 이용하지 않으며, 노인들을 위한 편의시설, 서비스에 대해서 별로 개의치 않는다. 즉, 고령소비자는 비교적 탐색적이고 인식론적인 행동을 하며, 쇼핑을 즐기고 이와 관련된 문제해결에 있어서 관심도가 높다.

이렇듯 고령소비자의 구매행동에 대한 기존의 연구결과는 매우 상반된 결과를 보이고 있다. 이러한 결과가 나타난 이유는, 고령소비자에 대한 개념적 규정이 미비하여 연구자마다 상이한 연령기준을 가지고 있기 때문이며, 표본이 지역을 중심으로 편중되어 있고, 연구의 대상제품이 서로 상이하기 때문이다. 또 연구들 간에 시간적 격차가 존재하기 때문인데, 최근의 연구에 이를수록 고령소비자의 사회경제적인 수준이 높아지고 지위가 향상되어서 과거에 비해 그 특성이 다르게 나타난다. 그 밖에 같은 시대에 사는 고령소비자 집단 내에서도 상당한 개인차이가 있는 것으로 밝혀졌다(김동기 외, 1992).

## 2) 고령소비자의 소비자문제

고령소비자의 소비자문제는 고령소비자의 제한된 인적 · 경제적 자원에서 기인한다. 즉, 정보처리 능력의 감퇴, 신체적 노쇠, 적응력의 감퇴, 경제력의 미비 등으로 인해 고령소비자들은 소비자의 기능을 제대로 수행하는 데 어려움을 겪고 있다. 실제로 연도별 상담다발 품목 추이를 나타내는 표 11-2를 보면 60대 이상 고령소비자의 주요한 상담 품목은 병원 서비스 및 이동통신 등에 관한 것이었다. 이에 다음에서는 고령소비자의 주요한 소비자문제를 자세히 살펴본다.

### (1) 낮은 정보처리 능력으로 인한 문제

고령소비자들은 노화에 따라 사물을 분석, 추리, 기억, 해결하는 능력이 감퇴한다. 따라서 다양한 소비자정보를 획득하는 능력이나 광고를 여과하는 능력이 부족하기 때문에 여러 가지 소비자문제를 겪게 된다. 또한 상품이나 시장에 대한 소비자정보가 부족하고 상품에 대한 의견을 교환할 기회가 적기 때문에, 판매자의 속임수나 기만에 쉽게 빠져들 수 있는 가능성이 많았다. 특히 노인소비자 중에는 교육수준이 낮은 소비자가 많은데, 이러한 소비자가 노화로 인해 소비자정보를 처리하는 능력이 더욱 감퇴되었을 경우 기만의 위험성은 더욱 커진다. 더구나 고령소비자는 고독과 외로움, 안정의 필요를 느끼므로 다른 계층의 소비자보다 쉽게 이용당하는 경향이 있다. 그리고 혼자 사는 고령소비자의 경우, 의사결정에 도움이 되는 소비자정보나 생각을 교환할 수 있는 의사소통 기회가 부족하다는 것도 기만이나 속임수의 위험을 높인다.

**표 11-2 연도별 상담 다발 품목 추이**

| 연 도 | 순 위 | 전체 소비자 | 60대 이상 소비자 |
|---|---|---|---|
| 2001년 | 1 | 학습교재 | 병원, 의원서비스 |
| | 2 | 회원권 | 건강식품 |
| | 3 | 건강식품 | 세탁서비스 |
| | 4 | 이동통신 | 신용카드 |
| | 5 | 신용카드 | 이동통신 |
| 2002년 | 1 | 회원권 | 건강식품 |
| | 2 | 학습교재 | 의료서비스 |
| | 3 | 신용카드 | 회원권 |
| | 4 | 건강식품 | 신용카드 |
| | 5 | 세탁서비스 | 세탁서비스 |
| 2003년 | 1 | 학습교재 | 건강식품 |
| | 2 | 회원권 | 병원, 의원서비스 |
| | 3 | 신용카드 | 기타 주방용품 |
| | 4 | 건강식품 | 휘원권 |
| | 5 | 정보이용서비스 | 세탁서비스 |
| 2004년 | 1 | 회원권 | 건강식품 |
| | 2 | 학습교재 | 병원, 의원서비스 |
| | 3 | 정보이용서비스 | 회원권, 안경 및 의료기구 |
| | 4 | 병원, 의원서비스 | |
| | 5 | 신용카드 | 이동통신 |
| 2005년 | 1 | 정보이용서비스 | 병원, 의원서비스 |
| | 2 | 이동통신 | 이동통신 |
| | 3 | 학습교재 | 정보이용서비스 |
| | 4 | 병원, 의원서비스 | 건강식품 |
| | 5 | 간편복 | 회원권 |

주: 1) 한국소비자보호원 2001~2005년의 상담통계자료임.
2) 한국소비자보호원에 접수된 상담 중 불명 및 기타를 제외한 숫자임.
3) 전체 소비자에는 10~70대 소비자가 포함됨.

출처: 송순영(2006). p. 24.

### (2) 신체적 노화

신체적 노쇠도 고령소비자들이 효율적인 구매자 기능을 수행할 수 없게 하는 원인이 된다. 노인들은 일반 사람들이 쉽게 생각할 수 있는 일상생활을 수행함에 있어 더 큰 어려움을 겪게 된다. 동작별로 어려움을 느끼는 비율은 가벼운 집안일 하기, 일상용품 구매, 전화 걸기, 버스 · 전철 타기의 순서로 높다. 특히 75세 이상 노인의 경우 일상용품 구매에서는 52.3%가 어려움이 있다거나 전혀 할 수 없다고 답하였다(이가옥 외, 1994). 그러므로 노인들의 경우는 활동성의 한계로 인해, 활발한 정보탐색이 불가능하며 따라서 효율적인 구매가 어렵다.

### (3) 적응력의 감퇴

고령소비자가 될수록 새로움에 대한 적응력은 급속히 줄어든다. 그런데 시장 환경은 지금까지의 변화속도보다 더욱 빠른 속도로 변화하고 있기 때문에, 그 변화로 인한 문화적 충격은 더욱 심각해질 전망이다.

현대사회에는 통신기술을 이용한 통신판매의 증가로 구매방법이 혁신적으로 변화하고 있다. 통신판매는 구매의 편리함을 주지만, 그 새로운 판매방식을 이용하기 위해서 고령소비자들은 많은 새로운 기술에 적응해야만 한다. 자동판매기나 셀프서비스 기능의 확산 등으로 일반 판매원들은 많이 사라지고 있다. 고령소비자는 구매 시 판매원에 많이 의존하는 경향을 보이는데, 이러한 시장의 변화는 고령소비자의 구매를 어렵게 만드는 하나의 요인이 될 것이다.

또한 소규모 근린 매장이 사라지고 대형 할인매장이 등장하고 있는데, 눈과 귀가 어둡고 행동이 부자유스러운 고령소비자들은 우선 대형 매장까지의 접근이 어려울 뿐만 아니라, 접근한다 하여도 큰 매장을 돌아다니면서 상품을 구매하기가 어렵다.

이와 동시에 세계화의 물결은 지구촌을 점점 하나의 시장으로 변모시키고 있다. 많은 외국산 물품들이 들어오고, 이러한 물품이 과연 자신의 요구와 기준에 합당한 것인지를 판단하는 일은 점점 더 어려운 일이 될 것이다.

이렇게 정보화와 세계화가 진행됨에 따라 고령소비자들이 일생 동안 습득한 기술과 지식은 변화에 뒤떨어져 쓸모없게 되는데, 정보를 선택 · 처리하는 능력, 상품을 사용하고 관리하는 능력 등을 충분히 갖추지 못한 채 급변하는 구매환경을 접하게 됨으로써,

새롭고도 다양한 소비자문제에 가장 많이 노출될 수 있다.

### (4) 경제력의 미비

고령소비자 문제를 연구할 경우, 특히 주의할 점은 다양한 소비생활 문제는 경제적 자원의 불충분에서 상당수 기인한다는 것이다. 물론 전술한 바와 같이, 과거에 비해 고령소비자의 경제적 독립성이 증가하고 실버산업이 확대되고 있는 것은 분명하나, 생산인구에 비해 신체적 노화로 인한 불가피한 생산능력의 상실과 이로 인한 경제수준의 불안은 지속적인 고령소비자의 경제적 어려움을 가중시킨다. 또한 실버산업이 확대되었다 할지라도 여전히 상당수의 고령소비자가 복지의 사각지대에서 빈곤한 경제생활을 영위하고 있다. 이에 고령소비자를 전체적으로 이해함에 있어서 이러한 경제적 자원의 문제를 고려하여야 한다.

경제적 자원은 인간생활을 위한 가장 기본적이며 필수적인 수단으로, 고령소비자의 경제 생활영역의 어려움은 다른 생활영역에서의 문제해결을 어렵게 만드는 전제조건이 된다. 실제로 우리나라 대다수 고령소비자의 경우, 소득부족으로 인한 소비생활의 문제를 심각하게 느끼고 있다.

노인가계와 비노인가계의 재정상태를 분석한 연구(문숙재 외, 1996)에 의하면 노인가계는 비노인가계에 비해 상대적으로 총소득, 경상소득, 근로소득 및 총지출액이 모두 낮았으며, 유동자산과 실물자산을 포함한 총자산액도 낮게 나타났다. 또한 소비생활 문제 중 건강 및 의료비 문제와 여가선용 문제가 중요한 문제로 나타났으며, 노인 스스로가 경제적 어려움을 호소하고, 불만족하는 비율도 상당히 높았다(이가옥 외, 1994).

특히 삶의 질과 문화가 중요한 쟁점으로 등장하는 21세기에는, 재정적 자원문제에서 절대빈곤의 문제가 아니라 상대적 빈곤의 문제, 다시 말해서 끊임없이 상승하는 욕구수준을 충족시키기에 턱없이 부족한 자원을 확보하는 문제가 지속적으로 남게 된다(이기춘 · 여정성, 1996).

Consumer Issue 11-2

## 고령화는 급진전되는데… 우리나라 '노인의료비 보장 미흡'

우리나라의 고령화 추세는 급전전되고 있으나, 정작 노인의료비에 대한 보장수준은 현저히 떨어지고 있다는 지적이 제기됐다.

반면 과잉진료의 부작용이 심각한 수준에 이르고 있어 '제3자 지급제도' 및 '관리의료체계(Managed Care)' 도입의 필요성도 지적됐다.

9일 한국보험학회가 주관해 보험연수원에서 열린 사회보험세미나에서 이 같은 주장이 제기됐다.

이날 조용운 보험연구원 박사는 '고령화에 따른 민영의료보험의 역할 확대방안' 이란 보고서 발표를 통해 우리나라는 공보험인 국민건강보험에서 주로 노인의료비를 보장하고 있으나, 급격히 증가하는 노인의료비에 대한 보장 정도는 매우 미흡하다고 지적했다.

조 박사에 따르면 국민건강보험은 지난 2008년 65세 이상에게 8조 1,021억 원을 지급해 65세 이상 총 의료비의 57.5% 상당을 지원했다.

반면 민영보험에서는 고연령에 대한 보험료가 높아 보험가입자가 매우 미미한 상태라는 점을 꼬집었다. 특히 소득이 감소하는 노인인구의 경제력을 감안할 때 발생하고 있는 의료비의 42.5%를 환자 개인이 부담하는 구조적인 문제를 시급히 개선해야 한다고 주장했다.

조 박사는 이를 위해 '노후의료비적립금' 과 '노후실손의료보험' 을 연계한 제도 도입을 통해 노인의료비 보장의 사각지대를 해소할 수 있다고 조언했다. 재원은 중 · 장년에서 적립금을 마련하고, 이 적립금으로 낮은 의료비가 발생할 경우 비용을 감당하는 한편 의료비가 많이 발생할 경우엔 노후실손의료보험에서 보장하자는 것. 아울러 노후실손의료보험의 경우 높은 자기공제금을 신설해 보험료를 낮출 필요가 있다고 주장했다.

이날 두 번째 발표자로 나선 최낙천 삼성보험금융연구소 박사는 '실손형 민영의료보험 판매현황 및 문제점' 에 대해 발표했다.

최 박사에 따르면 우리나라의 민영의료보험은 지난 2005~2009년간 연평균 증가율이 34%였고, 손해율(보험사가 받은 보험료 중 사고자에게 지급한 보험금 비율)은 100%를 지속적으로 상회했다. 손해율이 100%를 넘겼다는 건 보험사가 고객에게 받은 보험료보다 지급한 보험금이 많다는 의미로, 즉 손실을 본 것이다.

또한 보험가입 건당 보험금은 줄어들고 있긴 하지만 보험 사고율은 늘어나고 있다고 분석했다. 즉, 외래의 경우 피보험자의 잦은 진료기관 방문이, 입원의 경우는 의료이용 강도가 증가하면서 의료비 상승의 요인으로 주목됐다.

지급보험금은 피보험자의 나이가 많아질수록 건당 보험금이 상승해 60대의 경우 건당 보험금이 40대에 비해 무려 2.15배나 높았다. 청소년의 경우 발생빈도는 높고 심도는 낮은 반면 노령층은 발생빈도가 낮고 심도가 컸다. 쉽게 말해 노인들이 잘 다치지는 않지만 한 번 다치면 크게 다친다는 의미다.

이에 따라 최 박사는 민영의료보험의 개선 사항으로는 소비자 보호를 위한 상품을 단순화해 고위험자를 타깃으로 한 맞춤형 상품개발이 필요하다고 지적했다.

또한 과잉진료의 폐단을 줄이기 위해서는 제3자 지급제도를 도입하는 한편 관리의료체계(Managed Care) 도입을 요구했다. 제3자 지급제도란 쉽게 말해 환자가 병원에 치료비를 지불한 후 보험사에 보험금 지급을 요청하는 현 절차를 개선해 환자는 병원에서 치료 받고 보험사에 연락만 하면 보험사가 병원에 직접 치료비를 지급하는 제도를 말한다.

아울러 국민건강보험과 민영보험 간 상생을 위해서는 지불제도 등 국민건강보험의 제도변화에 대한 논의에서 민영건강보험의 제도와 역할이 함께 논의됨으로써 국민 복지는 더욱 제고될 것이라고 주장했다.

출처: 헤럴드 경제(2011. 7. 9)

## 3. 고령소비자의 교육방안

현재 대다수의 고령소비자는 자신들의 절박한 욕구, 빈약한 자원, 복잡한 경제 시스템에 대한 이해부족 등으로 인해 많은 소비자문제를 가지고 있는 '상처받기 쉬운 소비자' 이다. 그렇기 때문에 고령소비자에 대한 소비자교육의 필요성이 매우 절실하며, 노인기의 신체적 · 정신적 특성을 감안한 교육내용이나 교육방법에 대한 세심한 배려가 있어야 한다.

고령소비자들은 다른 어떤 연령층의 소비자보다도 많은 개인차가 존재한다는 점을 감안한 다양한 교육방안이 요구된다. 고령소비자는 하나의 동질적인 패턴을 가진 단일 소비자층이 아니라 그 안에 다시 다양한 패턴을 가진 여러 개의 하위집단으로 나누어 교육할 필요가 있다. 특히 평균수명의 연장으로 인해 80세 이상의 고령노인이 전체 노인인구에서 차지하는 비율이 점점 증가하고 있어서, 고령소비자 집단은 점점 하나의 집단으로 분류하기 어려워질 것으로 전망된다.

노인은 우리가 일반적으로 생각하는, 의존적이며 부양의 대상이라는 스테레오 타입이 아니고, 경제력 · 신체적 능력 등에 있어서 매우 다양한 이질적인 집단이며(한경혜, 1996), 소비자교육에 있어서도 이러한 스테레오 타입을 극복하는 패러다임의 전환이 요구된다.

## 1) 교육내용

고령소비자 교육의 목적은 소비자문제를 예방하고 소비생활의 질을 향상시키는 데 있다. 이를 위해서는 고령소비자 자신의 교육요구를 바탕으로 교육내용을 설계하는 것이 중요하다.

**표 11-3 고령소비자의 소비자교육 요구**

| | Burton & Hennon (1981) | 이승신 · 윤경희 (1994) | 권정원 · 이기춘 (1997) |
|---|---|---|---|
| 요구수준 | 전반적으로 높다. | 중간점을 상회하는 높은 수준이다. | 조사대상자의 80% 이상이 높게 요구하고 있다. |
| 요구내용 및 순위 | 1. 의료 서비스<br>2. 실용품<br>3. 조세<br>4. 음식-비용, 영양<br>5. 수선작업-주택, 일반적인 것<br>6. 자동차-보험, 수리<br>7. 보험-건강, 병원<br>8. 일반수송<br>9. 사회보장과 의료보장<br>10. 의복-비용, 선택<br>11. 정부 서비스<br>12. 눈과 치아의 치료<br>13. 약품법 | 1. 보상방법<br>2. 약품<br>3. 환경오염<br>4. 식품<br>5. 기만대처 행동<br>6. 일반 구매지식<br>7. 수선 및 수리<br>8. 노인복지<br>9. 금전관리 및 공과금<br>10. 신용구매 | 1. 건강 및 병원이용<br>2. 피해구제<br>3. 여가<br>4. 조세<br>5. 구매기술<br>6. 재산관리<br>7. 재취업준비 |
| 주요 특징 | • 주거지역에 따라 다르다. | • 연령이 적을수록, 교육수준이 높을수록, 요구수준이 높고, 내용영역별 요구순위에 차이가 있다.<br>• 성별, 직업유무, 동거형태와는 유의한 차이가 없다. | • 여자노인보다 남자노인의 경우, 교육요구 수준이 높고, 내용의 우선순위가 다르다.<br>• 교육수준이 높을수록, 요구수준이 높고, 내용의 우선순위가 다르다.<br>• 가족유형에 따라 교육의 내용요구 순위가 달라진다. |

고령소비자 교육 역시 성인교육의 일종으로서 학습자의 자발적인 동기와 주체적인 자기학습이라는 점에서 요구분석이 필요하다. 교육활동의 대상이 되는 노인들의 흥미를 파악하여 흥미가 높은 분야의 학습 프로그램을 조직하게 되면 새로운 프로그램을 시작하거나 새로운 교육대상으로 이끌기가 쉽다.

따라서 고령소비자교육의 내용이 고령소비자의 필요나 요구에 기초하면서도, 사회의 요구나 현실에 바탕을 두고 있는 것일 때, 그리고 실용적이며 노인들의 일상생활의 경험에 관한 것일 때 더욱 의의가 있다.

밀러(Miller)는 고령소비자 교육 프로그램을 위해서 다음의 사항을 제시한 바 있다.

- 소비자교육 프로그램은 에너지 절약, 세금, 주택유지와 관련된 서비스 등과 같은 문제에 초점을 맞추어야 한다.
- 결혼상태에 따라 구매 패턴, 영향력에 있어서 차이가 있으므로 소비자교육 목적에서 이 점이 고려되어야 한다.
- 소비자교육 목표가 은퇴 후의 소득관리, 소득획득 문제와 관련될 수 있다.
- 노인 후기 단계에 있는 노인소비자를 위해서는 소비자권리에 대한 이해에 그 목표를 둘 수도 있다.
- 소비자지식의 원천으로서 광고, 상품표시, 약품구매, 보증에 대한 인식에 초점을 두어야 한다.
- 교육목적 및 교육방침을 판매광고에 대한 이해 및 해석과 관련시켜야 한다.
- 교육방침이 노인소비자가 가처분소득으로 원하는 것을 구매할 수 있도록 필요한 품목을 구매하는 데 도움을 줄 수 있어야 한다.
- 소비자교육 프로그램의 개념적 구조는 소비자태도, 특히 사회적 지향에 맞추어 구성되어야 한다.
- 고령소비자가 스스로 소비자교육 장소를 찾아오기를 기대하기보다는 그들이 있는 현장에서 소비자교육이 실시되도록 고려해야 한다.
- 교육방침은 고령소비자들이 자신의 생활을 통제할 수 있다고 느낄 수 있도록 고안되어야 한다.

고령소비자의 소비자교육 요구에 대한 선행연구결과를 중심으로 특징을 간략히 요약하면 다음과 같다.

첫째, 고령소비자의 소비자교육에 대한 전반적인 요구수준은 매우 높은 편이다. 이에 대한 의견에서는 세 연구 모두에서 일치를 보이고 있다. 따라서 노인을 대상으로 한 교육에 있어서 소비자교육이 중요한 주제로 첨가되어야 하며, 이는 학습자의 요구를 반영하는 보다 미래지향적인 교육철학에 부합하는 일이 될 것이다.

둘째, 고령소비자의 소비자교육에 있어서는 특히 의료 서비스와 약품의 구입에 관한 부분, 기만에 대처할 수 있는 피해구제 능력과 일반적인 구매기술에 대한 내용이 포함되어야 한다. 건강과 의료, 병원선택 등과 관련된 소비자교육 요구가 높게 나타나, 신체적 노화로 인해 노인소비자가 겪고 있는 소비자문제의 특성을 보여 준다.

그러나 그 외에는 주제영역별 내용과 요구순위에 연구마다 조금씩 차이를 보이고 있다. 특히 우리나라 고령소비자의 경우, 피해보상이나 피해구제에 대한 영역과 금전이나 재산관리 등에 관한 소비자교육 요구가 높은 편으로 나타나 주목을 끈다. 이는 우리나라의 고령소비자들이 특히 경제적인 측면에서의 소비생활 문제를 겪고 있으며, 시장에 적절히 대응치 못해서 생기는 소비자피해에 더욱 취약한 소비자임을 다시 한 번 확인시켜 주는 결과이다.

따라서 고령소비자를 대상으로 하는 소비자교육 프로그램의 개발에 있어서는 이러한 연구결과를 반영하여야 하며, 특히 소비자교육 요구순위가 높은 주제영역에 대한 우선적인 배려가 선행되어야 한다.

## 2) 교육방안

고령소비자 교육을 계획할 때는 소비자교육 내용영역뿐만 아니라 방법적인 측면도 반드시 고려해야 한다. 교육방법은 고령소비자 교육의 효율성과 흥미로움을 결정하는 결정적 요소이기 때문이다.

일반적으로 노인들은 정규교육 과정이 끝난 시기에 있으므로 새로운 학습을 하려는 동기가 약할 수 있기 때문에, 소비자교육의 참여를 권장하기 위한 효과적인 방법이 요구된다.

고령소비자들이 원하는 소비자교육 담당기관으로는 '대중매체(24.3%)', '정부 및 공공기관(24.1%)', '민간 소비자단체(22.4%)', '노인학교 및 노인정(11.6%)' 인 것으로 나타났다(이승신 · 윤경희, 1994). 고령소비자들이 가장 많이 원하는 교육기관이 대중매체인 것으로 나타났는데, 대중매체를 통한 교육은 장소이동의 불편이 없기 때문에 노인들이 쉽게 참여할 수 있다는 장점을 가진다. 그러므로 이 부분에서의 노력이 활발해져야 한다. 예컨대, 고령소비자들이 관심이 많은 의료 서비스 이용방법이나 은퇴 후 소득관리에 관한 내용을 신문이나 텔레비전, 노인용 라디오 프로그램 등에서 전달한다면 매우 효과적일 것이다.

현재까지 이루어지고 있는 고령소비자 교육은 주로 민간 소비자단체에 의한 것인데, 이들 단체의 노력과 함께 정부 차원에서의 고령소비자 교육에 대한 관심이 필요하다. 정부나 소비자단체에서는 노인들에게 의미있고 구체적으로 도움이 되는 자료를 흥미있는 형태로 보기 쉽게 제시함으로써 도움을 줄 수 있다. 자료의 제시형태는 노인기의 신체적 · 정신적 노화를 감안해서 청각적 제시방법과 시각적 제시방법을 함께 사용하는 것이 효과적이다. 또한 경제적이며 효율적인 고령소비자 교육을 위해서는 가격이 저렴하고 사용이 간편한 수단 및 교수방법이 개발되어야 한다. 즉, 테이프, 영사기, 비디오 등과 같이 사용하기 쉬워서 비전문가의 사용이 용이해야 한다.

고령소비자는 학습속도가 느리기 때문에 소비자학습에 필요한 시간을 많이 필요로 한다. 따라서 고령소비자 교육 프로그램을 실시하는 데 있어서는 천천히, 신중하게 새로운 정보와 개념을 제시함으로써 자료를 이해하는 시간을 충분히 주는 것이 좋다. 즉, 일정한 기간 동안에는 새로운 자료의 제한된 양만이 제공되어야 할 것이다.

특히 고령소비자 교육 프로그램의 평가는 프로그램의 목적에 맞고 세부적인 목표를 모두 포괄하여, 계속적인 프로그램의 수정보완을 위한 자료로 활용할 수 있는 평가가 이루어져야 한다. 교육 전과 교육 후에 사전 · 사후 검사를 실시하거나 특히 실험집단과 통제집단을 설정하여 사전 사후검사를 실시하여, 프로그램의 효과를 객관적으로 평가할 수 있어야 한다. 또한 교육 중의 집단토의 결과나 교육대상자의 자기보고식 평가, 그리고 교육종료 시 프로그램의 내용과 실시에 대한 전반적인 종합평가를 시행하는 것이 필요하다.

Consumer Issue 11-3

## 일본 '실버시장' 대망론

일본에서 은퇴세대가 급증하면서 기업들이 100조 엔(1467조 원)이 넘는 실버 시장 공략을 본격화하고 있다. 전후 베이비 붐 세대인 단카이(團塊) 세대가 올해 65세를 맞아 완전히 은퇴하면서 실버 시장 규모가 급증할 것이라고 5일 산케이(産經) 신문이 전했다.

지난해 일본에서 60세 이상의 소비지출액이 101조 엔이며 전체 소비에서 차지하는 비중은 44%에 달했다. 디플레(물가하락)로 인해 젊은 세대의 소득이 계속 줄고 노후 불안으로 소비보다 저축을 늘리고 있지만, 실버세대는 퇴직금에 국민연금까지 받아 상대적으로 소비에 여유가 있다는 분석이다.

여행업체 JTB는 60세 이상을 대상으로 한 매출 비중을 작년도 10%에서 올해 15%로 끌어올렸다. 니혼여행은 호화 유람선 크루즈 등 부유층 실버세대를 겨냥한 고급 상품을 내놓고 있다. 식음료 업체인 산토리는 50~60대 이상 여성을 공략하기 위한 새로운 알코올성 음료를 출시했다. DVD · CD 임대업체인 '쓰타야'를 운영하는 CCC는 최근 실버세대들이 선호하는 음반과 비디오를 갖춘 전문 매장을 열었다. 주로 젊은 층을 상대로 영업하던 편의점업계도 실버세대를 유치하기 위해 유기농 식품 등 상품을 다양화 · 고급화하고 있다. 하지만 퇴직금을 소비하지 않고 장래에 대비해 저축할 가능성도 커 '실버 대망론'이 실현될지 의문이라는 분석도 나오고 있다.

출처: 조선일보(2012. 2. 6)

# 고령소비자 교육 프로그램 사례

## 고령소비자의 소비자교육 내용 분석

송순영(2001)은 고령소비자 교육이 실용적이고 구체적이어야 하며 응용적인 측면을 중시해야 한다고 강조하며 교육내용을 문제인식교육과 구매교육, 자립교육의 세 영역으로 나누었다.

문제인식교육은 현대사회와 소비자, 소비자문제의 배경 및 본질, 소비자문제의 현황을 다루며 고령소비자 스스로 문제의 현실을 정확히 인식할 수 있는 판단력을 기르고자 한다. 구매교육은 상품구매능력과 서비스이용능력을 기르기 위한 것으로 실질적인 소비생활 관련 지식들을 습득함으로써 소비자 스스로의 적응 능력을 기르고자 한다. 마지막으로 자립교육은 소비자 권리, 소비자 책임, 소비자 피해와 불만 처리에 관한 내용으로 소비자의 권리와 책임을 폭넓게 이해하고 구체적인 피해처리 능력을 개발하고자 한다.

심영(2005)은 정보사회의 고령소비자를 위한 생산적 복지 지향의 소비자교육 방안에 관한 연구에서 고령소비자의 정보화 교육을 위한 실천적 제언을 하였는데 구체적인 내용은 다음과 같다.

- 고령소비자를 대상으로 한 소비자 정보화교육에 대한 고령소비자의 자발적 참여가 요구된다.
- 고령소비자의 참여의사를 고취시키기 위한 노력들은 무엇보다 고령소비자의 특성을 고려하여 실시되어야 한다.
- 고령소비자를 대상으로 한 정보화교육은 고령소비자의 특성을 고려하여 기존의 정보화 교육과는 차별화된 콘텐츠가 되어야 한다.
- 고령소비자의 정보화교육은 단계별로 실시되어야 한다.

고령소비자의 소비자교육 내용

| 연구자 | | | 송순영(2001) |
|---|---|---|---|
| 교육내용 | 문제인식 | 현대사회와 소비자 | 노인소비자의 특성 / 소비자의 위치 |
| | | 소비자문제의 배경과 본질 | 소비자문제의 발생요인 / 노인소비자 문제 특성 |
| | | 소비자문제의 현황 | 노인소비자 안전 · 위해 사고 / 상품의 품질 · 기능 / 가격 · 요금 / 표시 / 허위 · 과장광고 / 계량 · 규격 / 부당거래 / 악덕상술 |
| | 구 매 | 상품구매 능력 | 식품 / 의류 / 주택 / 가구 및 가정기기 / 의약품 · 가정용 의료기기, 건강 관련 제품 |
| | | 서비스이용 능력 | 주거서비스 / 재가서비스 / 보건서비스 / 금융서비스 / 교육 · 여가서비스 |
| | 자립교육 | 소비자권리 | 소비자권리 / 소비자보호법제 / 소비자보호기관 |
| | | 소비자책임 | 소비행위의 사회적 책임 / 소비행위의 생태학적 책임 |
| | | 소비자피해와 불만처리 | 품목별 피해보상 기준 / 피해대비 요령 / 피해구제기관 및 절차 · 방법 |

## 고령소비자 대상 교육프로그램 사례

### 건강기능식품, 바르게 알고 사용하기

● **건강기능식품은 질병을 예방하거나 치료하는 의약품이 아니다!**

- 건강기능식품은 일상 식사와 함께 섭취하였을 때, 영양을 공급하고 건강에 도움이 되는 식품이라는 점에서 질병 예방이나 치료를 위한 의약품과는 다르다.
- 따라서 모든 건강기능식품에는 '본 제품은 질병의 예방 및 치료를 위한 의약품이 아닙니다.' 라는 문구를 의무적으로 표시하도록 되어 있다.
- 건강기능식품에 들어 있는 일부 성분은 어떤 질병이 있을 때는 피해야 하거나 약을 복용하고 있는 경우에는 약과 맞지 않을 수 있으니 이런 경우에는 처방해 준 의사와 상의해야 한다.

### ● 어떤 것이 건강기능식품인가?

건강기능식품은 식품의약품안전청에서 효능을 인정받은 경우에만 제품 포장에 '건강기능식품' 이라는 표시를 할 수 있다.

- 건강식품과 비슷하지만 건강기능식품 표시가 없는 경우는 식품의약품안전청으로부터 효능을 인정받지 못한 제품이므로 일반 식품에 해당한다. 따라서 건강기능이 있다고 하기 어려운 경우가 많으니 제품을 구입할 때는 반드시 건강기능식품 표시를 확인해야 한다.
- 식품의 기능성을 표시, 광고할 수 있는 것은 건강기능식품밖에 없으며, 건강기능식품은 식품의약품안전청에서 철저하게 관리하고 있다.

건강기능식품 표시

### ● 소비자 피해 사례 및 대처법

[사례 1] 상품이라며 나누어 주었던 건강기능식품에 대한 돈을 내라고?

"우리 농산물을 애용합시다.", "우리 농산물을 무료로 나눠 드리니 빨리 오세요."라는 방송을 듣고 나갔더니 보리쌀을 무료로 주었습니다. 그러면서 보리쌀과 함께 홍보 기간이라 몇 명에 대해서만 건강기능식품을 준다며 빨리 이름과 주소를 말하라고 하기에 말하고 상품을 타 왔는데 며칠 후 돈을 내라고 하네요, 이럴 수가 있나요?

**대처법 ▶** 어르신이나 미성년자 등을 대상으로 계약이 체결되는지조차 알아챌 수 없도록 다양한 방법으로 부당 · 기만행위를 하는 경우이다. 방문판매에 관한 법률에 의거, 회사 주소를 안 날로부터 14일 이내 서면으로 해약 통보서를 내용증명으로 발송하면 반품처리가 가능하다.

**[사례 2] 효과 없으면 100% 환불이라더니…….**

행사장에서 만병통치약이라며 이것을 먹으면 혈압도 정상이 되고 소화도 잘 되고 당뇨도 없어진다고 설명하면서, '효과가 없으면 100% 반품 가능' 이라고 홍보하여 안심하고 샀습니다. 하지만 한 달이 되어도 효과는 없고 당뇨 수치만 오르기에 환불해 달라고 했더니 제품이 아직 남았으니까 끝까지 먹어 보고 이야기하라면서 안 된다고 합니다. 어떻게 하면 좋을까요?

**대처법 ▶** 건강기능식품은 의약품이 아니다. 약인 것처럼 허위 · 과대광고를 했다면 법을 위반한 것이다. 개봉하지 않은 상태라면 청약 철회 기간인 14일 이내 취소가 가능하다. 이미 청약 철회 기간(구입 후 14일)이 지났고, 상품도 섭취한 상태라면 효과가 없을 시 반품해 주겠다는 업체의 확인서류가 필요하다. 증빙 자료가 없다면 반품이 어려우므로 구입 당시 추후 문제 발생에 대비하여 광고 부분에 대한 근거를 기록 · 보관해 두어야 한다.

**고령소비자 피해 예방을 위한 주의사항**

1. 건강식품, 건강효능품의 효능, 효과에 대해 과신하지 않는다.
2. 공짜, 사은품에 현혹되지 않는다.
3. 일반 상점이 아닌 곳에 물품을 구입할 때는 계약서를 꼭 받아둔다.
4. 구입 후 14일 이내에는 반품 또는 계약 해제가 가능함을 기억한다.
5. 계약 관련 문제 발생 시 소비자보호기관과 상담한다.

출처: http://knol.google.com/k/이승신/소비자의 특성과 소비자교육/10f668hj0q4rf/1.

## "만병통치약" – 찾아가는 노인소비피해예방 역할극–

**한국소비자교육지원센터 2009 소비자교육콘텐츠 공모전 금상 수상작**

역할극 공연 및 공연 테마와 관련한 도입과 마무리(소비자 피해상담 및 보완교육) 3단계로 교육활동을 진행한다.

● **교육주제**: "세상에 공짜는 없다", "노인의 현명한 소비생활"

| 구 분 | 교육내용 | 소요시간 | 교육효과 |
|---|---|---|---|
| 사전준비 | • 공연장소에 가서 강사회원들이 직접 팀별로 무대 및 음향장치, 현수막을 설치하고 각자 맡은 역할에 따라 안내 리플릿과 공연전단지 및 준비해 간 유인물을 나누어 드린다. 연기자는 분장을 한다. | 20분 | |
| 도 입 | • 강사대표의 인사<br>• 노인소비자교육의 필요성<br>• 공연내용에 대한 사전설명을 하여 교육의 이해를 돕고 효과를 높인다. | 10분 | 친근한 분위기 조성 |
| 역할극 공연 "아버지의 외출" | • 친구와 함께 무료관광을 따라간다.<br>• 관광 도중에 미리 짜고 들리는 건강상품 판매점에서 박구라 박사와 그 일당들이 효험도 없는 만병통치약을 들고 나와 오늘만 특별히 반값에 한정판매를 한다고 유혹한다.<br>• 자식의 건강 염려로 약을 사들고 집에 돌아오지만 자식들에게 핀잔만 듣고 마음이 상하여 어쩔 줄 몰라 우울해한다.<br>• 막이 바뀌어 어떤 노인이 전화번호 끝자리가 당첨되어 제주도 여행권과 홍삼 1세트를 공짜로 준다는 전화를 받고 기뻐하며 기꺼이 주민번호와 연락처 등 신상정보를 거리낌없이 가르쳐 준다.<br>• 며칠 후 선물이 도착하여 개봉한 결과 물품대금 납부 지로용지 청구서가 들어 있어 아들이 판매업자에게 연락을 한다.<br>• 어렵게 통화가 되어 아들이 반품요구를 하자 물품 포장을 뜯어 반품이 안 된다며 거절한다.<br>• 다시 항의하려고 전화를 하지만 통화가 되질 않자 해결방법을 몰라 속상해 한다. | 30~35분 | • 악덕상술사례 간접체험<br><br>• 개인정보 중요성 인지<br><br>• 건강관련 상품 피해와 대처 방법 |
| 마무리 | • 역할극에 참여한 강사들이 나와서 인사를 하고 대표가 공연내용을 다시 한 번 환기시킨다.<br>• 그 밖의 최근 피해사례(보이스피싱)들을 소개하고 질의응답 시간을 가진다. | 10분 | 피해예방 사항 숙지 |

● **교육주제**: "악덕상인 노인을 노린다", "지혜로운 소비자가 되자"

| 구 분 | 교육내용 | 소요시간 | 교육효과 |
|---|---|---|---|
| 사전준비 | • 공연장소에 가서 강사회원들이 팀별로 직접 무대 및 음향장치, 현수막을 설치하고 각자 맡은 역할에 따라 안내 리플릿과 공연전단지 및 준비해 간 유인물을 나누어 드린다. 연기할 팀은 분장을 한다. | 20분 | |
| 도 입 | • 강사대표의 인사<br>• 노인소비자교육의 필요성<br>• 공연내용에 대한 사전설명을 하여 교육의 이해를 돕고 효과를 높인다. | 10분 | 친근한 분위기 조성 |
| 역할극 공연 "만병통치약이 뭐길래" | • 우연히 연예인초청 무료경로잔치 행사장에 가서 공연을 보며 즐거워하던 중 갑자기 사회자가 허풍선이란 박사를 소개한다.<br>• 가짜박사의 만병통치약에 대한 선전과 바람잡이를 동원한 판매원의 최면상술에 어쩔 수 없이 물품을 구입하게 된다.<br>• 사은품으로 준 불량 두루마리 휴지와 약상자를 들고 집으로 돌아온다.<br>• 며칠 후 약이 별 효험이 없고 속아 샀다는 생각이 들었으나 어떻게 해야 할지 몰라 고민을 하게 된다.<br>• 친구들과 만나 최근의 사기상술에 대한 이야기를 주고 받으며 경각심을 일깨우고 뒤이어 방문판매로 인한 소비자피해 사례가 소개된다.<br>• 김대평이 집에서 TV를 시청하고 있는데 누군가 벨을 울려 응대하자 목이 마르다며 물 한 잔만 달라고 청한다.<br>• 물 한 잔을 핑계로 집안에 들어오게 된 젊은이는 판매원의 본색을 드러내어 친절에 대한 보답이라며 효능이 검증되지 않은 음이온물침대를 소개한다.<br>• 건강에 관심이 많은 노인의 약점을 눈치 챈 판매원은 기회를 놓치지 않고 특별히 반값에 10개월 할부도 가능하며 A/S도 완벽하다며 유혹하고, 김대평은 계약서에 서명을 하게 된다.<br>• 구입 후 4개월 뒤에 매트리스가 고장이 나서 계약 시의 판매회사에 전화를 했으나 전화가 불통이어서 구제방법을 몰라 고민을 친구들에게 털어 놓는다.<br>• 듣고 있던 한 친구가 노인소비자교육을 받아서 이럴 때는 어떻게 해야 할지 방법을 알고 있다고 하며 "대구시소비생활센터"로 안내한다.<br>• 연기자 2명이 차트를 들고 나와서 피해구제 방법에 대한 설명을 하고 마무리로 함께 다짐을 한다. | 30~35분 | • 악덕상인 최면상술피해 인식 및 공짜 선물유혹경계<br><br>• 방문판매관련피해사례와 대처방법숙지 |
| 마무리 | • 역할극에 참여한 강사들이 나와서 인사를 하고 대표가 공연내용을 다시 한 번 환기시킨다.<br>• 공연내용 외 최근의 피해사례들을 소개하고 질의응답의 시간을 가진다. | 10분 | 피해구제 방법 숙지 |

● **교육주제**: "신종사기 주의보!"

| 구 분 | 교육내용 | 소요시간 | 교육효과 |
|---|---|---|---|
| 사전준비 | • 공연장소에 가서 강사회원들이 팀별로 직접 무대 및 음향 장치, 현수막을 설치하고 각자 맡은 역할에 따라 안내 리플릿과 공연전단지 및 준비해 간 유인물을 배부한다. | 20분 | |
| 도 입 | • 강사대표의 인사<br>• 노인소비자교육의 필요성<br>• 공연내용에 대한 사전설명을 하여 교육의 이해를 돕고 효과를 높인다. | 10분 | 친근한 분위기 조성 |
| 역할극 공연 "함정" | • 은행감독원을 사칭한 사기꾼이 김덤벙의 통장 비밀번호가 누설되어 통장의 현금이 전부 사라질 수가 있다며 위협을 한다.<br>• 당황한 김덤벙이 사기꾼이 시키는 대로 은행창구로 가던 중 친구아들인 경찰을 만나 보이스피싱에 대한 설명을 듣고 안도하며 돌아온다.<br>• 한편 명절에 아들에게 용돈을 두둑히 받은 한 노인(함대통)이 농협에 들러 자동입출금기에 현금을 넣고 명세표를 확인하고 별 생각없이 그 자리에서 명세표를 버리고 기분이 좋아 집으로 돌아오는데, 뒤에 사기꾼이 따라와서 주소를 확인하고 사라진다.<br>• 사기꾼 일당이 114에 전화를 걸어 노인의 전화번호를 알아 둔 다음 서너 명이 앉아 흉계를 꾸민다.<br>• 농협중앙회 신용카드업무담당을 사칭한 사기꾼의 전화를 받은 노인이 당황하여 점점 그들의 계략에 말려 들어가게 되는데…. 금융감독원을 사칭하여 불안을 조성하자 꼼짝없이 말려들어 현금자동입출금기로 가서 사기꾼 일당의 계좌로 돈을 송금하게 된다.<br>• 사기꾼 일당이 대포통장에서 돈을 인출하여 유유히 사라진다.<br>• 부동산중개인이라며 한 사기꾼이 급한 매물이 나와 있어 싸게 살 수 있다며 꺼벙이에게 휴대폰전화를 하는데, 마침 친구들과 같이 있던 중이라 다른 한 친구도 같은 전화를 받았다고 말하며 사기전화라고 일러주어 위기를 모면한다.<br>• 친구들과 함께 노인소비자를 노리는 각양각색의 악덕사기상술에 대한 정보를 나누고 주의를 당부한다.<br>• 남의 물건은 함부로 주워서도 곤란하다는 우리 사회의 각박한 현실을 안타까워하며 노인소비자의 알 권리에 대해 생각하게 한다.<br>• 신나는 음악과 함께 "여러분 세상이 우리를 속일지라도 슬퍼하지 말고 열심히 살아봅시다." 하고 다짐을 한다. | 30분~35분 | • 다양한 전화사기피해 구체적 제시로 간접체험 및 신종사기 수법 소개로 경종을 울림<br><br>• 건강하게 9988! |
| 마무리 | • 연기를 한 강사들이 나와서 인사를 하고 대표가 공연 내용을 다시 한 번 환기시키고 경종을 울리는 당부를 한다.<br>• 공연내용 외 노인소비자를 위한 주의사항을 소개하고 질의응답의 시간을 가진다. | 10분 | 공연뒤풀이 다과회 |

# Project

1 고령소비자가 일상적인 소비생활을 영위하는 데 있어 어려움을 겪게 되는 이유를 시장환경적인 측면과 개인적인 측면으로 구분하여 설명해 보자.

2 성인소비자와는 달리 고령소비자를 대상으로 교육 프로그램을 고안하는 과정에서 전제조건으로 반드시 고려해야 할 고령소비자의 경제적 특성과 인성적 특성에 대해 이야기해 보자.

3 노인기로 접어들면서 소비지출 액수나 항목에서 그 이전과 비교해 볼 때 가장 두드러지게 나타나는 특징에 대해 설명해 보자.

4 실제로 고령소비자들 중 퇴직금을 운용하여 소비생활을 하고 있는 사례를 살펴보고, 퇴직금 운용과 관련된 정보나 교육을 어떻게 제공받고 있는지 알아보자.

# Part 4
# 주제별 소비자교육

소비자교육에서 다루어져야 할 주제 내용은 매우 포괄적이고 다양하지만 사회변화에 맞추어 수정되거나 새롭게 추가되어야 할 주제가 생기게 된다. 어느 시대나 사회를 막론하고 중요한 핵심영역이 되는 주제가 있는가 하면 10여 년 전만 해도 중요하게 여겨지지 않던 주제가 소비자교육의 중요한 영역으로 부각되기도 한다.

현재는 물론 미래사회에서의 역량 있는 소비자가 되기 위해 새로이 대두되는 주제는 윤리, 금융, 환경 및 안전으로 이들에 대한 소비자교육이 필요하다. 특히 소비자주의에 기초한 소비자 윤리교육은 더욱 강조되어야 할 주제이다. 이상의 4개 영역 주제와 관련해서 개인으로서의 소비자역할뿐만 아니라 시민사회를 구성하는 시민으로서 소비자역할을 인지하고 주체적으로 행동할 수 있는 시민소비자가 되기 위한 소비자교육의 의의와 방안이 모색되어야 한다.

Chapter 12

# 소비자 윤리교육

**과거** 소비자의 개념은 생산자에 대비되는 것, 혹은 시장에서 자기 이익을 합리적으로 추구하는 존재 정도의 경제학적 대상으로 제한되었다. 그러나 탈근대적 패러다임의 전환을 경험하고 있는 현재의 소비환경에서 소비자는 다양한 소비재를 통해 발현되는 정체성을 가지고 이들의 소비방식이 집합되어 사회적 의미를 창출하고 가치를 전달하는 의사소통의 주체로서 성장하였다. 더 이상 소비자는 합리적 경제주체로서만 이해되지 않는다. 이에 소비자의 시민으로서의 책임과 윤리가 강조되고, 생활실천원리로써 소비자주의의 적극적인 일상적 참여가 권장되며 소비자의 윤리의식은 사회의 공동선으로 중요한 사회적 자본의 역할을 하게 된다. 결국 소비윤리는 지속적으로 교육되고 육성되어야 할 중요한 소비자 교육의 대상인 것이다. 이에 본 장에서는 새로운 소비자주의의 시대에 필요한 소비자 윤리교육에 대해 고찰해 보고자 한다.

## 1. 소비자 윤리교육의 의의

### 1) 소비자주의에 토대를 둔 소비자 윤리

소비자주의의 개념을 이해함에 있어 먼저 소비자와 소비, 혹은 소비자주의(consumerism), 소비자주의자(consumerist), 컨슈머십(consumership) 등의 소비자 관련 용어가 소비자학적 관점보다 타학문의 관점으로 먼저 설명되면서 다른 의미로 오도되는 경우가 있음을 인지할 필요가 있다.

스웨글러(Swagler, 1994)는 이러한 혼란을 염려하며 컨슈머리즘이 '소비자의 권익을 보호하기 위한 노력인 소비자주의' 로서의 관점과 '물질의 소비 확대를 통해 행복을 추구하는 소비주의' 의 관점으로, 어떤 면에서 상호 배타적으로 사용되는 것은 상당한 혼란을 야기할 수 있으므로 소비자학적 관점에서의 의미 명료화가 필요하다고 주장하였다. 이는 비단 컨슈머리즘만의 문제가 아니며 소비자, 혹은 소비 자체를 상당히 부정적으로 인식하는 소비자학 외의 타학문 연구논문들에서 나타난다. 소비에 관한 부정적 견해는 미국보다 유럽권의 관점에서 더욱 잘 드러나는데 특히 영국에서는 시민성의 개념이 상당히 발전하여 공교육 체계로까지 자리 잡았으나, 반면 소비의 개념은 이에 반하는 매우 심미적이고 이기적인 무엇으로 파악되곤 한다.

일례로, 소비자운동가 및 행동가로서의 의미를 지닌 컨슈머리스트(consumerist)라는 용어에 관해, 스턴스(Sterns, 2001)는 "물질주의적 컨슈머리즘을 패셔너블하게 소화한 사람"으로 정의함으로써 "그가 원하는 것보다 더 많은 재화가 주어진다면, 그는 컨슈머리스트가 될 것이다."라고 언급한 바 있다. 마일스(Miles, 2002) 역시, 소비를 자본주의의 정당화 도구로서 설명하면서 비판론자들은 컨슈머리즘을 '과도하게 소비에 점유된 삶'으로 정의한다고 지적하였다.

벤(Benn, 2004)의 연구는 유럽권의 비판적 견해를 가장 단적으로 보여 주는 사례로서 그는 컨슈머십과 시민성 간의 대립을 설명하면서 소비자교육의 대상으로서 시민성은 진작되어야 할 특성임에 반해, 컨슈머십은 개화되고 수정되어야 할 부정적 측면이라고 언급하였다. 그는 시민성을 통찰력과 연대성을 갖춘, 비전있는 활동경험으로 보면서, 컨슈머십은 개인적이고 표현적이며 심미적인 활동으로 파악하였다.

그러나 이러한 견해는 소비라는 과정을 단순히 재화의 사용과 남용이라는 제한적 측면으로만 국한시키는 견해로서 시장에 대한 학습을 통해 정보를 탐색하고 이를 바탕으로 의사결정을 내리며 그 과정에서 사회와 상호작용하는 소비와 소비자의 총체적 역할을 파악하지 못하는 한계점을 드러낸다. 비판적 견해는 주로 소비의 결과물, 그것도 부작용에만 초점을 맞춤으로써 소비의 전 과정을 살피지 못하며 이에 소비자의 사회적 역할로의 확장도 파악하지 못한 채 소비와 소비자를 개인적인 영역에만 국한시킨다. 따라서 소비자의 사회적 책임과 윤리적 의식의 실천에 관한 강조는 올바른 소비자에의 이해와 더불어 건강한 소비의 파악을 위해 절실한 작업이라 할 수 있다.

'소비자주의'는 컨슈머리즘(consumerism)이 국내에 도입되면서 채택된 번역 용어로 서구에서는 이를 소비자 권익을 보호하는 측면과 소비를 통해 인간의 행복을 추구하려는 소비지향적 측면의 두 해석이 혼재되고 있다. 후자의 경우는 특히나 유럽 및 사회학적 해석에서 자주 발견되는데, 스턴스(Sterns, 2001) 역시 컨슈머리즘을 근대적 소비의 양상으로 보며 다양한 물품을 구매하고 이를 통해 정체성을 획득하는 소비의 이데올로기로 이해하고 있다. 그러나 소비자학적 관점의 컨슈머리즘은 이미 학계에서 오래전부터 사용되었고 소비자권익보호 및 소비자복지 추구의 긍정적 개념으로 정착되었으며 물질지향적 성향은 '소비주의'로 이해되어 상당한 개념적 분화가 이루어졌음을 알 수 있다.

소비자주의가 성숙함에 따라, 이기춘(2005)은 소비자학의 고유한 철학적 토대로서 소비자주의를 변화하는 사회적 환경과 소비맥락의 이해에 따라 새로이 개념화하고 재정립할 것을 요구한 바 있다. 이는 소비자와 소비환경의 총체를 연구하는 소비자학의 입장에서 상당히 의미있는 주장이며 실천적 학문으로서 사회적 필요성이 그만큼 대두되었기 때문으로도 추론할 수 있다.

과거 소비자주의는 소비자운동과 동일시되며 메이어(Mayer, 이기춘 외 역, 1996)는 소비자주의를 경제적인 복지와 소비자의 정치적인 힘을 증진시키고자 하는 목적에 따라 시작된 사회운동으로 정의하였다. 그러나 이기춘 외(2001)의 '소비자학의 이해'에서도 정의되듯이 소비자주의는 "단순히 소비자 피해를 예방하고 구제한다는 차원의 초창기 소비자운동에서 더 나아가 소비자주권의 회복과 인간복지를 지향하는 보다 높은 차원의 현대적 소비자운동"으로서 탈근대적 시민사회의 맥락하에 그 성격이 보다 광범위하게 발달하였음을 보여 준다.

바넷(Barnett et al., 2005)은 소비자지향적 운동 및 활동들이 소비자의 정치적 참여를 위한 교두보임을 강조하며 윤리적 소비자주의를 사회적인 실천으로서 파악하였다. 이는 신사회운동의 접근과도 상당부분 유사함을 알 수 있다. 사회적으로 책임감 있는 윤리적 소비자는 모든 인적·사회적 요소의 결합을 통해 형성되며 중요한 것은 이미 소비자 개인에게 존재하고 있는 윤리적 책임감을 활성화하는 것이라고 지적하였다. 이는 실천적 차원을 강조하는 윤리적 소비자주의의 이해에 많은 도움을 주는 연구라 볼 수 있다.

마일스(Miles, 2002)의 저서 《삶의 방식으로서의 컨슈머리즘(Consumerism, as a way of life)》은 이에 비해, 컨슈머리즘의 개념이 소비자주의와 소비주의의 다소 혼재된 상태로 해석되고 있기는 하지만, 비판론자들이 그렇듯이 '과도하게 소비에 점유된 삶'으로 부정적인 뉘앙스의 비난의 대상은 아님을 분명히 함으로써 소비자주의의 개념을 이해하고 실천하는 데 많은 시사점을 남기고 있다. 그는 컨슈머리즘이 어떠한 정치적 집단도 각자의 정치적 목표를 달성할 수 있는 명백히 민주적인 가치구조로서 국가의 개입을 표면적으로 최소화하는 듯 보이지만, 컨슈머리즘이라는 새로운 이데올로기는 결국 개인의 일상생활에 대한 정부의 영향력을 강화시킨다고 보았다. 따라서 그는 컨슈머리즘의 올바른 활성화를 위해 적절한 복지의 공급과 높은 수준의 공공 섹터를 유지 및 개발하는 것이 관건이라 보았다. 그는 특히 소비자 개인뿐만 아니라 정부 및 각 집단 모두를 컨슈머리즘의 영역하에 포함시킴으로써 소비자주의에 대한 포괄적 개념정의의 아이디어를 제공한다.

김기옥 외(2004)는 현대사회에서 소비자주의는 과거의 소비자운동과는 전혀 다른 이념적, 혹은 철학적 차원의 것으로서 소비자와 관계를 가진 모든 조직으로부터 소비자이익을 보호하며, 교환관계가 미치는 모든 영향의 범위를 포괄한다고 하였다. 이러한 소비자주의에의 철학적 해석과 새로운 패러다임의 제시는 이기춘(2005)의 연구에서 구체적으로 재조명되기 시작하였으며 그는 소비자주의가 생활세계에서 정의롭지 못한 것에 문제의식을 느끼고 이를 해결하고자 하는 노력으로서 이념과 철학 및 실천적 차원의 운동을 포함하는 개념이라 보았다. 소비자주의는 결국 의로운 저항을 통해 사회의 평화적 개혁을 추구하고자 하는 일련의 노력으로서 인간 대 인간, 그리고 인간 대 자연 간의 화해와 평화를 목적으로 하는 신사회운동과 맥을 같이 한다고 볼 수 있다.

이기춘 · 나종연(2006)은 소비자주의가 소비자운동 이상의 광범위한 개념으로서, 소비자운동이 현실적이며 구체적인 행동을 지칭한다면 소비자주의는 이보다 한 차원 높은 이념적 차원임을 강조한 바 있다. 소비자주의의 제한적 의미에 대한 비판적 고찰을 시도한 이기춘 · 나종연(2006)의 연구는 소비자주의에 관한 올바른 이념적 토대를 제공한다. 일부 단체나 운동가들만의 보이콧 정도로 연상되는 소비자주의의 제한적이고 지엽적인 입장을 확장하여 일반적인 생활의 가치 혹은 이념으로서 소비자의 생활 속에 녹아들 수 있는 소비자주의의 개념정의가 요구된다. 결국 현대사회의 소비자주의는 소비자운동과 분명히 구분되는 것으로, 이념 및 철학, 그리고 실천적 노력 모두를 포괄하는 내용으로 이해되어야 할 것이다(이기춘, 2005).

이기춘(2005)은 소비자주의가 추구하여야 할 철학적, 이념적 기초로서 메이어가 제시한 효율성(efficiency)과 공정성(fairness), 그리고 박애주의(humanitarianism)를 강조하였는데 이는 이기춘 · 나종연(2006)의 공동연구에서 한층 더 구체화된다. 소비자주의의 지향하는 바로서 '소비자주권의 실현'과 '사회적 책임의 실천', '생태환경에 대한 배려', '신뢰의 구축', 그리고 '소비자역량의 강화', 이 다섯 가지를 제시함으로써 소비자주의가 지니는 사회적 고려와 실천의 목표를 분명히 하였다.

소비환경을 둘러싼 개인과 기업, 정부, 그리고 단체 등의 모든 관계가 소비자주의의 개념에 포함되며 그 안의 윤리적 가치로서 이념적 토대를 제공하는 소비자주의는 현대의 소비자에게 새로운 생활의 실천원리라고 파악될 수 있다. 소비자주의는 소비자에게 일상의 소비를 결정하는 가치를 제공함과 동시에 생활의 실천을 통해 재성장되어지는 개념인 것이다.

현대사회에서 소비자는 소비자주의라는 가치와 실천원리의 맥락 속에 놓여 있다. 이에 비일상적 존재로서의 소비자운동가가 아니라, 생활인으로서 일상적인 소비의 매 순간에서 소비자주의를 실천하는 자가 바로 진화된 소비자의 또 다른 모습일 것이다. 소비자의 일상적 소비자주의 실천과 생활화는 무엇보다 윤리적 가치의 내면화를 통해 가능하다. 이에 다음에서는 소비자주의의 실천 주체로서 소비자 개인이 내면화하여야 할 윤리의식에 관해 교육적 관점의 접근을 시도하고자 한다.

## 2) 소비윤리의 고찰

### (1) 윤리적 의무와 공동선

소비자의 사회적 참여를 장려하기 전에 맹목적인 참여의 위험을 지양할 수 있는 근본적 기제로서 윤리에 관한 논의는 필수적이다. 소비윤리에 합당한 윤리개념의 이해를 위해서는 의무의 윤리를 파악하여야 한다. 전통적인 한국사회의 윤리가 보은(報恩)의 윤리였다면 현대의 보편적 윤리는 '의무', 혹은 '책임'에 관한 윤리이다. 옛 그리스어에서 '의무'는 '자연의 이치에 따른 합당한 삶의 행위', 또는 '자연의 본성을 지키고 발전시키기 위한 행위'로서 결국 의무는 인간의 생활양식을 통해 발현되는 개념임을 알 수 있다.

의무의 개념은 다시금 법적 의무와 윤리적 의무, 혹은 덕 의무로 나누어진다. 법 의무는 인간에게 무엇이 옳고 그른지를 말해 줌으로써 정당성에 관한 인간의 권리와 관련된다. 반면 윤리적 의무(덕 의무)는 인간의 인격성과 관련된 것으로 그 자체로 가치가 있는 목적론적 개념이다(최현배, 1930). 소비윤리는 법적 의무라기보다는 덕 의무, 윤리적 의무로서 이에 법률적 접근보다 윤리적 접근이 필요한 이유가 여기에 있다. 소비윤리를 통해 소비자는 하나의 인격적 존재로서 사회를 위한 덕을 배양하는 것이며 이는 일시적인 교훈이나 훈계로 가르쳐지는 것이 아니라, 부단한 수양과 교육적 훈련을 통해 성장되어질 수 있는 도덕적 정체성이다.

유네스코(1999)의 '21세기 윤리를 위한 공동의 틀' 은 같은 맥락에서, 개인의 책임감을 고취시키는 입법이 최선의 입법임을 강조하며 보편윤리운동(Universal Ethics)을 통해 자연과 인간의 평화 및 현재 세대와 미래세대의 균형을 추구하고자 하였다. 특히나 소비와 관련하여 '미래세대의 권리' 에 대한 존중을 현 세대의 의무로 파악하여 소비는 개인의 능력을 확대하여 삶을 풍요롭게 할 때 소비자의 복지 향상에 기여할 수 있지만, 과도한 소비에의 탐닉은 결국 자원의 기반을 훼손할 뿐만 아니라, 불평등을 심화시킨다는 점을 주지하였다. 따라서 소비는 타인의 복지에 피해를 주지 않는 한도 내에서 이뤄져야 하며 동시에, 미래세대의 선택을 침해하지 않고, 모든 이의 기본적인 수요가 보장될 수 있는 방향으로 이뤄져야 할 것이다.

보편윤리운동은 국내에서 공동선 운동으로 확장되며 이는 생활세계에서의 규범을 강조한다는 측면에서 소비윤리에도 중요한 맥락을 제공한다. 생활세계라는 말은 20세기 초반, 독일의 철학자인 허셀(Husserl)에 의해 처음 사용되었는데 그는 본질의 세계만을 중요한 세계로 보고, 현재 생활하고 있는 일상의 세계는 별다른 가치를 인정받지 못하던 당시의 의견에 정면으로 반박하며 중요한 것은 바로 지금 우리가 생활하고 있는 이 세계임을 주장하였다. 생활세계는 결국 문화의 세계로서 우리가 함께 살면서 공동의 가치관을 가지고 관계를 맺어가는 세계이다. 공동선은 이러한 생활세계의 윤리적 규범으로서 단순히 모든 사람의 이익을 주장하기보다는, 사회 전체적으로 손해가 생기지 않도록 하는 것을 의미한다(신사회공동선운동연합, 2004).

공동선은 공론장, 즉 퍼블릭 스피어(Public Sphere)를 통해 형성되는데 공론장을 통해 형성된 공론은 정부의 정책 등을 결정하는데 기존의 정치제도와는 다른 방식으로 지대한 영향력을 미친다. 이를 '영향의 정치(Politics of Influence)' 라 하며 이는 정부기관 외부에서 정부나 국회 내부의 결정에 영향을 미치는 것을 말한다. 따라서 '삶의 정치'는 일상적인 소비생활의 참여가 점점 더 정치적인 영향력을 확대해 나가는 것을 보여 준다. 결국 소비자의 정체성이 의무의 윤리로 확대되며 일상적인 생활의 실천이 보다 큰 정치적 의미로 집합되어짐을 이해할 수 있다.

### (2) 소비윤리의 이해

윤리의 윤(倫)은 공동체, 혹은 정신적 규범과 질서를 의미한다. 윤은 인간의 공동체 내에서 관계를 맺고 살아가는 마음의 도리이다. 로고스(Logos)를 뜻하는 리(理)는 앎과 학(學)을 의미함으로써 윤리란, 공동체 생활의 질서에 관한 학문, 혹은 공동체 생활세계의 근본을 구성하는 도리에 관한 인간생활의 학이다(차동관 · 김국현, 2000). 따라서 소비윤리란, 소비생활세계의 근저를 이루는 질서와 도리에 관한 것으로서, 이는 책임의 윤리요, 의무의 윤리이다. 소비자 개인은 자신의 경제적 영달을 위해서뿐만 아니라, 소비생활공동체, 혹은 사회의 공동선과 공익에 막중한 책임을 지는 것이다.

소비윤리는 소비가치로부터 구분되어진다. 소비가치는 소비자가 소비행위를 통해 추구하는 것으로서 홀브룩(Holbrook, 1999)은 소비가치를 유형화함으로써 소비가치의 구성요소 중 하나로서 소비윤리를 설명하였다. 그는 소비가치를 소비자와 제품에 대한 상호작용성, 상황과 대상에 따른 상대성, 그리고 기호적 판단을 포함하는 소비자의 경험으로 정의하였다. 즉, 소비가치는 상호작용적이고 상대적이며 기호적 판단을 나타내는 경험인 것이다. 또한 그는 이러한 소비가치를 외재적 · 내재적 가치(Extrinsic · Intrinsic Value), 자기중심적 · 타자중심적 가치(Self-oriented · Other-oriented Value), 능동적 · 수동적 가치(Active · Reactive Value)로 차원화함으로써 소비가치의 8가지 유형을 밝혀내었다.

이때 소비윤리는 적극적인 타자지향적 윤리의 추구로서 타인을 배려하는 행위를 포함한다. 즉, 타인에 대한 자신의 소비의 영향력을 생각하고 타인이 이에 어떻게 반응할지를 고려하는 경험으로서 궁극적인 가치이다. 소비윤리는 덕목과 정의, 그리고 도덕을 포함한다. 덕목은 법률이나 규칙 등 규정되어진 의무에 충실한 수행을 의미하며 정의는 법률에 의해 다스려지는 사회 전체에 대한 이익을 나타낸다. 반면 도덕은 공공선에 반응하는 인간의 본성으로서 타인의 복지를 증진시키기 위한 방향으로 작용하는 인간의 특성

**표 12-1** 소비가치의 유형화

| 가치의 차원 | | 외재적 | 내재적 |
|---|---|---|---|
| 자기중심적 | 능동적 | 효율성 | 놀이 |
| | 수동적 | 탁월함(품질) | 심미성 |
| 타자중심적 | 능동적 | 정치(성공과 관리) | 윤리(정의와 도덕) |
| | 수동적 | 존중(명성과 소유) | 영성(믿음과 헌신) |

출처: Holbrook(1999), p. 12.

이다. 따라서 소비가치가 인간이 추구하는 다양한 경험임에 비해, 소비윤리는 사회에서 구성원 모두가 추구하여야 할 바람직한 가치로서 옳고 그름의 기준인 것이다.

소비윤리에 관한 기존의 연구들은 3가지 정도로 나누어질 수 있는데 첫 번째 연구유형은 윤리적 함의를 지닌 특정 행동에 관한 것이다. 이는 주로 소비자 점포 내 절도행위(Kallis et al., 1986)나 환경관련(Antil, 1984; 유두련 외, 1997) 행위를 소재로 하였다. 대표적으로 뮨시와 비텔(Muncy & Vitell, 1989, 1992)의 연구와 비텔 외(Vitell et al., 1991)의 연구는 윤리적 함의를 지니는 18가지 행동에 관한 소비자의 믿음을 척도화하고 이를 위한 소비윤리 척도를 개발하였다. 관련하여 최근에는 모조품에 대한 소비자의 윤리적 의식(Nill et al., 1996)에 관한 연구도 같은 맥락에서 이해할 수 있다.

두 번째 연구유형은 기업과 소비자에 대한 윤리적, 혹은 규범적 가이드라인을 세우는 것으로 기업행동코드 등 기업윤리에 관한 연구(Carroll, 1979; Iwanow et al., 2005; 김해룡, 2005)와 소비자윤리에 관한 연구(Stampfl, 1979)가 있다. 스탬플(Stampfl)은 소비자의 윤리적 책임으로 경제적 효용극대화의 시장선택, 합리적인 정보이용, 올바른 상품사용, 그리고 정당한 의사표시를 설명하였다.

세 번째 연구유형은 소비자의사결정에 관한 개념적 토대와 이를 바탕으로 한 실증연구이다. 대표적으로 데이비스(Davis, 1979)는 케네디의 '소비자 권리장전' 의 내용을 토대로 어느 정도까지 소비자들이 자신의 권리에 상응하는 책임을 실천하려 하는지를 측정하였다. 연구결과, 소비자들은 자신들의 책임을 받아들이기보다, 권리를 먼저 주장하고자 하는 경향이 강한 것으로 나타났다. 셔우 외(Shaw et al., 2000, 2001, 2002, 2005, 2006)의 윤리적 소비의사결정 모델에 관한 연구들은 실증적으로 소비자의 윤리적 태도를 측정하고 이에 영향을 미치는 변수를 개발해 왔다. 알 크티브(Al-Khtib et al., 2005)는 소비자의 윤리적 의식에 영향을 미치는 요인으로서 공격적이고 기만적이며 타인을 착취하는 마키아벨리즘 성향, 거래에 있어서 순수성이 결여되는 기회주의적 성향, 윤리적으로 정당한 행동에 대한 기대로서 신뢰의 정도, 원리주의와 상대주의에 관한 윤리적 지향을 파악하기도 하였다.

일차적으로 경제적 필요에서 출발하는 소비행위의 윤리적 의미에 대해 포괄적으로 평가하는 것은 경제이론의 표준적 가정으로부터 이탈하는 수많은 윤리적 성찰 가운데 존재한다. 우리의 생활 속에는 소비자 개인이 가지는 자애심이나 동감, 여러 가지 대의에 대한 헌신성의 존재, 그리고 본질적으로 악하다고 판단되는 특수한 행동을 위반하지 않으려는 자발적 의미 등 경제적 판단만으로는 파악이 어려운 수많은 소비행위가 존재한다. 대안적 경제학자 센(Sen, 1999)은 생활수준이라는 개념하에 생활의 선(Goodness)을 강조하며 경제적 이론에 윤리적 접근을 더함으로써 논의는 보다 본질적인 풍요로움을 지니게 될 것이라고 강조하였다(Sen, 1999).

마케팅 관련 연구에서도 소비윤리에 관한 관심이 두드러져 윤리적 소비자를 이해하고 파악하기 위한 노력들이 부각되었다. 그러나 실제로 소비윤리에 관한 연구들은 윤리적 의미를 지니는 특수한 상황, 예를 들면 상거래 시의 소비자 기만행위(Muncy & Vitell, 1992; Barbin et al., 1995; Chang et al., 1998)나 환경문제(Webster, 1975; Antil, 1984; Roberts, 1995) 등에 관하여 내용을 제한함으로써 포괄적인 소비윤리의 개념과 이해에는 부족함이 있었다.

이에 소비윤리의 내용과 차원정립에 관한 송인숙(2005)의 개념화 연구는 소비자시민성의 소비윤리를 이해함에 있어 바람직한 기준을 제공한다. 그는 소비윤리를 소비행동에 대한 옳고 그름의 판단 기준으로 보고 이는 소비생활에서 사회구성원 전체가 추구하여야 할 가치라고 설명하였다. 또한 소비윤리의 내용을 크게 네 가지 차원으로 구분하여 첫째, 세대 간 분배를 고려한 지속가능한 소비와 둘째, 세내 내 분배로서 개인 소득의 재분배를 통한 사회적 총 효용의 극대화, 그리고 셋째, 거래 시 요구되는 상거래상 소비윤리, 마지막으로 시장경제의 활동자로서 경제구성원으로서 생활화하여야 할 절제된 이기심, 정직성, 진실성, 신뢰성 등의 윤리적 가치를 구체적인 내용으로 하였다.

소비윤리의 네 가지 차원은 홀브루크(Holbrook, 1999)의 소비윤리의 구성요소에 관한 설명, 즉 소비윤리는 덕목(Virtue)과 정의(Justice), 그리고 도덕심(Morality)으로 이뤄진다는 주장과도 상통한다. 세대 간, 혹은 세대 내 분배의 핵심이 자애로운 소비자의 덕목에 기반한다면 상거래 상의 소비윤리는 법적 의무와도 관련되는 보다 강력한 사회정의의 내용이다. 마지막으로 경제인으로서 생활화하여야 한 역량으로서 절제된 이기심 및 정직성 등의 윤리적 가치는 보다 근본적이고 일상적인 도덕심과 관련된다.

소비윤리의식은 이처럼 현재 우리가 몸담고 있는 사회의 여러 면을 동시에 배려하고 미래세대의 권리를 존중하고자 하는 덕목이며 직접적인 소비행위의 수많은 영역에서 최소한 법을 어기지 않고 확장적으로는 옳지 못한 시장 내 행위에 대해서 이를 적극적으로 제지하거나 공공선을 위해 헌신하고자 하는 정의감을 말한다. 이는 신뢰와 정직, 그리고 절제된 이기심을 체화한 소비자의 도덕심에 기반함으로써 지속가능한 성장을 위한 사회적 자본을 성숙시킨다.

## 3) 윤리적 소비자

### (1) 사회책임적 소비자

1970년대를 시작으로 급속도로 발달해 온 한국의 소비환경은 대량생산과 대량소비의 낯선 체험이 불러온 사회적 윤곽의 확연한 변화를 정착시킬 즈음, 숨가쁘게 소비자 정체성의 변화라는 새로운 국면을 받아들여야 했다. 급격한 정보인프라의 발달은 세계적으로 유례를 찾아보기 힘들 만큼의 강력한 환경 변화를 유도하였으며 그 결과 디지털을 장난감(digital gadget)처럼 가지고 노는 현대인들은 수단의 발달에 따라 점차 표현적 의사소통과 사회적 주장을 강화하기 시작하였다. 그러나 긍정적 환경의 변화와 아울러 변화의 속도를 감당하지 못한 윤리적 가치의 충돌이 현상으로 드러나면서 소비환경은 중요한 도덕적 자성의 목소리에 부딪힌다.

고성장의 그늘 아래, 잠식되어 있던 부작용들이 사회적 표면으로 가시화됨에 따라 모든 사회, 문화, 경제적 논의의 영역에서 그 지속가능성이 화두가 되었다. 장기적 경기침체라는 21세기 초반 한국의 도전적 경제상황은 그간의 시장지향적 가치체계의 한계를 여과없이 보여 주며 사회적 연대방식의 부재가 가져온 공동체적 결속력의 상실과 시민윤리의 부재 등 경제의 위기는 급기야 사회의 위기로 연결되어 소비자 개인의 위기를 초래하기에 이른 것이다. 사회적 책임의 공유가 있지 않고서는 개인과 가정, 기업 및 국가 모두 그 존폐를 거론하기 힘들다(신종원, 1998).

이에 기업들 역시 이윤을 추구하는 구성체로서의 사회적 정체성을 벗고 사회로 그 책임을 다하고 도덕적 캠페인의 모범이 되는 등 기업의 사회적 책임(Corporate Social Responsibility)이 큰 논의의 틀을 형성하기에 이르렀다. 그러나 경제성장으로 인한 소비 환경의 부작용 표출은 기업의 무책임성뿐만 아니라, 이를 방조하고 개인의 단기적 이익만을 추구하였던 이기적인 소비자의 소비과정에도 그 원인이 있다.

각 경제주체의 목적인 효용을 추구하지만, 그 과정에서 발생하는 사회적 영향력과 환경에의 책임의식은 따라서, 기업만의 해당사항이 아니며, 소비자를 아우르는 모든 경제주체의 중요한 사회적 가치이자 목적으로 등장한 것이다. 생산자의 상품생산뿐만 아니라 소비자의 소비행위 역시 이러한 가치에 부합하는 방향으로 전환될 것이 요구된다. 소비자는 개인의 단기적인 이익만을 추구하는 이기적 만족의 지향을 넘어서 환경과 사회를 통합적으로 고려하고 배려할 수 있는 책임과 의무를 부담한다.

소비자책임에 관한 대표적 고전 연구로서 데이비스(Davis, 1979)는 소비자의 권리와 책임에 대한 태도를 비교 · 연구하면서 소비자책임에 대한 강조가 더욱 중요해지고 있다는 지적을 하였다. 그는 특히나 소비자교육에서 소비윤리와 도덕을 강조하는 소비자책임을 더욱 집중적으로 다루어야 함을 주장하였다.

실제로 1992년 리우(Rio) 세계환경정상회의는 '환경적으로 건전하고 지속가능한 개발(environmental sound and sustainable development, ESSD)' 의 개념을 제시하며 유한한 지구자원을 효율적으로 분배하며 제품의 생산과 소비, 그리고 처분의 전 과정(whole life cycle)에 걸쳐 자원순환형 사회로 전환하기 위해 '지속가능한 생산과 소비(sustainable production and consumption)' 의 대안을 제시하였다. 이는 생산의 주체로서 기업뿐만 아니라 소비의 주체로서 소비자가 지니는 책임의 중요성을 강조하는 것이다(장기윤, 2002). "소비자는 모두 공적 시민으로서의 의무를 먼저 실천해야 한다."고 1996년 한국 방문 중, 랄프 네이더(Ralpf Nader)가 말했듯이 소비자는 권리의 주장과 더불어, 오히려 그보다 이전에 사회적인 책임의 수행을 필요로 한다.

스탬플(Stampfl, 1979; 이기춘, 1988; 허경옥 1998 재인용)은 소비자책임을 크게 네 가지로 정리하였다. 첫째, 소비자는 개인과 가계를 넘어 사회의 효용을 극대화시키는 방향으로 선택하여야 한다. 둘째, 개인소비자의 선택이 사회와 환경에 부정적인 영향을 미칠 수도 있다는 사실을 염두에 두고 충분한 소비자정보의 참조와 선택이 이뤄져야 한다. 셋째, 소비자는 상품사용에 대한 위험을 이해하고 사용설명서를 숙지하며 바람직한 사용을 통해 타소비자의 안전을 침해하지 않아야 한다. 넷째, 소비자는 자신의 요구와 만족, 불만족을 표현하여야 하며 경우에 따라서는 기업과 정부에 대해 의미있는 제언을 할 수 있어야 한다.

고든과 리(Gordon & Lee, 1997; 이기춘, 1988; 재인용)는 여섯 가지의 소비자책임을 언급하며 첫째, 소비자의 역할과 기능을 숙지하여 이를 실천할 책임, 둘째, 효과적이고 합리적인 소비생활을 할 책임, 셋째, 자원을 낭비하지 않을 책임, 넷째, 노동시장에서 착취당하지 않고 착취하지 않을 책임, 다섯째, 모든 거래에서 정직할 책임, 여섯째, 정의롭지 못한 일에 항의할 책임을 강조하였다. 소비자책임에 관한 스탬플, 고든과 리(Stampfl; Gordon & Lee)의 분류는 특히 시장 내에서의 소비자 양심이 중요함을 나타내며 또한 소비자의 배려심이 생산의 과정으로까지 총체적인 시각으로 확대되어야 할 것을 시사한다.

소비사회에서 필요한 것은 단순한 시장의 교환만이 아니다. 올바른 소비의 사회적 순환이 이루어지려면 소비는 사회적 신뢰와 소비윤리의 기준, 소비자 개인의 주권에 대한 사회적 보장, 그리고 소비를 둘러싼 환경으로써 생태에 대한 배려 등 기본적이고 지속적인 사회의 공공자본을 전제로 한다. 그러나 지속가능한 소비를 전제하는 이러한 사회적 조건들은 일종의 공공재로서 소비자 개인의 공동체적 의식과 실천이 없고서는 점차 훼손되어질 수밖에 없는 우리 공공의 자산이다.

이러한 맥락에서 우리는 소비자 개인 각각이 무임승차하여 공공재를 유지하고 성숙하기 위해 참가하는 수고는 덜고, 얻어지는 결과와 권리의 남용에만 주력하려는 이기적 개인성의 발현 결과로서 소비자 공동(空洞)화 현상을 들 수 있다. 공공선을 위한 소비자의 환경에 정작 소비자 개인은 참가하지 않는, 주체가 소외된 소비사회의 소비자 공동화 현상은 하딘(Garett Hardin)의 '공유지의 비극'으로 설명될 수 있다. 마을의 공동 목초지에 어느 한 양치기가 양들을 더 배불리 먹이고자 자신의 양들을 데리고 온다. 이를 다른 양치기들이 알게 되자, 서로 자신의 양들을 목초지로 끌고 왔으며 결국 공동 재산이었던 목초지는 황폐해지고 말았다는 것이 간단한 내용인데, 소비자의 참여와 책임을 그 근간 자산으로 하는 소비사회의 공공선과 상당히 상통하는 부분이다.

소비사회는 개방된 정보의 공유를 통한 올바른 소비자정보의 축적, 활발한 민주적 의사소통을 통한 시장에의 믿음, 소비자와 소비자 간의 믿음, 소비자와 기업 및 정부 간의 믿음 등 공공선으로서의 사회적 자본을 필요로 한다. 그러나 이기적인 개인의 무책임한 행동은 장기적인 소비사회의 공공선을 훼손시키고 결국 주체가 소외되는 공동화 현상을 겪게 된다. 소비사회에서 가능한 '공유지의 비극' 의 핵심은 개인 소비자의 이득만을 위해 공공의 선을 무시할 경우, 결과적으로는 모든 이의, 전 사회의 복지가 반감된다는 측면이다.

소비자정보와 사회적 연대의 자본은 한 소비자의 사용에 의해 다른 소비자의 사용이 영향을 받거나 소비에서 얻게 되는 효용의 크기가 감소하지 않는, 비경합성(non-rivalry)을 지닌다. 또한 어느 누구도 이러한 소비와 권리의 주장으로부터 배제되지 않는다는 측면에서 공공재의 비배타성(non-exclusivity)을 띤다(최병선, 2000). 이러한 소비자연대의 혜택에 대한 공공재적 성격으로 인해 권리의 주장만이 난무하고 책임의 성찰은 부재하기 쉬우며 현 소비사회의 부작용들은 바로 이러한 편향적 소비자역할의 축적이 불러온 위기인 것이다.

따라서 소비자책임의식의 성찰과 강조는 도덕적 권고사항이 아닌, 21세기의 필수적 생존전략이다. 소비사회의 공유지가 비극으로 끝나지 않기 위해, 풍성한 공공의 옥토로서 사회적 자본을 가득히 하기 위해 소비자는 권리와 함께 개인의 사회적, 문화적, 정치적 책임을 다하여야 한다. 개개인의 정보화된 지성은 이러한 책임의 수행에 꼭 필요한 수단과 틀을 제공한다. 사회의 의미있는 창구로서, 개개인의 소비자는 자신의 책임을 다하고 이를 효율적인 공공의 자산으로 확장시킬 수 있는 '사회책임적 소비자' 로 거듭나야 할 것이다.

사회책임적 소비자에 관한 선행연구는 70~80년대 미국의 마케팅 관련 연구에서 소비자주의에 대한 대응 및 사회적으로 의식있는 소비자의 유형을 파악하기 위하여 시도되었다. 이는 앤더슨 외(Anderson, et. al., 1972)과 웹스터(Webster, 1975)의 연구에서 '사회적으로 의식있는 소비자(Socially Conscious Consumer)' 로 처음 명명되며 후에 안틸(Antil, 1984)과 로버츠(Roberts, 1991) 등에 의해 '사회책임적 소비자(Socially Responsible Consumer)' 로 정착되었다.

국내에서는 유두련 · 심미영(1998)의 연구가 대표적인데 유두련 · 심미영은 사회책임적 소비자 태도와 행동의 영향요인을 분석하며 태도와 행동의 일치성을 살펴보았다. 이때 "사회책임적 소비자태도는 제품을 구매·사용·처분 시에 환경 및 사회에 미치는 영향에 대하여 지속적으로 가지고 있는 신념과 평가로서 긍정적인 심리적 경향을 의미하며 사회책임적 소비자행동은 자신의 사적 소비, 즉 제품의 구매·사용·처분 과정에서 초래할 수 있는 공적인 결과를 염두에 두고, 사회변화를 야기할 수 있도록 자신의 구매력을 조절하며, 제품선택 시에 자원의 희소성과 환경문제를 의식하는 행동"(유두련·심

**표 12-2 사회책임적 소비자 관련 연구**

| 연 구 | 종속변수 | 독립변수 |
|---|---|---|
| 유두련·심미영(1998),<br>사회책임적 소비자태도와 행동에 관한 연구<br>유두련·심미영(1998),<br>환경문제에 대한 사회책임적 소비자태도와 행동의 일관성에 관한 연구 | 사회책임적 소비자태도<br>사회책임적 소비자행동 | 인구통계적·사회경제적 변수<br>사회·심리적 변수<br>환경의식적 변수<br>정책관련 변수 |
| Roberts(1991),<br>Development of Profile of the Socially Responsible Consumer for the 1990s and its Marketing Management and Public Policy Implication | socially responsible consumer | sex, age, income, perceived consumer effectiveness, liberalism, environmental concern, alienation, perceived power of big business |
| Antil(1984),<br>Socially Responsible Consumer: Profile and Implications for Publc Policy | socially responsible consumer | place of residence, perceived consumer effectiveness, liberalism, environmental concern, environmental knowledge, alienation |
| Webster(1975),<br>Determining the Characteristics of the Socially Conscious Consumer | socially conscious consumer | sex, income, perceived consumer effectiveness, dogmatism, power of big business |
| Anderson, et. al(1972),<br>The Socially Conscious Consumer | socially conscious consumer | age, occupation, dogmatism, liberalism, alienation |

출처: 유두련·심미영(1999). pp. 28~29, 표 재구성

미영, 1998)으로 정의되었다. 기존의 많은 국내 연구에서는 사회책임적 소비자라는 용어를 사용하기보다는 환경상품의 구매의도, 환경의식적 소비자 등의 용어를 사용함으로써 소비자의 사회적 책임을 환경에만 국한하였다.

### (2) 시민 소비자

소비자의 변화된 정체성은 변화된 사회적 역할을 의미한다. 소비자를 합리적 경제주체 정도로만 파악하는 경우, 소비자의 영역은 지극히 개인적이며 이기적이고, 심미적인 무엇이다. 반면 이의 대립적 극단으로 시민은 보다 정치적이고 연대적이며 사회적 비전을 가진 활동경험의 주체(Benn, 2004)로서 소비자와 시민은 일견 그 타협점을 찾기가 어려운 형태로 이해되곤 하였다. 이에 많은 연구에서 시민으로서의 개인은 정부와 정치적인 관계를 통해 더 큰 공공의 이익을 포함하기 위해 노력하며 권리 달성을 위해 의무와 책임을 수행하는 주체로서 보는 반면, 소비자는 개인적인 욕구의 충족을 위해 물질지향적인 대상으로서 대립되어졌다(Habermas, 1992; Canclini, 2001에서 재인용).

그러나 20세기 이후, 이러한 구분은 무의미해졌으며 소비자와 시민은 때로는 중복되고 때로는 긴장하며 관계의 융합을 거쳐 왔다. 코헨(Cohen, 2004)은 그의 저서 《소비자 공화국(Consumer' s republic)》에서 시민과 소비자의 이러한 관계를 정리하며 시민소비자(citizen-consumer)의 이상적 타입을 묘사하였다. 코헨은 미국에서 시민소비자의 개념은 뉴딜정책에 의한 워싱턴의 정책결정자들과 풀뿌리 소비자운동가들에 의해 일찍이 받아들여졌다고 지적하였다. 이들은 정부에 대한 소비자의 대표권을 강화하고, 시장에서 소비자를 더 잘 보호할 수 있는 규제와 법제화를 실현하였다. 이러한 방식을 통해 강화된 소비자의 시민성은 결국 소비자와 시민이라는 정체성의 결합을 야기하였으며 이는 새로운 소비자의 위상을 정립하는 데 중요한 관점임을 강조하였다.

칸클리니(Canclini, 2001)의 저서 《소비자와 시민(consumers and citizens)》은 이러한 맥락에서 매우 의미있는 견해를 보여 준다. 그는 시민성을 논의함에 있어 우리는 사회적 소속감과 네트워크가 형성되는 소비의 활동을 벗어날 수 없다고 강조하며 소비와 시민성 간의 분석적 관계를 위해, 소비자행동을 비합리적이고 시민을 합리적인 그 무엇으로 보는 이분법적 사고를 지양하고자 한다.

시민이 결국 소비자라는 사실을 인식하기 위해 우리는 소비의 정의를 재검토해 볼 필요가 있다. 소비는 상품의 전유와 사용에서 발생하는 사회문화적 과정의 조합으로서 우리로 하여금 소비의 행위가 단순한 취향과 심미성의 결합으로 행해지는 무엇, 혹은 시장조사를 통해 발견되어지는 유행 및 트렌드를 넘어서는 행위임을 주지시킨다. 소비는 상호작용적인 사회적, 정치적 합리성에 의해 동기화된다. 소비자 간 의사소통과 네트워크를 통한 소비재의 증식은 집단 간 차이의 문화적 의미 및 교육적 성찰, 그리고 기술적 혁신 및 유행의 규칙을 만들어내는 과정에 기여하게 된다. 소비하는 것은 사회가 생산하고 사용하는 방식에 대한 경쟁적 장에의 참여이다. 과거 소비가 일방적인 의사소통이었다면, 현대의 소비는 더 이상 생산자들의 청중에 대한 일방향적 의사전달이 될 수 없다.

칸클리니(Cancline, 2001)는 "소비는 상품의 전유와 사용에서 발생하는 사회문화적 과정의 조합이다."라는 명제를 전제로 소비는 상호작용적이며 사회적이고 정치적인 과정으로서 개인의 정체성을 형성할 뿐만 아니라, 사회의 통합적이고 의사소통적인 합리성에도 기여한다고 설명한다. 그는 "소비는 고려해 볼 만한 좋은 것이다(Consumption is good for thinking)."라고 언급하며 다양한 정치적 행동을 통해 현대의 소비자는 시민으로 향상되며 시장은 단순히 재화가 교환되는 장소를 넘어서, 더욱 복잡한 사회문화적 상호작용의 장이라 주장한다. 칸클리니는 소비가 시민성의 행태를 명료히 하기 위해서는, ① 다양한 국제시장을 대표할 수 있는 재화와 정보에 관한 쉽고 평등한 접근, ② 또한 넘치는 상업적 광고에 관한 소비자의 효율적 판단 능력, ③ 그리고 소비를 조직하는 물질적이고 상징적이며 사법적인 정치적 결정 속에서 시민사회의 주요한 원리로서 소비자의 민주적 참여가 보장되어야 함을 강조하였다.

크로닌(Cronin, 2000)은 영국의 시민장전(Citizen's Charter)을 설명하며 시민의 역할이 공공재와 서비스에 관한 소비자의 그것으로 전환되었음을 설명한다.

> 시민장전은 시민에게 더 많은 권한을 주기 위함이다. 그러나 시민성은 우리의 권리일 뿐만 아니라, -이웃으로서, 부모로서 지니는 등의-책임이다. 시민장전은 더 많은 국가의 개입에 관한 비책도 아니다. 이는 개인의 그들 자신을 위한 정보를 제공받을 권리, 그리고 선택할 권리에 관한 믿음의 성서이다.
>
> HM Government; Cronin(2000). pp. 32~33.

이때 선택은 시민장전의 내용을 전체적으로 아우르는 가장 주요한 키워드이며 개인은 불만족한 공공의 서비스에 대해 적절한 정보와 시정을 이루기 위한 '소비자적' 행동을 취해야 함을 알 수 있다. 소비자로서의 시민은 여러 대안과 서비스에 대한 정보를 제공받아 올바른 선택을 내릴 수 있는 존재이다. 이에 크로닌은 시민성과 소비자주의가 결합된 소비자시민성의 개념을 제시하며 정치의 영역이 보다 일상적인 정보와 선택, 즉 소비의 문제로 귀결되고 있음을 주장하였다.

이상의 논의는 공적인 것(the public)에서 사적인 것(the private)으로의 패러다임 전환이 불러온 소비자의 새로운 정체성에 관해 설명하였다. 이는 결국 소비자의 정체성이 시민의 그것과 융합되며 가치와 실천양식의 성숙에 따른 소비자의 사회적 책임에 관한 대두로 다시금 설명이 가능하다. 사회의 도덕적 원칙이나 가치체계에 기초를 두고 판단하는 사회윤리로서 소비행동에 대한 시비의 기준이 곧 소비윤리임(송인식, 2005)을 고려할 때, 이러한 윤리와 책임의 가치를 기반으로 소비자주의적 생활원리의 실천을 교육하는 소비자 윤리교육은 21세기 소비자교육의 주제영역임이 명확해지고 있다

### (3) 윤리적 소비의 실천영역

박명희 외 공동저서(2011)인 《누가 행복한 소비자인가?》에서는 사회적 책임을 다하는 윤리적 소비의 실천 영역에 대해 다음과 같이 정리하였다.

윤리적 소비활동을 사회적 책임 범위에 따라 나눈 표 12-3의 영역 분류는 시장경제의 기초적 윤리, 사업자와의 거래 차원, 세대 간 분배의 종적 차원과 세대 내 분배의 횡적

**표 12-3 사회적 책임 범위에 따른 윤리적 소비 실천영역**

| 사회적 책임 범위 | 윤리적 소비 실천 영역 |
|---|---|
| 경제적 책임 | 합리적 소비행동 |
| 법적 책임 | 상거래상 소비자윤리(계약 이행의 의무, 법적 소비자책임, 불법적 소비행동 금지 등) |
| 지속가능한 소비에 대한 책임 | 녹색소비(환경친화적 소비), 소비 절제, 자발적 간소화 보이콧(불매운동), 바이콧(구매운동), 로컬소비, 윤리적 투자 |
| 동시대 인류를 위한 책임 | 공정무역, 공정여행, 공동체 화폐운동, 나눔 · 기부 |

출처: 박명희 외(2011). p. 3.

차원으로 소비윤리를 차원화한 송인숙(2005)의 연구와 대응된다. 이상의 연구들은 소비자들이 윤리적 소비를 실천하기 위해 나아가야 할 소비생활의 구체적인 기준과 대상들을 보여준다.

박명희 외(2011)의 연구를 보면 사회적 책임을 다하는 윤리적 소비 실천영역의 첫 번째로 경제적 책임의 범위하에 이뤄지는 합리적 소비행동을 들 수 있다. 이는 가장 소극적이고 기초적인 행동이나, 향후 성장될 수 있는 윤리적 소비의식의 든든한 출발점이다. 소비자들은 절제된 이기심과 정직성, 책임감 등을 통해 합리적으로 개인의 욕구를 충족시키고자 행동한다.

두 번째로는 법적 책임의 범위에서 이뤄지는 상거래상의 소비자윤리가 있다. 이는 계약 이행의 의무를 포함하여 법적인 소비자의 의무를 충실히 다하는 것으로 결국 생산자나 판매자에게 고의로 해를 입히지 않는 것을 의미한다. 최근 소비자정보가 급증하며 일부 불량소비자(black consumer)가 이를 악용하는 경우가 많은데, 이러한 소수의 이기적인 불법 행위는 생산자의 비용을 증가시켜 결국 다수의 무고한 소비자들에게 피해를 입힌다는 사실을 명심하여야 한다.

셋째로는 지속가능한 소비에 대한 책임으로 이는 환경과 다음 세대를 위한 실천영역이다. 녹색소비라 할 수 있는 환경친화적 소비뿐만 아니라, 자원의 남용과 낭비를 막기 위한 절제 및 자발적 간소화도 상당히 중요한 실천의 영역이다.

마지막으로는 동시대 인류를 위한 책임의 범주로서 동시대 인류와 사회적 문제 해결을 위한 실천 영역이 있다. 국제화의 시대 속에 발전된 전 세계적 유통 물류는 일견 화려한 겉모습으로 비춰져 왔으나 그 안에 제3세계 국가 노동자들에 대한 착취나 환경 및 자원 남용 등 새로운 문제가 부각되며 윤리적 소비자들의 감시를 받아 왔다. 이에 이러한 국제적 생산윤리의 문제에 대한 적극적인 형태의 보이콧이나 바이콧, 이를 지양하기 위한 로컬소비나 공동체 화폐운동의 실천, 공정무역제품 구매 및 공정여행의 선택 등이 주요한 실천영역이라 할 수 있다.

Consumer Issue 12-1

## 쇼핑이 투표보다 중요하다

"우리는 (물건을) 시장(市場)에서 사지 않아요."

그의 목소리는 여전히 또렷했다. 막거리 잔이 몇 순배가 돌았다. 그래도 거침없다. 어투 역시 직설적이다. 신성식(47) 아이쿱(icoop) 소비자생활협동조합 경영대표이다. 아이쿱 생협은 지난 1997년에 만들어진 국내 대표적인 소비자협동조합이다.

생협은 소비자들이 자발적으로 참여하는 일종의 공동체이다. 아이쿱 생협 역시 마찬가지로 이미 조합원 수만 전국적으로 14만여 명에 달한다. 철저히 생산자와 소비자 사이의 직거래를 통해, 친환경적이고 안전한 먹거리를 제공한다. 이른바 '윤리적 소비'이다.

지난 21일 신 대표와의 만남은 밤늦도록 이어졌다. 올해로 생협에 뛰어든 지 20여 년째인 그는 솔직했다. 고민거리도 여전하다고 했다. 외식사업 진출했다가 실패한 이야기부터, 3년째 동결된 자신의 연봉도 스스럼없이 공개했다.

그는 "참 쉽지 않았고, 힘들었다."며 고개를 절레절레 흔들었다. 그럼에도 신 대표가 맡고 있는 아이쿱 생협은 그동안 승승장구해 왔다. 경제위기와 물가불안은 오히려 기회가 됐다. 친환경 먹거리에 대한 소비자들의 인식은 더욱 커졌다. 아이쿱 생협의 매출도 덩달아 올랐다. 작년 말 기준으로 2,600억 원에 달한다. 이마트와 같은 대형 재벌 유통기업과는 차이가 있지만, 협동조합치고는 상당한 수준이다.

**그의 발칙한 도전들… '코카콜라', '초코파이'에 시비걸기**

이 날 그와 만나기로 한 약속장소는 서울 양천구 목동의 '자연드림' 매장. '자연드림(Nature Dream)'은 아이쿱 생협이 운영하는 유통브랜드이다. 작년 말까지 전국에 102개의 매장을 갖고 있다. 이곳에선 각종 친환경 채소부터 과일, 육류, 음료에 이르기까지 웬만한 대형마트의 먹거리는 다 들어있다.

그와 매장을 둘러보다가, 거의 텅빈 과일 매장 한켠에 놓인 바나나가 눈에 띄었다. 국내산 바나나였다.

"색깔이 녹색인데, 아직 익지 않아서 그런가요?"

"(바나나를 들어보이며) 그렇죠. 수입산처럼 (색깔을 내기 위해) 별도의 가공처리를 하지 않기 때문이죠. 숙성이 되기까지 좀 더 시간이 필요하죠."

바나나는 제주도 농가와 직접 계약을 맺고 생산하고 있다. 물론 친환경 재배를 통해서이다. 일반 시중 수입산과 비교해 보면, 맛 등에서 결코 뒤떨어지지 않는다. 철저히 소량 계약생산을 하다 보니, 물건을 가져다 놓는 대로 팔린다. 다른 과일이나 채소 등도 마찬가지이다.

그가 기자에게 콜라를 건넸다. '생협 콜라'였다. 신 대표는 한 마디로 "코카콜라에 시비 걸기"라고 했다. 갑자기 과거 한때 '8 · 15 콜라'가 생각났다. '애국심 마케팅'이라는 논란 속에, 코카

콜라와의 경쟁했지만 얼마가지 못했다. '생협 콜라' 맛을 봤다.

"우리가 먹던 콜라 맛과 비슷하면서도, 전혀 다르기도 하고…."

"(웃으면서) 먹어볼수록 전혀 다를 거예요. (캔에 적혀 있는 첨가물 표시를 보며) 천연과일 농축액이 많이 들어있죠? 콜라도 이렇게 다르게 만들 수 있다는 것을 보여 주고 싶었어요."

"시비걸기 제품이 또 있나요?"

"많아요. 여기 초코파이도 있고…."

**값이 시장에서 결정된다고? 또 다른 길을 걷다**

이름이 '초코크림파이'다. 우리가 일반적으로 알고 있는 초코파이와 여러모로 다르다. 무농약 밀가루부터 달걀, 분유, 소금 등이 모두 국산이다. 게다가 설탕이나 팜유 등도 유기농이다. 초콜릿 등은 공정무역을 통해 들여온 것들이다. 대신 먹을 때 주의사항이 있다. 그의 말이다.

"우리 초코파이는 경화유를 쓰지 않아요. 그래서 일반 온도에서 초콜릿이 쉽게 녹아요. 먹을 때도 포장지로 싸서 먹어야죠."

먹어보니, 맛도 좋다. 아이쿱 생협은 생산시설을 따로 두지 않고, 전주의 한 업체에 맡겼다. 신 대표는 "그 업체는 시중 초코파이도 함께 위탁받아 만든다."면서 "국산 유기농 재료에, 경화유를 쓰면 안 된다고 하니까 처음엔 (초코파이를) 못 만든다고 하더라."고 말했다.

매장 다른 한켠에 있는 빵도 마찬가지. 이곳 역시 국내 대형 프랜차이즈 제과업체에 대한 '시비걸기'다. 물론 밀가루 등은 철저히 우리 밀을 쓰고, 각종 재료 역시 국산 유기농이다. 빵 값은 '파리바게트' 등과 별반 차이도 없다. 그는 "우리 밀을 써가면서, 시중의 빵들과 비슷한 모양새를 만들어 내기가 쉽지 않았다."면서 "시행착오가 많았다."고 설명했다. 식빵 등 거의 모든 제품에서 기술이 쌓이면서 맛과 영양뿐 아니라 상품성까지 갖추게 됐다는 것이다.

이들 생협 제품들은 최근 물가 폭등 때 더 관심을 끈다. 과거 배추 한 포기 값이 1만 원에 육박할때, 아이쿱 매장에선 예전처럼 한 포기에 1,500원씩 팔았다. 해당 농가와 이미 철저히 계약생산체제를 갖고 있기 때문에 가능했다.

매장을 나와, 서울 홍대 앞 유기농 막걸리 집에 마주앉았다. 이야기는 계속됐다. 신 대표는 "우리는 시장에서 물건을 사지 않는다."고 했다. 우리가 매일 접하고, 매겨지는 물건의 값어치와는 사뭇 다르다.

"매장 제품들의 값이 그럼 어떻게 매겨지나요."

"값이 시장에서 결정되는 게 아녜요. (제품을) 생산하는 과정에서 결정되죠."

"생산과정에서 결정된다?"

"(끄덕이며) 생협의 존재 이유죠. 우리는 소비자가 원하는 값을 주면서도, 동시에 농민의 소득도 보장해야 합니다. 일반적인 시장경제 시각을 보면 가능하겠냐 싶죠. 이해도 쉽지 않고….”

**쇼핑이 투표보다 중요하다**

“소비자는 아무래도 좋은 제품을 값싸게 사려고 할 것이고, 생산자는 좀 더 많이 받으려는 것이 기본적인 생각이죠.”

“솔직히 농민과 소비자의 현실적 요구를 100% 수용하긴 어려워요. 가격 문제 등은 지금도 논쟁 중이기도 하고…. 시행착오를 겪었죠. 지금은 가격안정기금, 탄력가격제도 등 여러 방안이 시행 중이에요.”

신 대표가 책임지고, 결정하는 제품 값만 수천여 개에 달한다고 한다. 요즘처럼 시중 물가가 크게 올라도 생협 매장에선 이를 느끼기가 쉽지 않다. 오히려 이런 경제상황이 기회가 되고 있다. 혹시나 해서 물었다.

“생협 매장에서 물건 값을 1%만 올려도 매출이 크게 오를 텐데요.”

“(웃으면서) 그럴 수 있죠. 1,000원짜리 물건을 1,010원으로 올린다고 하더라도 소비자들은 별로 못 느끼겠죠. 우리 작년 매출이 2,600억 원 정도니, (1%만 올려도) 26억 원이 더 들어오겠죠.”

그는 웃으면서 “나도 경영을 책임지고 있는 사람인데, 그런 유혹이 없었겠느냐.”라고 했다. 하지만 그렇게 하지 않았다. 생협의 존재 이유와 맞지 않기 때문이다. 그리곤 ‘소비의 중요성’을 강조한다. 그의 말을 옮겨본다.

“협동조합 활동이 소비뿐 아니라 생산이나 신용(금융) 등 많이 있지요. 하지만 그 바탕은 소비가 기본이에요. 친환경유기농산물처럼 식품안전과 농업보호라는 사익과 공익에서 서로 도움이 돼야 합니다.”

신 대표는 “사회적으로 바람직한 소비가 윤리적 소비”라고 했다. 이어 “윤리적 소비 활동이 커지면, ‘윤리적 생산’이 촉진되고, 확대시킬 것”이라고 말했다. 그는 내년에 있을 총선과 대선 등 정치적인 환경 등을 언급하면서, “윤리적 소비, 즉 쇼핑만 잘해도 사회를 얼마든지 변화시킬 수 있다.”면서 “그래서 (쇼핑이) 투표보다 중요하다.”고 강조했다.

그는 늘 그래왔듯이 요즘도 바쁘다. 아이쿱 생협의 두 번째 도약을 준비하고 있다. 충북 괴산에 1,000억 원을 투자해, 친환경유기식품클러스터를 건설 중이다. 아이쿱 생협의 올해 매출목표가 3,000억 원 정도를 생각하면, ‘통 큰 투자’임에 분명하다.

신 대표는 “당초 수도권의 물류센터 부지를 물색하다, 비싼 땅값에 대안을 고민했었다.”면서 “물류센터 주변에 제조업체와 관련 시설이 집결하면 시너지가 클 것이라고 판단했다.”고 말했다.

생협 클러스터는 단순한 제조업체만 들어서는 것이 아니다. 친환경과수단지 이외, 조합원의 실버타운과 중고등학교 등까지 들어서게 된다. 계획대로라면 사실상 ‘미니신도시’급이다. 단지 안의 전기 상당량은 태양광을 이용하고, 공단 안에선 자전거와 전기자동차가 다닌다. 소비자들이 제품

제조과정을 직접 체험할수 있는 '그린투어'도 있다.

신 대표는 "생협 클러스터는 그동안 전혀 시도되지 않았던 방식"이라며 "의지만 갖고 되는 사업도 아니라, 생협과 제조업체, 농민 등 참여자들 사이의 서로 깊은 신뢰가 있어야 한다."고 말했다.

한편으론 그 역시 '사람'에 대한 고민도 여전하다. 그럼에도 낙관적이다. 역사는 꿈꾸는 사람들의 몫이라고 한다. 신 대표는 지금 꿈을 현실로 만들어 가고 있는 중이다.

출처: 오마이뉴스(2011. 8. 1)

Consumer Issue 12-2

## "공익 상품의 판로, 소셜커머스가 책임진다"
## 아름다운가게-티켓몬스터 사회공헌활동 협약식 가져

소셜커머스 티켓몬스터와 아름다운가게는 아름다운가게 본사에서 사회공헌활동에 대한 협약을 체결했다. 티켓몬스터는 아름다운가게의 사회 공익 상품에 대한 지속적인 홍보와 판매를 약속했다고 9일 밝혔다.

협약의 내용에 따르면 티켓몬스터는 향후 아름다운가게의 나눔 사업을 지지하는 기업으로서 아름다운가게의 공익상품과 공정무역 상품 등 공익적 가치를 지닌 상품들을 유통 수수료 없이 지속적으로 판매할 예정이다.

티켓몬스터는 지난해 12월 아름다운가게의 공정무역 핫초코 판매를 시작으로 공정무역 제품과 재활용 디자인 상품 등을 5회에 걸쳐 판매한 바 있다.

지금까지 티켓몬스터를 통해 판매된 공익적 상품은 5,000여 개에 이르며 총 판매액은 3,000만 원에 달한다.

홍명희 아름다운가게 상임공동대표는 "대부분의 공익적 상품들이 가치에도 불구하고 판로를 찾지 못해 소비자를 만나기 어려운 경우가 많다."며 "이번 협약을 통해 많은 소비자들이 공익적 상품을 만나고 사회적 가치에 대한 부분을 생각하게 되는 기회가 되길 바란다."고 말했다.

임이랑 티켓몬스터 과장은 "소셜커머스가 단순히 가격적 혜택을 제공할 뿐 아니라 사회적 가치의 확산 역할도 할 수 있다는 것을 보여 주는 사례가 되길 바란다."며 "공익적 상품의 소개뿐 아니라 티켓몬스터 내에서 이용하는 음료 역시 공정무역으로 전환해 '실천하는 기업'이 되겠다."고 말했다.

출처: EBN산업뉴스(2011. 8. 9)

Consumer Issue 12-3

## "당신의 여행은 안녕하십니까"
## 트래블러스맵이 전하는 '공정여행 팁'

여름이다. 여행의 계절이다. 더운 여름에 아무 탈 없이 안녕한 시간을 보내고 싶어 여행을 선택했는데, 갖가지 쇼핑코스와 체험옵션으로 빡빡한 일정에 지쳐 돌아온다면? 소중한 추억이 담긴 여행지가 환경오염으로 망가져버린다면?

여행자와 여행지가 모두 안녕한 여행을 만들자는 취지로 시작된 것이 공정여행 운동이다. 공정여행이란, 여행지의 사회를 배려하고 환경의 가치를 존중하는 여행 방식을 말한다. 지속가능여행, 착한 여행이라고도 불린다.

사회적기업 '트래블러스맵(www.travelersmap.co.kr)'은 여행자에겐 최고의 경험을, 환경에는 최소의 영향을 주는 공정여행 노하우를 제안한다.

**여행으로 지역경제를 살리자**

여행지에서 만난 판매자와 공정하게 거래하고, 그들을 존중한다. 공정무역 상품을 구입하거나 지역산물 판매처를 이용한다. 현지민이 운영하는 숙박업소와 식당을 이용한다. 현지민이 운영하거나 공정한 방식으로 운영되는 체험프로그램에 적극 참여한다. 현지에서 가까운 지역에서 생산된 먹을거리를 구매한다.

**탄소 배출을 최소화하자**

개인용 물통 · 컵 · 수저 · 손수건 사용으로 일회용품과 플라스틱 제품 사용을 줄인다. 탄소 배출이 적은 교통수단을 활용하고, 탄소 상쇄 프로그램에 참가한다. 비행기 이용 시, 잦은 환승을 지양하고 직항을 이용한다. 화물운송이나 비행기의 화석연료 사용을 최소화하기 위해 짐을 가볍게 꾸린다. 짧은 기간으로 자주 떠나는 여행보다 오랜 기간 지역에 머무르는 여행을 떠난다.

**환경을 보호하자**

화석 · 상아 · 산호 등 자연유산, 멸종 위기종을 재료로 한 기념품을 구매하지 않는다. 무분별하게 식물을 채취하거나 동물을 잡지 않는다. 물을 낭비하지 않는다. 특히, 물이 부족한 지역에 가면 가급적 물을 아낀다. 여행지의 환경을 보호하기 위해 샴푸 등 화학세제 사용을 줄인다. 음식을 남기지 않는다.

**여행지의 문화를 그대로 느껴보자**

지역 전통음식을 먹어 보고 지역문화 체험 활동에 적극 참여한다. 여행지의 언어를 익힌다. 여행지에 대한 문화 · 역사 · 경제 · 사회 이슈에 관심을 가진다. 야생동물에게 영향을 주는 행위를 자제한다. 동물을 혹사하는 여행코스에는 참가하지 않는다. 여행지에서 위화감을 조성할 수 있는 고가의 물건 사용을 자제한다. 문화유산을 훼손하지 않는다.

**여행지의 지역민과 만나자**

현지인의 인권을 존중한다. 사진 촬영 전에 반드시 허락을 구한다. 서비스를 제공하는 지역민을 혹사하지 않고, 적절한 임금 혹은 요금을 지불한다. 아동노동을 착취하는 여행코스나 성매매 코스에 참여하지 않는다. 여행지에서 만나는 사람들에게 줄 수 있는 작은 선물을 준비한다. 지역문제 해결을 위해 활동하는 지역단체를 위해 기부 혹은 지원한다.

**공정여행지를 개발하자**

내 집에서 가까운 지역사회도 좋은 여행지다. 알고자 노력하고 둘러보면 나만의 공정여행지가 생길 것이다. 여행프로그램을 선택할 땐 여행사나 숙박업소, 체험 프로그램이 환경과 지역사회를 배려하는지 살핀다. 여행을 다녀온 후 여행업체와 지역 숙박업소, 식당에 대해 방문 후기를 쓰거나 의견을 전달함으로써 업체들이 환경과 지역사회를 지키고자 하는 노력을 지속할 수 있도록 응원한다.

출처: 머니투데이(2011. 7. 23)

# 2. 교육패러다임의 변화와 소비자 윤리교육

20세기까지 교육의 지배적 패러다임은 '학교교육'에 관한 것이 대부분이었다. 그중에서도 교사가 학생에게 일방적으로 전달하는 '교수방법'에 대한 논의에 집중됨으로써 교육은 다양한 학습자 주도적 상황이나 대안적 교육모델 등에 관한 연구에 소홀하였음은 여러 교육학자들을 통해 최근 지적되고 있는 사항이다.

물론 학교교육 이외의 다양한 교육활동들에 대한 고민이 없었던 것은 아니다. 성인교육이나 사회교육 등, 학교기관 이외의 교육활동은 지속적으로 제기되었던 이슈 중 하나이다. 그러나 우리나라와 같은 경우 성인을 위한 사회교육이라 할지라도, 결국 공간만 학교 밖일 뿐, 다시금 학교교육과 같은 방식의 전달형 교수방법을 그대로 적용함으로써 여전히 학교교육의 울타리를 벗어나지 못한 한계가 있다(조용환, 1990).

학교중심 교수패러다임(instruction paradigm)의 사회적 정착은 '국민교육제도'의 보편화와 관련된다. 국민교육제도는 학교라는 특정 공간을 교육장소로 대표화시켰으며 교육목표 및 내용과 관리 등 모든 측면에서 국가의 통제를 자연스럽게 체화시켰다. 그러나 최근 이러한 국민교육제도에 대한 반발과 대안이 제기되면서 새로운 지식사회의 도래는 과거에는 존재하지 않았던 학습환경을 나타내기 시작하였고 이는 '학습시대' 의 출현으로 확대되었다. 김신일(2005)은 학습시대의 특징으로 첫 번째, 주로 아동 및 청소년기에 국한되어 이뤄지던 학습의 시기가 성인 및 노년기까지 지속되는 전 생애적 과정으로 확장되고 있음을 꼽았다. 또한 둘째, 학교로 대표되는 교육기관의 제한이 다양한 교육의 장으로 확대되었다는 점, 셋째, 교육기관의 도움 없이도 스스로 학습활동을 추구하고 관리하는 개인 및 조직이 상당히 급증한 점, 그리고 마지막으로 과거에는 교육의 방향이 교사에서 학생으로의 일방적 전달방식이었다면 현재의 그것은 교육기관들이 오히려 학습자의 요구에 맞추어 적응해야 하는 추세임을 지적하였다. 김신일은 이러한 학습시대의 도래에 따라 '교수 패러다임' 을 뛰어넘는 '학습 패러다임(learning paradigm)' 의 시대가 나타났음을 강조하였다.

학습시대 교육 및 학습의 가장 주요한 변화는 학습자를 바라보는 관점의 변화이다. 교수 패러다임의 학교중심 교육관에서 학습자는 교육의 대상으로서 수동적 존재이다. 그러나 실제로 정보화로 무장한 지식사회의 개인은 정보접근성과 정보관리 능력이 현격히 높아짐에 따라 학습자로서 상당히 능동적 역할을 수행하고 있으며 그 역량 또한 풍부하다. 이에 장상호(2002)는 교육을 학습자와 교수자 간 상호작용으로서 선진과 후진의 상구와 하화로 파악한 바 있으며 교육공동체로서 참여자의 자발적 기여를 촉구하였다. 그는 특히나 다양한 형태와 품위의 교육공동체를 개념화하며 새로운 학습 조직으로서 교육공동체의 자발성과 다양성을 설명하였다.

> 교육공동체는 교육이라는 공동의 목적달성을 위한 인간의 결합형태라는 점에서 하나의 조직(organization)으로 볼 수 있다. 이것들은 자연적인 것이 아니라 임의적인 것이며, 필요에 따라 재구성할 수도 있다. 이 점에서 교육은 그것에 유리한 조직의 형태에 관심을 가져야 한다. …(중략)…
>
> 여기서 분명하게 지적해야 할 것은 교육공동체를 특징짓는 최후의 기준은 조직이나 제도가 아니라 그것의 내재율이라는 사실이다.
>
> 출처: 장상호(2002). p. 39.

조용환(1997)도 교육을 '학습(learning)과 교수(teaching)의 상호보완적 관계' 로 보고,

학습자의 능동성을 강조한 바 있다. 이러한 견해는 모두 학습시대의 도래에 관한 변화된 교육의 관점을 나타내는 것이며 우리는 학교교육을 벗어난 전 생애적이고도 다양한 시공간의 교육적 활동에 대해 총체적 입장으로서 시야를 넓혀야 한다.

한숭희(2001)는 생태학적 접근을 통한 학습생태계(learning ecosystem) 이론을 제시하며 평생교육의 관점을 주장하였다. 소비자교육은 결국, 생태계 안에 존재하는 구성체의 개인으로서 환경과 상호작용하며 전 생애적으로 학습해 나가는 능동적인 교육적 주체를 주목한다. 학습시대의 새로운 교육적 패러다임은 소비자 윤리교육의 궁극적 목표를 설정하는 데 매우 중요한 관점을 제시한다.

사적 영역의 공공화에 있어 가장 전형적인 부분이 소비의 영역이라 볼 수 있는데 소비가 정치화되고 사회화되는 맥락은 바로 이러한 사적 영역의 공공화와 함께 이해되어질 수 있다. 따라서 진화된 소비자의 특성으로서 소비자 윤리의식은 사적인 것이 공공화되는 다양한 일상의 영역에 대한 이해와 철학을 지니는 것을 시작으로 평생학습의 관점에서 지속적으로 관리되고 성장되어야 할 소비자의 사회적 역량인 것이다. 사적 소비의 영역은 그 주제와 영역에 있어서만 해도 가짓수를 헤아릴 수 없을 정도로 다양하며 분산되어 나타나는 특징을 지닌다. 따라서 고전적 전수 교육모형의 일방적이고도 단기적인 주입식 교육으로는 그 목적의 달성이 요원할 것이다. 따라서 평생학습의 관점은 소비자 윤리교육의 관점에 있어서 핵심적인 견해라 볼 수 있다.

소비자 윤리교육은 단계적 접근법을 지향한다. 첫 번째로, 소비윤리 인식단계를 통해 소비윤리의 각 주제별 기본 개념을 이해하고 이를 바탕으로 자신의 일상 소비생활을 돌아보며 성찰하도록 하는, 윤리적 이슈에 주의를 갖도록 하는 윤리적 감수성의 성장이 필요하다. 그 다음, 소비윤리 탐색단계에서는 주변의 소비자문제에 대해 스스로 비판적으로 문제점을 찾아 이의 해결방안을 직접 탐구하게 된다. 마지막으로 윤리적 소비능력 단계에서는 소비자의 윤리적 소비의지를 표명하고, 일상소비생활을 통해 이를 실질적으로 실천함으로써 자신의 실천적 능력을 향상한다(천경희 외, 2010).

성숙된 소비윤리의식은 모든 소비자주의적 실천의 근간이 되는 가장 중요한 소비자의 역량이다. 향후 소비자교육의 지속적이고도 발전적인 개발을 위해서는 무엇보다 의식적인 소비윤리교육의 내면화가 중요하다. 이는 시민으로서의 소비자가 지니는 일상소비생활에서의 책임감을 발현시킬 수 있는 근본적 힘이 되기 때문이다. 이에 구체적인 생활의 기술들을 거론하는 방식의 실용적 프로그램의 개발과 더불어 이러한 사실들을 지탱해 주고, 현상들의 바람직한 미래지향적 방향성을 이끌어 줄 수 있는 윤리와 소비자주의적 철학의 내면화를 고민하는 소비자교육적 시각이 강화되어야 할 것이다.

# Project

1 윤리적 소비자주의의 대표적 사례를 살펴보고 우리 생활 속에서 이를 실천할 수 있는 방안에 대해 논의해 보자.

2 소비자 윤리교육 프로그램 개발 시 효과적으로 활용될 수 있는 다양한 교수방법에 대해 생각해 보자.

3 소비자 윤리교육 프로그램을 개발할 때, 아동소비자, 청소년소비자, 성인소비자 각 대상별로 교육내용이나 교육방법에 있어 어떤 차이가 있어야 하는지에 대해 생각해 보자.

4 최근에 강조되고 있는 소비자의 사회적 책임과 관련된 사례를 조사하고 이를 교육 프로그램화하기 위하여 필요한 수업운영 계획안을 만들어 보자.

# Chapter 13

# 소비자 금융교육

**글로벌** 금융경제의 환경 속에서 살아가는 현대의 소비자들은 다양한 금융지식과 이해도의 향상을 요구하고 있다. 성인들의 교육 요구도 중에서 가장 적극적인 참여도를 나타내는 소비자 금융교육은 길어진 소비자의 평균수명과 더욱 불안해지는 고용환경 속에서 지속적인 재테크의 개인적 필요성을 반영한다. 이에 이번 장에서는 갈수록 그 중요성을 더하고 있는 소비자 금융교육의 현황과 실태를 파악하고 구체적인 교육 표준안의 내용들을 검토함으로써 현재 소비자 금융교육의 나아갈 방향에 대해 실질적으로 점검해 보고자 한다.

## 1. 소비자 금융교육의 의의

### 1) 소비자 금융교육의 개념

불안한 국제 소비시장의 움직임과 길어진 평균수명, 갈수록 보장되지 않는 고용 불안전성은 소비자로 하여금 좀 더 강력하게 대처할 금융지식에 대한 교육 요구도를 증가시켰다. 더불어 개인적인 요구를 넘어서 국가적 관심 사안으로 대두되며 시민소비자들의 금융 리터러시(financial literacy)는 사회적 자본으로 고려되기에 이르렀다. 이는 OECD(2008: 노형식, 2009에서 재인용)의 국제 금융교육 네트워크에서 이루어진 금융위기와 금융교육의 관계에 관한 연구에서도 잘 드러났는데 전 세계 40개 공공기관과 30개 국가로부터의 연구결과는 공통적으로 금융역량이 금융위기의 주원인은 아니지만 낮은 금융 리터러시는 금융위기를 심화시키는 데 큰 영향을 미쳤음을 지적하였다.

그러나 이러한 국제적 필요성의 증가에도 불구하고 소비자 금융교육에 관한 연구는 체계적으로 정리되지 못하며 경제교육과 소비자교육 등의 용어와 혼재되어 사용되기도 하였다. 이에 소비자교육과 경제교육, 그리고 소비자 금융교육의 개념을 정리해 보기로 한다.

이기춘 · 이승신(2000)의 연구에 의하면 소비자교육은 소비자가 개인적 · 사회적 존재로서 소비생활양식의 추구와 새로운 소비문화 형성을 위해 필요한 소비자역량을 개발하므로서 자아실현을 할 수 있도록 도와주는 것이다. 또한 소비자교육이 궁극적으로 추구하는 목적은 소비자의 삶의 질을 향상시켜 소비자가 일상생활에서 만족할 수 있게 하며, 나아가 미래의 소비생활 환경을 소비자복지 지향적으로 조성해 나가는 데 있다.

소비자 금융교육(Consumer Finance Education)은 소비자교육내용에 있어 중요한 소비자교육주제영역 중 하나이다. 소비자 금융교육은 빠르게 변화하는 미시적, 거시적 금융환경에서 소비자역할을 잘 수행하는 데 필요한 지식, 태도, 기능 등의 소비자역량을 갖추게 함으로써 현명한 소비자의사결정을 할 수 있도록 도와주는 교육이다.

이는 최현자 · 최은진(2005) 연구에서 금융소비자교육을 경제교육과 소비자교육의 교집합으로 보는 시각과는 일치하지 않는다. 그러나 금융소비자로서의 역할을 수행하는 데 필요한 지식과 기술을 습득하기 위한 교육내용 및 활동과 경험의 구성으로 전 생애에 걸쳐 현명한 의사결정이 가능하도록 도와주는 교육이라는 금융소비자교육에 대한 정의와는 그 맥락을 같이한다.

경제교육의 경우, 소비자지향적 관점과는 달리, 보다 거시적인 관점에서 경제의 기본 원리와 원칙, 시스템 등에 대한 이해력을 높이기 위한 교육으로서 교육의 목적도 합리적인 경제인 양성과 국민경제 발전의 바탕이 되는 거시적 경제이해력의 증진에 있다.

### 2) 주요국의 소비자 금융교육 비교

여기에서는 김정호(2011)의 연구를 중심으로 미국과 영국, 그리고 호주와 일본 주요국의 금융교육 내용을 비교해 보고자 한다. 주요국들의 금융교육 내용 체계요소를 비교 · 정리하면 다음 표 13-1과 같다.

**표 13-1 외국의 금융교육 내용 체계 요소**

| 미 국 | 영 국 | 호 주 | 일 본 |
|---|---|---|---|
| 금융책임과 의사결정(Financial Responsibility & Decision Making) | 금융지식과 이해력(Financial knowledge and understanding) | 지식 및 이해력(Knowledge & Understanding) | 자금관리와 의사결정 |
| 소득과 직업(Income & Careers) | 금융활용능력(Financial skills and competence) | 판단능력(Competence) | 저축의 의의와 자산운용 |
| 계획수립과 돈관리(Planning & Money Management) | 금융책임(Financial responsibility) | 활용능력(Enterprise) | 생활설계 |
| 신용과 채무(Credit & Debt) | | 책임능력(Responsibility) | 자립적인 소비자 |
| 위험관리와 보험(Risk Management & Insurance) | | | 금융분쟁과 다중채무 |
| 저축과 투자(Saving & Investing) | | | 건전한 금전관리 |

출처: 김정호(2011). p. 67.

각 국가의 금융교육 체계는 다르지만, 공통적인 경향성을 보여 주고 있다. 미국과 영국, 그리고 호주는 모두 금융 의사결정이나 활동과 활용능력 등 행동적 영역을 강조하는 반면 일본은 보다 사실적인 지식 관련 내용을 상대적으로 부각시키고 있는데, 이는 각 국가가 설정하는 금융교육의 목표와도 연결된다.

미국과 영국 등의 영미형 금융교육 프레임에서는 교육의 가장 궁극적인 목표가 소비자 개인의 금융능력(Financial Capability)을 향상시키는 데 있다. 구체적으로는 지식과 더불어 실행에 관심을 가지며 교육대상자의 능동적 참여를 장려하고 합리적인 의사결정을 도모한다. 금융능력은 영국에서 주로 사용하는 용어이지만 소비자의 행동변화를 강조한다는 데 있어서 미국의 금융 리터러시(Financial Literacy)와 같은 맥락으로 이해할 수 있다. 반면 일본은 금융지식(Financial Knowledge)에 초점을 두어 금융지식의 향상을 추구하며 다양한 지식을 전달하고 지식의 제공과 습득을 목적으로 한다.

미국의 금융 리터러시 향상 관련 교육활동은 Jump $tart 프로그램을 통해서도 잘 나타난다. 미국은 예비 사회인으로서 고등학교 과정을 이수한 이는 누구든지 자신의 금융 복지를 합리적으로 관리할 수 있을 정도의 지식과 기술을 갖추어야 한다는 취지로 1998년에 교육계 및 정부와 금융기관 등이 모두 함께 참여하여 최초의 금융소비자교육 기준으로서 'National Standards in Personal Finance'를 마련하였다. 이에 금융소비자교육의 내용을 크게 4영역으로 나누어 ① 소득, ② 자금관리, ③ 지출과 신용, ④ 저축과 투자로 분류하였다. 각 영역별로 도달하고자 하는 학습 기준을 제기하며 4학년, 8학년, 그리고 12학년에서 습득하여야 할 표준적인 지식의 내용을 구체적으로 제시하였다. 구체적인 내용은 다음 표 13-2와 같다(최현자 · 최은진, 2005).

**표 13-2 Jump $tart의 금융소비자교육 학습기준**

| 소 득 | 자금관리 | 지출과 신용 | 저축과 투자 |
|---|---|---|---|
| • 소득의 원천<br>• 소득에 영향을 미치는 요인<br>• 기업가정신<br>• 조세와 정부의 서비스<br>• 인플레와 구매력<br>• 사회보장과 의료제도<br>• 사업주 제공의 저축 플랜 | • 욕구와 욕망<br>• 금융관련 의사결정<br>• 예산<br>• 금융상의 책임<br>• 보험, 리스크의 관리<br>• 금융 관계 정보원<br>• 개인재무설계<br>• 유언장 등의 법적 서류 | • 비교 쇼핑(구매)<br>• 기회비용<br>• 지불 방법<br>• 소비자 정보<br>• 소비자의 민원 신청 절차<br>• 신용카드의 비용과 기록<br>• 파산을 포함한 신용 문제<br>• 소비자신용보호법 | • 저축 · 투자를 행하는 이유<br>• 저축 · 투자용 상품<br>• 위험 · 수익과 유동성<br>• 복리와 화폐의 시간 가치<br>• 72의 법칙과 달러 · 코스트 평균법<br>• 위험분산<br>• 계획서와 정보원<br>• 금융시장의 규제<br>• 사업주 제공의 저축 플랜 |

출처: 최현자 · 최은진(2005). p. 114.

Consumer Issue 13-1

## '상품 판매' 아닌 '재무설계' 하는 상담사를 꿈꾸며

**재무설계사, 재무주치의, 자산관리사, Financial Planner, Financial Advisor**

현재 국내에서 사용되고 있는 재무상담사를 표현하는 말들이다. 표현도 다양하고, 의미도 다양하고, 해석도 다양하다. 가장 그럴듯하게 보이는 말로 '명함'을 파고, 또 그렇게 포장된 명함으로 고객들을 혼란스럽게 하고 있는 것이 지금의 현실이다. 객관적 평가 기준도, 변별력도 없는 상태에서 벌어지는 언어의 '남용'이라고 할까? 정리되지 않은 여러 가지 것들이 잡탕으로 섞여, 혼탁한 물줄기를 이루며 흘러가고 있다.

주변을 돌아보라. 많은 고객들이 '단지 잘 모른다'는 이유만으로 급하지도 중요하지도 않은 금융상품에 가입하고 또 후회하면서 가입과 해지를 반복하는 악순환을 거듭하고 있다. 우연히 은행에 들렀다가 창구 직원의 좋은(?) 말만 듣고 내용도 모르는 채 해외펀드를 구매했다가 낭패를 본 사례는 또 얼마나 많은가? 이 모든 행위들이 재무설계라는 그럴듯한 '포장'을 통해 버젓이 자행되고 있다.

**재무설계란 무엇인가?**

재무설계는 사람 혹은 가정의 재무적 건강을 유지하기 위한 도구(tool)이다. 개인 및 가정경제의 행복이 목적이고 재무설계는 그 목적을 달성하기 위한 수단이라는 뜻이다. 다른 말로 표현하면, 재무설계는 개인 재무관리를 위한 기본 '운영체제(OS)'라고 할 수 있다. 40년 전 미국에서 태동했고 이후 하나의 과학적 방법론으로 발전했다. 미국에서 시작했다고 해서 반드시 고정화된 체계라고 생각할 필요는 없다. 방법론이란 얼마든지 새로운 기준으로 재해석하고 또 자유롭게 응용할 수 있기 때문이다.

**그렇다면 현재 한국의 재무설계 시장은 어떨까?**

수요, 공급에 의해 가격이 결정된다는 이론을 들출 필요도 없이, 현 한국 재무설계 시장은 수요도, 공급도 제대로 형성되지 않은 미성숙 단계에 머물고 있다고 보면 된다. 금융상품을 판매하기 위한 짜맞추기 수단으로 재무설계를 역이용하는 사례들이 시장을 뒤덮고 있고, 그로 인해 재무설계의 가치가 훼손되는 현상들이 여기저기서 창궐하고 있다. 믿고 조언을 구할 재무설계 전문가, 중립적 위치에서 재무조언을 해줄 수 있는 상담 인력이 없다.

**그 이유는 무엇인가?**

재무상담사를 검증할 수 있는 객관적인 기준도 없을 뿐만 아니라 현실에 존재하는 상담인력들의 다수가 특정한 금융회사에 소속되어 있음으로 인해 중립적인 재무상담을 하지 못하고 있기 때문이다. 그 결과 매우 양심적인(?) 재무상담사라 하더라도 자사 금융상품의 유통대리인으로 전락할 위험에 노출되어 있다. 상품 판매가 목적이고 재무설계는 판매를 달성하기 위한 수단쯤으로 격하되어 있는 것이 작금의 현실인 것이다. 이렇듯 수단과 목적이 전도된 악순환이 지속된다면,

한국 재무설계 산업은 채 피어보기도 전에 고사(枯死)될 지 모른다.

고객들에게 지식과 정보를 제공하고 그에 상응하는 업무수수료를 받는 것을 지식 기반형 비즈니스 모델이라고 한다. 전문가 집단이 제공하는 서비스(의료, 법률, 세무, 회계, 금융)는 모두 이 모델에 근거한 수익 구조를 갖고 있다. 진입 장벽이 높고, 수요 대비 공급이 적을수록 고부가가치 영역이라고 할 수 있다. 재무설계 영역은 전형적인 지식 기반산업 중의 하나라고 할 수 있다.

부동산 중개 서비스 시장을 생각해 보자. 공인중개사가 부동산 중개시장에서 정해진 '수수료율표'에 의해 거래를 할 수 있는 이유는 거래의 표준이 존재하기 때문이다. 2억짜리 매물을 팔면 80만 원, 임대차하면 60만 원 이런 식으로 정해진 과표에 따라 수수료가 결정된다.

그렇다면 재무상담사와 부동산중개인 중 고객에게 누가 더 많은 시간을 할애하고, 누구의 일이 더 고객 관여도가 높을까? 재무상담사다. 업무수행의 완성도를 떠나 수행하는 직무의 성격과 내용만을 놓고 볼 때, 재무상담사가 더 많은 시간과 노동력을 투자해야 하고 업무 관여도도 훨씬 높다고 할 수 있다(공인중개사의 역할이 덜 중요하다고 말하는 것이 아니므로 오해 없기 바란다).

현재 미국에는 전국적으로 약 4만 명의 CFP 인증자와 20만 명이 넘는 자칭 재무상담사들이 존재하며, 매우 다양한 수입 모델을 가지고 활동하고 있다. 지난 20년간 미국 재무설계 업계에서 가장 두드러진 특징 가운데 하나는 일체의 금융상품을 중개하지 않고 순수 업무수수료(fee only) 방식으로 일하는 재무상담사들이 주류를 이루고 있다는 사실이다. 또 다른 재무설계 선진국인 호주 역시 상품판매 수수료를 기반으로 한 상담인력들이 빠르게 감소하고 있다.

미국 재무상담사 보수방식(미국 재무상담사들의 유형별 보수체계표)

| 보수 방법 | 예 시 |
|---|---|
| 판매수수료 | • 상품에 따라 다름, 최초 상품판매의 5% |
| 업무수수료 | • 재무계획의 수립 및 제시에 대해 1,000~5,000달러<br>• 분야별 재무계획의 경우 100~1,500달러 |
| 시간당 수수료 | • 고객의 구체적 재무프로젝트에 대해 시간당 100~300달러 |
| 자산관리 수수료(AUM) | • 재무설계사가 관리하는 재산에 대한 연간 수수료<br>(관리자산의 가치에 기초하여 0.25~1.50%) |
| 대기수수료 | • 연간 5,000달러 이상의 비용으로 재무설계사와 상담가능<br>(재무계획 수립 포함) |
| 투자서비스+추가수수료 | • AUM에 추가로 받는 재무계획 수립 비용<br>• 금융상품 판매에 따른 수수료 |
| 업무수수료+판매수수료 | • 종합재무설계에 대해 3,000달러, 재무계획 실행에 따른 상품판매 수수료 수입 |

**이것은 무엇을 뜻하는가?**

독립적으로 활동하며, 고객들에게 객관적이고 중립적인 조언을 해주는 재무상담사들의 존재가 시장 안에서 올바로 평가 받고 있다는 것을 말한다. 상품 중개를 하지 않음으로 인해 수입의 많은 부분을 포기했지만, 금융상품 판매로 인한 이해상충을 뛰어넘어 고객과 '건강한' 관계 정립을 이룩하고 있음을 증명하고 있는 것이다.

사람들에게 올바른 재무설계 혹은 재정 컨설팅을 제공해 줌으로써 개별 가정경제의 '재무주치의' 역할을 해주는 것은, 사회적으로 대단히 중요한 일일뿐만 아니라 시장에 그 수요가 흘러 넘치고 있다. 문제는 고객이 믿고 상담할 수 있는 '공신력 있는 전문 인력이 있는가'라는 점이다. 하루빨리 재무설계업법(法)과 공인 재무상담사 자격증이 만들어져야 한다고 판단하는 이유다. 거래의 표준을 정하고 전문인력을 양산하기 위한 제도적 기준이 존재해야만 정당한 거래 및 시장을 형성할 수 있다고 보기 때문이다.

다양한 계층, 다양한 니즈(Needs)를 가진 사람들에게 맞춤형 재무설계 서비스를 해줄 수 있는, 양심적이고 전문성을 가진 독립형 재무상담사 조직이 지금보다 많이 생겨야 한다. 지역사회에 뿌리를 내리고 사람들의 생활 속에서 적용 가능한 실질적이고 구체적인 재무지침(Action plan)을 제시해 줄 수 있는 '풀뿌리' 재무 전문가들이 절실하다. 여전히 많은 사람들이 금융 리터러시(Financing literacy: 금융자산 운용능력)는 고사하고 금융의 사각지대에 머물고 있기 때문이다. 우리가 '착한 재무주치의'를 꿈꾸는 이유다.

출처: 오마이뉴스 경제(2010. 2. 24)

## 3) 소비자 금융교육의 필요성

금융교육에 관한 국제적 관심이 증대하고 있다. 이는 인구고령화, 서브프라임 부실사태를 통해 노출된 가계부채의 문제점, 갈수록 복잡해지는 금융상품 선택의 문제 등으로 인하여 소비자 스스로, 그리고 국가적 차원 모두에서 그 필요성을 공감하고 있다. 이에 OECD는 2005년도에 국가별 금융이해도를 비교·분석하여 금융교육 모범사례를 발간하였고, 뒤이어 2008년에는 금융교육 강화를 위한 고위관료 국제회의를 개최하였다. 해외 주요국의 경우, 금융교육은 일반 소비자들의 금융문맹(Financial illiteracy)에 따른 각종 소비자피해 및 사기 등을 예방하고 사회적 안전망을 제공하기 위해 국가적 차원에서 각 금융기관 및 교육기관들과의 연계 하에 적극적으로 진행되고 있는 추세이다.

미국은 2008년 기준 40개 주가 금융교육 학습기준을 설정하여 9개 주가 금융과목 개설을 의무화하였으며, 영국의 경우에는 2000년도부터 희망 학교에 한하여 개인금융교육재단(PFEG)이 무상으로 금융교육을 제공하고 있다. 호주는 2008년에 유치원부터 고등학교 1학년까지 금융교육을 의무화하였으며 그 외 많은 국가에서도 개인자산 리스크 관리 등 실질적인 주제를 중심으로 다양한 금융교육이 강화되고 있다(서병호, 2008).

금융교육은 과잉부채 등으로 인한 신용위기를 예방하는 방어적 의의뿐만 아니라, 금융교육의 사각지대에 있는 소외계층들에게 보다 적극적으로 미래를 설계하도록 함으로써 사회적인 분배구조 개선에 기여하는 적극적 목적을 가지고 있다. 우리나라는 2003년 카드사태 이후 불거진 개인재무관리의 중요성이 전사회적으로 인식되면서 금융교육에 대한 다양한 언론과 금융기관 및 교육기관의 관심이 확대되었다. 그러나 현재 국내의 금융교육은 부족한 예산과 인력으로 체계적이고 보편적이지 못하다는 한계점을 드러낸다. 타 선진국 대비 고령사회로의 진입속도가 유례를 찾을 수 없을 정도로 급속한 우리나라의 사정에서 이러한 안일한 대처는 향후 개인의 재정위기를 넘어, 국가의 안전망을 위협하는 부정적 요인이 될 수 있다. 이에 학교 소비자금융교육의 강화는 물론, 성인소비자를 중심으로 다양한 실질적 금융소재와 이슈별 금융교육 프로그램이 강화되어야 한다. 이는 소비자 개인의 금융 리터러시를 성숙시켜 나아가서는 국가의 건전한 경제구조를 강화하는 미래지향적 교육의 역할이다.

## 2. 소비자 금융교육의 내용과 실태

### 1) 소비자교육 개념분류에서의 금융교육

소비자 금융교육에 관련된 연구들을 역사적으로 살펴보면, 과거에는 주로 소비자 재무교육의 내용으로 다양한 연구가 구성되기 시작하였음을 알 수 있다. 소비자 교육의 내용 구성 중 재무관리 내용은 초기부터 그 중요성을 인정받아 다양한 세부영역으로의 분류를 시도하였다. 이를 확인하기 위해 소비자교육의 내용을 역사적 맥락에서 고찰해 볼 필요가 있다.

소비자교육은 전통적으로 금전관리(Money management)와 구매기능(Buying)에 초점을 맞추어 왔는데, 이 부분은 모두 재무교육의 내용과 일치하는 부분이다. 그러나 오늘날 소비자교육은 생활에 관한 모든 주제를 포함할 수 있는 광범위한 내용을 갖는 방향으로 확대되고 있다(성영애 · 이기춘, 1988). 따라서 재무설계 부분은 소비자교육의 한 영역으로 포함된다. 소비자교육내용에 포함된 재무설계는 여러 가지 세부 영역으로 나뉘어 다양한 주제로 되어 있다. 일반적으로, 일생을 살아가면서 추구하는 5가지 재정적 목표인 소득과 자산의 극대화, 효율적인 소비의 실행, 인생의 만족 발견, 재정적 안정 도

**표 13-3 소비자 재무교육 내용**

| 연구자 | Banister & Monsma(1980) | Herrmann (1982) | 성영애(1988) | 서정희 & 김영애 (1992) | 권정원(1996) |
|---|---|---|---|---|---|
| 주제영역 | 1. 금전자원의 획득<br>• 근로소득<br>• 퇴직금<br>• 투자소득<br>• 공적부조<br>2. 지출계획<br>• 부기<br>• 예산<br>3. 차용<br>• 신용의 협약<br>• 신용의 원천<br>• 신용의 비용<br>• 신용의 평가<br>• 신용카드<br>4. 저축<br>5. 투자<br>6. 보호<br>• 생명보험<br>• 건강보험<br>• 재산보험<br>• 자동차보험<br>• 사회보장보험<br>7. 세금납부 | 1. 신용<br>2. 저축과 투자<br>3. 은행 서비스<br>4. 생명보험<br>5. 의료보험<br>6. 자동차보험<br>7. 가족보험<br>8. 사회보장보험 | 1. 가계경제계획 및 실행방법<br>2. 저축과 투자<br>3. 보험<br>4. 신용<br>5. 조세와 지역 사회자원<br>6. 주택 | 1. 가계계획 및 실행<br>2. 저축과 투자<br>3. 보험<br>4. 소비자신용<br>5. 세금<br>6. 주택 | 1. 재취업준비<br>2. 조세<br>3. 재산관리<br>• 저축, 증권투자, 부동산투자의 장단점<br>• 보험의 필요성, 보험의 선택방법 |

출처: 홍향숙 · 이기춘(1997). 기혼여성의 재무관리교육에 대한 요구분석.

달, 은퇴와 유산상속을 위한 부의 축적이 소비자 재무교육의 내용에 포함될 수 있을 것이다.

구체적으로 소비자교육 내용을 규정하고 내용의 분류를 시도한 연구 중 소비자교육 내용을 포괄적으로 다루면서 분류를 비교적 세분화한 기존의 연구를 기초로 소비자 재무교육의 내용을 제시하면 표 13-3과 같다.

이에 비추어 소비자 재무교육의 내용으로 포함되어야 할 것은 다음과 같다. 최근에 금융교육으로 보다 구체화된 해당 영역의 교육 내용들은 전통적인 다음의 내용구성에 그 근거를 둘 수 있다.

### (1) 소비자 재무관리 능력

소비자 재무관리는 다기간(multiperiod)에 걸친 재무의사결정을 포함한다. 소비자 재무관리는 예산수립, 현금관리, 신용카드 사용, 차용, 세금관리, 지출관리, 위기관리, 투자, 은퇴 및 유산상속 계획 등과 밀접한 관련을 갖는다. 따라서, 과거-현재-미래 간 가계자금의 흐름에 대하여 합리적인 재무관리를 하지 못하게 되면, 가계경제 전반에 부정적인 영향을 미칠 수 있게 된다.

가계재무관리는 1년을 단위로 하는 단기재무설계와 5년 또는 10년 이상을 단위로 하는 장기재무설계의 적절한 활용이 필요하다. 단기재무설계에서는 단기소득을 소비와 단기 비축액 그리고 장기적으로 필요한 목표자금으로 어떻게 배분할 것인가를 계획한다. 이때 가장 중요한 것은 소비와 저축, 소비품목 간의 균형을 이루는 것이다. 장기재무설계는 미래의 재무목표를 달성하기 위해 필요한 목표자금을 적립하기 위한 과정이다. 단기재무설계와 장기재무설계는 서로 유기적으로 균형을 이루어야 한다.

### (2) 과잉부채와 소비자파산

재무관리가 효과적으로 이루어지지 못했을 경우 가계는 일시적 또는 회복 불능의 곤란에 직면할 수 있다. 그 대표적인 것이 과잉부채의 문제이며, 이것이 심각할 경우 소비자 파산에까지 이를 수 있다.

과잉부채의 문제는 두 가지로 구분할 수 있다. 하나는 신용원천으로서 신용카드의 과다사용으로 인한 과잉부채 문제, 또 하나는 동시에 여러 신용원천에서 차용을 한 결과 발생하는 누적채무 문제를 들 수 있다. 후자의 경우가 더욱 심각한 문제가 될 수 있는데, 개인 소비자의 집합체인 가계의 경우에 주택대부, 자동차나 내구재 할부, 신용카드 구매, 갑자기 떠 안게 되는 보증부채 등 과도한 부채의무를 지게 될 경우가 있다. 이런 경우에 부채를 정해진 기간 내에 상환할 수 없어 연체를 초래하거나, 최악의 경우에 파산 상태에 이르게 된다.

과도한 부채상환으로 인하여 가계의 경제가 붕괴되고, 채권자들로부터 시달림을 받게 되는 최악의 경우에 우리나라에서 파산법을 통하여 보호를 받을 수 있다. 과도한 부채를 변제할 능력이 없는 성실한 선의의 채무자라면 소비자파산 선고 및 면책, 복권이라는 절차를 통하여 빚을 탕감받고 새 출발을 할 수도 있다(김난도, 1998). 하지만 소비자파산이라는 제도를 활용하기 위해서는 소비자 재무교육을 통해 합리적인 차용과 이후의 부채상환을 위한 자구노력과 파산관련 법률문제에 대한 정보탐색 활동능력을 배양시켜야 한다.

### (3) 전문적인 소비자 재무상담 교육

가계재무 문제는 금융시장의 영향을 많이 받기도 하지만, 개인의 소비 행태도 중요한 역할을 하므로 미처 개인이 발견하지 못하는 문제를 객관적으로 전문가와의 상담을 통해서 개선해 나가는 것이 필요하다. 과거에는 소비자 재무상담을 전문적으로 해주는 기관이 보편화되지 않아 주로 기존의 금융기관의 소비자 부서를 이용하는 것이 대안으로서 제시될 수 있었다. 그러나 이러한 기관에서는 소비자개인의 소비 행태와 같은 개인적인 문제를 상담할 수 없고, 또한 그 기관의 고액 거래 고객 위주로 상담이 제공되고 있는 한계가 있다.

그러므로 소비자 재무설계 교육내용에는 개별가계의 재정에 영향을 미치는 여러 가지 시장상황을 보다 구체적으로 다루면서 동시에 상담능력을 개발할 수 있도록 하는 것이 포함되어야 한다.

## 2) 학교 소비자 금융교육의 현황

본 장에서는 " '초 · 중 · 고 금융교육 표준안' 의 구성 배경과 내용 체계" 에 관한 한국교육과정평가원 김정호(2011)의 연구를 중심으로 현재 학교 소비자 금융교육의 현황에 대해 살펴본다.

### (1) 금융교육의 목표

소비자 금융교육은 소비자의 금융역량 향상을 위하여 가정과 사회, 그리고 학교라는 생활영역 모두에서 교육되어야 한다. 이를 통해 소비자 개인의 구체적인 금융계획과 가계의 균형적 일생주기를 설계함은 물론, 나아가서 사회적 금융위기에 대응하며 궁극적으로는 경제발전의 가장 근본적인 토대가 될 수 있도록 하는 체계적인 확장형 목표를 가지게 된다.

더불어 금융교육을 통해 개발하고자 하는 지식의 목표는 현상 자체를 우선 정확하게 이해하고, 이를 바탕으로 구체적인 상황 해결을 가능하도록 하는 기능적 목표를 가진다. 더불어 내면화를 통해 가치관을 형성함으로써 일련의 금융 관련 의사결정에서 소비자의 합리적이고 현명한 판단을 가능토록 하기 위함이다. 이에 그림 13-1에서 나타나듯, 금융교육의 내용은 범위와 계열에 따라 나뉘고 활동은 인지적(지식과 기능)·정의적(가치/태도)·행동적(실천 행동) 목표별 영역으로 이해할 수 있다. 교육의 목표가 구체적이어야 이에 맞는 적합한 방법론과 이에 따른 정확한 평가가 가능하다.

**그림 13-1 소비자 금융교육의 영역별 목표**

### (2) 학교 교육과정의 소비자 금융교육(2010년 현재)

현재 국가 교육과정에서 금융교육을 주로 다루는 교과는 실과/기술 · 가정과로서 김정호(2011)는 이를 중심으로 국가 교육과정 상의 금융교육의 주요내용을 다음과 같이 정리하였다.

초등학교 과정 중에서는 관련 단원으로 4학년 과정의 '경제생활과 바람직한 선택'을 들 수 있는데 여기에서는 자원의 희소성으로 인한 경제활동과 선택의 문제, 생산자와 소비자의 입장을 이해하고 경제적 의사결정의 수행, 소득의 원천과 용도 파악, 소비자 권리 이해 등의 내용이 포함된다. 6학년 실과 과정에서는 '생활자원과 소비' 단원을 들 수 있는데 이는 생활자원의 사용과 환경과의 관계 및 생활시간 관리, 용돈계획과 현명한 소비자로서의 태도와 능력 기르기의 내용이 구성되었다.

중학교 7학년 기술 · 가정과에서는 '청소년의 소비생활'을 통해 청소년기의 소비특성을 이해하고 자신의 소비생활을 비판적으로 평가하며 바람직한 소비생활을 실천하도록 하는 내용을 담고 있다. 2009년도 개정된 9학년 사회과에서는 소규모지만 강화된 내용으로 '일상생활과 경제 주체의 역할'을 통해 자원의 희소성에 따른 경제적 선택과 합리적 소비의 중요성, 일생주기 동안 지속가능한 생활을 위해 요구되는 자산 관리의 필요성 인식, 생산주체로서 기업과 노동자의 역할과 책임 탐색, 경제활동 조정자로서의 정부의 역할 파악, 정보화와 세계화 등의 경제 환경 변화에 따른 각 주체별 대응방안 모색 등의 보다 구체적인 금융 관련 내용을 담았다.

고등학교 가정과학에서는 가정자원 관리와 가정경제 설계, 그리고 소비문화와 소비자 주권에 관한 내용을 포함하였다. 또한 고등학교 경제과에서는 '경제생활과 금융'에서 금융생활의 기본개념(수입, 지출, 신용, 투자, 시간 등)에 대한 이해, 현재와 미래의 수입과 지출에 영향을 미치는 요인 파악, 자산과 부채 비교를 통한 신용의 중요성 인식, 다양한 금융수단의 특성 비교, 금융생활의 장단기 목표 설정과 합리적 재무계획 설계에 관련된 내용을 다루고 있다.

### (3) 초 · 중 · 고 금융교육 표준안

이상의 교육과정 내용분석을 토대로 한국교육과정평가원 김정호(2011)는 연구진과 전문가 자문을 거쳐 다음의 초 · 중 · 고 금융교육 표준안 내용을 구성하였다.

**표 13-4** 우리나라 학교 교육과정의 금융교육 관련 내용(2010년)

| 학교 | 학년 | 사회과 교육과정 | | 가정과 교육과정 | |
|---|---|---|---|---|---|
| | | 관련 단원 | 관련 개념 | 관련 단원 | 관련 개념 |
| 초 | 4 | 경제생활과 바람직한 선택 | • 자원의 희소성<br>• 경제적 선택<br>• 경제적 의사결정(생산자 / 소비자)<br>• 소득의 원천 및 용도<br>• 소비자 권리 | | |
| 초 | 5 | 없음 | | | |
| 초 | 6 | | | 생활 자원과 소비 | • 생활자원의 사용과 환경과의 관계<br>• 생활시간의 관리<br>• 용돈의 계획과 현명한 소비자로서 태도와 능력 |
| 중 | 7 | | | 청소년의 소비생활 | • 청소년기의 소비특성<br>• 소비생활평가 및 소비생활실천 |
| 중 | 8 | 없음 | | | |
| 중 | 9 | 경제생활과 경제 문제 | • 희소성<br>• 경제적 선택<br>• 국가 간 상호의존성<br>• 경제체제의 의미와 특징<br>• 소비자, 생산자, 정부의 역할과 책임<br>• 일생의 신용관리, 자산관리 등 재무설계 | | |
| 고 | 10~12 | | | 【가정과학】<br>• 가정자원 관리<br>• 가정경제의 설계<br>• 소비문화와 소비자주권 | 금전, 재무계획, 신용, 금융상품, 소비자 역할 |
| 고 | 10~12 | 【경제】 | 경제생활과 금융(단원) | | |
| 고 | 10~12 | 【생활경제】 | 가계와 소비생활(단원)<br>자산관리와 금융생활(단원) | | |

*과목명: 초–사회, 실과 / 중–사회, 기술 · 가정 / 고등학교–선택과목.

**표 13-5 초 · 중 · 고 금융교육 표준안**

| 대영역 | 중영역 | 설정 배경 및 취지 |
|---|---|---|
| Ⅰ.<br>금융과<br>의사결정 | 1. 합리적 금융<br>생활<br>2. 개인재무관리<br>3. 금융서비스와<br>보호 | 정보화 사회에 살면서 금융관련 지식과 능력이 요구되고 있으나, 돈의 의미 혹은 금융의사결정이 개인이나 가계에 미치는 영향을 깊이 있게 고려하지 못하는 경향이 있다. '금융과 의사결정' 에서는 돈의 중요성, 합리적 금융생활을 위한 의사결정의 필요성을 이해하고, 이를 실생활에 어떻게 적용할 것인가에 대해 학습한다. 또한 개인재무설계(personal financial planning)의 중요성을 이해함으로써 살아가면서 재정자원을 관리하는 데 필요한 지식과 능력을 함양한다. |
| Ⅱ.<br>수입과<br>지출관리 | 1. 예산<br>2. 수입<br>3. 지출 | 금융교육이 크게 '돈을 이해하고, 돈을 벌며, 돈을 쓰고 돈을 어떻게 불릴 것인가' 와 관련한 내용을 학생들의 눈높이에 맞추어 교육하는 것이라면, '수입과 지출관리' 에서는 이 중에서 돈을 어떻게 벌고 어떻게 써야 하는지를 배울 수 있도록 한다. 이는 현금관리(cash management)라고 불리는 영역으로서, 금융교육에서 매우 기초적이면서 전통적인 영역이다. 돈을 잘 벌고 잘 쓰기 위해서는 계획이 필요하고 이를 위해서 어떤 방법을 활용할 수 있는지에 대해 학습한다. |
| Ⅲ.<br>저축과 투자 | 1. 저축<br>2. 투자 | 저축과 투자는 가계 금융생활의 기본을 형성한다. 경제학적으로 볼 때 저축이란 개인의 입장에서 현재의 소득을 바로 소비하지 않고 미래의 소비자원으로 유보하는 행위, 투자란 저축수단의 선택 행위에 해당된다고 할 수 있다. 거시적 측면에서 저축자는 자금의 공급자, 투자자는 자금의 수요자이므로 저축과 투자는 동전의 앞뒷면을 형성한다. 이로 말미암아 일부 경제학자들은 저축과 투자 사이의 명시적 구분에 실익이 없다는 주장을 하는 경우도 있다. 그러나 금융교육이란 경제학적 관점에서만 이루어지는 것이 아니며, 금융생활에 필요한 개개인의 기본 역량을 함양하는 것이 기본 목적이므로 '저축과 투자' 에서는 둘 사이의 현실적 구분을 염두에 두고 저축과 투자의 개념, 필요성, 방법 및 관련 제도 등을 학습한다. |
| Ⅳ.<br>신용과<br>부채관리 | 1. 신용관리와<br>대출<br>2. 부채관리 | 정보통신기술의 발달로 신용의 기록과 관리 및 조회가 쉬워지면서 경제생활에서 신용 사용이 확대되고 있다. 경제생활에서 신용의 사용은 현재 예산 제약의 범위를 넘어선 경제 활동을 가능하게 하여, 공급자와 수요자의 편익을 증가시킬 수 있고, 결과적으로 경제활동을 효율성을 높일 수 있다. 그러나 무분별한 신용 사용에 따른 부채의 과도한 증가는 채무불이행을 유발해, 개인적 사회적으로 경제적 어려움을 발생시킬 수 있다. '신용과 부채관리' 에서는 신용 사용 및 대출의 장단점과 실제적인 실행과정에서 유의할 점을 인지하고, 부채관리의 중요성과 방법을 이해한다. |

(계속)

| 대영역 | 중영역 | 설정 배경 및 취지 |
|---|---|---|
| V.<br>위험관리와<br>보험 | 1. 위험관리<br>2. 보험<br>3. 은퇴설계 | 살아가면서 우리는 다양한 위험(risk)에 직면하게 된다. 위험은 예측하지 못한 손실이 발생할 가능성을 말하며, 위험관리는 재무적, 비재무적 비용을 최소화하는 방법으로 이러한 불확실성(uncertainty)에 대비하는 것이다. 보험은 위험관리의 대표적 방법이라고 할 수 있다. '위험관리와 보험' 에서는 손실 가능성에 대비하여 개인과 가계의 재정적 안정을 추구하는 방법을 학습한다.<br>또한 '위험관리와 보험' 에는 은퇴설계가 포함되었다. 은퇴설계는 평균수명의 연장, 고용시장 불안정에 따른 조기퇴직의 증가, 노후보장제도의 미비 등으로 인해 그 필요성에 대한 인식이 증가하고 있다. 원칙적으로 은퇴설계와 상속, 증여 등의 내용은 하나의 대영역으로 분리하는 것이 바람직하지만, 학교교육 과정이라는 점을 감안하여 축소 반영하였다. 또한 초등학생 수준에는 너무 어렵다고 판단되어 초등학교 성취기준은 제시하지 않았다. |

| 대영역 | 중영역 | 성취기준 | |
|---|---|---|---|
| I.<br>금융과<br>의사결정 | 1. 합리적 금융 생활 | 초 | 1. 상품 거래에 돈이 필요함을 이해한다.<br>2. 돈을 사용할 때 우선순위를 고려하여 의사결정을 한다.<br>3. 돈과 관련된 의사결정 사례를 말할 수 있다. |
| | | 중 | 4. 금융의사결정이 필요한 이유에 대해 설명할 수 있다.<br>5. 금융의사결정에 따른 책임은 자기 자신에게 있음을 인식한다.<br>6. 개인정보의 중요성을 이해하고 이를 관리할 수 있는 방법을 안다. |
| | | 고 | 7. 다양한 경로를 통해 금융정보를 탐색하고 이를 평가할 수 있다.<br>8. 통화, 경기, 물가, 금리, 환율, 세금이 금융의사결정에 미치는 영향을 이해한다.<br>9. 개인과 가계의 재무적, 비재무적 특성이 금융의사결정에 미치는 영향을 이해한다.<br>10. 금융거래약관의 중요성을 인식한다. |

이는 고등학교 졸업 시에 기대되는 금융 리터러시(Financial Literacy)와 금융역량(Financial Capability), 그리고 책임감 있는 금융행동을 목표로 '5개 대영역' 과 '13개 중영역' 및 '90개의 성취기준' 을 제시하였다(표 13-5).

### 3) 사회 소비자 금융교육의 현황

사회 금융교육은 기관별 용어의 혼용으로 교육 주체에 따라 금융교육, 혹은 경제교육으로 분류되었는데 그 내용을 보면 상당부분이 구체적인 금융교육의 성격을 띠는 것이 많다. 이에 본 장에서는 사회에서 이뤄지는 다양한 경제 및 금융교육의 사례들을 폭넓게 살펴본다.

#### (1) 청소년 대상 사회 소비자금융교육

국내에서는 IMF라는 거대한 금융위기를 1998년도에 겪으면서 신용불량자의 회생문제와 신용카드의 합리적 사용에 대한 이슈가 대두되었다. 이러한 사회적 요구에 따라 정부 및 관련 금융기관들의 본격적인 금융교육 프로그램이 시도되었다.

금융감독원은 '금융소비자보호' 의 일환으로 2002년 소비자교육실을 신설하였으며 일반 소비자를 대상으로 한 사회 소비자교육을 실시해 왔다. 2004년부터는 금융교육 내용을 담은 텍스트로 '금융교육이야기' 시리즈를 발간함으로써 기본적인 경제개념에서부터 구체적인 신용관리와 투자 등에 이르는 광범위한 내용을 담고 있다.

한국은행의 경우에는 지역별 본부를 통해 전국의 학교방문 교육을 실시해 왔다. 2006년부터는 '어린이 경제마을' 과 '청소년 경제마을' 로 구분된 경제교육 사이트를 자체적으로 구축하여 다양한 교육활동에 해당 콘텐츠를 활용하도록 하고 있다.

재정경제부 역시, 2003년 어린이 경제교육 홈페이지를 개설하고, 2004년에는 경제교육 관련 14개 주요 기관들과 '민 · 관 경제교육 실무협의회' 를 구성하였다. 이를 통해 금융 관련 교육을 한국은행과 금융감독원, 그리고 청소년금융교육협의회가 맡아 구성하도록 하였다.

2006년도에는 민간과 공공기관의 공동 설립 경제교육 협의체로 경제교육협의회(Korea Council on Economic Education, KCEE)가 구성되었다. 이는 경제 패러다임의 변화에 부응하고자 교육인프라의 체계적인 구축을 목표로 한다.

민간부분에서는 2001년 이후부터 경제 및 금융교육을 전문으로 하는 사설교육기관이 등장하기 시작하였는데 대표적으로 어린이경제신문이나 아이빛연구소 등이 있다. 이들 사설교육기관은 주식과 펀드 투자 등 보다 사실적이고 구체적인 금융교육 프로그램을 실행함으로써 소비자의 새로운 교육요구에 부응하고 있다. 기관별 교육 프로그램의 현황은 다음 표 13-6과 같다.

**표 13-6 기관별 경제교육 현황**

| 부 문 | 기관명 | 프로그램명 |
|---|---|---|
| 공 공 | 금융감독원 | 현장방문 금융교육, 금융백일장 |
| | 증권거래소 | 일일 증시 체험 교실 |
| | 한국은행 | 한국은행 방문 강좌, 청소년 경제 강좌 |
| 비영리단체 | 청소년금융교육협의회 | 초등학교 입학 어린이 예금(펀드)통장 만들어 주기, 주말 어린이 금융 · 경제교실, 출장교육, 여름방학 어린이 산업 현장 방문 체험 교육, 도서벽지 어린이 초청 금융 현장 체험학습, 도서 벽지학교 금융 · 경제 책 보내기 |
| | JA 코리아 | JA 초등학교 프로그램 |
| | 전국투자자교육협의회 (증권업협회) | 엄마 아빠와 놀면서 배우는 경제교실, 학교방문교육 |
| | 대한상공회의소 | CEO와 함께 경제공부를, 우리 고장 기업 탐방 |
| | 청소년경제체험센터 | 상설경제체험관 어린이 금융체험 활짝 |
| 사설교육학원 | 아이빛연구소 | 우리 아이 틴틴경제교실, 경제캠프, 엄마 아빠와 놀면서 배우는 경제교실 |
| | 휠리스쿨 | 어린이 경제교실 |
| | 어린이경제신문 | 교과서경제탐험대, 경제캠프 |
| 언 론 | 이데일리 | 이코비경제캠프, 경제백일장 |
| | 중앙일보 | 틴틴경제교실 |
| | 매일경제 | 매경어린이 경제교실, 매경어린이 경제캠프 |
| 금 융 | 삼성증권 | 청소년경제증권교실 |
| 박물관 | 경제관련 박물관 | 박물관견학프로그램, 어린이 경제교실 |

출처: 박월선(2008). pp. 17~18.

### (2) 성인 대상 사회 소비자금융교육

이제껏 이루어진 성인소비자 대상 사회 금융교육의 주요 내용은 전반적인 재무설계와 관련된 것으로 금융거래나 신용관리의 내용을 중심으로 하고 있다. 대표적으로 한국소비자원의 주부 대상 금전 및 신용 교육 프로그램이라든지, 청소년금융교육협의회의 성인 대상 재무설계방법과 금융기관 특성 및 이용방법, 신용의 개념과 방법, 저축/주식/채권/간접투자에 대한 교육프로그램 등이 있다. 이 외에도 소비자 민간단체에서는 신용카드의 올바른 사용 및 금융거래를 위한 정보관리의 유의사항, 사금융 피해방안 등 다양한 금융관련 이슈들이 다루어졌다. 다음의 표 13-7은 이러한 성인 대상 금융교육 관련 내용의 현황을 간략히 요약한 것이다.

**표 13-7 성인 대상 금융교육 프로그램 현황**

| 프로그램 및 제공기관 | 교육기간 | 내 용 | 자료유형 | 교육방법 |
|---|---|---|---|---|
| 청소년금융교육협의회 | | • 돈 쓸 계획, 돈 쓰기, 돈 늘리기<br>• 세부영역: 재무설계, 예산, 노후설계, 금융시스템, 금융기관 이용, 신용관리, 투자원리와 대안, 주식, 채권 간접, 선물/옵션투자 등 | web-PDF 파일 | 이야기 |
| 대한주부클럽(2002)(광주) | 2시간 | • 세무 상식<br>• 신용카드 | 인쇄물 | 강의 |
| 한국소비생활연구원(2002) | 2시간 | • 금융소비자문제와 피해예방<br>• 보험가입 시 유의사항 | 인쇄물 | 강의 |
| 한국소비자연맹(2002)(춘천) | 1시간 | • 신용카드 사용 시 유의사항 | 인쇄물 | 강의 |
| YMCA(2002)(목포) | 1시간 | • 인터넷과 멀티미디어 시대, 우리의 신용소비생활 | 인쇄물 | 강의 |
| 대한주부클럽(2002) | 2시간 | • 불법 유사금융, 사금융 피해사례 및 대처요령<br>• 보험관련 소비자피해와 대처방안 | 인쇄물 | 강의 |
| 한국소비생활연구원(2003) | 2시간 | • 금융거래, 이것만은 알자<br>• 신용사회와 건전한 소비문화 | 인쇄물 | 강의 |
| 녹색소비자연대(2003) | 2시간 | • 신용관리<br>• 신용카드 관련 소비자문제와 올바른 신용카드 사용법 | 인쇄물 | 강의 |
| YWCA(2004)(부산) | 1시간 | • 카드, 신용관리 및 신용불량 대처 | 인쇄물 | 강의 |

(계속)

<table>
<tr><th>프로그램 및 제공기관</th><th>교육기간</th><th>내 용</th><th>자료유형</th><th>교육방법</th></tr>
<tr><td>한국소비생활연구원<br>(문경)(2004)</td><td>2시간</td><td>• 올바른 금융거래<br>• 알기 쉬운 생활속의 금융</td><td>인쇄물</td><td>강의</td></tr>
<tr><td>한국소비자연맹(2004)</td><td>1시간</td><td>• 신용카드와 보험관련 소비자가 꼭 알아야 할 사항</td><td>인쇄물</td><td>강의</td></tr>
<tr><td>대한주부클럽연합회<br>(2004)</td><td>1시간</td><td>• 보험분쟁사례와 소비자피해방안</td><td>인쇄물</td><td>강의</td></tr>
<tr><td>한국소비자교육원<br>(2004)</td><td>1시간</td><td>• 금융상품 관련 정보제공 및 피해사례</td><td>인쇄물</td><td>강의</td></tr>
<tr><td>한국소비자원<br>–농촌주부대상<br>프로그램–</td><td>45분</td><td>• 재무상태 평가 및 계획 / 효율적인 가계운영방법<br>–재무능력 테스트 / 재무파일 점검 / 노후대비재무설계 해보기–(http://www.cpb.or.kr 교육마당)</td><td></td><td>그림<br>위주<br>강의</td></tr>
<tr><td rowspan="3">–초 · 중 자녀 둔 주부–<br>한국소비자원(2004)</td><td>90분</td><td>• 자녀 경제 및 소비생활 교육: 자녀의 소비성향 테스트 / 아동의 소비실태 / 자녀 용돈 관리 / 자녀와의 의사소통<br>• 소비자 신용</td><td>홈페이지<br>텍스트<br>파일, 책자</td><td>강의</td></tr>
<tr><td>90분</td><td>• 생활설계 / 현재생활 진단하기 / 가계재무관리 능력평가 / 가계부 작성 / 미래생활계획하기</td><td>홈페이지<br>텍스트<br>파일, 책자</td><td>강의</td></tr>
<tr><td>90분</td><td>• 소비자 신용: 신용개념 / 신용카드 피해사례 알아보기 / 올바른 사용법</td><td>홈페이지<br>텍스트<br>파일, 책자</td><td>강의</td></tr>
</table>

출처: 정운영 · 김영신(2007). pp. 5~6.

# 소비자 금융교육 프로그램 사례

다음은 박월선(2008)의 교육프로그램 분석 내용 중, 청소년금융교육협의회의 금융교육 프로그램 사례에 관한 것이다.

## 청소년금융교육협의회의 교육목표

청소년금융교육협의회는 각 은행/증권/보험연합회와 매일경제신문사가 만든 비영리 사단법인으로서 금융기관 중심으로 구성된 교육 전문기관이다. 청소년금융교육연합회는 무엇보다 금융교육의 조기 실시를 통해 올바른 경제 습관을 배양하고 학교 내에서의 금융교육 강화로 합리적 경제마인드 함양, 금융 · 경제 기초지식 함양과 사회전반 관심 제고 촉구를 그 목표로 한다.

학교 방문 무료출장은 물론, 시범학교 선정 및 집중교육을 실시하고 주말 금융 · 경제 교실을 운영하며 어린이와 청소년을 대상으로 한 다양한 연수 및 체험 프로그램을 운영하고 있다. 해당 홈페이지에는 금융교육 관련 콘텐츠들이 비디오 형식으로 자유롭게 공개되어 있어 프로그램의 활용과 이해가 용이하다.

## 청소년금융교육협의회의 교육내용

청소년금융교육협의회의 교육 프로그램은 기본 활동 주제로 용돈관리와 합리적 선택을 정하며 학년별로 수준별 학습을 운영하고 있다. 학년이 높아짐에 따라, 내용의 난이도가 심화되며 기본 주제는 일관적으로 유지하되 학년별 관련 경제개념을 배울 수 있도록 상황별 내용을 배치하고 있다. 전반적인 경제내용을 다루고 있지는 않지만 실질적으로 초등학생 위주의 저학년 학생들에게 유용한 용돈 관리 교육 프로그램은 실용적이라는 평이다.

청소년금융교육협의회의 교육내용은 타 금융 및 경제교육 관련 기관들의 프로그램과 비교하여 살펴볼 의미가 있다. 기관의 주체별 특성에 따라 구성내용은 다소 차이가 나는데 특히 아이빛연구소와 같은 민간 기관의 경우에는 보편적인 경제 개념에 대한 교육내용보다는 구체적이고 실용적인 특정 금융지식 위주의 교육내용으로 교육 대상자에게 어필하고 있음을 알 수 있다. 반면 청소년금융교육협의회는 기초 경제 개념과 금융원리를 이해하도록 함으로써 학교 교육의 연장선으로 내용들을 구성하고 있음을 비교해 볼 수 있다. 구체적인 내용은 다음의 표를 참고한다.

교육기관별 금융 · 경제교육 프로그램 내용 비교

| 구 분 | 아이빛연구소 | 어린이경제신문 | 청소년금융교육협의회 | 금융저축정보센터 | 청소년경제체험센터 |
|---|---|---|---|---|---|
| 기초 경제 개념 | | • 경제기초체험(희소성, 기회비용 등) | • 경제기초개념(희소성, 기회비용, 재화와 서비스) | • 경제기초개념이해하기(희소성, 기회비용 등) | |
| 소 비 | | • 체험으로 배우는 합리적 소비 습관<br>• 소비와 광고 | • 돈의 소중함<br>• 용돈관리교육 | • 효과적인 용돈 관리 방법 학습<br>• 합리적인 소비습관 기르는 방법 학습 | • 효과적인 용돈 관리<br>• 예산 세우기<br>• 소비 · 금융 성향체크<br>• 나눔과 기부<br>• 친환경적 소비 알기 |
| 거 래 | | • 투자와 창업, 사업 체험과 재무 배우기 | | • 돈의 발달 | • 화폐의 종류 |
| 생 산 | | | • 생산의 3요소 알기 | | |
| 시장과 가격 | | • 벼룩시장 참가 준비 및 체험(한강 뚝섬) | • 가계, 기업의 수요와 공급<br>• 가격협상 | • 시장의 기능과 종류 알기<br>• 가격 | |
| 저축과 투자 | • 펀드, 채권, 예금 알기, 분산투자, 증권알기, 모의주식 투자 | • 손바닥증권으로 배우는 금융과 증권 투자<br>• 금융상품의 이해 | | • 돈에 대한 모든 것과 생활경제와의 연관성 학습<br>• 주식에 대한 이해와 모의투자게임을 통한 학습<br>• 부자들의 이야기를 통해 진정한 의미의 부자란 어떤 것인지 학습 | • 경제에서의 돈의 흐름<br>• 은행의 역할 |
| 무 역 | | • 자원과 산업<br>• 무역의 탄생과 원리<br>• 자유무역과 보호무역<br>• 환율 이야기 | • 환율의 이해 | | |
| 나라 경제 | | | | • 인플레이션 | |

출처: 박월선(2008). pp. 45~46.

## 청소년금융교육협의회 교육방법

아동과 청소년 위주의 교육을 실행하는 기관이다보니, 일반적으로 학습 대상자의 관심과 흥미를 유발할 수 있는 게임형식의 소재들을 많이 사용한다. 빙고나 퀴즈, 보드게임 등을 이용하며 소집단 토의학습을 활용하기도 한다. 다양한 시청각 자료의 활용이 강조되며 학생용 활동지를 제공하여 학생의 적극적인 참여를 유도하며 이를 구체적으로 기록한다. 각 기관별 교육방법에 관한 자세한 내용은 다음의 표와 같다.

전반적으로 학습의 자발성을 부여하기 위하여 게임 형식의 아이템들이 다양하게 개발되어 있는 것을 볼 수 있다. 그러나 간과하지 말아야 할 것은 교육의 실질적 목표 하에 도구적인 방식으로 게임소재가 활용되어야지, 지나친 흥미 위주의 설정은 자칫 프로그램의 교육적 효과를 절하시킬 수 있다. 이에 교수자의 적절한 안배와 프로그램의 균형성이 중요할 것으로 사료된다.

**기관별 교육방법과 학습자료**

| 구 분 | 아이빛연구소 | 어린이경제신문 | 청소년금융교육협의회 | 금융저축정보센터 | 청소년경제체험센터 |
|---|---|---|---|---|---|
| 교수·학습방법 | • 코너학습: 빙고, 퀴즈, 보드게임 등<br>• 창업체험학습<br>• 소집단 토의 토론 학습<br>• 시청각 자료 활용 | • 빙고, 퀴즈, 보드게임 등<br>• 소집단 토의 토론 학습<br>• 벼룩시장 체험 | • 빙고, 퀴즈, 보드게임 등<br>• 소집단 토의 토론 학습<br>• 시청각 자료 활용 | • 빙고, 퀴즈, 보드게임 등<br>• 소집단 토의 토론 학습<br>• 시청각 자료 활용 | • 코너별 학습<br>• 소집단 토의 토론 학습<br>• 시청각 자료 활용<br>• 퀴즈 게임, 금융 성향체크게임 |
| 교수·학습자료 | • PPT 강의자료<br>• 학생용 활동북 제공<br>• 이코노타워, 비즈월드 등 경제교구 사용 | • PPT 강의자료<br>• 학생용 활동북 제공<br>• 게임자료 | • PPT 강의자료<br>• 학생용 활동지 제공<br>• 게임자료 | • PPT 강의자료<br>• 학생용 활동지 제공<br>• 게임자료 | • 교사용 지침서<br>• 학생용 활동지 |

# Project

1 경제환경이 변화하면서 소비자 금융교육에 포함시켜야 할 교육내용도 이에 맞추어 변화해 가야 하는데, 글로벌 경기침체 상황하에서 필요한 소비자 금융교육의 내용은 무엇인가 생각해 보자.

2 자신의 미래를 계획해 본 후, 이 계획에 비추어 각 단계마다 이루어져야 할 재무설계의 내용이 어떠한 것인지를 생각해 보자.

3 현재 소비자 금융교육을 실시하고 있는 기관이 있는지를 살펴보고, 그 교육내용의 구성에 대해 조사하고, 평가해 보자.

4 소비자유형별로 특별히 포함 또는 강조해야 할 소비자 금융교육의 목표와 내용을 알아보도록 하자.

# Chapter 14

# 소비자 환경교육

**우리가** 겪고 있는 환경문제는 과학기술 자체에서 비롯된 것이 아니라, 인간중심적으로 과학과 기술을 이용한 데서 비롯된 것으로 환경문제는 과학기술의 발달과 과잉소비의 합작품이다. 소비자는 환경오염의 피해자일 뿐만 아니라 환경파괴의 근본적인 원인을 제공하는 가해자이기도 하다. 결국 환경문제의 궁극적인 해결은 소수 전문가의 노력만으로, 즉 기술적인 해결만으로는 도달할 수 없으며, 소비자의 가치관과 생활양식의 전환이 병행되어야 한다. 따라서 이 장에서는 소비생활의 필연적인 부산물로서 생겨난 환경문제를 해결하기 위해서 소비자에게 어떤 교육이 필요한지를 생각해 보고, 구체적인 소비자교육 방안을 모색해 보고자 한다.

## 1. 소비자 환경교육의 의의

### 1) 환경위기와 소비자

오늘날 세계는 심각한 환경위기에 처해 있다. 인류의 역사는 산업혁명 이후 불과 2백년이라는 짧은 기간에도 불구하고 눈부실 만큼 큰 변화와 발전을 이루어 왔다. 특히 20세기에 들어서면서 과학기술의 발달과 산업화의 진전으로 인간은 생활 전반에 걸쳐 문명의 혜택을 누릴 수 있게 되었고 풍요로운 소비생활은 인간의 삶에 양적인 향상은 물론 쾌적하고 편리한 생활을 향유하게 해주었다. 그러나 한편으로는 대량생산과 대량소비로 인하여 천연자원과 에너지의 소비가 가속화됨으로써 자원고갈, 환경오염과 같은 새로운 문제가 심각한 사회문제로 부각되기 시작하였으며, 인간의 생활은 물론이고 생존 자체를 위협할 지경에 이르렀다. 그 결과 오늘날 인간의 삶의 질과 환경문제는 전 세계적인 관심의 대상이 되고 있다.

그런데 환경적 부담은 단지 현존세대에 국한된 것이 아니라 미래세대에까지 확장되어, 결정적인 변화가 없는 한 미래에는 그 부담이 더욱 커질 것이 우려되고 있다. 그렇기 때문에 '환경적으로 건전하고 지속적인 발전' 개념이 제시되어 지구를 보호하기 위한 우리의 책임은 자손에게 건강한 지구를 물려주는 것임이 강조되어 왔다. 세대 간 평등에 관한 기존원리를 전제로 한 사회문화적 변화를 통해서만 환경문제의 본질적 해결이 가능할 것이다.

## 2) 소비자 환경교육의 의의와 필요성

환경문제는 근본적으로 환경에 대한 인간의 잘못된 인식에서 비롯되었기 때문에, 일정한 지역 내에서 그리고 단기간 내에 해결될 수 있는 문제가 아니다. 그러므로 대안적인 인식의 틀을 형성하기 위한 교육적 접근이 매우 중요하며, 특히 기존의 사회문화적 질서로부터 비교적 독립적으로 존재하는 다음 세대에 대한 교육은 환경문제를 해결하려는 다양한 시도들 중 에서도 핵심이 된다.

환경교육의 필요성에 대한 인식은 1972년 스웨덴의 스톡홀롬에서 '단 하나뿐인 지구(only one earth)' 라는 주제로 개최된 'UN 인간환경회의' 에서 시작되었는데, 이 회의에서 제창된 'UN 인간환경 선언문' 은 환경문제를 세계적 차원으로 부각시킴으로써 환경교육의 필요성에 대한 역사적 계기를 마련하였다. 여기에서는 환경교육을 "자신을 둘러싼 환경을 자신이 할 수 있는 범위 내에서 관리하고 규제하는 행동을 확실하게 할 수 있는 인간을 육성하는 것" 이라고 정의하였다. 특히 젊은 세대와 성인에 대한 교육을 강조하였는데, 개인 · 기업 및 지역사회가 환경을 보전 향상하도록 그 사고방식을 개발하고 책임있는 행동을 하기 위한 기반을 넓히는 것이 필수적이라고 하였다.

그 후 환경문제 해결을 위한 환경교육의 중요성이 전 세계적으로 퍼져 1975년에는 유고슬라비아의 베오그라드에서 환경교육에 관한 국제회의가 열려 환경교육은 인류의 공동과제임을 천명하였다. 또한 1977년에는 소련의 트빌리시에서 '국제환경교육학 회의' 가 개최되면서, 국제사회에서 소비자 환경교육이 논의되기 시작하였다. 이 회의에 참석한 환경교육 전문가들은 환경교육을 "인류가 살고 있는 주변 환경에 대한 상호 관련성을 이해하게 하고, 동시에 문제를 해결하고 관리할 수 있는 지식, 가치관, 태도 및 기능을 함양하는 것"이라고 정의하였다(이상훈 1994).

2001년 OECD 환경각료회의에서 채택한 환경전략보고서에 따르면, 2020년 세계 인구는 25% 증가하여 75억 명에 이를 것이라 추정되는 반면, 지구의 자원은 이미 한계점으로 다다르고 있다고 한다. 예를 들어, 석유의 경우 40~50년이면 고갈될 것이라 예측되며 가스는 63년, 석탄은 218년 정도밖에 되지 않는다(문승식, 2004). 문제는 환경의 급속한 고갈에도 불구하고 현대 소비자들의 소비 수준은 급격하게 증가하기만 해왔다는 것이다. 인구의 단순 증가를 상회하는 소비자 개인당 자원 이용 수준은 환경의 고갈을 더욱 더 가속화시킬 수 있다.

환경문제의 근원이 인간의 환경에 대한 그릇된 가치관과 태도에서 비롯한다고 볼 때, 소비자 환경교육은 그것을 근본적으로 시정하는 가장 효율적인 조처라는 점에서 필요성이 더욱 커진다.

**세대 간 평등의 기본원리**

첫째, 각 세대는 천연자원과 문화자원 기반에 대한 다양성을 보존하여야 하며, 미래세대의 가능성을 부당하게 제한하지 말아야 한다.

둘째, 각 세대는 그들이 물려받은 것보다 더 나빠지지 않은 상태에서 지구의 질을 유지하여야 한다. 각 세대는 선조가 누렸던 만큼의 지구를 물려받을 권리가 있다.

셋째, 각 세대는 성원들에게 과거세대로부터 물려받은 유산을 평등하게 누릴 권리를 제공하여야 한다.

출처: UNESCO(1991)

## 2. 소비자 환경교육의 내용

### 1) 소비자교육 개념분류에서의 환경교육

소비자교육 프로그램의 교육내용 가운데 환경영역은 매우 중요한 주제로 강조되고 있다. 미국교육위원회는 소비자교육에서 다루어야 할 9개 주요 항목 중 다섯 번째로 '에너지 소비, 보존, 공공시설'에 관한 내용을 포함하고 있다.

바니스터(Bannister)와 몬스마(Monsma)는 의사결정, 자원관리, 시민참여의 세 영역에서 모두 환경교육을 강조하고 있다. '의사결정' 영역에서는 소비자 의사결정에 영향을 미치는 외적 요인으로서 생태학적인 영향을 포함하고 있으며, '자원관리' 영역에서는 자원보존에 관한 내용을 포함하고 있고, '시민 참여' 영역에서는 소비자책임으로서 환경보호를 강조하고 있다.

허만(Herrmann)은 주요 소비자교육 주제로서 선택, 금전관리, 구매법, 소비자 시민성을 제시하였는데, 환경을 '소비자 시민성' 영역에서 소비자문제의 하나로 포함시키고 있다.

밀러(Miller)는 사회적 지향요인, 컨슈머리즘(consumerism), 개인 및 가계의 차원에서 가치 있는 요인을 소비자교육 내용으로 체계화하였는데, '사회적 지향요인'의 하나로 공해에 관한 내용을 포함시켜 환경교육을 강조하고 있다.

우리나라에서는 박재선(1984)이 소비자교육 프로그램을 컨슈머리즘, 사회적 영역, 가정생활 영역으로 체계화시켰는데, '사회적 영역'의 교육으로 자원과 에너지의 유효 이용과 환경공해문제를 포함시키고 있다.

또한 한국소비자원(이득연 · 송순영, 1992)에서는 학교, 사회, 가정 등 어떤 형태의 소비자교육이든지 공통적으로 가치교육, 구매교육, 시민의식교육이 이루어져야 함을 강조하고 있는데, 이 세 차원에서 모두 환경교육을 포함시키고 있음을 볼 수 있다. 즉, '가치교육' 차원에서는 소비윤리, 소비문화 그리고 소비환경 영역으로, '구매교육' 차원에서는 환경부문 영역으로, 그리고 '시민의식교육' 차원에 소비자책임 영역으로 세 차원 모두에 환경교육을 포함시킴으로써 소비자 환경교육을 중시하고 있다.

아직 다가오지 않은 미래사회에 관한 확실한 예측 중 하나는 환경문제가 심화될 것이라는 점이다. 결국 미래사회의 유지를 위해서 환경교육은 필수적이라고 할 수 있으며, 소비자교육의 핵심적인 주제가 될 것이다.

### 2) 소비자환경교육의 목표

소비자 환경교육의 궁극적인 목적은 환경에 대한 인간의 환경윤리 확립에 있으며 이에 따른 교육의 목표는 환경에 대한 인식과 태도의 변화를 가져오는 데 있다. 그러므로 환경문제를 대상으로 하는 소비자 환경교육의 내용은 자연과학이나 환경과학에 관한 지식뿐만 아니라 환경의 질적인 향상과 유지를 위한 행동에 참여할 수 있는 관심, 지식, 이해, 태도, 기능 등을 균형 있게 갖춘 소비자를 육성할 수 있는 것이어야 한다.

이러한 목적달성을 위한 하위단계로서의 목표는 많으나 '베오그라드(Beograd) 헌장'은 다음과 같이 인식, 지식, 기능, 평가능력 및 참여로 나누어 목표를 요약하고 있다(이경호, 1996).

- **인식**(awareness): 개인과 사회집단으로 하여금 전체 환경과 그와 관련된 문제점에 대한 인식 및 감수성을 얻도록 한다.
- **지식**(knowledge): 개인과 사회집단으로 하여금 전체 환경과 그와 관련된 문제점, 그리고 인간의 절실한 책임의 소재와 역할을 파악하도록 한다.
- **태도**(attitude): 개인과 사회집단으로 하여금 환경의 사회적 가치에 대한 큰 관심, 그리고 환경의 보호와 개선에 적극 참여하려는 동기를 얻도록 한다.
- **기능**(skill): 개인과 사회집단으로 하여금 환경문제를 해결하려는 기능을 습득하도록 돕는다.
- **평가능력**(evaluation ability): 개인과 사회집단으로 하여금 생태학적 · 정치적 · 사회적 · 미학적 및 교육적 여러 요인들에 비추어 환경에 대한 조처와 교육 프로그램을 평가할 수 있도록 돕는다.
- **참여**(participation): 개인과 사회집단으로 하여금 이러한 환경문제의 해결을 위한 적절한 행동을 취할 수 있도록 책임감과 절박감을 개발하는 데 도움을 준다.

## 3) 국가 환경교육 지침

우리나라의 경우 환경부를 중심으로 학교 환경교육에 대한 단계별 지침과 목표를 마련하여 운영하고 있다. 환경에 관련한 소비자의 인식이 성장과 더불어 자연스럽게 체화되도록 함에 있어 무엇보다 체계적인 학교교육의 지원이 중요하므로 환경부에서는 환경교육의 큰 목표를 정하고 이에 대한 구체적인 학교 단계별 교육내용의 지침을 만들어 발표한다. 학교환경교육은 유치원에서부터 고등학교에 이르기까지 각급 학교의 학생들을 대상으로 하는 환경교육 활동을 의미한다. 학습자의 친환경적인 실천을 위해 지식, 태도, 기능 각 측면의 목표를 다음과 같이 설정하였다(환경부, 2007).

- **지식**: 인간과 환경의 상호작용과 지속가능성을 파악하기 위해 환경관과 환경윤리, 환경의 구성, 환경문제, 인간활동과 환경문제, 지속가능발전을 이해한다.
- **기능**: 환경 현상을 탐구하는 방법과 심미안을 기르고, 환경문제를 해결하기 위한 과정에 참여하며 환경에의 영향을 기초적으로 평가하기 위한 능력을 익힌다.
- **가치 및 태도**: 환경에 대한 심미안 및 감수성과 배려의 태도를 형성하고, 환경보전에 참여하고 실천하는 태도를 가진다.

**그림 14-1 환경교육포털(www.keep.go.kr)**

**표 14-1** 국가 환경교육 내용체계

| 대영역 | 중영역 | 중영역의 해설 | 목표영역별 | | | 단계별 적용 및 강조 정도 | | |
|---|---|---|---|---|---|---|---|---|
| | | | 지식 | 기능 | 가치태도 | 유치원 | 초등 I단계 | 초등 II단계 |
| 1. 환경관과 환경윤리 | 환경관 | 환경에 관한 인간의 관점이 다양하며 이들 관점은 환경에 대한 생각과 태도에 영향을 주는 것을 이해한다. | ● | ○ | ● | | ● | ○ |
| | 환경윤리와 환경 정의(正義) | 환경에 대한 올바른 태도와 가치관을 생활 속에서 형성하며 스스로가 주위의 환경오염에 관심을 가지고 환경을 소중히 하는 마음을 가지도록 한다. | ● | ○ | ● | | ○ | ● |
| 2. 환경의 구성 | 자연환경 | 인간과 자연환경의 관계를 이해하고 생태계의 의의와 구성을 파악하며, 생태 체험의 의의와 중요성을 알고 환경체험학습에 관심을 가지고 노력한다. | ● | ○ | ○ | ● | ● | ● |
| | 생활환경 | 자연환경 외의 인간활동에 의한 주거 생활 도시, 산업, 교통 등 우리 주위의 자연환경의 구성과 특징을 이해하고 사람들의 생활에 미치는 영향을 파악하고, 이를 환경을 보다 친환경적이 되도록 하는 데 관심을 가진다. | ● | ○ | ○ | ● | ○ | ● |
| 3. 환경문제 | 공기 | 공기의 소중함을 알고 공기 오염 현상의 원인과 현상 및 대책을 파악하고, 문제점 개선에 노력하는 자세를 기른다. | ● | ○ | ○ | ○ | ● | ● |
| | 물과 해양 | 물의 소중함을 이해하고 물과 해양의 오염 원인과 현상 및 대책을 파악하고, 문제점 개선에 노력하는 자세를 기른다. | ● | ○ | ○ | ● | ● | ● |
| | 흙 | 흙의 소중함을 알고 흙의 오염과 유실 현상의 원인과 현상 및 대책을 파악하며, 문제점 개선에 노력하는 자세를 기른다. | ● | ○ | ○ | ○ | ○ | ● |
| | 폐기물 | 폐기물 문제와 특징을 알고, 자원 재순환으로서 처리 등 폐기물 문제의 대책을 알고, 문제점 해결에 참여하려는 태도를 기른다. | ● | ○ | ○ | ○ | ● | ● |
| | 소음과 진동 | 소음과 진동 문제의 원인과 현상을 파악하고, 이들 문제를 해결하려는 자세를 기른다. | ● | ○ | ○ | ○ | ○ | ● |
| | 자연재해 | 자연재해의 원인과 현상 및 특히 인간생활에 의해 자연재해의 피해가 확대되는 사례를 이해하여 자연재해의 올바른 대책에 관심을 가진다. | ● | ○ | ○ | ○ | ○ | ○ |
| | 에너지 | 에너지의 중요성과 문제점 및 환경에의 영향 등을 알고, 에너지 절약과 효율적인 이용을 실천하는 자세를 기른다. | ● | ○ | ○ | ○ | ● | ● |

(계속)

| 대영역 | 중영역 | 중영역의 해설 | 목표영역별 | | | 단계별 적용 및 강조 정도 | | |
|---|---|---|---|---|---|---|---|---|
| | | | 지식 | 기능 | 가치태도 | 유치원 | 초등 I단계 | 초등 II단계 |
| 4. 인간 활동과 환경문제 | 경제활동과 환경 | 자원의 이용과 환경문제 환경 경제 환경 정책 유통과 환경 문제 등의 상황을 이해하고 이들과 관련해서 환경보전에 올바르게 대처하는 방법을 알고 실천한다. | ● | ○ | ○ | ○ | ○ | ● |
| | 사회활동과 환경 | 인구문제 등 사회의 여러 환경문제의 원인과 대책 및 각 지역별 환경문제 상황의 특성 등을 이해하고, 이들 문제의 해결 방법을 파악한다. | ● | ○ | ○ | ○ | ○ | ○ |
| | 문화활동과 환경 | 각종 문화활동과 환경문제의 관련성 및 문화활동을 통한 환경문제의 대처방법을 알고, 이를 방법을 통한 해결에 관심을 가진다. | ● | ○ | ○ | ○ | ○ | ○ |
| | 건강과 환경 | 위생의 중요성과 청결, 깨끗하고 영양가 있는 식품 섭취와 친환경적인 참살이(well being) 방법을 알고, 올바른 건강을 위한 친환경적인 태도를 가지고 이의 실천에 노력한다. | ● | ○ | ○ | ● | ● | ● |
| | 소비 | 과장광고의 문제점 친환경적인 소비 등에 대하여 파악하며, 올바른 소비 태도를 가지고 실천하는 자세를 기른다. | ● | ○ | ○ | ● | ● | ● |
| 5. 지속가능 발전 | 지속가능 발전과 교육 | 환경적으로 건전하며 지속가능한 발전과 이를 실천하기 위한 지속가능발전교육의 의미와 실행방법을 알고 관심을 가진다. | ● | ○ | ○ | ○ | ○ | ○ |
| | 상호 의존과 연대 | 환경보전과 지속가능발전의 실현방법으로서 상호의존과 협력(partnership) 및 연대활동(networking)의 의미와 방법을 알고 관심을 가진다. | ● | ○ | ○ | ○ | ○ | ○ |
| | 환경 협약 | 국제적 환경협약의 의미와 준수 이유를 이해하며 이와 관련하여 환경무역이 우리에게 끼치는 영향을 알고 관심을 가진다. | ● | ○ | ○ | | ○ | ○ |
| 6. 환경 현상에 대한 탐구 | 관찰 및 발견 | 환경문제 해결방법으로서 탐구활동의 주요 단계인 관찰과 발견의 중요성과 방법을 알고, 실제에 적용하는 사례를 찾아본다. | ○ | ● | ○ | ● | ● | ○ |
| | 조사 및 분석 | 환경문제와 대책에 대한 조사 및 분석방법을 익히고, 실제에 적용하는 능력을 기른다. | ○ | ● | ○ | ○ | ○ | ● |

(계속)

| 대영역 | 중영역 | 중영역의 해설 | 목표영역별 | | | 단계별 적용 및 강조 정도 | | |
|---|---|---|---|---|---|---|---|---|
| | | | 지식 | 기능 | 가치태도 | 유치원 | 초등 I단계 | 초등 II단계 |
| 7. 환경문제에 대한 해결 | 쟁점 탐구 | 환경문제의 주요 쟁점과 해결방안에 대하여 탐구과정을 통하여 파악하고, 해결책을 탐색하는 방법을 익힌다. | ○ | ● | ○ | | ○ | ○ |
| | 대안 제시 | 환경문제의 주요 쟁점에 대한 해결방안의 탐색방법 및 합리적인 문제 해결을 위한 의사결정과 문제 해결 방안을 제시하는 능력을 기른다. | ○ | ● | ○ | ○ | ○ | ● |
| 8. 환경문제에 대한 감수성과 배려 | 환경 감수성 기르기 | 자연환경에 대한 심미안을 기르고 중요성을 인식하며, 우리 주위 여러 생명체의 존귀함을 알고 아끼는 자세를 기른다. | ○ | ○ | ● | ● | ● | ● |
| | 환경에 대한 배려 | 주위의 환경에 대하여 보다 관심을 가지며 특히 돌봄(care)과 배려를 통하여 환경보전에 기여할 수 있음을 알고, 환경보전을 위하여 배려하는 태도를 기른다. | ○ | ○ | ● | ● | ● | ● |
| 9. 환경보전의 실천 | 절약하기 | 환경보전의 방법으로 1차적으로 강조되는 아껴쓰기를 비롯하여, 재활용과 재생 등의 중요성과 방법을 알고 실천하는 자세를 가진다. | ○ | ● | ● | ● | ● | ● |
| | 참여하기 | 환경보전의 궁극적인 목적인 환경보전 활동에 관심을 가지고 작은 것부터라도 참여하고 행동하는 자세를 기른다. | ○ | ● | ● | ● | ● | ● |

[강조 정도] ○ : 보통 ● : 많이

### 4) 소비자 환경교육 시 고려사항

환경문제는 여러 영역에 걸쳐서 발생하거나 관련이 있으므로 소비자 환경교육은 통합적이며 학제적인 접근방법의 사용, 교육과 사회의 통합, 평생교육과 사회교육의 특성반영, 문제해결식 방법의 사용, 환경교육 대상자의 역할분담, 장기적인 평생교육 등을 강조해야 한다(최석진, 1994).

#### (1) 모든 연령집단을 대상으로 실시한다

소비자 환경교육은 일정기간 동안의 형식교육을 통해서는 소기의 목적을 달성할 수 없

**표 14-2 소비자 환경교육과정 개발의 적용 틀**

| 단 계 | 목 표 | 교육소재 | 교재구성 | 교수학습방법 |
|---|---|---|---|---|
| 취학 전 | 정의적 | 가정환경 | 생활중심 | 활동중심 |
| 유치원~초등 3년 | | 학교환경 | | |
| 초등~초등 6년 | 행동적 | | | |
| 중학교 | | 지역환경<br>국가환경 | 교과중심 | 강의<br>토론중심 |
| 고등학교 | 인지적 | 세계환경 | 문제중심 | |

출처: 최석진(1994). 《환경교육》, 따님환경신서 3권 〈환경학교〉, 재구성.

으며, 취학 전 가정교육과 사회교육을 통하여 일생 동안 지속되어야 한다. 또한 환경교육과정은 소비자인 학습자들의 발달단계를 고려하여 단계별로 특성화되면서 유기적인 연계성을 지니도록 이루어져야 한다. 이를 토대로 한 교육목표 설정, 소재 선정, 교재 구성 및 교수-학습방법상에 있어서 고려해야 할 점은 표 14-2와 같다.

소비자 환경교육의 초기단계에서는 정의적 목표에 강조를 두고 교육 단계가 올라갈수록 상대적으로 인지적 목표의 비중을 늘려야 하며, 교육과정과 교과용 도서에 제시되는 환경교육 내용으로서는 구체적인 주변 환경과 사물에 관련된 소재중심으로부터 추상적이고 광역적인 환경개념 및 환경문제가 설정되어야만 학습자의 발달수준에 따라 내용의 체계가 이루어질 수 있다. 또한 교수-학습활동은 초기단계에서는 관찰, 게임, 환경견학 또는 방문 등이 많이 이루어지고 학습자의 학년이 올라갈수록 점차 과제학습, 사례학습, 문제해결 학습 등의 개별 활동 또는 강의나 토론이 많이 이루어지도록 하는 것이 바람직하다.

### (2) 정의적 차원을 강조한다

환경에 대한 바른 인식은 인지적 · 정의적 · 행동적 영역 간의 균형적 관계에 기초한 교육에 의해 형성되는데, 이 가운데서 정의적 차원이 특히 중추적 역할을 한다. 소비자 환경교육에서는 지식이나 기능 자체의 획득보다는 환경문제의 해결을 위한 가치관이나 태도가 가장 기초적인 전제로 인정되고 있다. 이와 관련해 환경문제에 대해 잘 알면서도 실제 행동은 이와 다른 준거들을 통해 결정하는 것이 현재 환경교육의 효과에 있어서 커다란 문제점으로 지적되고 있다. 이러한 현상은 성장 초기의 경험 및 정의적 영역과 기타 영역의 불균형에 주요 요인이 있는 것으로 보인다.

#### (3) 일차적 경험을 중시한다

일상생활에서 환경적으로 바람직한 태도와 행동을 실제로 경험함으로써 소비자는 교육받은 내용을 재확인하고 강화할 수 있다. 소비자 환경교육이 형식화되지 않고 목적을 달성하기 위해서는 무엇보다도 교육내용에 꾸준히 관심을 가지고 실생활에서 실천하도록 하는 것이 특히 강조되어야 한다.

#### (4) 학제적으로 접근한다

소비자 환경교육은 어느 특정 한 분야에서 이루어질 수 없으므로 자연과학, 사회과학, 인문학 및 소비자학 등의 학제적인 지식과 방법을 사용하며 거기에서 통합된 내용을 가지고 환경문제에 접근해야 한다.

### 5) 소비자 환경교육의 교수-학습방법

일차적 경험이 중시되는 소비자 환경교육에서는 강의법과 더불어 다양한 교수방법의 적용이 필요하며, 강의실에서 벗어나 학습장소를 다양화할 것이 요구된다. 다음은 환경교육에 적합하다고 제시된 교수방법들이다.

① 토 론

환경의 요소와 요소들 간의 관계, 일상생활 장면에서의 환경문제의 의미와 그 심각성, 해결 방안 및 사회적인 합의가 이루어지고 있지 않은 쟁점들의 의미에 대한 인식과 이해를 제고하려는 교수-학습방법이다. '환경과 행복한 생활과의 관계', '환경과 윤리', '우리 마을에 폐기물 처리장이 생긴다면?' 등을 토론의 주제로 선정할 수 있다.

② 조 사

환경문제에 대한 해답을 찾기 위해 야외 혹은 현장에서 구체적 · 가시적 현상 및 그에 대한 데이터를 관찰, 수집하는 활동중심의 교수-학습방법이다. 조사법을 적용하여 '우리

지역의 환경문제는 무엇인가', '환경 마크 상품에는 어떤 것이 있으며 어디에서 구입할 수 있는가' 등을 알아보게 할 수 있다.

③ 실험 · 실습

문제상황에 대한 해답을 찾기 위해 실험을 통하여 필요한 자료를 수집하는 과정을 강조하는 교수-학습방법 및 어떤 것을 만들어 보거나 실제로 해봄으로써 조작의 기능을 기르고 성취감을 맛보게 하려는 교수-학습방법이다. '산성비가 식물에 미치는 영향', '폐식용유로 비누 만들기', '지렁이 기르기' 등의 실험을 실시할 수 있다.

④ 놀이 · 게임 · 표현

신체적인 동작과 표현을 통해 흥미를 유발하되, 환경교육적 의미로 유도하며, 말 · 문장 · 그림 · 작품 등의 여러 가지 형태로 느낌이나 견해를 나타내게 하는 교수-학습방법이다. 이 방법을 적용하기에 적합한 활동은 '환경 빙고 게임', '오래 쓴 물건 자랑하기', '아나바다 시장의 개최' 등이다.

⑤ 역할놀이 · 모의사태 해결법

환경문제의 의미에 대하여 감정 이입적으로 이해하게 하거나 혹은 편집된 가상적인 현실 속에서 문제해결의 경험을 가지게 하는 교수-학습방법이다. 이 방법을 적용하여 '모의세계환경회의' 를 개최할 수 있다.

⑥ 탐 구

주어진 환경문제들에 대하여 수집한 자료로부터 의미있는 답을 얻어내고, 이를 가정과 지역사회 및 생활장면에서 참여, 실천하고 평가하게 하는 교수-학습방법이다. 이 방법을 적용하여 '모의환경영향 평가' 를 해볼 수 있다.

⑦ 견 학

환경오염이 발생한 현장을 견학하거나 환경문제를 담당하는 관련부서를 방문하여 환경문제의 심각성을 피부로 직접 체험하게 한다. 견학장소로는 환경단체, 야외실험장, 자연사박물관, 동 · 식물원 등을 들 수 있다.

다양한 교수-학습방법은 교육의 주제나 내용에 따라, 학습자의 발달단계 표 14-2에

**표 14-3** 소비자 환경교육의 목표별 교수-학습방법

| 목표 | 지식 | 기능 | 태도 | 행동 |
|---|---|---|---|---|
| 교수-학습방법 | 강의<br>강의와 시범<br>토의, 토론<br>야외실습<br>과제학습 | 과제학습<br>실험실습<br>야외실습<br>조사 | 역할놀이<br>토론<br>사례학습<br>사회참여<br>전시회 견학 | 게임<br>사회참여<br>전시회 견학<br>현장조사<br>역할놀이 |

출처: 최석진(1994). 《환경교육》, 따님환경신서 3권 〈환경학교〉, 재구성.

따라, 그리고 목표영역 표 14-3에 따라 적절하게 선택하여 사용함으로써 그 효과를 높일 수 있다.

## 3. 소비자 환경교육의 확대

환경교육은 환경과 환경문제를 탐구하고 이에 대한 문제해결을 추구하는 교육이다. 지속가능한 발전을 위해 소비자의 적극적 시민성이 요구되며 이의 양성을 위해 교육적 접근이 무엇보다 중요하다. 환경문제의 해결에 있어 가장 관건은 생태적 접근을 통한 소비자의 일상적 깨우침과 실천이다. 이에 다음에서는 지영숙 · 김민정(2003)의 연구를 통해 각 생활 영역별 생태적 소비 환경교육의 확대에 대해 살펴본다.

### 1) 가정에서의 소비자 환경교육

가정은 모든 인격이 형성되는 최초의 장소로서 가치, 태도, 그리고 행동을 형성하게 되는 가장 결정적인 동인이다. 특히 자녀들은 가정 내 부모의 행동을 관찰하며 상황별 역할을 학습하므로 부모의 역할행동은 자녀의 미래를 결정짓는 중요한 요건이다. 이에 학교교육만큼 체계적이지는 않더라도 개인을 둘러싼 환경을 생태적 · 유기적으로 이해하는 데 있어 결정적인 역할을 하게 된다.

가정에서 실천 가능한 환경교육은 부모의 솔선수범, 자녀의 관찰과 체험 등 지행합일

을 유도하는 가정교육의 일상적 방법에 기초하여 지역주민과 생활 속에서 협동하는 작은 활동으로부터 체화될 수 있다. 부모 소비자는 가정교육을 통해 자녀들이 다양한 활동에 참여하도록 유도함으로써 자녀들의 학습동기와 경험을 확대시켜야 한다.

### 2) 학교에서의 소비자 환경교육

학교에서의 환경교육은 구체적인 실천과 학습이 가능한 연령대라는 대상자의 특성도 있지만 이전이나 이후의 단계에 비해 가장 체계적인 학습이 가능하다는 구조적 특징을 가지고 있다. 이에 학교 환경교육의 경우, 환경부 및 공정거래위원회 등, 국가 주도적 내용 지침에 따라 유치원부터 고등학교에 이르기까지 전략적인 교수 · 학습방법의 실행이 필요하다.

학교 소비자 환경교육은 지식의 습득에 그쳐서는 안 되며 궁극적으로는 기능의 습득과 태도의 육성을 통한 일상적 소비생활태도의 변화를 추구해야 한다. 이는 곧 성인소비자로 사회의 주체가 될 아동 · 청소년 소비자를 보다 바람직한 인재로 양성하는 중요한 의미를 지닌다. 물론 생활을 다루는 가정과 교과목을 통해 다양한 실험이 가능하겠지만 특정교과목 외에도 다양한 사회 · 경제적 이슈를 통해 여러 과목에서의 통합적 접근을 시도하는 것도 현실적이다. 학교 환경교육을 통해 학생들은 문제의식을 성장시키는 한편, 제반 사회체계에 대한 의식을 바람직한 행동으로 습관화함으로써 장기적으로는 바람직한 생활양식을 갖출 수 있는 주체적 소비자로 성장할 수 있을 것이다.

### 3) 민간단체에서의 소비자 환경교육

민간단체들은 소비자시민교육을 실시함으로써 시민의 환경의식을 성장시키고 시민들이 새로운 지식을 획득할 수 있는 평생교육의 장을 제공한다. 국내의 경우 시민단체나 종교단체, 그리고 환경운동단체들을 중심으로 시민들의 환경교육을 담당하고 있으며 대표적 예로 경제정의실천연합, 환경운동연합, 녹색소비자연대, YMCA 등이 있다.

민간단체는 현장 위주의 실용적 교육을 추구하며 평생교육의 차원에서 지속적인 시민들의 의식향상을 도모하는 데 이들의 교육적 역할이 중요하다. 그러나 교육프로그램이 체계적이지 못하고 예산부족으로 인한 교육장비나 시설의 한계가 지속적인 문제점으로 지적되고 있다. 이에 정부는 소비자의 평생교육을 지원하고자 교육시설과 장비의 보완 및 교육내용의 체계적 실현을 위한 행정적이고도 재정적인 지원을 강화해야 할 것이다.

환경교육은 장기적 관점의 사회 인프라 구축 사업이다. 이에 단기적인 성과를 지향하기 보다는 장기적인 관점에서 근원적인 환경문제 해결을 도모하고 생태적 소비생활교육으로 소비자의 시민성을 고취시키고자 하는 사회 제반 영역들의 통합적 노력이 필요하다.

## 4. 대상별 소비자 환경교육의 유의점

### 1) 취학 이전의 소비자 환경교육

환경교육은 단순한 지식의 습득이나 이해의 교육이 아니라 의식과 가치의 교육이며, 기능이나 기술의 습득이 아니라 습관의 형성에 의한 행동 교육이므로 어린 시기의 교육일수록 중요성이 크다. 유아기는 기본 생활습관이 형성되는 시기일 뿐 아니라 세상에 대한 기본적인 태도가 형성되는 시기이기 때문에 소비자교육의 결정적 시기이다. 그러므로 환경은 좋은 친구라는 것을 몸과 생각에 자연스럽게 받아들일 수 있도록 하는 것이 이 시기의 과제라고 할 수 있다. 특히 가정은 환경교육의 장으로서, 또 어머니는 교육자로서 그 역할이 중요하며, 취학 이전부터 중심생활 공간에의 환경에 대한 바람직한 가치관과 정서가 자연스럽게 형성될 수 있도록 관심을 두어야 할 것이다.

### 2) 취학기의 소비자 환경교육

취학기의 아동과 청소년은 학교를 통하여 형식교육을 받고 있지만, 교실에서의 교육보다 교외활동의 경험이 환경교육에 유용하므로 비형식교육이 병행되어야 한다. 사회단체, 종교단체 등을 통하여 행해지는 환경오염에 관한 조사활동, 생태계 체험활동, 자연보호활동 등에 참여하는 것이 교육적 효과를 높일 수 있다. 특히 일정시간을 하게 되어 있는 사회봉사활동을 환경관련 체험활동으로 이용하는 것도 현재 체제에서 생각할 수 있는 방안이다. 최근에는 방학을 이용하여 환경문제를 생각하는 각종 봉사활동과 야외 활동들이 증가하는 추세에 있다.

### 3) 성인을 위한 소비자 환경교육

현재의 성인세대는 스탬플(Stampfl, 1978)이 구분한 소비자유형 중 산업기나 과도기 소비자에 속하는 사람들로 산업화시대에 주요 성장기를 보낸 세대이다. 따라서 이들은 환경에 대한 관심이 희박하고 환경문제를 경제발전에 따른 불가피한 현상으로 간주하려는 경향이 강하기 때문에 그러한 시각이나 태도를 전환하는 것이 매우 어렵다. 또한 이들을 위한 교육 기회가 사회교육으로 한정되어 있어 더욱 문제가 되고 있다.

그러나 성인은 가장 주된 소비자 집단이며 미래 소비자를 위한 교육자이기도 하므로, 이들을 위한 소비자 환경교육의 기회가 증대되고 꾸준하게 추진되어야 함은 더 이상 강조를 필요로 하지 않는다. 성인을 위한 소비자 환경교육은 사회교육이 유일한 창구인 점을 고려할 때 사회교육이 활성화되어 교육기회를 확충하는 것이 우선적으로 요구된다. 각종 매스컴을 통한 환경홍보, 소비자단체, 환경단체, 종교단체 등을 통한 환경강의의 활성화 그리고 각종 사회교육 프로그램이나 자격, 면허 시 환경강좌를 포함시키는 것을 고려할 수 있다.

**Consumer Issue 14-1**

#### 사과의 '물 발자국' 을 아시나요?

사과 하나재배 물 210L필요
돼지고기 1kg엔 4,800L등
생산에 쓰인 물의 총량 의미

농업용수 효율적 사용 목적
농식품부 세부추진안 마련

'물 발자국(water footprint)을 아시나요?' 최근 극심한 기후변화로 물 부족현상이 심화되면서 새롭게 조명받는 용어다.

'물 발자국'이란 단위 제품 및 단위 서비스 생산 전 과정 동안 직간접적으로 사용되는 물의 총량을 뜻한다. 유네스코 산하의 물 환경교육기관인 UNESCO-IHE가 일상생활에서 사용하는 제품을 생산 · 소비하는 데 얼마나 많은 양의 물이 필요한지를 수치화해 만든 지표이다. 알고 보면 놀라운 수치가 나온다.

예를 들어, 사과 1개(300g)의 물 발자국은 210L다. 즉, 사과나무에서 꽃이 피었다가 열매로 자라고 이후 수확과정을 거쳐 이를 씻어먹는 전 과정에서 필요한 물이 210L에 달한다는 뜻이다. 자라는 과정에서 물이 많이 필요한 쌀의 물 발자국은 좀 더 많다. 3,400L/kg에 달한다. 돼지고기는 4,800L/kg이다.

농식품부 신우식 사무관은 "물 발자국을 보면 농수산물을 만드는 데 얼마나 많은 양의 물이 사용되는지 확인할 수 있다."며 "우리나라 전체 수자원 중(337억 톤) 비중이 높은 농업용수(전체의 47%)를 효율적으로 이용하기 위해 세부추진계획을 마련 중"이라고 설명했다.

**농축산물 및 가공식품 물 발자국**

| 제품군 | 제 품 | WF | 제품군 | 제 품 | WF |
|---|---|---|---|---|---|
| 농산물 | 사 과 | 70L | 축산물 | 돼지고기 | 4,800L/kg |
| | 오렌지 | 50L/1개(100g) | | 닭고기 | 3,900L/kg |
| | 쌀 | 3,400L/kg | | 달 걀 | 200L/1개(60g) |
| | 보 리 | 1,300L/kg | 가공식품 | 맥 주 | 75L/250mL |
| | 밀 | 1,300L/kg | | 빵 | 40L/30g |
| | 콩 | 1,800L/kg | | 우 유 | 1,000L/1L |
| | 감 자 | 900L/kg | | 설 탕 | 1,500L/kg |
| | 옥수수 | 900L/kg | | 와 인 | 30L/250mL |

출처: UNESCO-IHE

기후변화에 관한 정부 간 협의체(IPCC) 보고서에 따르면 기온 1도 상승 시 농업용수 수요량이 10% 증가한다. 2010년에 발표된 수자원장기종합계획에 따르면 2020년 우리나라의 용수 부족량은 약 5억 8,000톤이고, 최근 저수지 둑 높이기 사업 등에도 불구하고 물 부족 문제는 지속될 전망이다. 2060년이면 최대 33억 톤의 물 부족이 전망된다.

이에 따라 농식품부는 농업용수의 이용 효율화를 위해 기후변화와 작물별 생산환경을 고려한 물 절약형 재배기술 개발 · 보급, 홍수와 가뭄에 잘 적응할 수 있는 품종 개발, 농업용수 관리 자동화 등을 포함하는 기후변화 대응 세부추진계획을 마련하고 있다.

출처: 헤럴드 경제(2011. 7. 22)

## 소비자 환경교육 프로그램 사례

다음은 2008년 환경교육시범사업 학교숲 운동 사례이다. 1999년 시작하여 학교숲 운동을 통해 조성된 학교숲 현장을 교육적으로 활용하기 위한 교육프로그램개발이 진행되고 있으며, 학교 현장과의 연결을 위한 실질적 지원 요구가 늘어나는 추세이다(박지나, 2009).

### ● 운영일정과 방법

- 교육일정: 2008.05.16~10.31(총 19주, 주 1회)
- 교육시간: 3교시(10:40~11:30), 요일은 유동적
- 교육대상: 대구장성초등학교 전교생(19학급, 총 556명)
- 각 학년별 환경과 관련된 교과내용이 포함되도록 주제선정
- 숲해설가(주교사), 담임교사(보조교사)의 형태로 체험교육
- 각 학급별(30명) 2모둠으로 나누어 진행, 모둠별 숲해설가 배치

### ● 프로그램 기획

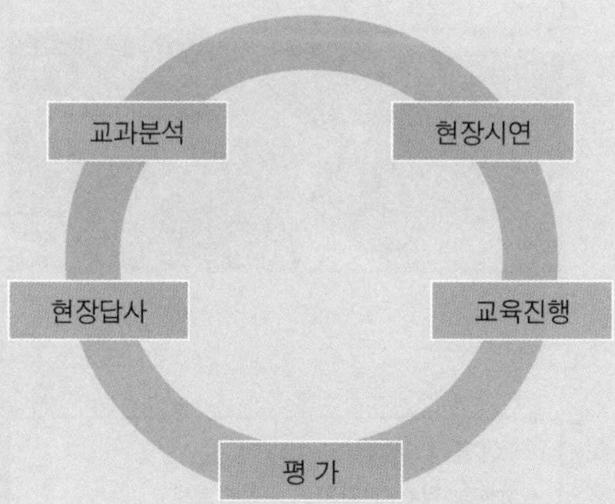


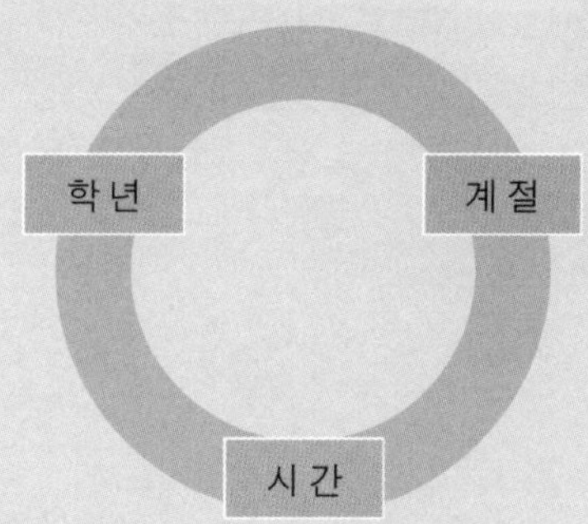

● **환경교육 프로그램 소개(5학년)**

| 도 입 | **마음 열기** |
|---|---|
| 전 개 | 숲체험-자연동산 |
| | 숲관찰-비오톱 |
| | 숲길여행 |
| | 연못체험-작은 연못 |
| 마무리 | 놀이 및 학습정리 |

- 우리 학교를 대표하는 나무와 꽃
- 학교숲이 우리에게 주는 것
- 자연을 보호하고 쾌적한 환경 만들기!
  - 분리수거
  - 쓰레기가 썩는 시간은?

↓

| 도 입 | 마음 열기 |
|---|---|
| **전 개** | **숲체험-자연동산** |
| | 숲관찰-비오톱 |
| | 숲길여행 |
| | 연못체험-작은 연못 |
| 마무리 | 놀이 및 학습정리 |

- 나뭇잎도 숨을 쉬어요
  - 눈으로 보는 증산작용
- 꽃의 공통점과 차이점(과학교재학습지도)
- 꽃이 제공하는 것

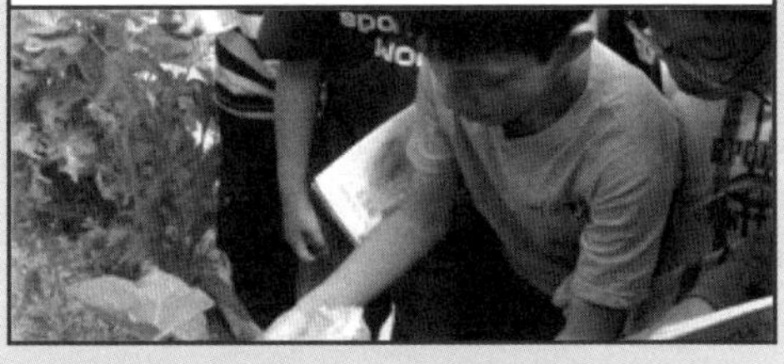

↓

| 도 입 | 마음 열기 |
|---|---|
| **전 개** | 숲체험-자연동산 |
| | **숲관찰-비오톱** |
| | 숲길여행 |
| | 연못체험-작은 연못 |
| 마무리 | 놀이 및 학습정리 |

- 소생물서식공간(Biotope)체험
- 식물의 잎관찰(과학교재학습지도)
- 사막에서 선인장이 살아가는 방법
- 생물들 사이의 관계

↓

| 도 입 | 마음 열기 |
|---|---|
| 전 개 | 숲체험-자연동산 |
| | 숲관찰-비오톱 |
| | **숲길여행** |
| | 연못체험-작은 연못 |
| 마무리 | 놀이 및 학습정리 |

• 또 다른 시선으로 세상 보기
• 나이테 마술쇼

↓

| 도 입 | 마음 열기 |
|---|---|
| 전 개 | 숲체험-자연동산 |
| | 숲관찰-비오톱 |
| | 숲길여행 |
| | **연못체험-작은 연못** |
| 마무리 | 놀이 및 학습정리 |

• 연못의 생태(과학교재학습지도)
• 여러 가지 열매와 씨(과학교재학습지도)

↓

| 도 입 | 마음 열기 |
|---|---|
| 전 개 | 숲체험-자연동산 |
| | 숲관찰-비오톱 |
| | 숲길여행 |
| | 연못체험-작은 연못 |
| **마무리** | **놀이 및 학습정리** |

• 단풍잎날리기
• 도토리팽이대회
• 자연이 주는 고마움을 알 수 있나요?
• 우리 함께 실천해요

# Project

1 환경교육의 중요성이 정착되어 가고 있는 현 시점에서, 실제 교육내용 속에 환경교육 일반과는 구별되는 소비자 환경교육이라고 이야기될 수 있는 부분들이 어떤 것들이 있는지 살펴보자.

2 소비자 환경교육이 강조되고 있음에도 불구하고 환경친화적이지 못한 소비자행동이 지속되는 이유를 개인적인 측면과 시장환경적인 측면에서 생각해 보자.

3 소비자 환경교육 프로그램을 개발할 때, 아동소비자, 청소년소비자, 성인소비자 각 대상별로 교육내용이나 교육방법에 있어 어떤 차이가 있어야 하는지 생각해 보자.

4 실제로 TV나 신문 등의 대중매체에서 제공하고 있는 환경관련 정보 중, 소비자의 실천을 유도하기 위한 정보로 구성된 내용에 대해 조사해 보자.

# Chapter 15

# 소비자 안전교육

**못 먹고** 못 입던 시절에는 어떤 질의 상품이든지 없어서 문제였지만 이제 잘 먹고 잘 입고 잘 쓰는 시대에 사는 우리는 어떤 것을 먹고 어떤 것을 사용해야 안전하고 문제가 없는지를 걱정한다. 그만큼 삶의 질을 생각하는 고품질시대가 되었다. 고품질이라고 할 때 많은 사람들은 디자인이 우수하고 좋은 재질로 만들어야 한다고 생각한다. 그러나 최근의 자연주의적인 식생활을 선호하는 유행은 단순히 유행이 아니라 자연 그대로의 식품, 덜 가공된 식품만이 안전할 수 있다는 가공식품에 대한 불신의 결과이다. 즉, 이제는 소비자들이 위해가 없는 친환경제품, 안전한 제품을 좀 더 높은 가격을 지불하면서도 선호하는 추세가 되고 있다. 이 장에서는 소비자가 안전을 중시하는 선택을 할 수 있는 능력을 함양하기 위한 소비자 안전교육에 대하여 알아보고자 한다.

## 1. 소비자 안전교육의 의의

### 1) 소비자안전의 개념

산업화 이후 인간이 소비자로서 인식된 이래로 소비자의 신체, 건강상의 안전문제는 그 역사가 길다. 오늘날에는 여기에 재산상의 안전까지도 첨부되어 그 중요성이 날로 증가하고 있다. 우리는 일상생활 속에서 수많은 재화와 서비스를 사용하지만 안전성에 대해서는 그렇게 심각하게 생각하지 않는다. 만약 수많은 물건을 선택하고 사용할 때마다 일일이 안전한지 아닌지를 생각한다면 아마도 노이로제에 걸릴지도 모른다. 하지만 우리가 무지하기 때문에 편안하게 살아가고 있을지도 모른다는 것을 입증이라도 하듯이 소비자안전을 위협하는 요인들이 끊임없이 나타나고 있다. 즉, 그 영향력을 규명하기 어려운 '환경 호르몬' 이 나타났고 근 10년간 각종 식품과 물, 공기 등의 발암물질이 대두하여 인간을 괴롭히고 있다. 그리고 새로운 강력한 세균들이 소비자들이 즐겨 먹고 있는 패스트푸드에서 종종 검출되고 있는 현실로 소비자들의 안전을 위협한다.

소비자안전은 통념상 '위험이 전혀 없는 상태' 로 인지되어 왔다. 그러나 위험요소를 100% 제거한 상태는 물리적으로나 사회적으로도 불가능하며 비효율적이다. 또한 위험이 있는 곳에 더 큰 이익이 있을 수 있다는 사실은 무조건적인 위험의 제거는 매우 비생산적일 수 있음을 보여 준다. 즉, 우리는 100% 안전한 것을 향유하지는 못한다. 최근에는 안전성을 '위험하지만 그 위험이 무시될 수 있거나 또는 이득이 더 크기 때문에 받아들일 수 있는 위험' 으로 정의하고 있다(이서래, 1993). 이렇듯 상대적인 안전성을 채택할 때 문제는 그 사회에서 받아들일 수 있는 위험수준의 결정에 있다. 여기에는 그 사회 전체의 경제수준, 교육수준 그리고 그 사회구성원의 의식수준이 관여된다.

일반적으로 선진국의 경우 후진국에 비해서 높은 안전수준을 추구하고 있으며 실제로 위험의 사전적 예방정책인 안전규제정책에 이러한 사회의 인식이 반영되고 있다. 그러나 소비자안전을 소비생활과 관련한 모든 재화와 용역의 수용할 만한 위험수준으로 정의할 때 위험이란 단순히 드러난 위해만을 포함하는 것이 아니다. 위험이란 안 좋은 결과가 발생할 확률과 그 결과의 심각성으로 정의되므로(Vlek and Stallen, 1980), 소비자안전에는 안전사고 혹은 사건으로 나타나지 않았으나 좋지 않은 결과를 가져올 잠재력을 가진 것으로부터 보호받는 것도 포함된다. 소비자 안전문제가 발생하는 요인으로

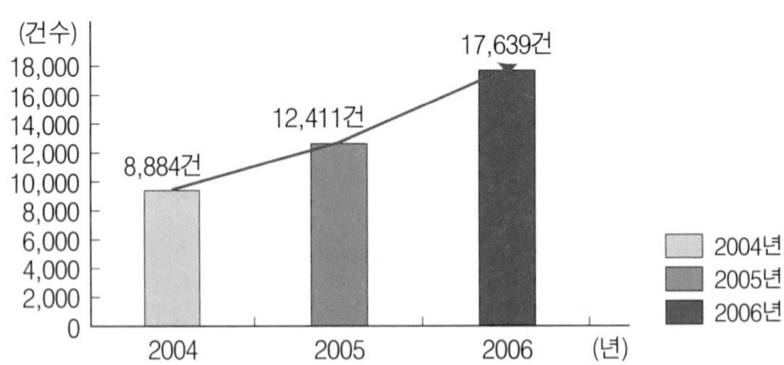


**그림 15-1 소비자위해정보건수 추이**

출처: 2006 소비자위해정보백서. 한국소비자원 소비자안전센터.

는 설계상의 결함, 제조상의 결함, 경고 · 표시 및 유통 상의 결함, 개발도상의 위험, 사용상의 잘못이 있을 수 있다(한국소비자원, 2006). 결국 제품의 안전성이란 제품 고유의 위해요인뿐만 아니라 사용자인 소비자와 사용 환경의 요인에 따라 달라진다고 볼 수 있다.

**위해(危害)**
제품의 사용으로 소비자의 생명 · 신체 또는 재산상의 손실이 발생된 상황을 지칭

**위험(危險)**
위험은 위해에 이르지 않았으나, 제품에 의해 신체적 상해나 사고 등 위해가 발생할 가능성이 있는 것을 의미

## 2) 소비자안전의식 실태

한국소비자원(2007)은 소비생활 부문별 소비자의 안전의식 현황을 알아보기 위해 5대 소비생활 부문별 소비자 안전체감지수(Consumer Safety Sentiment Index, CSSI)를 측정, 다음과 같은 결과를 제시하였다. 소비자안전체감지수란 소비자 부문에 대한 국민의 안전체감도가 어느 정도 수준인지 진단하기 위한 지표로서 소비생활에 관련된 5대 부문(식품, 건강 · 위생, 주거, 여가, 교통)을 대상으로 한다.

2007년 소비자안전체감지수는 위해불안감과 위해심각성을 양대 지표로 하는 'T자형 방식' 으로 측정되었다. 위해불안감은 주요 품목별로 안전체감을 측정하는 것이며(표면적 측정) 위해심각성은 주요 위해요인별로 안전체감을 측정(구조적 측정)하는 것으로, 일명 'T자형 측정' 이 가능하다. 예를 들어, 식품 소비자안전체감지수는 식품 부문의 14개 품목별 안전체감(위해불안감으로 측정)과 8개 주요 위해요인별 안전체감(위해심각성으로 측정)을 가중치로 환산하여 합산이 가능하다. 이는 100점 만점으로, 값이 높을수록 소비자의 안전체감의식이 높다는 것을 의미한다.

연구결과, 종합적인 소비자안전체감지수는 100점 만점에 37.21점으로 이는 소비자가 각종 소비생활 물품 및 용역을 구입하고 사용할 때, 이에 대해 안전하다고 느끼며 이로

**표 15-1 종합 소비자안전체감지수**

| | | 식품 | 건강·위생 | 주거 | 교통 | 여가 |
|---|---|---|---|---|---|---|
| 부문별 안전체감지수 | | 32.40 | 28.59 | 60.76 | 42.05 | 44.96 |
| 가중치 | Beta값 | 0.264 | 0.189 | 0.076 | 0.058 | 0.137 |
| | 구성비 | 36.47 | 26.10 | 10.50 | 8.01 | 18.92 |
| 종합 지수(Σ) | | | | 37.21 | | |

출처: 한국소비자원(2007). 소비자안전체감지수 조사 연구.

인한 각종 위해요인을 심각하게 느끼지 않는 정도가 100점을 최고로 할 때 37.2점의 수준임을 의미한다. 종합 지수를 구성하는 5대 부문의 영향력을 살펴보면, 표 15-1에서 보여지듯이, 주거와 여가의 안전체감지수 값은 높지만 식품과 건강·위생 부문의 안전체감지수 값이 낮게 나타남에 따라 종합지수가 낮아진 것으로 분석된다.

5대 부문별 지수는 100점 만점에 식품부문 32.40점, 건강·위생 28.59점, 주거 60.76점, 교통 42.05점, 여가 44.96점으로 주거부문의 안전체감이 가장 높고, 다음에 여가, 교통, 식품, 건강·위생 순으로, 건강·위생분야의 안전체감이 가장 낮게 나타났다.

### 3) 소비자 안전교육의 필요성

소비자안전이 절대적인 개념이 아닌 상대적인 개념이라면 그 사회의 소비자 안전의식 수준이 매우 중요하다. 그 사회의 안전수준을 높이는 데 추가로 드는 비용이 상당히 크기 때문에 개발도상국에서는 안전수준의 상승을 주저하는 경향이 있다. 정부의 안전기준이 상대적으로 미흡한 상황일수록 소비자 개개인의 안전을 위한 노력이 더욱 효과가 있다. 소비자들의 안전확보를 위한 노력은 다양한 방법으로 그리고 소비의 전 과정을 통하여 행해질 수 있으며, 이러한 안전문제와 관련하여 소비자능력의 증진은 장기적인 측면에서 더욱 의미가 있다.

또한 소비자주의적 측면에서 볼 때 소비자 운동가들은 과점기업이나 집중도가 높은 산업의 시장지배력에 도전하는 것보다는 위해상품이나 기만적 거래행위를 시장에서 몰아내는 것에 초점을 두어 왔다.

UN에서 소비자보호 가이드라인을 검토하게 된 것은 여러 국가, 특히 개발도상국의 소비자이익과 필요를 고려한 소비자보호를 도모하기 위해 1981년 7월에 UN 경제사회이사회에서 UN 사무처장이 소비자보호 가이드라인 시책을 채택한 데서 비롯된다. 이 가이드라인 3장에서 특히 소비자의 건강에 중대한 관련이 있는 분야인 식품, 물, 의약품에 대해 교육과 연구계획뿐만 아니라 제품의 품질관리, 적절하고 안전한 유통기구, 국제적인 표시의 규격화, 그리고 정보제공을 위한 시책이 필요하다고 하였다. 특히 UN 소비자보호 가이드라인의 소비자안전 관련부분에서 소비자교육에 해당되는 내용을 보면 다음과 같다(황적인 · 이상정, 1993).

① 신체의 안전

소비자들에게 상품의 적절한 사용법을 가르쳐 주고, 그 상품의 본래 용도나 예상되는 사용에서 나타날 수 있는 위험을 주지시켜야 한다. 생사에 관련되는 안전정보는 가능한 한 국제적으로 해득할 수 있는 기호로 소비자에게 주지되어야 한다.

② 특수한 분야에 관한 제도

식품, 물, 의약품과 같이 소비자의 건강과 직접적인 관련이 있는 분야에 정책적 우선 순위를 두면서 제품의 품질관리, 적절하고 안전한 유통시설, 표준화된 국제적인 표시와 정보 및 이 분야에 있어서 교육과 연구계획 등을 강조하였다. 살충제나 화학약품과 같은 다른 분야에서도 각 정부가 생산자들로 하여금 관계자에게 건강과 환경에 관한 정보를 제공하거나 표시에 포함시키도록 권장하여야 한다. 즉, 가장 우선순위를 두어야 할 소비자안전을 확보하기 위해 안전관리제도의 마련뿐만 아니라 소비자에게 위험의 내용이나 사용상의 주의사항을 주지시킬 것을 강조하고 있다

**Consumer Issue 15-1**

## 기표원, 제품안전 그림표지 KS 제정

공산품의 주의·경고 내용을 소비자가 알기 쉽게 그림으로 표시한 제품안전 그림표지가 국가표준(KS)으로 제정됐다.

산업자원부 기술표준원은 장난감·세정제·접착제 등 공산품에 의한 소비자 안전사고 예방을 위해 사고위험이 높은 제품에 사용할 수 있는 22개의 안전표지를 KS로 제정했다고 20일 밝혔다.

그동안 제품에 부착된 주의·경고 표시는 대부분 작은 글자로 되어 있어 소비자에게 위해성이 전달되기 어려웠다. 또 그림표지가 사용된 경우에도 기업별·제품별로 달라 소비자의 혼란과 경제적 낭비를 초래하고 외국 표지의 무단 사용으로 저작권 침해 가능성이 있었다.

이번 규격제정으로 소비자는 제품의 주의·경고 내용을 쉽게 파악해 안전사고를 예방할 수 있으며, 기업은 국제기준에 맞는 그림표지 사용으로 자체 개발에 따른 경제적 부담을 덜 수 있게 됐다고 기표원은 설명했다.

기술표준원은 이번에 제정된 제품안전 그림표지를 국민에게 홍보하기 위해 홈페이지(www.ats.go.kr)에서 그림표지를 내려 받을 수 있도록 하고, 사용법에 대한 안내서를 제작해 설명회를 개최할 예정이다.

출처: 디지털 타임스(2005. 12. 21)

## 2. 소비자 안전교육의 내용

### 1) 소비자교육 개념분류에서의 안전교육

소비자교육 프로그램의 교육내용 가운데 소비자 안전영역은 시민으로서 소비자역할을 인지하고 주체적으로 행동하는 영역에 속한다. 미국교육위원회(U.S. Office of Education)는 광고와 상품의 안전에 관련된 특별한 소비자문제로 소비자 안전교육을 9개 항목 중의 하나로 중요시하였다.

암스트롱과 울(Armstrong and Uhl)은 소비자교육 내용 18번째 항목으로 소비자보건(Consumer Health)을 제안하고 있는데 그 내용을 보면 ① 보건 서비스의 수요와 공급: 소비자지출, ② 의료 서비스, 의약품 쇼핑과 구입, ③ 보건과 의료 서비스의 적절성, ④ 마약과 알코올의 사회적 비용, ⑤ 의료사기와 오진, ⑥ 공공보건 서비스와 예방약, ⑦ 비교 보건 서비스 ⑧ 공기, 수질, 토질오염 등이다.

바니스타와 몬스마(Bannister and Monsma)는 소비자교육 개념분류에서 소비자안전을 시민의 참여영역에서 소비자보호 부문의 소비자권리 부분에 포함시키고 있다.

허만(Herrmann)은 소비자 시민성 영역에 소비자문제의 일부분으로서 제품안전(product safety)을 포함시키고 있다. 光川五郎 · 堀田剛吉(1983)과 박재선(1984)이 체계화한 소비자교육 프로그램의 내용에서도 사회적 영역에서 생활위해 부분을 포함하고 있다.

사회교육 차원에서 소비자교육 내용의 구성체계를 제시한 한국소비자원(이득연 · 송순영, 1992)의 모형을 보면 가치교육, 구매교육, 시민의식교육 차원 가운데 소비자안전은 구매교육 차원에서 안전 · 위해 부문으로 포함되어 있다. 즉, 소비자원의 의견은 소비자 안전내용이 실용성 기준을 잘 반영하는 구매교육 속에서 이루어져야 한다는 해석이다. 보다 자세한 소분류로 ① 소비자위해 가능품목, ② 구매 및 사용(이용) 시 안전 유의사항 등을 포함하고 있다.

## 2) 소비자 안전교육의 목표

소비자 안전교육은 유능하고 합리적인 소비자를 만드는 교육을 넘어서 안전이라는 새로운 소비가치를 중심가치로 채택하는 생활가치관 교육이면서 시민의식 함양을 위한 교육이다.

구체적으로 소비자교육의 목표를 제시한 일리노이 주의 소비자교육 지침(1986)을 토대로 하여(今井光映 · 中原秀樹, 정용선 외 역, 1998에서 재인용) 안전교육 목표의 방향을 제시하면 다음과 같다.

- 안전과 관련된 가치관에 대한 자신의 우선순위를 확고히 정한다.
- 소비자로서 수행해야만 하는 안전과 관련된 책임과 권리를 이해한다
- 자원을 이용할 때 안전을 깊이 고려하는 통찰력을 가지게 한다.
- 개개인의 안전과 관련된 가치관과 목표를 바탕으로 하여 의사결정을 할 수 있는 능

**표 15-2 일본 소비자교육학회의 학교소비자 교육의 안전관련 교육내용**

| 구 분 | 영 역 | 내 용 |
|---|---|---|
| 초등학교 | 소비생활의 가치형성 | • 학습도구와 놀이도구를 끝까지 조심스럽게 사용할 수 있다. |
| | 구매 | • 부패한 음식을 보고 가족에게 말할 수 있다. |
| | 소비자의 권리와 책임 | • 위험한 것을 없앨 필요가 있음을 안다.<br>• 잘 이용하는 놀이터에 위험한 곳이나 불편한 곳이 없는지 알아볼 수 있다.<br>• 구입한 상품이 상했을 때는 상점에 이를 말하고 교환할 수 있다. |
| 중학교 | 구매 | • 식료품, 의약품의 구입조건을 안다. |
| | 소비자의 권리 및 책임 | • 각종 자연환경의 오염의 내용을 안다. |
| 고등학교 | 소비자의 권리 및 책임 | • 소비자는 생활과 생명의 안전을 요구할 권리를 가지고 있음을 알고 실현시킬 수 있는 구체적인 방법을 안다.<br>• 결함상품의 처리를 올바르게 할 수 있다. |

출처: 일본 소비자교육학회; 이득연 · 송순영(1993). 소비자교육 관련 교과서 내용집필방향, 재인용.

력을 갖춘다.

- 의사결정을 할 때 비판적 사고를 근거로 하여 안전관련 정보를 이용할 수 있게 한다.
- 현대 경제사회에서 소비자, 노동자, 시민의 역할의 하나로서 안전의 중요성을 인식한다.
- 가정생활에서도 소비자-시민임을 자각하고 생활안전에 특히 주의하도록 한다.

학교에서 소비자안전 교육목표를 어떻게 정립하여야 하는지를 나타내는 한 예로 일본 소비자교육학회(이득연 · 송순영, 1993에서 재인용)에서 제시한 '초 · 중 · 고교 교사들이 학교 소비자교육을 통해 추진하는 소비자능력'에서 안전관련 능력부분을 소개하면 표 15-2와 같다.

## 3) 교육주체별 소비자 안전교육의 내용

### (1) 가정에서의 소비자 안전교육

가정은 인간으로서의 소비자가 가장 먼저 접하게 되는 학습과 체험의 장으로서 모든 소비자교육의 근간이 된다. 특히나 유아 및 아동 소비자의 사고 발생이 주로 가정에서 나

**표 15-3 어린이 안전사고 현황**

| 사고장소 | 건수 | 비율(%) |
|---|---|---|
| 가 정 | 2,762 | 60.8 |
| 공원 및 놀이시설 | 497 | 10.9 |
| 공공행정 및 서비스 지역 | 445 | 9.8 |
| 도 로 | 322 | 7.1 |
| 운동 및 여가 활동지역 | 238 | 5.2 |
| 교육 및 교육시설 | 196 | 4.3 |
| 기 타 | 81 | 1.8 |
| **합 계** | 4,541 | 100.0 |

출처: 한국소비자원(2006). 어린이 안전사고 현황.

그림 15-2 행정안전부 어린이 안전교육 사이트(www.safejjang.kr)

타나고 있는 것처럼 영유아 소비자와 이들의 양육자인 부모소비자에게는 더욱 중요한 안전교육의 영역이다.

더불어 안전을 추구하는 가치관과 올바른 정보를 탐색하고 요구하며 이를 활용하는 태도는 유아 및 아동 시기에 결정적으로 형성되므로 가정에서의 올바른 안전소비자교육이 중요하다. 따라서 부모소비자는 다음 세대의 안전 가치관과 올바른 소비생활양식에 대한 책임감을 가지고 건전하며 바람직한 안전 추구 생활환경을 조성할 수 있도록 노력하여야 할 것이다. 부모소비자들은 영유아 자녀의 안전 관련 올바른 사회화를 위하여 무엇보다 생활 속의 행동과 실천 및 습관을 자녀들이 모델링할 수 있다는 사실을 유념하며 모범적인 태도를 형성하도록 솔선수범하여야 한다. 또한 다양한 매스미디어와 어린이 안전교육 인터넷 사이트를 이용하여 가정 내에서도 일상적인 체험과 학습이 가능하도록 다양한 정보매체를 활용할 수 있다.

### (2) 학교에서의 소비자 안전교육

소비자 안전교육의 목표가 다양할지라도 학교에서의 안전교육은 안전과 관련된 소비자 능력을 함양하는 것이다. 소비자능력이 의식 · 지식 · 기능 차원으로 구성되어 있기 때문에 안전교육도 다음에서와 같이 세 가지 차원에서 접근이 가능하다.

- **안전의식 교육**
  - 소비자안전과 관련된 소비자피해 사례분석
  - 다양한 소비자안전 문제 인식
  - 사회의 안전수준: 허용 가능한 위험수준
  - 안전불감증 대 안전민감성
- **안전지식 교육**
  - 위해정보체계
  - 상품의 안전표시
  - 소비자 안전관리제도의 이해: 최소품질표준, 영업허가제, 제조물 책임법, 리콜제도
- **안전행동 교육**
  - 안전정보의 탐색
  - 안전한 상품 · 서비스의 선택: 안전성 기준의 고려
  - 상품 · 서비스의 안전한 사용과 이용
  - 불안전한 상품 · 서비스로 인한 피해에 대한 대처방안

### (3) 사회에서의 소비자 안전교육

사회교육 차원에서 소비자 안전교육은 그 대상에 따라 상당한 교육내용의 차이가 예상된다. 특히 소비자문제와 관련된 일을 담당하고 있는 준전문가 집단과 일반인에 대한 안전교육 내용은 상이할 수밖에 없다. 사회교육 차원에서 소비자교육 구성체계를 제시한 한국소비자원(이득연 · 송순영, 1992)은 각 사회교육 기관별 교육내용 모형을 고안하고 있는데 이를 참고로 하여 사회교육 차원에서의 소비자 안전교육내용을 살펴보면 다음과 같다.

#### ① 공공행정기관에서의 안전교육내용 모형

- **일반 시민대상 소비자교육**: 소비자 안전관리제도 교육을 제안
  - 교육목표: 소비자 안전관리제도에 대한 이해
  - 주요세부내용
    - 소비자 안전관리제도 및 실태

-소비자 안전관리 품목

-소비자 안전기준

-위해사고 피해구제

- **사업자 교육**: 해당 업종별 교육을 제안

  해당 업종별로 상품비교 조사 및 시험검사 현황, 해당 업종에서의 소비자의식 및 소비자요구 부문에서 소비자안전 내용을 교육할 수 있다.

- **공무원 교육**: 위해방지 관련법 교육을 제안

  소비자보호법 및 제도해설 영역에서 위해방지 관련법을 포함시킨다. 세부적인 관련법으로는 식품위생법, 약사법, 농약관리법, 전기용품 안전관리법, 공산품 품질관리법, 향정신성 의약품 관리법 등이 있다.

② 소비자단체에서의 안전교육내용 모형

형식상 피교육자와의 대면적 상황에서 교육이 이루어지는 강의방법이 주된 형태로 볼 수 있으며 그 밖의 교육방법으로는 실험, 실습이나 현장견학 등이 활용될 수 있다.

- **성인대상 교육**: 구매영역에서의 안전 · 위해

  소비자위해 가능품목과 구매 및 사용 시 안전 유의사항을 교육한다.

  • 교육목표

  -소비자안전 확보 능력을 개발

  -소비자 위해사례 예시

  • 주요 세부내용

  -주요 소비자위해 요령

  -소비자위해 대처요령

- **학생 대상 소비자교육**: 소비자 의사결정 능력 배양을 목표로 하기 때문에 상품 · 서비스 구입요령 속에서 상품의 안전성에 대한 교육이 가능할 것이다.

- **소비자단체 지도자 및 실무자 대상의 소비자 전문교육**: 소비자 보호제도에서 소비자 안전제도 교육, 상품시험검사 실무에서 안전성 시험 등의 시험 검사법에 대한 실무습득 교육

③ 기업에서의 소비자 교육내용

상품 설명 정보와 관련 생활정보를 제공하는 교육을 실시할 수 있다.

- **식품업체**: 보관 시 유의사항, 건강정보
- **가전제품업체**: 냉장고 등－식품별 유효보관 기관/에어컨, 난방기기－실내 온도조절과 건강관리
- **자동차업체**: 안전운행 방법, 교통사고 발생 시의 응급조치 방법
- **육아용품업체**: 종이기저귀로 인한 피부병 예방법 및 사후대처방법
- **화장품업체**: 화장품 부작용의 유형과 대처방법
- **의약품업체**: 건강정보(성인병 예방법, 가정에서의 응급처치, 스트레스 해소법, 가정에서의 상비약, 건강 식생활), 의약품 오·남용 및 부작용 예방과 대책
- **여행업체**: 여행 시의 안전(건강, 범죄피해 예방)

④ 매스미디어와 정보매체에서의 소비자교육내용

매스미디어는 시민 소비자가 가장 일상적으로 접하게 되는 사회화의 통로로서 기업의 광고와 홍보 대상으로도 중요하지만 최근에는 다양한 소비자지향적 콘텐츠들의 주요한 통로가 되고 있다. 소비자고발 프로그램이나 소비자이슈별 다큐멘터리 등이 그 대표적인 사례라 할 수 있는데 소비자들의 관심과 정보요구도가 증가함에 따라 이러한 프로그램들의 시장 영향력이 확대되고 있는 실정이다. 가정소비자교육에서도 언급하였지만 최근에는 어린이 안전교육 등 다양한 주제별 공공 사이트들이 개설되면서 부모소비자를 대상으로 가정 내에서 활용할 수 있는 교안들을 무료로 제공함에 따라 평생학습의 차원에서 적극적인 소비자의 학습참여가 증가하고 있다. 또한 각종 C2C(Consumer to Consumer) 커뮤니케이션이 증가함에 따라 소비자들 스스로 블로그나 카페 등을 개설하여 중립적이고 다양한 정보를 소비자 간 공유하며 지식을 전문화시키는 자발적 노력들이 증가하고 있다. 정보화의 환경이 정교하게 진전됨에 따라 이러한 정보매체들을 활용한 소비자 간 의사소통이 지니는 교육적 효과가 더욱 증가될 것이다.

Consumer Issue 15-2

## '에어백의 실체' 대공개

탑승자의 안전을 위한 장치 에어백은 자동차 사고 발생 시 운전자의 생명을 보호하고 부상을 줄이기 위한 안전장치이다. 많은 소비자들이 안전을 위한 필수장치로 생각하고, 비싼 돈을 지불해서라도 더 많은 에어백을 장착하기도 한다. 최근에는 기본 에어백으로만 6개가 장착되어 나오기도 하는데… 터지기 전엔 절대 알 수 없는 에어백의 실체를 〈불만제로〉가 낱낱이 공개한다.

**불만제로 '에어백의 실체' 대공개**

지난 5월 한 고급 승용차가 빗길에 미끄러지면서 도로 준공비와 충돌하는 사고로 운전자는 사망했다. 그런데 유족들은 차량에 결함이 있는 것이 아니냐며 의문을 제기했다. 바로 안전을 위해 기본으로 장착된 8개의 에어백이 하나도 터지지 않았던 것! 유가족은 에어백만 터졌어도 최소한 목숨은 건졌을 것이라며 울분을 터트렸다. 자동차 성능연구소에 따르면 측면기둥충돌 테스트 시 커튼에어백이 없으면 머리 상해치가 4,000~6,000 높게 나와 사망수준에 이르지만 커튼에어백이 작동되면 머리 상해치가 200~400 수준으로 떨어져 머리를 보호해 준다고 한다. 사고차량은 커튼에어백이 장착된 차종이지만 끝내 터지지 않았고 제조사는 점검 결과 에어백에는 아무 이상이 없다고 밝혔다.

〈불만제로〉 앞으로도 자동차의 에어백이 제때 작동하지 않았다는 불만들이 접수됐다고 한다. 운전자가 사망하고, 폐차를 시켜야 될 만큼 큰 사고라도 반드시 에어백이 터진다고 할 수 없다? 〈불만제로〉는 자동차 취급설명서를 살펴봤지만 명확한 기준은 알 수 없었다. 터질 수도 있고 안 터질 수도 있는 에어백의 까다로운 작동조건을 〈불만제로〉에서 공개한다.

〈불만제로〉는 에어백이 터지는 힘을 알아보기 위해 마네킹 얼굴에 유성점토를 붙이고, 에어백을 터트렸다. 실험결과 얼굴은 형체를 알아볼 수 없을 정도로 일그러졌는데…. 에어백은 위험한 상황에서 우리의 목숨을 지켜줄 수도 있지만 아무 때나 터져버리면 오히려 에어백에 의한 부상을 입을 수도 있다. 그래서 제조사들은 경미한 충격에서는 에어백이 터지지 않는다는데…. 하지만 〈불만제로〉는 에어백 관련 불만을 제기하는 사고 당사자들을 만나면서 경미한 충격의 기준에 대한 의문이 들기 시작했다. 특히 사고가 났던 몇몇 차량을 살펴보니 사고 후 배터리가 분리돼 있는 모습을 발견할 수 있었는데…. 혹시 사고 당시 배터리가 먼저 분리돼 에어백이 터지지 않는 것은 아닐까? 하지만 제조사에서는 배터리가 탈착 혹은 분리돼 전원 공급이 차단돼도 일정시간 이상 에어백 시스템은 정상 작동한다고 한다. 그럼 그 일정시간은 어느 정도를 말하는 것일까? 에어백 작동과정의 진실을 〈불만제로〉가 공개한다.

사고 시 에어백 결함으로 피해를 본 피해자들은 정확한 원인을 알고 싶다! 하지만 제조사는 에어백이 터질 조건이 아니었다는 말만 되풀이하는 상황! 유일하게 에어백 장착이 의무화된 미국은 어떨까? 에어백 사고에 대처하는 정부, 제조사, 소비자의 자세는 달랐다! 안전을 위해 더 철저하고 까다로운 정책을 만드는 미국의 안전정책을 〈불만제로〉가 취재했다고 한다.

우리나라는 에어백에 대한 기준 자체가 없어서 정부가 나서서 결함조사를 하기도 어렵고, 조사를 한다고 해도 강제 리콜 조치를 할 권한도 없다. 반면 에어백 장착을 의무화하고 관련 법규도 마련한 미국은 다르다. 결함 불만이 접수되면 조사도 하고 제조사 측에 결함에 대한 자세한 답변을 요구하기도 한다. 정부의 적극적인 움직임으로 문제가 되는 차량은 리콜 조치가 내려진다. 미국은 자동차 안전에 대해 까다로운 규정이 있어서 미국에 수출하기 위해서는 안전관련 법규를 맞출 수밖에 없다. 때문에 동일 차종이라고 해도 내수용과 수출용은 기준이 다르다. 국내에 장착되는 대부분의 에어백은 팽창력만 20~30% 줄인 2세대 디파워드를 장착하고 미국은 에어백이 터지면서 발생할 수 있는 위험도 최소화한 4세대 어드밴스드를 장착한다.

안전장치 중 제일 중요한 안전벨트 또한 우리나라는 사고 시 장파열의 우려가 있는 2점식을 뒷좌석 가운데에 장착한 반면 미국은 전 좌석 3점식 장착을 의무화했다. 심지어 특정 자동차의 경우 측면 충돌 시 차체와 탑승자를 보호하는 임팩트 빔도 내수용은 1개, 수출용은 2개를 장착했다. 이런 안전장치들은 소비자가 추가비용을 지불해서 장착하고 싶어도 할 수 없다. 다행히 2년의 유예기간을 두고 2013년에는 전 좌석 3점식 안전벨트 장착이 의무화된다고 한다. 그런데 현재 수출용에는 전 좌석 3점식이 장착되는 만큼 2년의 유예기간은 충분히 단축시킬 수 있다는 것이 소비자들의 생각! 무조건 법대로 한다는 국내 자동차 회사들의 밑바닥 안전철학을 〈불만제로〉가 고발한다고 밝혔다.

출처: 어니스트뉴스(201. 7. 27)

### 4) 소비자 안전교육 시 고려사항

① 대상과 목표를 분명히 한다

소비자 안전문제는 매우 다양한 분야를 포함하고 있다. 소비자안전에는 제품안전, 교통안전, 시설물안전, 더 나아가 산업안전과도 관련된다. 소비자안전은 매우 광범위하고 다양한 분야와 직접 또는 간접적으로 관련을 가지므로 안전교육을 획일적으로 규정하고 프로그램화하는 것은 불가능하다. 따라서 소비자 안전교육은 그 대상과 목표가 분명해야 구체적인 교육의 실행과 효과를 기대할 수 있다.

② 소비자 안전규제와 병행되어야 한다

일반적으로 소비자 안전문제는 정책적으로 해결하려는 경향이 지배적이나 소비자의 행동변화와 병행하지 않으면 근본적인 해결이 어렵다. 따라서 소비자 안전교육은 특히 소비자 안전규제와 함께 그 내용이나 주된 쟁점에 있어서 함께 진행되어야 한다. 그리고 소비자 안전규제가 사회경제의 변화에 따라 민감하게 변하기 때문에 그런 점에서 소비자 안전교육은 시간적으로 그 당시 사회의 주된 안전관련 쟁점과 뉴스에 상당 부분 치중하는 것이 바람직하다.

③ 모든 연령집단을 대상으로 실시해야 한다

소비자 안전교육은 모든 연령집단을 대상으로 실시해야 한다. 안전사고는 특히 저연령층에서 많이 발생하고 있기 때문에 현실적인 측면에서도 안전교육은 시급한 문제이다. 뿐만 아니라 저연령층에서의 학습은 의식화와 행동의 습관화를 기대할 수 있기 때문에 저연령층의 안전교육은 학습의 효과 면에서 더욱 중요하다.

④ 예방적 차원의 교육이 중요하다

소비자 안전교육은 예방적 차원의 교육이 특히 중요하다. 이를 위해서는 안전교육의 정의적 · 인지적 · 행동적 측면의 균형 가운데 정의적 측면이 일차적으로 중요하다고 본다. 의식적으로 안전을 중요시하는 태도가 일차적인 목표이다. 이러한 태도는 단순히 통념적으로 받아들여지는 안전의 중요성이 아니라 일반 행동에 있어서 안전을 최우선으로 생각하는 습관이 길러지도록 강화하는 의미를 가진다.

⑤ 환경교육과 관련을 가지고 교육해야 한다

소비자 안전교육은 환경교육과 매우 밀접한 관련을 가진다. 현대의 안전문제는 환경오염에 기인하는 경우가 많기 때문이다. 이를 위해 환경교육과의 관련을 가지고 접근하는 것이 효율적이다.

### 5) 소비자 안전교육의 교수-학습방법

안전의식 고취와 생활안전의 향상을 목표로 하는 안전교육은 강의식 학습방법에서 벗어나 다양한 학습방법이 요구된다. 다음은 안전교육에서 적용 가능한 교수-학습방법이다.

### (1) 학교에서의 교육방법

① 과제연구 발표

일차적으로 안전교육은 안전사고 및 안전문제의 사례에 대한 지식이 필요하다. 이러한 점에서 각 학급의 팀별 과제를 연구하여 발표하는 것이 매우 유용하다. 과제의 주제로는 '문구류에서의 안전문제는 어떠한 것들이 있는가', '식품의 안전규제는 어떠한가', '제조물책임이란 무엇인가' '패스트푸드의 위생상태는 어떠한가' 등이다.

② 사례연구

소비자 안전과 관련된 사고, 사건 등을 경험한 사례는 약 20% 정도로 예측된다. 위해사례 등을 공유함으로써 생활의 안전사고를 예방하기 위한 지침 등을 마련할 수 있다. 사례연구의 주제로는 '자신의 위해경험 사례 발표', 또는 '올해의 위해정보 발표', '피해구제 사례 가운데 안전관련 내용' 이다.

③ 역할놀이, 모의사태 해결

가상적인 상황 속에서 안전문제와 관련된 당사자들의 역할을 경험해 보면서 안전문제의 해결점을 모색해 보는 방법이다. 예를 들면, '모의 불량식품업자 재판', '제조물책임법 공청회', '운전자와 보행자 역할놀이' 등이다.

④ 토 의

사회적으로 문제시되는 안전관련 쟁점에 대한 찬반토론을 통하여 우리 사회에서 바람직한 안전문제 해결방법을 탐색하는 방법이다. 이 방법을 적용하여 '수입쇠고기의 유해물질 잔류량 문제', '제조물책임과 소비자책임', '농약사용과 농산물' 등 다수의 사회적 쟁점을 토론할 수 있다.

⑤ 소비자관련 동아리 활동

소비자관련 동아리 및 특별활동에서 학교주변의 안전문제, 우리 지역사회의 안전문제, 우리들이 주로 사용하는 생활용품의 안전문제 등의 주제를 통해 자료수집과 발표 등을 축제, 학술대회 등에서 할 수 있다.

### (2) 사회에서의 교육방법

사회에서의 안전교육 방법은 일반인을 대상으로 한다는 면에서 보다 시각적이고 청각적인 측면을 필요로 한다. 대중매체의 이용이 보다 효과적이고 접근 가능한 공익광고, 프로그램 제작 등을 할 수 있다. 또한 소비자단체에서 체계적으로 이루어지는 소비자교육에 안전교육의 내용을 포함시키는 것이 바람직하다.

그리고 각종 소비자 안전관리제도에 대한 공청회, 불량식품 및 공산품 특별 전시회나 홍보활동 등이 이미 많이 실시되어 오고 있으나 많은 사람들이 공유할 수 있도록 가족 사회시설에서 순회실시를 한다든지 혹은 지방자치단체에서도 이를 실시하는 것이 필요하다.

평생교육 차원에서 활성화되고 있는 각종 사회교육원이나 문화센터 등에서 공개강좌를 통한 우리 사회의 안전문제와 안전관리제도에 대한 강의 및 관련자료의 전시 등은 많은 효과를 얻을 수 있을 것이다. 또한 사회의 노령화 추세로 인하여 앞으로 노인들의 생활안전문제가 관심사로 떠오를 전망이므로 각 노인대학에서 안전교육을 실시하는 것도 중요하다.

### (3) 가정에서의 교육방법

가정에서의 안전교육은 저연령층에서부터 많이 실시되어 오고 있다. 하지만 보다 객관적인 정보를 이용하고 교육적인 효과를 기대하기 위해서는 자녀와 부모와의 안전문제 대화가 일상적으로 이루어져야 할 것이다. 또한 소비자전문지 구독을 통한 안전정보 이용이 자녀들도 습관화되고 공유할 수 있어야 하며, 부모가 의식적으로 안전추구행동을 함으로써 자녀들이 습관적으로 안전을 중요시할 수 있도록 간접교육을 시행하는 것이 바람직하다.

Consumer Issue 15-3

## 정부, 소비자 안전교육의 장 개소: 제품안전 전시실

지식경제부 기술표준원은 20일 오전 이윤호 장관이 참석한 가운데 '제품안전 전시실' 개소식을 가졌다. 이 전시실은 앞으로 일반에 무료로 공개된다.

제품안전 전시실은 과천의 기술표준원(2동 1층)에 있으며, 안전사고가 많이 발생하는 품목과 어린이가 유의해야 할 품목 등 400여 점을 순차적으로 전시한다.

그간 일반 소비자뿐 아니라 어린이를 위한 제품안전에 대한 상설교육장 설치가 절박했다. 어린이용 제품의 경우 안전사고의 79%가 어린이의 제품사용 부주의에서 발생했기 때문이다.

더욱이 최근 정부가 삶의 질을 반영하고자 선정한 5대 민생지표(고용, 소득, 주거, 교육, 안전) 중 하나로 안전이 강조되고, 안전사고로 인한 사회적 비용이 연간 4.3조 원에 이르는 등 제품안전의 사회적 중요성도 높아졌다.

이에 제품안전 전시실에서는 자전거, 리튬이온2차전지, 인라인 롤러스케이트, 비비탄총, 선풍기, 전기모기채 등 일반생활용품에 대한 제품의 안전관리제도, 제품사용요령과 안전사고 사례 등을 실물과 동영상을 통해 한눈에 볼 수 있고 어린이 제품 안전 포스터 우수작도 전시된다.

첫 손님인 정부과천청사 어린이집 어린이 90명을 출발로 유치원, 초등학교 등으로부터 단체관련 신청도 받는다(문의: 기술표준원 생활제품안전과, 전화 02-509-7246~9).

지경부 기술표준원은 앞으로 국립과학수사연구소 등과 협의하여 실제 안전사고 제품과 안전성 조사결과 위험한 제품으로 판정된 것을 교체 전시하여 제품안전에 대한 관심을 더욱 고취시켜 갈 계획이다.

출처: 뉴스핌(2009. 8. 20)

# 소비자 안전교육 프로그램 사례

다음은 '중학교 교사를 위한 컨슈머 에듀 콘서트' (배순영, 2006) 중, '식품표시와 소비자안전' 에 관한 중학생용 수업교안이다. 가정시간을 비롯하여 재량활동시간이나 특별수업시간에 활용하도록 부분별 나눔교육이 가능하게 구성되었다. 수업시간은 1차 시당 45분으로 총 2차 시 90분 수업이다.

● **학습목표**: 청소년들의 일상생활은 소비자안전과 밀접하게 연관되어 있다. 본 교육에서는 청소년들과 가장 친숙한 생활 부문으로 '식품' 을 선택하여 구체적인 학습목표를 다음과 같이 설정하였다.

- 자신이 구입하는 식품에 안전성이 고려되었는지 관심을 가진다.
- 식품 등 각종 소비제품의 안전 표시나 라벨을 읽을 수 있다.
- 식품첨가물 등 위험 물질에 대해 알고 있어야 한다.
- 집이나 학교, 사회에서 일어날 수 있는 안전사고에 대해 알고 예방노력을 한다.
- 리콜제도나 제조물책임법 등 주요 소비자안전제도를 안다.

● **수업교안(2차 시 90분)**

| 전 개 | 접근방법 | 구체적인 방법 |
|---|---|---|
| 문제 직면 | 감성적 접근 | • 흥미와 필요에 따라 문제를 확인하고 목적을 의식하는 단계<br>• 동영상자료를 통해 식품안전에 대한 인식 환기 |
| 질문과 생각 | 논리적(지적) 접근 | • 공부진행에 대한 전반적인 틀을 수립하는 단계<br>• 식품 및 제반 소비자안전에 대한 질문을 통해 생각 정리 |
| 이해와 수용 | | • 주제 관련 자료를 읽고 정리, 지식을 쌓음<br>• 식품첨가물, 식품표시에 대한 이해 |
| 체험과 깨달음 | | • 역할극, 토론, 캠페인 등의 창의적 표현으로 다지기<br>• 그간 배운 내용을 정리하는 식품안전 관련 역할극, 캠페인 |
| 평가와 선택 | 실천적 접근 | • 점검 목록에 의한 평가, 느낌 정리<br>• 자신의 행동을 선택<br>• 심화과제 |

● **수업단계별 교육내용**

1단계: 문제 직면단계

다음의 동영상을 학생들과 공유한 후 아래의 두 가지 질문을 던집니다.

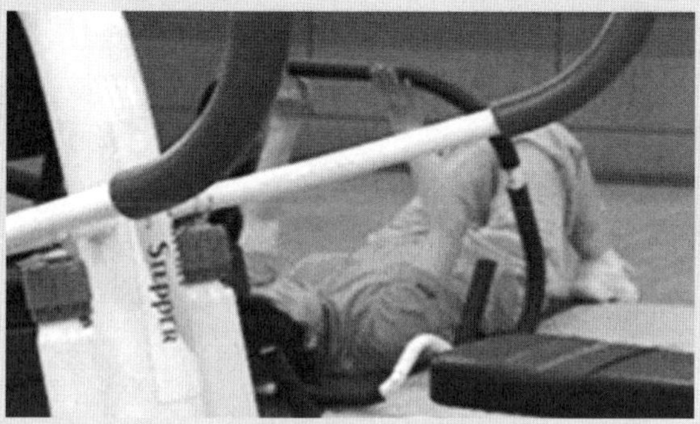

제목: 다이어트 식품에서 금지된 약품성분 검출
자료: Consumer TV
http://onair.crp.or.kr/main/main.php 뉴스브리핑 채널(러닝타임 2분 39초)

① 여러분은 다이어트 식품을 먹은 경험이 있나요?
② 여러분에게 '몸의 안전'은 얼마나 소중한가요?

2단계: 질문과 생각

다음의 좀 더 심도 있는 질문을 단계적으로 제시한다.

③ 식품안전에 대한 여러분의 평소 생각이나 행동을 O, X로 한 번 체크해 보세요.
- 안전한 상품을 구입하기 위해 보다 더 많은 돈을 지불할 용의가 있다. ( )
- 음료수나 간식을 먹을 때 식품첨가물이 적게 든 것을 고르려고 한다. ( )
- 식품을 구입할 때 표시를 읽는다. ( )
- 과일 등을 먹을 때 농약 등의 제거를 위해 노력한다. ( )

④ 안전한 식품, 안전한 의복, 안전한 주택, 안전한 승강기와 놀이시설 등 소비자 안전은 점점 더 중요해집니다. 왜 그럴까요?

3단계: 이해와 수용

3단계를 통해 학습자의 인지적 이해와 수용을 도모한다. 노출된 문제를 해결하기 위해 객관적인 근거를 탐색하여 분석하는 과정이다. 이는 학습자의 정서적 깨달음을 논리화하며 체계화하도록 돕는다. 각종 관련 정보 및 자료를 제시하여 자발적으로 활용할 수 있도록 한다.

⑤ 10대 청소년들이 특히 식품첨가물에 주의해야 하는 이유를 정리해 보세요.
⑥ 식품표시란 무엇이며 이것을 잘 알고 읽는 것이 소비자안전에 어떤 도움이 되는지 설명해 보세요.
⑦ '과실음료 ○○ 병뚜껑 부분에서 곰팡이균 검출되 리콜'이라는 기사가 났습니다. '리콜'이란 뭔가요? 그리고 소비자안전과 어떤 관계가 있을까요?

- 관련 읽기자료 1: 식품안전 지키는 식품표시
- 관련 읽기자료 2: 10대 청소년 식품첨가물 위험에 노출
- 관련 읽기자료 3: 소비자안전을 지켜 주는 리콜(Recall) 제대로 알기

4단계: 체험과 깨달음

4단계에서는 식품안전과 관련하여 체험을 통해 다양한 소비자문제를 익히고 깨닫도록 한다. 역할극, 토의, 포스터 제작, 캠페인 등 학습자가 다양한 체험활동에 참여하도록 한다.

⑧ 소비자에게 유해하다고 알려진 대표적인 식품첨가물 3개를 포스터로 제작해 외워 봅시다('읽기자료 2' 참고).
⑨ 팀별로 과자, 음료, 통조림 등 다양한 식품유형을 가져와 식품 표시를 읽고 정리해 봅시다. 무엇이 적혀 있고, 무엇이 적혀 있지 않은가요?

5단계: 평가와 선택

마지막 5단계에서는 학습자인 청소년들이 일상의 현실 속에서 찾아본 식품안전의 다양한 과정을 돌아볼 수 있는 시간을 마련한다. 일상 속에서 깨어 있는 소비자의 의식과 지혜로운 선택습관을 성숙시키도록 한다.

⑩ 큰 종이를 한 장씩 꺼내 놓고 내가 주로 먹는 음식 10가지를 적어 보세요.
우리나라 청소년 식습관 조사에 비해 얼마나 많은 가공식품을 먹습니까?
⑪ 질문 ③으로 다시 돌아가 체크해 보세요. 그리고 이제까지 배운 내용을 중심으로 생활 속의 안전한 소비습관을 5가지만 정리해 봅시다.

# Project

1 우리 주변에서 소비자안전이 위협받고 있는 구체적인 사례들을 조사해 보자.

2 소비자안전을 확보하기 위한 방안으로서 정부의 안전규제정책 이외에 소비자 개개인을 대상으로 하는 소비자 안전교육의 중요성이 강조되는 이유에 대해 생각해 보자.

3 현재 민간 소비자단체에서 실시하고 있는 소비자교육 프로그램 중 소비자 안전교육관련 프로그램과 그 내용에 대해 살펴보자.

4 아동소비자, 청소년소비자, 성인소비자, 노인소비자 각각을 대상으로 하는 소비자 안전교육에서 가장 중점을 두어야 할 내용과 교육방식이 어떻게 차별화되어야 하는지 생각해 보자.

# 참고문헌

## 국내문헌

곽윤직(1997). **민법총칙**. 박영사.

곽현정 · 이승신(2003). 아동소비자의 소비자행동의 합리성에 관한 연구. **대한가정학회지**, 41(5).

교육부(1988). 국민학교 교육과정 해설.

교육부(1992). 고등학교 교육과정. 교육부 고시 제1992-19호.

교육부(1992). 중학교 교육과정. 교육부 고시 제1992-11호.

교육부(1993). 학교환경교육 강화방안. 미간행.

권명희(1988). 아동소비자 행동과 관련된 변인 연구. 연세대학교 교육대학원 석사학위논문.

권미화(2000). 청소년소비자의 소비가치에 따른 집단 간 차이에 관한 연구. **청소년학연구**, 7(1).

권정원 · 이기춘(1997). 노인소비자교육 요구분석-노인교육기관을 중심으로. **서울대생활과학연구**, 22.

김경동(1984). **삶의 질과 사회교육**. 한국지역사회학교후원회.

김나연 · 이기춘(2001). 청소년 소비자의 동조적 상표선택행동에 관한 연구. **대한가정학회지**, 39(12).

김난도(1998). 소비자파산제도의 개선방향에 관한 연구-파산상담제도의 도입을 중심으로. 21세기의 소비자주권. 한국소비자학회 98년도 정기총회 및 학술대회 자료집.

김동기 · 채서일 · 이성근(1992). 노인소비자에 관한 문헌적 연구. **고려대 경영논총**, 36.

김명순(1983). 초등학교 아동들의 금전관리실태. 이화여자대학교 대학원 석사학위논문.

김문조 · 손장권 · 김철규(1994). 미국의 소비자운동. **지역연구**, 3(3). 서울대학교 국제대학원.

김문희(1996). 청소년소비자의 과시소비에 관한 연구. 목포대학교 대학원 석사학위논문.

김민정 · 김기옥(2003). 성인소비자 대상의 온라인 소비자교육프로그램 개발 및 평가. **한국가정관리학회지**, 21(5).

김배원(1994). 정보화사회와 소비자의 알 권리. **소비자문제연구**, 13.

김성숙 · (1997). 소비자의 안전의식과 안전추구행동. 서울대학교 대학원 박사학위논문.

김성숙 · 박운아(1992). 도시가계의 경제적 노후준비행동과 관련요인 연구. **소비자학 연구**, 3(2).

김성숙 · 이기춘(1995). 한국 대중매체에 나타난 소비자안전문제의 내용분석. **대한가정학회지**, 33(1).

김성천(1995). 정보사회와 소비자정책의 과제. **소비자문제연구**, 15.

김성환(1993). 우리나라 청소년의 구매의사결정에 관한 실증적 연구-국산상표 및 외국상표 스포츠화의 비교를 중심으로. 경희대학교 대학원 석사학위논문.

김수일 외(1982). **사회교육 요구분석**. 한국교육개발원.

김시월(2003). 청소년 소비자의 환경친화적 소비행동에 관한 연구. **대한가정학회지**, 41(6).

김시월(2004). **부모와 자녀가 함께 하는 소비자교육**. 시그마프레스.

김시월 · 노영래(2007). 청소년 소비자의 합리적 소비생활과 상표지향성에 관한 연구. **대한가정학회지**, 45(8).

김신일 (2005). 평생학습사회의 교육학 패러다임. **평생학습사회**, 1(1).

김영근(2009). 고령친화 용품의 소비와 관련된 노인소비자 행태 특성. **한국노년학회지**, 29(1).

김영신(1991). 소비자문제의 유형별 경험에 관한 연구. 서울대학교 대학원 박사학위논문.

김영신 · 박지영(2003). 청소년 소비자의 의사결정 유형에 관한 연구. **충남생활과학연구지**, 16(1).

김영신 · 이기춘(1987). 아동소비자의 기능 및 관련요인에 관한 연구. **한국가정관리학회지**, 5(1).

김영신 · 이기춘(1991). 아동소비자교육내용의 체계화에 관한 연구. **서울대생활과학연구**, 16.

김영호(2009). **베이비 붐 세대가 몰려온다 스마트 시니어 마켓 누가 선점할 것인가**. 대홍 커뮤니케이션.

김정호(2011). '초 · 중 · 고 금융교육 표준안' 의 구성배경과 내용 체계. **한국경제포럼**, 3(4).

김해미(1997). 소비자교육의 교수-학습방법 개선에 관한 연구-고등학교 생활경제 과목을 중심으로. 성신여자대학교 대학원 석사학위논문.

김홍기(1996). 소비자교육 및 소비의식에 관한 연구-수원시 중학생을 중심으로. 경기대학교 대학원 석사학위논문.

공정거래위원회(2007). 소비자주권 시대의 소비자교육 추진전략.

나종연 · 이기춘(1998). 어머니의 아동기 자녀에 대한 소비자사회화수행. **대한가정학회지**, 36(5).

남기화 · 여정성(2005). 아동소비자 대상 방송광고 실태분석을 통한 규제방안 연구. **대한가정학회지**, 43(1).

노영화 · 황정선(1995). **소비자지향적 기업경영에 관한 연구**. 한국소비자보호원.

노형식(2009). 금융위기와 금융교육의 중요성. 한국금융연구원. **주간 금융브리프**, 18(17).

도종수 · 정문성(1993). 청소년 생활실태 및 의식조사 연구. **한국청소년연구**, 1993년 12월 호.

두경자(2003). 노인소비자를 위한 구매 의사결정 과정에 관한 교육내용구성의 기초. 상명대학교 사회과학연구소.

문숙재 · 김순미 · 김연정(1996). 노인가계와 비노인가계의 재정상태 비교분석. **한국가정관리**

**학회지**, 14(3).

박명희 · 이민표(1992). 노인소비자연구의 실태와 전망. **소비자학연구**, 3(2).

박명희 · 송인숙 · 손상희 · 이성림 · 박미혜 · 정주원 · 천경희 · 이경희(2011). **누가 행복한 소비자인가?**. 교문사.

박월선(2008). 어린이를 위한 학교 밖 경제교육 프로그램 분석. 경인교육대학교 교육대학원 석사학위논문.

박지나(2009). **학교숲 환경교육**. 대구생명의 숲.

박철(1996). 청소년의 충동구매실태 및 관련요인에 관한 연구. **한국청소년연구**, 1996년 12월 호.

박형준(1997). **21세기의 이해**. 동아대학교 출판부.

박혜경(1992). **소비자 교육론**. 수학사.

백경미(1995). 도시주부의 과시소비성향과 영향요인. 서울대학교 대학원 박사학위논문.

백경미(1995). 청소년 소비자의 광고수용도와 물질주의성향-목포시 청소년소비자를 중심으로. **목포대학교논문집**, 15(2).

변길희 외(2006). 통합적 접근에 의한 소비자교육 프로그램이 유아의 소비자 행동에 미치는 영향. **아동학회지**, 27(6).

변종헌(2004). 환경윤리교육의 새로운 패러다임과 과제. **국민윤리연구**, 56.

보건복지부(1995). 보건복지통계연보.

보건사회부(1994). 보건사회통계연보.

서병호(2008). 금융교육 필요성과 강화방안. 한국금융연구원. **주간 금융브리프**, 17(20).

서울YWCA 소비자교육연구회(1979). 세계 어린이해 기념 국민학교 소비자교육.

서울대학교 사범대학 사회교육연구회 편(1983). **사회교육: 이론과 실제**. 대한출판사.

서정희(1993). **소비자주권론**. 울산대학교 출판부.

서정희(1998). 학령전 아동의 소비자사회화에 관한 연구. **광고연구**, 38.

서정희 · 김영애(1992). 청소년의 소비자교육 요구분석. **울산대 자연과학연구논문집**, 1992년 10월 호.

서정희 · 석봉화(1998). 청소년소비자의 물질주의 가치와 소비지향적 태도가 과시소비성향에 미치는 영향. **대한가정학회지**, 36(3).

성영애 · 이기춘(1988). 소비자교육내용을 중심으로 한 소비자교육에 대한 요구분석-주부소비자를 대상으로. **서울대생활과학연구**, 13.

송순영(2000). **노인소비자 보호방안에 관한 연구**. 한국소비자원.

송순영(2001). **노인소비자를 위한 소비자교육 프로그램 개발**. 한국소비자원.

송순영(2006). **고령소비자 피해구제 활성화 방안 연구**. 한국소비자원.

송순영 · 박희주 · 강병모(2006). **고령화사회 대비 상품선택정보 개선방안**. 한국소비자원.

송은경(1997). 청소년소비자의 물질주의 및 과시소비 성향과 관련요인-인천광역시를 중심으로. 인하대학교 대학원 석사학위논문.
송인숙 · 이기춘(1994). 구매중독성향에 영향을 미치는 요인의 인과적 검토. **소비자학연구**, 5(2).
송인숙(2005). 소비윤리의 내용과 차원정립을 위한 연구. **한국소비자학회**, 16(2), 37-55.
신사회운동연합(2004). **공동선 운동의 이론과 실천**. 백산서당.
신원득 · 두성규(1994). **소비자정책결정에 관한 연구**. 한국소비자보호원.
신종원(1998). 21세기의 소비자주권: 21세기 소비자 주권-새로운 소비자운동을 요청한다. 한국소비자학회. 98년도 정기총회 및 학술대회.
심영(2005). 정보사회의 노인 소비자를 위한 생산적 복지 지향의 소비자 교육 방안. **소비자학연구**, 16(1).
안보섭 · 최승연(2010). 키즈마켓에서의 아동의 구매유형에 따른 Marketing PR(MPR)의 효과연구. **한국광고홍보학보**, 12(2).
양희(1992). 청소년 소비생활문제에 관한 연구. 서울대학교 대학원 석사학위논문.
여정성(1997). 21세기 소비자정책의 방향과 그 수행에 관한 연구. 공정거래위원회'97용역보고서.
여정성 · 이기춘(1993). 소비자학분야의 대학교과과정개발에 대한 연구. **대한가정학회지**, 31(1).
유경환(1984). 청소년의 정서와 프로그램. **방송연구**, 1984년 여름호.
유두련 · 심미영(1998). 사회책임적 소비자태도와 행동에 관한 연구. **대한가정학회**, 36(11).
유두련 · 심미영(1998). 환경문제에 대한 사회책임적 소비자태도와 행동의 일관성에 관한 연구. **한국가정관리학회**, 16(3).
유안진(1987). **인간발달신강**. 문음사.
유영주 · 이순형 · 홍숙자(1990). **가족발달학**. 교문사.
윤정혜(1988). 아담 스미스의 공정경제와 소비자주권. **인하대학교 인문과학연구소 논문집**, 14.
윤정혜 · 이기춘(1981). 농촌소비자의 구매의사결정 합리성에 관한 연구. **서울대학교 가정대학 논문집**, 6.
윤종희(1978). 학동기 자녀에 대한 어머니의 소비자교육 태도 연구-서울특별시를 중심으로. 서울대학교 대학원 석사학위논문.
이가옥(1995). 2000년대를 대비한 한국 노인복지의 정책 과제. 한국의 노인과 세계의 노인. 세계노인의 날 기념 세미나 논문집.
이가옥 외(1994). **노인생활실태분석 및 정책과제**. 한국보건사회연구원.
이경호(1996). 중학교 환경교육 실태조사 연구. 서강대학교 교육대학원 석사학위논문.
이경옥 · 김영숙(2009). 대학 소비자교육 교양강좌의 실태조사와 요구도 조사를 통한 교과모형 개발. **한국생활과학회지**, 18(2).
이광주 외(1997). **성공한 경영자가 알고 있는 소비자이야기**. 세경사.

이근후(1980). 소비자주권 확립과 그 보호책 수립에 관한 연구. **공주사범대학교 논문집**, 18.

이기춘(1974). 소비자행동에 관한 연구 1-특히 우리 나라 도시주부의 소비자의식 및 소비행동을 중심으로. **대한가정학회지**, 12(2).

이기춘(1979). 미국 소비자교육의 현황과 문제점을 중심으로 한 소비자교육에 관한 연구. **서울대학교 가정대학 논문집**, 4.

이기춘(1985). 소비자능력개발을 위한 소비자교육에 관한 연구. 서울대학교 대학원 박사학위논문.

이기춘(1994). 사회변화와 소비자주권시대. 삼성소비자문화원 개원기념 특별세미나 발표집.

이기춘(2005). 디지털 시대의 소비자학. 소비자주의. 그리고 소비자연구의 새 지평. 한국소비자학회 춘계학술대회 논문집.

이기춘(2005). 디지털 시대의 소비자학. 소비자주의. 그리고 소비자연구의 새 지평. **소비자정책교육연구**, 1(1).

이기춘 · 나종연 (2006). 소비자주의의 새로운 개념화에 대한 연구-소비자주의의 제한적 의미에 대한 비판적 고찰을 중심으로. 한국소비자학회 춘계학술대회 논문집, 725-734.

이기춘 외(1995). **소비자학의 이해**. 학현사.

이기춘 외(1998). **소비자재무설계론**. 학현사.

이기춘 · 김외숙(1997). **소비자보호론**. 한국방송대학교출판부.

이기춘 · 박명희 · 김영신 · 김기옥 · 이승신 · 서정희 · 손상희 · 심영 · 최은숙 · 강이주 · 김외숙 · 윤정혜 · 송인숙 · 이은희 · 여정성 · 김경자(2001). **소비자학의 이해, 제2판**. 학지사.

이기춘 · 서정희(1988). 소비자능력과 소비자역할수행만족에 관한 연구. **한국가정관리학회지**, 6(1).

이기춘 · 여정성(1996). 고령화사회의 노년기 경제생활문제와 그 대책. 고령화시대와 삶의 질. 서울대학교 생활과학연구소 국제학술심포지움 발표논문집.

이기춘 · 이승신(2000). 소비자교육연구의 전개와 새로운 지평. **소비자학연구**, 11(2).

이득연 · 송순영(1992). **소비자교육의 교육내용 모형개발연구**. 한국소비자보호원.

이득연 · 송순영(1993). **소비자교육 관련 교과서 내용 집필 방향**. 한국소비자보호원.

이상훈(1994). **교양환경과학**. 자유아카데미.

이서래(1993). **식품의 안전성 연구**. 이화여자대학교 출판부.

이수희(1997). 소비자능력 향상을 위한 고등학교 가정과 소비자교육 수업모형 개발 연구. **한국가정과교육학**, 9(1).

이승신 · 김기옥 · 김경자 · 심영 · 정순희(1996). **가계경제학**. 학지사.

이승신 · 윤경희(1994). 노인의 소비자교육 요구와 소비자행동에 관한 연구. **생활문화 · 예술**, 17.

이원영(1998). 어린이를 위한 가정에서의 소비자교육. **제6회 학술대회 유능한 어린이로 키우기**. 삼성복지재단.

이재은(1980). 어머니와 자녀와의 소비자행동에 관한 연구. 이화여자대학교 석사학위논문.
이종승(1998). Tyler **교육과정과 수업의 원리**. 교육과학사.
장상호 (2002). **학문과 교육**. 서울대학교 출판사.
전동희(1988). 국민학교 아동의 소비절약태도에 관한 연구. 숙명여자대학교 교육대학원 석사학위논문.
정우진(1996). 실버산업의 시장규모 예측 및 전망. **보건복지포럼**, 1996년 10월 호.
정운영 · 김영신(2007). 중장년기 금융서비스 소비자교육을 위한 기초연구, 20(1).
정준(1997). **가치관의 변화와 라이프스타일의 변모**. 한국소비자보호원.
정지웅 · 김지자(1986). **사회교육학개론**. 서울대학교 출판부.
조선일보(1999). IMF가 뭔데요?-10대 용돈 펑펑. 1999년 4월 3일자.
조선일보(1999). 랄프 네이더: 소비자권리의 영웅-부 집중 비판. 1999년 4월 26일자.
조용환(1990). 한국교육의 문화적 전제와 교육인류학-학교중심 교육관에 대한 소고. 교육문제연구소.
조용환 (1997). **사회화와 교육**. 교육과학사.
차동관 · 김국현 (2000). **한국사회와 시민윤리**. 정림사.
차배근(1983). **커뮤니케이션개론**. 세영사.
천경희 · 홍연금 · 윤명애 · 송인숙(2010). **착한 소비 윤리적 소비**. 시그마프레스.
채정숙 · 김정숙 · 유두련 · 김정희 · 박명숙(2008). **소비자주권시대의 소비자교육**. 신정.
최석진(1994). **환경교육**. 따님환경신서 3권. 환경학교. 도서출판 따님.
최석진(1997). 우리나라 환경교육 및 홍보의 쟁점과 대책. **환경교육**, 10(2).
최윤선(1989). 소비자교육의 체계화 방안에 관한 실증연구-중 · 고등학교의 소비자교육 관련교사를 대상으로. 숙명여자대학교 대학원 석사학위논문.
최향미(1998). 아동소비자의 구매행동과 TV광고. 서울대학교 대학원 석사학위논문.
최현 외(1992). 청소년의 대중매체 이용실태와 활용방안. **한국청소년연구**, 1992년 12월 호.
최현배 (1930). **韓鮮民族更生의 道**. 정음사.
최현자 · 최은진(2005). 초 · 중 · 고 고등학교 교과과정에서의 금융소비자교육 내용분석-교육영역을 중심으로. **소비자학연구**, 16(3).
통계청(2005). 노인인구 증가추이.
한경혜(1996). 인구의 고령화와 가족생활. 21세기 전망: 고령화시대와 삶의 질. 서울대학교 생활과학연구소 국제학술심포지움 발표논문집.
한국소비자원(1988). 어린이 소비실태 조사.
한국소비자원(1991-1996). 소비자위해정보 및 안전실태조사.
한국소비자원(1992). 학생 소비 행태와 학교소비자교육 실태.
한국소비자원(1995). 1995 소비자상담연보 및 피해구제사례집.

한국소비자원(2006). 학교 소비자교육 활성화를 위한 교재개발.

한국청소년개발원 편(1997). **프로그램의 개발과 운영**. 인간과 복지.

한숭희(2001). **평생학습과 학습생태계: 평생교육론의 새로운 패러다임**. 학지사.

허경옥(1998). 소비자권리와 책임에 대한 소비자의식에 관한 분석. **한국소비자학회**, 9(3).

허위(1979). 소비자의 주권에 관한 연구. **동국대학교 경영논총**, 4.

홍순복(1973). **소비자운동개론**. 한진문화사.

홍영기 · 최선경(1998). 아동소비자문제 연구-아동소비자 능력개발을 중심으로. 한국소비자보호원.

홍향숙 · 이기춘(1997). 기혼여성의 재무관리교육에 대한 요구분석. **한국가정관리학회지**, 15(1).

환경부(2007). 국가 환경교육 내용체계.

## 국외문헌

Alabama State Department of Education(1990). *Alabama Course of Study: Social Studies K-12*. Montgomery AL.

Anderson, C. and McNeal, J.U.(1981). "The Education of Young Consumer: A Children' s Viewpoint". *Proceedings of the 5th Annual Conference of the Academy of Marketing Science*.

Bannister, R. and Monsma, C.(1980). *Classification of Concepts in Consumer Education. Consumer Education Development Program*. Michigan Consumer Education Center. Eastern Michigan University.

Barnett, C., Clarke, N., Cloke, P., & Malpass, A.(2005). "The Political Ethics of Consumerism". *Consumer Policy Review, 15*(2), 45-51.

Baudrillard J., 이상률 역(1992). 소비의 사회. 문예출판사.

Baumrind, D.(1980). "New Directions in Socialization Research". *American Psychologist, 35*.

Bell, D.(1973). *The Coming of Post-Industrial Society*. New York: Basic Books.

Benn, J. (2004). "Consumer Education between 'Consumership' and Citizenship: experiences from studies of young people". *International Journal of Consumer Studies, 28*(2), 108-116.

Boyd, F.L. and Stovall, R.(1978). *A Handbook of Consumer Education: A Guide for Teaching Process and Content*. Allyn and Bacon.

Brim, O.G.(1966). "Socialization through the Life Cycle". *Socialization After Childhood*. Edited by O. Brim and S. Wheeler. New York: John Wiley & Sons, Inc..

Burton, J.R. and Hennon, C.B.(1981). "Consumer Education for the Elderly". *The Jouranl of Home Economics, 73*(1).

Canclini, G. (2001). *Consumers and citizens*. University of Minnesota Press.

Caplovitz, D.(1967). *The Poor Pay More*. New York: The Free Press.

Cohen, L. (2004). *A Consumer's Republic*. Vintage Books.

Coleman, J.S.(1961). *The Adolescent Society*. New York: The Free Press.

Creighton, L.B.(1976). *Pretenders to the Throne*. Lexington. Mass: DC Health and Company.

Cronin, A. M. (2000). Advertising and Consumer Citizenship. Routledge.

Dickinson, V.H.(1980). "Consumer Education: A Developmental Approach". *Proceedings of the 26th Annual Conference of American Council on Consumer Interests*.

Dupont, A.(1982). "Analysis of Competencies for University. Graduates Majoring in Comsumer's Economics in Home Economics as Perceived by Educators Federal Legislators. Consumer protection Agency Directors". *Proceedings of the 28th Annual Conference of American Council on Consumer Interests*. Columbus, Ohio.

Edwards, C.P.(1986). *Promotion Social and Moral Development in Young Children Creative Approaches for the Classroom*. New York: Teachers College Press.

Edwards, K.P.(1980). "Consumer Education: A Public Policy Approach". *Proceedings of the 26th Annual Conference of American Council on Consumer Interests*.

Engel, J.F. & Blackwell, R.D.(1982). *Consumer Behavior*. 4th ed., The Dryden Press.

Esprit(1996). "Electronic Commerce - An Introduction".

Fetterman, E. & Klamkin, C.(1976). *Consumer Education in Practice*. New York: John Wiley & Sons. Inc..

Garman, E.T. & Forgue, R.R.(1994). *Personal Finance*. 4th ed., Houghton Mifflin Company. Boston Toronto.

Glick, D.I., Henning, M.J. & Johnson, J.R.(1975). "CBE: How to Prevent a Second Paradox". *Educational Technology, 15*.

Goldman, A.(1976). "Do Lower-Income Consumer have a More Restricted Shopping Scope?". *The Journal of Marketing, 40*.

Gorden, L. & S. Lee(1977). *Economics for Consumers*. D. Van Nostrand Company.

Harap, H.(1927). *The Education of the Consumer*. New York: Macmillan Company.

Hearn, E.L.(1982). "An Assessment of Consumer Education in Oklahoma Secondary Schools and the Impact of the Economic Education Act of 1974". *Proceedings of the 28th Annual Conference of American Council on Consumer Interests*.

Hedeki N.(1989). *Consumer Education in Japan: The Current Situation*. 日本消費者學會編, 消

費者教育 第9册.

Herrmann R.O.(1970). "The Consumer Movement in Historical Perspective". *Department of Agricultural Economics and Rural Sociology*. Pennsylvania State University.

Herrmann R.O.(1982). "The Historical Development of the Content of Consumer Education: An Examination of Selected High School Texts 1938−1978". *The Journal of Consumer Affairs, 16*(2).

Illinois State Board of Education(1986). Consumer Education in Illinois School:1−2.

Jelly, H.M.(1958). "A Measurement and Interpretation of Money management Understanding of Twelfth-Grade Students". *Doctoral Dissertation*. University of Cincinnati.

Katona, G. & Mueller, E.(1965). "A Study of Purchase Decisions". in Lincoln H. Clark (Ed.). *Consumer Behavior: The Dynamics of Consumer Reaction*. New York: University Press.

Kaufman, R. & English, F.W.(1972). *Need Assessment Concept and Application*. Educational Technology Publications.

Knigga, M.(1976). "Development and Effectiveness of a Consumer Education Simulation Game Exercise for the Classroom". Master' s Thesis. Purdue University. *Home Economics Research Abstracts 1*.

Kollman, K.(1997). "Information Society and the Consumer: Brave New World". *Journal of Consumer Studies & Home Economics, 21*.

Koperski, P.L.(1977). "Purchasing Problem. Informal Redress Activities. and Use of Prepurchase Product Information by 195 High School Students in Lincoln. Nebraska", *Home Economics Research Abstracts*.

Langreher, F. and Mason, B.(1977). "The Effects of Instruction in Consumer Education Academic Units on Consumer Economic Proficiency". *Journal of Consumer Studies and Home Economics*. June.

Litro, R.F.(1969). "Relationships Between the Social Position of Highschool Students and Their Consumer Attitudes and Understandings". Ph.D. Dissertation. The University of Connecticut.

Mayer, K.R.(1981). "A Competency-Based Model for Consumer Education". *Proceedings of the 27th Annual Conference of American Council on Consumer Interests*.

Mayer, R., 이기춘 외 역(1996). 소비자주의: 시장을 지키는 파수꾼. 도서출판 하우.

Maynes, E.S.(1976). *Decision-Making for Consumers: An Introduction to Consumer Economics*. New York: Macmillan Publishing Co.

McCracken Grant(1988). *Culture and Consumption*. Indiana University Press.

McLeod, J.M & O' Keefe, G.J., Jr.(1972). "The Socialization Perspective and Communication

Behavior". *Current Perspectives in Mass Communication Research.*

McNeal, J.U.(1964). *Children as Consumers.* Austin: University of Texas Bureau of Business Research.

McNeal, J.U.(1992). *Kids as Consumers: A handbook of Marketing to Children.* Lexington. M.A.: D.C. Health and Company.

Metzen, E.J.(1967). "Rations of Consumer Competencies by Young Women and Consumer Education Experts, and Implications for Consumer Education". *The Journal of Consumer Affairs, 1.*

Michigan Consumer Education Center and National Consumer League(1980). *Consumer Education Development Program.*

Miles, S. (2002). Consumerism: as a way of life. SAGE Publications.

Miller, J.G.(1985). "Living System". *Behavioral Science, 10.*

Moore, R.L., & Stephens, L.F.(1975). "Some Communication & Demographic Determinants of Adolescent Consumer Learning". *Journal of Consumer Research, 54*(4).

Morse, B. & Terrass, J. J.(1977). "Evaluation: Some Progress in Competency-Based Education". *Journal of Home Economics, 69.*

Moschis, G.P. & Churchill, G.A.(1978). "Consumer Socialization: A Theoretical and Empirical Analysis". *Journal of Marketing Research, 15.*

Moschis, G.P. & Moore, R.L.(1978). "An Analysis of the Acquisition on Some Consumer Competencies Among Adolescents". *The Journal of Consumer Affairs, 12.*

Murphy, P.D.(1974). *Consumer Education Curriculum Modules: A Spiral-Process Approach.* U.S. Government Printing Office. Washington, D.C..

Nagy, M. P.(1976). "Consumer Attitudes toward the Prevention and Resolution of Consumer Complaints". Ph. D. Dissertation. Michigan State University.

OECD(1983). *Product safety: Risk Management and Cost-Benefit Analysis.*

Ohio State Board of Education(1970). *Consumer Education Curriculum Guide for Ohio. Grades K-12,* Instructional Materials Laboratory. Trade and Industrial Education. Ohio State University.

Owen, S.T.(1976). "The Development of the Test of Consumer Competencies". *Doctoral Dissertation.* Northern Illinois University.

Place, R.(1973). "The Performance-based Curriculum". Address Before National Association of Secondary School Principles Annual Convention. Dallas. Texas, 6.

Reisman, D. & Reseborough, H.(1955). "Careers and Consumer Behavior". in Lincoln Clark(Ed.). *Consumer Behavior Vol. II. The Life Cycle and Consumer Behavior.* New York

University Press.

Rhee, K.C. and Lee, J.K.(1996). "Review of Consumer Activism in Korea, 1910−1995: A Political Economic Approach". *Journal of Consumer Policy, 19.*

Robertson, T.S. & Feldman, S.(1976). "Children as Consumers: The Need for Multitheoretical Perspectives". *Advances in Consumer Research, 3.*

Rossett, A.(1987). *Training Needs Assessment.* Educational Technology Publications.

Sen, A. (1999). 윤리학과 경제학. 한울 아카데미.

Shaw, D., Shiu, E., & Clarke, I. (2000). "The Contribution of Ethical Obligation and Self-identity in the Theory of Planned Behavior: an exploration of ethical consumers". *Journal of Marketing Management, 16*, 879-894.

Shaw, D., Newholm, T., & Dickinson, R. (2001). "Consumption as Voting: an exploration of consumer empowerment". Journal of Consumer Marketing, 18(7), 1049-1067.

Shaw, D., Newholm, T. (2002). "Voluntary Simplicity and the Ethics of Consumption". *Psychology & Marketing, 19*(2), 167-185.

Shaw, D., & Shiu, E. (2002). "An Assessment of Ethical Obligation and Self-identity in Ethical Consumer Decision-making: a structural equation modelling approach". *International Journal of Consumer Studies, 26*(4), 286-293.

Shaw, D. & Shiu, E. (2003). "Ethics in Consumer Choice: a multivariate modelling approach". *European Journal of Marketing, 37*(10), 1485-1498.

Shaw, D., Shiu, E., Hassan, L., & Thomson, J. (2005). "An Exploration of Values in Ethical Consumer Decision Making". *Journal of Consumer Behavior, 4*(3), 185-200.

Solomon, M.R.(1994). *Consumer Behavior*, 2nd ed.. Allyn and Bacon.

Stampfl, R.W.(1978). "The post-industrial age consumer". *Journal of Home Economics.* Jan.

Stampfl, R.W.(1979). "Family Research: Consumer Education Needs in the Family Life cycle". *Journal of Home Economics, 71.*

Steffens, H. and Rosenberger, G.(1986). "The Arduous Task of Defining and Developing Consumer Education. A Report About the Activities of the IOCU Education Committee". *Journal of Consumer Policy, 9*(2).

Sterns, P. N. (2001). *Consumerism in World History.* Routledge.

Swanson, J.A.(1991). "Interest in the Consuming Interests of Youth: Research, Marketing. Education and Policy Perspectives". *Advances in Consumer Research, 37.*

Taba, H.(1962). *Curriculum Development: Theory and Practice.* N.Y.: Harcourt Brace Jovanovich.

Texas Department of Education(1986). "Social Studies Framework K-12". Austin, TX.

Turner, J.(1976). "Development and Validation of a Simulated Market to Test Children for Selected Consumer Skills". *Proceedings of the 23rd Annual Conference of American Council on Consumer Interests.*

Tyler, R. W.(1949). *Basic Principles of Curriculum and Instruction.* Chicago: The University of Chicago Press.

Udel, G.G.(1974). "The Consumer's Right to Consumer Education: A Rejoinder". *The Journal of Consumer Affairs, 8*(1).

Uhl, J.N.(1970). "The Purdue Consumer Education Study: Some Findings and Implication". *The Journal of Consumer Affairs, 8*(4).

Vlek C. and P. Stallen(1980). "Rational and Personal Aspects of Risk". Acta Psychologica, 45.

Waddell(1975). "Consumer Research and Programs for the Elderly-The forgotten Dimension". *Journal of Consumer Affairs, 9*(2).

Ward, S.(1974). "Consumer Socialization". *Journal of Consumer Research, 1.*

Ward, S. & Wackman, D.B.(1972). "Children's Purchase Influence Attempts and Parental Yielding". *Journal of Marketing Research, 9*(3).

Weinstein, G.W.(1985). *Children and Money: A Parents' Guide.* New York: New American Library.

Wilhelms, F.T. ed.(1979). *Consumer Education Project: Final Report.* Denver. Colorado: Education Commission of the States.

Williams, J.W.(1970). "A Gradient of the Economic Concept of Elementary School Children and Factors Associated With Cognition". *The Journal of Consumer Affairs, 4*(2).

Zais, R. S.(1976). *Curriculum: Principles and Foundations.* N.Y.: Thomas Y. Crowell.

Zimmerman, L.M.(1976). "A Study of the Relationship of Age and Sex to Selected Buying Skills of Rural Indiana Children of Ages Five Through Twelve". Master's Thesis. Purdue University. *Home Economics Research Abstracts.*

今井光映・中原秀樹 편저, 정용선 외 4인 역(1994). 소비자교육론. 하우.

小木紀之・中原秀樹(1988). 消費者教育 ナウ. 家政教育社.

日本消費者教育學會 編(1992). 小・中・高校教師のための學教消費者教育推進のマニュアル. 東京; 光生館.

Index

# 찾아보기

# 저자소개

### 이기춘

서울대학교에서 학사와 석사학위, 소비자교육연구로 박사학위를 취득하였다. 37년간 서울대학교에서 교수로 재직하는 동안 제1기 국비해외파견연구교수로 미국에서 소비자경제를 연구하여 새로운 학문인 소비자학으로 한국에 정착시켰으며, 한국소비자학회, 서울대 소비자학과, 한국소비자교육지원센터 등을 설립하는 데 공헌하였다.

서울대학교 가정대학장(現 생활과학대학장), 한국소비자학회초대회장, 소비자정책위원회 민간위원장을 역임하였고, 현재 서울대학교 명예교수로서 후학 양성에 힘쓰고 있다. 1998년 국민훈장동백장, 2003년과 2007년 한국소비자학회 최우수논문상, 2010년 한국소비자학회공로상, 2011년 소비자권익증진경영대상 학술공헌상 등을 수상하였다.

저서 소비자이슈, 소비자학의 이해, 소비자상담, 소비자재무설계 외 다수

### 김정은

서울대학교 생활과학대학 소비자학과에서 최우등학생상을 수상하며 학사학위를 받고 동대학원에서 석사학위를 받은 후 '소비자시민성의 개념화 및 실증적 적용' 이라는 논문으로 박사학위를 취득하였다. 우정사업본부 산하 한국우편사업지원단에서 마케팅 전임연구원으로 근무하였으며 소비자지향적 마케팅 관련 연구를 수행하고 직원 교육활동에 종사하였다.

현재 인하대학교 소비자아동학과 겸임교수로 재직 중이며, 소비자교육지원센터 선임연구원으로 활동하며 가톨릭대학교와 성신여자대학교에서도 강의를 하고 있다.

저서 소비자전문상담사 2급 필기 교재, 트렌드코리아 2011

개정판
# 소비자교육의 이론과 실제

1999년 8월 10일 초판 발행
2004년 2월 25일 3쇄 발행
2012년 2월 17일 개정판 발행
2018년 9월 11일 개정판 2쇄 발행

지은이 이기춘 외
펴낸이 류원식
펴낸곳 교문사

책임편집 윤정선
본문디자인 이연순
표지디자인 이혜진
제작 김선형
영업 정용섭 · 이진석 · 진경민

출력 현대미디어
인쇄 동화인쇄
제본 대영제본

주소 (10881)경기도 파주시 문발로 116
전화 031-955-6111(代)
FAX 031-955-0955
등록 1960. 10. 28. 제406-2006-000035호

홈페이지 www.gyomoon.com
E-mail genie@gyomoon.com
ISBN 978-89-363-1219-0 (93590)

값 20,000원